銅鐸の祭と倭国の文化

古代伝承文化の研究

三浦茂久
Miura Shigehisa

作品社

はしがき

本書は副題を『古代伝承文化の研究』とし、十章の未発表論文からなる。いずれも古代伝承の解明を目論むものであり、主に史前から歴史時代に移ったかなり古いころの伝承を対象にしている。

『記紀』は古代日本の研究にとって不可欠の史料であるが、『日本書紀』は多くの異伝を含み一貫性に欠けるところがある。しかし、それがかえって古代伝承に事実性を探る豊かな史料となる。一方、『古事記』は『紀』と違って撰録者の取捨選択を経ており、文学的にも優れている。『記』は序文に和銅五年（七一二）に録し献上するとあり、他方『紀』は『続日本紀』に養老四年（七二〇）に編修が完成し奏上したとある。『紀』は編年体で記されていて、反正《はんぜい》より古い皇代は二運百二十年もあるいはそれ以上も遡及された年号となっており、実際の年代とは大きく乖離しているところがある。しかし、そうした古い皇代でも、暦の月（日）をはじめ、思いの外事実が伝えられていることがわかってきた。

本居宣長以降『記紀』の研究は『記』に重心があり、『紀』は補助的に用いられる傾向があった。本書は逆に『紀』に力点を置き、『記』を補助的に用いることが多い。広く知られた文であるが、『記』の序文には次のようにある。

　姓に於きて日下をクサカと謂ひ、名に於きて帯の字をタラシと謂ふ、此《か》くの如き類は、本の随《まにま》に改めず。

日下・帯は不明ながら文字遣いを改めずに、そのまま用いるとある。前著『古代日本の月信仰と再生思想』では、こうした問題のクサカやタラシの語義を明らかにした上で、多くの論述を展開した。本書でも『古事記』を偽撰書とする私の立場は変わっていない。むしろ、『記紀』の伝承に違いがあるところにこそ、問題提起の糸口があった。本書でも『古事記』より『日本書紀』に比重をおき、『万葉集』や『風土記』も大いに活用した。

戦後『記紀』は神代のみならず大化前代の伝承にも捏造がある、改変や潤色があるなどとして、激しく否定されてきた。日本の国家の成立は律令時代にまで引き下げられることもあり、古代を論述するのに中国史料や考古学の成果を中心にして述べるような時代があった。しかし、たとえば倭国についても、中国の史書に依らずとも、日本の資料で復元できないものなのか。また、銅鐸文化も西からの進入勢力により破壊され、銅鐸伝承は完全に消滅したといわれている。はたしてその通りか、史料を読み直し、掘り起こしを試みる価値があるだろう。

前著もそうであったが、本書もかなり古代語の語義や語形の変化にこだわっている。多くの章で古代語の語義・語形を正しく理解した上で、論述を展開しようと心がけている。もちろん語源俗解に陥ることのないよう注意はした。しかし、語義やかかり方が未詳とされる関連事項が解けたり、すっきりと眺望が開けることをもって、論旨の裏付けとしたところがある。

以下に各章の概要を提示して、読者の理解の手助けにしたい。

第一章　銅鐸伝承の発掘

銅鐸の伝承は歴史上から全く消し去られたとされていたが、スキ・ススキ・ツミとして残っていた。ススキはスキの畳語である。スキには剝・梳・漉・抄・鋤・編・結・掬などが当てられているが、それぞれ材木・髪・紙・田・編物・網・魚などをスク動作である。スキ・スクは前後や左右に振るように繰り返す反復運動である。鐸の揺れる反復運動もスキ・ススキである。それに鋤・鉏・耜などが当てられていたが、農耕用のスキを意味してはいなかった。鐸にはスス・スズ・オオスズの古訓がある。ススはススキのキの脱落、あるいはスキの語幹のスの畳語であり、スズはススの変化したものである。また、銅鐸はツミとも呼ばれていたが、トミ・トビにも変わって伝わっている。
いわゆる「聞く銅鐸」は「鳴る銅鐸」、「見る銅鐸」は「照る銅鐸」のほうが適している。銅鐸のとよみは豊作につながっていた。

第二章　銅鐸伝承と八朔の祭
物部氏系のホヅミ（穂積）氏は、八月朔日・八月一日と表記されることもある。紀州に進出したホヅミ氏はススキ・スズキ氏を派出した。ホヅミの語意は稲叢というより、八朔にする神供えの稲の穂摘みであり、またヒレの出た銅鐸の名でもあったらしい。ススキも揺れる薄であり、振って鳴らす銅鐸の名でもあったようだ。古代人は八朔ころ稲の豊穣を祈って、銅鐸を端山《はやま》や丘で鳴らした。銅鐸の音や耀きに連れて、山から穀霊が稲田にもたらされ、稲穂の実入りを促進したらしい。その穀霊はアキツ（蜻蛉）としても飛来してきたと復元できる。また、古代では、銅鐸の祭が廃れてからも、八朔のころ豊作を祈って、首長は高殿や稲田脇の仮屋で交合したり、狩で捕らえた鹿などの生け贄を祭に供えていた。その豊作祈願の祭の後、豊の明かりと呼ぶ饗宴をもよおした。トヨ（豊）は銅鐸のトヨミ（響）に関連するらしい。
この祭祀習俗はヤマタノヲロチ伝説のイケニヘや中国南部の銅鼓圏の人狩の習俗ともつながっていた。また、春耕前・田植え・収穫感謝祭の折にも、山で鹿など狩りして祭に供え、端山では銅鐸を鳴らして、穀霊を招いていた。それは長野県諏訪市中洲の諏訪大社や、周辺の地方に残る鉄鐸の用法からも推定できる。

第三章　和数詞の成り立ち
和数詞はヒト・フタ、ミ（ツ）・ム（ツ）、ヨ（ツ）・ヤ（ツ）、イツ・トヲのように音韻を変化させた倍加法によってなりたっている。これは、織物に用いる経糸を整経するとき、糸を指・へら・経箸などに掛けて、滑らしながら引き出し、杭・木釘に掛けて戻る作業に起因する。「工」の字型のカセギに掛け廻して整経してもよい。そうすると一本の糸は二本に生まれ変わる。三本ならば六本に、四本ならば八本になる。これら倍加法の和数詞は延ばした糸の名が変化した語である。そして機を織るとき、半数の糸が上糸、残りが下糸になる。古代日本の聖数八・八十は、糸の四筋八本を一手、四十筋八十本を一升《ひとよみ》とする織物作業の単位であった。たとえば四本の糸を延《は》えて十回往復すれば、八十本一升となる。

これらの習俗は中国南部の江南付近から韓半島や日本に持ち込まれたものらしい。かつて織物は多くそれぞれの家庭で行う自家生産で、主に女性が機織りに従事していた。

第四章　タナバタ（棚機・七夕）とは

タナとは高く固定された横板であると考えられているが、古代のタナは立体的な構造をさしていた。鳥を捕るカスミ網は高く吊して張るが、タナ網と呼ばれていた。ミクラタナは首から胸先に垂らした編み組みされた飾りであった。タナ田は階段状の田であった。タナ雲とは霧や霞のように立ちこめる雲で、横に薄く長く引く雲ではない。

また、機織りでは経糸《たていと》の上糸・下糸を交互に吊り上げて、その間に緯糸《よこいと》を通すが、綜絖《そうこう》と呼ぶ経糸吊りの機構とそれを保持する装置がついた織機をタナバタといったのである。タナバタとは、高機《たかばた》のみではない。また、折口信夫《おりくちしのぶ》やその追従者のいうような、川の畔に設けた機織りのための棚でもない。

ところで、『古事記』はタナ雲に八重をつけ、八重タナ雲としている。ところが、『日本書紀』や『万葉集』では八重雲となっている。どうも『古事記』はタナ雲を幾重かの横に薄い雲と考えているらしく、立体的なものとはしていない。これはタナの古義に反する。このことは『古事記』の撰録が『日本書紀』や『万葉集』からかなり後れてなされたためだろう。

第五章　倭とは「渡り」の意である

ワ（倭・和）は古代ではヲとしても表記されていた。ワ・ヲは渡・越・済の意である。ワ・ヲはハ行にも通じるところがあるが、一語のワ・ヲは聞きづらいし安定しないので、アヲ・アハ・アフ・オフ・オフシ・オホ・オホシ・オシなどにもなっている。それらを青・碧・淡・粟・相・大・太・多・凡・忍・押・排などの漢字で表記した。舟で渡す意の凡以外はすべて宛字である。また、倭・倭人を指すこともある。

大和・凡（大）河内・和泉の飾りの大・凡・和は、かつての倭国が大和《やまと》や旧河内のいわゆる畿内にあったことを示す。たとえば、大和《おほやまと》ならば、「倭（人）が建国したヤマト」か「倭（国）のヤマト」の意である。凡河内・和泉ならば「倭（人・国）の河内・泉」となる。このことは『魏志』倭人伝にある卑弥呼の女王国が畿内にあることを意味する。北九州ではない。これは中国の史書によらずに、倭（国）の所在が立証できたことになる。

ヲは于・烏・於・粤の音で表すことができ、呉や越の音に通じている。倭人のルーツは長江南部の呉越にあった。呉越は相互に闘い、後に越は山東半島まで版図を広げたことがある。しかし、漢族や楚族の発展に押されて、越は中国西南部や海に遷移した。その一部は弥生のころ、韓半島を経由して、あるいは直接日本に渡来した。百済も越族などの渡来者が多い土地である。分枝した諸族は、各地の山野での焼畑や居住地など、また海での舟運や沿岸漁業でも、渡《わた》らい性や移動性を特徴としていた。

第六章　内国《うちつくに》（ウツクニ）は国名の一つ

『日本書紀』では、神武軍が河内の草香から進入しようとした国は中洲となっている。あるいはウチクニ・ウツクニと訓む。これは内国・中国・畿内とも書かれている。「神武紀」では内国はオホアナムチの命名であるという。しかし、この地名は『風土記』逸文や『姓氏録』にはあるのに、何故か『古事記』にはない。

内国は、我が国の版図が広がると、その境域が拡大し、藩屛の地域を失うと境域が縮小した。特に韓半島の藩屛の地域を内宮家《うちつみやけ》と呼んでいた。これは日本国《やまとのくに》の宮家とも呼ばれることがあったから、内国と日本国はほとんど同じ時もあった。我が国が百済の白村江《はくすきのえ》で唐に大敗し、半島での版図や権勢を失うと、ウチツクニは四畿内（後の五畿内）よりやや広い地に縮小した。

『日本書紀』が引く百済文書などに貴国の名があり、カシコキクニと訓み慣わしてきた。そして、貴国は王統が自国を高めるために行った造作であるとされていた。しかし、貴国はウツクニの意であり、ウチ（ツ）クニ・ウツクニは我が国が周辺国に用いていた国名であることがわかった。そのウツ・ウチは後に主にウチに収斂してくるようである。

さらに新しい畿内制の成立時期から、国号・日本の成立を天武四、五年（六七五、六七六）に絞り込んだ。

第七章　新嘗の原義とヲシモノ（酒）

新嘗の原義は、『古事記伝』や多くの先学が説くような、ニヒノアヘ（新の饗）ではない。嘗は甞・嘗にも作る。穀物を噛めば唾液で澱粉が糖化され甘くなる。それが甞の脚の甘である。糖化澱粉は発酵して酒となる。嘗の脚は酉で、酉は酒壺だが、酒をも意味する。字の冠の尚はかねて尊んで祭に備えることである。ナメとは穀物を噛んで酒を醸すことで、新嘗の訓はニヒナメが古い。タメツモノはナメツモノの転訛である。すなわち酒である。大嘗祭の酒波《さかなみ》は口噛みして酒を醸す女である。

ヲ・ヲシも酒を醸すことである。ヲスは化学的物理的に渡す・転じさせることである。ヲモノ・ヲシモノは酒をさしたが、飲み物から食べ物の意にかわった。さらに統治する義を派生した。それは後に食国《をすくに》として用いられる。食国は『日本書紀』には見あたらないが、『古事記』『万葉集』「藤原宮出土木管」にある言葉である。『続日本紀』宣命では食国は多用されている。

また、ワも酒であり、ワサ・ワセ（早）は酒を醸すための稲でもある。

第八章　ツミ・ツチ・ツツという霊格

『古事記』は、ワタツミ・ヤマツミなどのツミを、ツを連体助詞、ミを霊格とする。『日本書紀』『風土記』『万葉集』などではツミを霊格とする。ところが、『古事記』が最古の書物とされているので、国語・国文学者を中心に多くの識者がツミを退け、ミを霊格とするようになった。それにつれて、ツチという霊格もツは連体助詞で、チが霊格を表すとされるようになった。拙論ではミ・チを古い霊格とする立場を否定し、元はツミ・ツチが正しいことを示した。

また、海神に多いツツ（筒・土）のつく霊格にも従来の星・対馬の地名・船霊などとする説を退け、漁網につける素焼きの筒状の土錘を当てた。水産業界では土錘をイハと呼ぶ。筒状のイハであると、底・中・表《うへ(は)》のツツノヲだけでなく、磐土《いはつつ》命・赤土《あかつつ》命などの神にも適用できる。

『日本書紀』の塩土老翁《しほつつのをぢ》の塩土については、碗状で底部が筒状に伸びた製塩土器に由来する。筒状の脚は、塩を煮詰めるとき、火床の周りに突き刺しやすいようになっている。『古事記』の塩椎《しほつち》（神）は、後にシホツツの伝承が退化して、ツツがツチと同化した名である。

第九章　オホアナムチとスクナヒコナ

『日本書紀』のオホアナムチの語構成は、第五章で明らかにしたことなどにより、「オホ（倭）＋アナ（霊）＋ムチ（貴）」であり、亦の名のオホモノヌシは「オホ（倭）＋モノ（霊）＋ヌシ（主）」である。また、大国主は倭国の主であり、大国玉は倭国の国魂であり、顕国玉は内国の国魂であることを論じた。内国はオホアナムチが建国した。葦原醜男のアシハラは神霊のいる広がりであり、シコヲは再生を繰り返す男の意で、醜い男の意ではなかった。なお、『古事記』のオホアナムヂはオホアナムチより後の神名である。

　さらに、オホアナムチは播磨を母国とし、吉備の八十神とともに因伯に侵攻し、スサノヲの神宝を得て出雲で国作りをした。これが私の仮説である。また、後に大和などにも入り、倭国を建てただろうと推測した。

　おわりにオホアナムチの幸魂《さきみたま》奇魂《くしみたま》であるスクナヒコナの語構成は「スクナ（少・若）＋ヒコ＋ナ（霊）」であることを論じた。

第十章　古代采女《うねめ》とヲナリ

　ウネメは王権に献じられた性的奴隷との見方もあるが、継体以前のウネメには必ずしも当てはまらない。ウネメは尾根や丘に住む山の女や仙女のようであり、長命や国家の安泰を授ける呪能を持っていたらしい。

　尾根や丘は山の神の居所である。そこは巻貝やヲコゼや蛇や山童《やまわろ》の住み処《か》であるが、それら生命体は山の神の顕在態でもあるようだ。山の神は山を降れば、アキツ（蜻蛉）や田の神や河童などになって、水田に豊作をもたらした。ウネメも山の女、あるいはそうした呪能を持つ女であると信じられていたようである。ウネメばかりでなく、ウナヰ童女《をとめ》やヲナリもそうした範疇に属していた。

　また、難解な枕詞アシヒキノについても、「アシ（神霊）＋ヒキ（侏儒）」または「アシ＋ヒキ（引）」であるとする新しい見解を提示した。


　以上が各論の概要である。これらが識者の批判に耐えられるものであることを願っている。

凡例

一 『日本書紀』は多く『紀』と表記し、『古事記』は『記』とした。『日本書紀』神代の巻は「神代紀」と略し、『古事記』神代の巻は「神代記」と略した。『紀』の皇代の巻は「漢風諡号＋紀」とし、『記』のそれは「漢風諡号＋記」とした。『続日本紀』は『続紀』としてある。歌番の上の「万」は『万葉集』からの引用である。そのほかの書名にも簡略に表記したものがある。

二 叢書や辞書の書名は次のように簡略化してある。

日本古典全書（朝日新聞社）	古典全書
日本古典文学大系（岩波書店）	古典大系
新編日本古典文学大系（岩波書店）	新古典大系
日本思想大系（岩波書店）	思想大系
新潮日本古典集成（新潮社）	古典集成
日本古典文学全集（小学館）	古典全集
新編日本古典文学全集（小学館）	新古典全集
新編日本古語辞典（松岡静雄・刀江書院）	新編古語
岩波古語辞典（岩波書店）	岩波古語
時代別国語大辞典上代編（三省堂）	時代別国語
日本国語大辞典（小学館）	国語大辞典
古語大辞典（小学館）	小学館古語
角川古語大辞典（角川書店）	角川古語

三 古語の訓みや振り仮名は旧かな遣いにした。それは古義を正確に把握する上で必要と考えたからである。なお、音訓みの振り仮名にも旧かな遣いにしたところがある。

四 一般読者のために書き添えるが、奈良時代以前の文献には、キヒミ、ケヘメ、コソトノヨロの十二音に二種の書き分けがある。それらを橋本進吉に従って、甲類・乙類として区別したところがある。すなわち、一行は五音ではなく、八音であった。なお、『古事記』にはモの音にも二種の書き分けがある。

五　索引の項目・ページは本文中の主要なものに限った。

六　先学の学説を引用する場合、敬称はすべて省略した。ご寛容を願う次第である。

銅鐸の祭と倭国の文化――古代伝承文化の研究　目次

銅鐸の祭と倭国の文化

――古代伝承文化の研究

第一章　銅鐸伝承の発掘

第一節　銅鐸伝承の痕跡を求めて

銅鐸は、弥生時代のころ、弥生中期の始めから三百五十年ないし四百年余りの間にわたって、（あるいは一部では古墳時代の初頭まで五百年に近い期間、）中国・四国・近畿・中部の各地で使用されてきたといわれていた。しかし、二〇〇三年五月に国立歴史民族博物館が発表したところによると、加速器を用いた炭素14年代測定法（AMS14法）による最近の研究によって、弥生時代の始まりが大幅に五百年も繰り上ることになった。[*1] これを適用すると、銅鐸はさらに三、四百年も長く使用されて来たことになる。すでに五百個弱の銅鐸が出土している。その上、小銅鐸や銅鐸型土製品を考慮すれば、出土地は西は佐賀県から、東は千葉県までの広い範囲に分布する。それにもかかわらず、その伝承は古代の文献などからも全くといってよいほど消え失せて、痕跡をもたどるすべがないとされてきた。

たとえば、喜田貞吉《きたさだきち》の「銅鐸考」にはおよそこうある。銅鐸民族は一種の文明を共有していて、朝鮮半島より山陰・北陸間に移民し、近畿より東海・山陽・南海にまでその勢力を扶植した。後に他の優勢な民族の圧迫を被って劣敗者の地位に立ち、宝器を没収されて跡を絶ち、破壊された文明はいつしかその伝説も失った。地中に隠匿した銅鐸のみはそのまま保たれてきたが、その伝説すらも後世に残っていない。[*2]

和辻哲郎の見解は『日本古代文化』に次のようにある。[*3]

銅鐸の文化と銅鉾銅剣の文化との対峙が消滅したということについては、そのいずれが他を征服したかの問題を考えねばならぬ。（中略）然るに我々は、銅鐸についての記憶を伝説のいずこにも発見することが出来ない。銅鐸の用途は、梅原（末治）氏の推測する如く、祭器であろう。これほどに顕著な、そうして宗教的意義を持ったに相違ない製作品が、古伝説に何らの痕跡をも残さないとすれば、古伝説が銅鐸中心の文化圏内に於いて発生したことでないことは明らかであろう。ここに於て我々は、我々の古伝説を生み出した文化圏、即ち三世紀以後の大和朝廷を中心とする文化圏が、銅鉾銅剣の文化の系統を引くものではないかとの推測に達するのである。

和辻は、筑紫地方に発達した勢力によって銅鐸文化圏も統一されたと考えたのである。三品彰英も次のように述べている。[*4]

今一つ不思議なことは、この盛行した銅鐸の終末が突然にやってきたらしいことである。特に神話や古伝説にさえ銅鐸に関して何一つ触れたものがない、全く忘れ去られた文化財である。このことを使用者の行為についていえば、銅鐸によって象徴される宗儀の完全な没落を意味している。

三品は銅鐸を地霊宗儀の聖具とし、古墳時代に入るころその根城を譲り渡して、天的宗儀に文化推移したと考えている。[*5] しかし、征服されたとはいえ、人々は信仰や慣行儀礼まで一気に失うものだろうか。果たして喜田・和辻・三品などのいうように、銅鐸の伝承は本当に消え失せてしまったのか。谷川健一は、弥生時代の最大の謎は銅鐸であるといっても過言ではないとする。[*6] そこで、できることならば風化して姿を隠しているだろう伝承を発掘してみたい。このような常識に棹さす試みは不当であり、かつ学問の蓄積成果に対し不遜であろうか。

『祭りのカネ銅鐸』と題する本が出版されている。[*7] この題にあるカネは一般的に通りがよいから遣われているが、本来カネは突いたりたたいたりして鳴らす器具である。揺すったり振って鳴らすものはスズ（鈴・鐸）である。スズには二種類ある。金属製の丸い空洞に裂け目があり、その空洞に球などを入れて振り鳴らす鈴がある。また、釣り鐘型で中に吊した舌を振り当てて鳴らす鐸や風鈴がある。ここで取り上げるのは後者である。わが国の鐸には銅製のものと鉄製のものがある。この「振って鳴らす」という特性が、鐸の謎を解明するためには非常に重要な鍵となってくるはずである。さらに木製や土製の模造の鐸もあった。

辞書類にある鐸の古訓は、オホスズ・スズ・スス・ヌリテ・ヌテ・ユヒヌキなどである。ユヒヌキは指貫で、今回のテーマとは関係がない。鐸などの名称は古代文献には次のように記録されている。

①（思兼神《おもひかねのかみ》の指示で太玉神《ふとたまのかみ》が）天目一箇神《あまのまひとつのかみ》をして種《くさぐさ》の刀《たち》・斧及鉄《くろがね》の鐸《さなき》古語に佐那伎《さなき》といふ。を作らしむ。（中略）（アメノウズメをして）真辟《まさき》の葛《かづら》を以て蘰《かづら》と為《し》、蘿葛《ひかげ》を以て手繦《たすき》と為、竹葉《ささば》・飫憩《おけ》の木の葉を以て手草《たくさ》と為、手に鐸《さなき》着けたる矛を持ちて、石窟《いはや》の戸の前に誓槽《うけふね》覆《ふ》せ、庭燎《にはび》を挙《あ》げて、巧《たくみ》に俳優《わざをき》を作《な》し、相与《あひとも》に歌ひ舞はしむ。（古語拾遺）

②妃淳葉田瓊入媛《みめぬはたにいりひめ》は、鐸石別命《ぬてしわけのみこと》と膽香足姫命《いかたらしひめのみこと》とを生めり。（垂仁紀十五年二月）

③（老嫗《をみな》に）「縄の端《はし》に鐸《ぬりて》（左訓すず）を懸けて、謁者《ものまうしひと》に労《いたは》ること無かれ。入《まゐ》りては鳴らせ。朕《われ》、汝《いまし》が到るを知らむ」とのたまふ。是《ここ》に、老嫗、詔《みことのり》を奉《うけたまは》りて、鐸《すず》を鳴らして進む。天皇《すめらみこと》、遥《はるか》に鐸の声《おと》を聞《きこ》しめして、歌《うたよみ》して曰《のたま》はく

浅茅原《あさじはら》　尾确《をそね》を過ぎ　百伝《ももつた》ふ　鐸響《ぬてゆら》くもよ　置目来《おきめく》らしも（紀八五）（顕宗紀元年二月）

④鐸《ぬりて》を大殿の戸に懸けて、其の老媼《おみな》を召さむと欲《おも》ほす時は、必ず其の鐸《ぬりて》を引き鳴らしたまひき。爾《ここ》に御歌を作《よ》みたまひき。其の歌に曰《の》りたまひしく、

浅茅原《あさじはら》　尾谷《をたに》を過ぎて　百伝《ももつた》ふ　鐸響《ぬてゆら》くも　置目《おきめ》来《く》らしも（記一一二）（顕宗記）

⑤（神宝廿一種の内）金銅鎛《さひつゑ》（左訓つみ）二枚茎長各九寸三分。輪径一寸一分。（中略）銀銅鎛《さひつゑ》一枚茎長九寸三分。輪径一寸一分。（延喜式、神祇四　伊勢太神宮）

上例をみると、①③④⑤はいずれも大きな銅鐸とはほど遠いようである。しかし、③④の歌謡は銅鐸に関わる古伝承を借用してはいないか。

①は鐸をサナキと訓んでいる。鐸は後漢の許慎撰『説文解字』に「大鈴也」とある。サナキは接頭語サ＋ナキ（鳴）であろう。すなわち、繰り返し鳴るの意である。①は諏訪市諏訪大社の鉄鐸「サナギの鈴」や、塩尻市の小野神社（祭神は建御名方命《たけみなかた》）の神代鉾に吊された鉄鐸を想起せしめる。[*8]今はサナキとサナギは同じであると仮定しておく。（ただし、サナギ〈蛹〉は接頭語サ＋ナギ〈和〉であろう。接頭語サは再生・新生・繰り返しの意であるが、サのよって来たるところについては拙著『古代日本の月信仰と再生思想』で詳述した。[*9]）

②の鐸石は鐸を造る鋳型の石だろう。あるいは石で作った鐸の模造品か。鐸はヌテと訓まれているが、③④の歌謡でもヌテとある。④の例文では鐸をヌリテと訓んでいる。『名義抄』（平安末期成立）でも鐸をヌリテと訓む。ヌテはヌリテの約言としてよい。ヌリテのヌリはナリ（鳴）、テは接尾辞的なものか、タリ・タレ（垂）の縮言だろう。『国史大系本』では③の初めの鐸には右訓にヌリテとあるが、左訓にはスズとある。次の鐸には右訓にスズとあり、左訓はない。三つ目には訓みがつけられていないが、おそらくスズと訓むのだろう。なお、『日本書紀通釈』は本文の初めの鐸にヌデ（スズ）、二回目をヌデ、三回目をスズとする。『古典全書本』は初めと二回目にヌテ、『古典大系本』はヌリテの訓をつける。④では、『記伝』『古典大系本』は本文の二回の鐸にヌリテ、

『思想大系本』はヌテの訓をつけている。なお、『猪熊本』『前田本』にはススの訓となっている。

⑤の鐏には右訓にサヒツヱ、左訓にツミとある。鐏には「つき鐘」と「鋤・鍬」の二つの意味がある。右訓のサヒツヱは後者のスキ（鋤）のことであるらしい。『名義抄』にも鐏にツミとサヒツヱの訓みがある。上代文献にはスキに鋤・鉏・耜などの文字が遣われているが、ここでは鳴り物の鐏にもスキを遣っている。もっとも、中国では鐏を農具の意味に遣うこともある。鐏の左訓のツミは紡錘形のつき鐘であるが、紡錘形のスズも表したとしてよいだろう。

サヒツヱはスキ（鋤・鉏・耜）のような農具であるが、杖に鐸を吊したものを意味したことがあったらしい。また、スキには農具以外の意味があったかもしれない。こうしたスキに銅鐸の伝承を発見する突破口がありはしないか。今ひとつは、先ほども述べたことであるが、銅鐸の揺すり「振って鳴らす」特性に着目することだろう。（なお以下に銅鐸の語を用いるが、必ずしも銅製であることに意味を持たせているわけではない。鐸とするより銅鐸のほうになじみがあるから、銅鐸の表現を用いる。）

第二節　銅鐸はスキ・ススキ・スズ

これから銅鐸の検討に移るが、まず関連の動作から検討する。

水中で布などを振り動かすススグ（濯）は、古代では清音のススクである。『時代別国語』によれば、ソソグが上から水などを振りかける意であるのに対し、ススクはフリススクやススキフルの形もあるように、水を流すのではなく、清めるものを水のなかで振り動かすことを表したとする。森田良行によれば、

「すすぐ」は汚れを落とすことよりも、綺麗にすることに主眼がある。水に漬けて揺らしたり、容れ物の中

に水をいれて揺すったりする行為をいい、石鹸やブラシなどで洗うことは「すすぐ」ではない。とある。[*10] 濯という字の成り立ちも、旁の翟は鳥が羽ばたきをするかたちである。濯は水のなかで羽ばたくようにものを動かすのである。そこで上代の例文を掲げる。

A（アマテラスがスサノヲの十握《とつか》の劒を三段《みきだ》に折り）天真名井《あまのまなゐ》に濯《ふりすす》きて、（中略）生まるる神を、号《なづ》けて田心姫《たごりひめ》と曰す。次に湍津姫《たぎつひめ》。次に市杵嶋姫《いちきしまひめ》。凡《すべ》て三《みはしら》の女《ひめかみ》ます。（神代紀六段本文）

Bすすき振る（彼方此方《をちこち》の古川の）をとみの水の、いやをちに御をちまし（出雲国造《いづものくにのみやつこ》神賀詞《かむよごと》）

Aの「神代紀」六段本文では、フリススキがなされて、物種から三女神と、さらに五男神が生まれてくる。Bでは古川の淀みの水を、春の初めにススキフルことによって、若返ることが図られる。芭蕉の有名な俳句「古池や蛙飛びこむ水のをと」の新釈では、冬模様の池が、蛙が飛び込んだ波紋のゆれによって、春の池として若返った瞬間を感じ取ったとされている。Bでもこれと同じ現象で、ススギフラレて若返ったのである。昔話「桃太郎」では、おばあさんが衣を濯ぐことによって、小さ子の入った桃が招き寄せられてくる。奈良県天理市の石上《いそのかみ》神社の『和州布留《ふる》大明神御縁記』によれば、貞女が濯いでいた布によって、川上から流れてきた宝剣「布留」が留まってしまったという。してみると、ススクことにはこうした霊や命を蘇らせたり、与えたり、招き寄せたりする強力な呪能があったのである。

銅鐸の基本動作を記すと、スク・イスク・ススク・イススクであり、その名詞形はスキ・イスキ・ススキ・イススキである。大鈴である銅鐸を振り鳴らすことはススクことであるから、ススキして発する音が霊を招いたり、子種を生み出したりする呪能があると考えてもよいだろう。ここで一つの仮説を立てたい。すなわち、銅鐸は、スキ・ススキと呼ばれることもあって、（おそらく春先や田植え時に、また旧暦八月朔日ころなどに）木や柱竿に吊るされ、稲穂の豊かな結実を祈願して振り鳴らされた。その呪能で悪霊を祓い、また稲魂を招き寄せていたと考えられる。そしてススキはスス・スズにも変化した。（ただし、八月朔日との関係は次章で証明する。）

ススキはスキの繰り返し、即ちスキスキの約言であると思うが、ここでスキについて復習をしておきたい。スキにはいろいろの語義が存在する。それを終止形であげると、田をスク（鋤）、髪をスク（梳）、材木を薄くスク（剥）、糸を網にスク（編・結）、繊維を紙にスク（漉・抄）、魚をスク（掬）などである。これらのスクに共通していることは、鋤・櫛・刃物・網針・簀の子・網などを振り動かして、田・髪・材木・網・紙・魚などをスク反復運動である。その仕方や目的に合わせて、適宜漢字を選んでいるようである。連用形が名詞化すればものの名にもなるが、適切な漢字を当てはめ得なかった時代もあった。すると古代文献にある鋤・耜・鉏は多く農耕用のスキを意味しない単なる当て字で、振り鳴らす銅鐸のことであってもおかしくはない。また、そのスキがその畳語のススキとなっても反復する感は強くはなるが、語義がそれほど変わるわけではないだろう。

そこで、上述の仮説を立証するために、上代文献のいくつかをあげてみる。まず『紀』である。

①時に、味耜高彦根神《あぢすきたかひこねのかみ》、光儀華麗《よそひうるは》しくして、二丘二谷《ふたをふたたに》の間に映《てりわた》る。故《かれ》、喪に会《つど》へる者歌《ひとうたよみ》して曰《のたま》はく、或いは云はく、味耜高彦根神の妹下照媛《いもしたてるひめ》、衆人《つどへるひと》をして丘谷《をたに》に映《てりかがや》く者《ひと》は、是味耜高彦根神なりといふことを知らしめむと欲《おも》ふ。故、歌《うたよみ》して曰はく、

天なるや　弟織女《おとたなばた》の　項《うな》がせる　玉の御統《みすまる》の　あな玉はや　み谷　二渡らす　味耜高彦根神（紀二）（神代紀九段第一）

①の本文の「或いは云はく」以下は別伝である。アヂスキタカヒコネのスキは田畑を耕す道具と考えられている

が、恐らく間違っているだろう。スキはススキの同類の語であり、銅鐸であるとするならば、黄金色に近い輝きを呈する。銅に対し錫を八ないし三三パーセント加えて鋳造すると、硬度・光沢・音色・仕上がりなどが銅だけよりも格段に優れていた。もし錫を増して鋳造すれば、白さを増して映える。こうした効果をもたらした金属の錫にスズの名が与えられた要因があったろう。いわゆる「見る銅鐸」の感じで、二つの丘谷を越えて輝いている。たとえば、第一節の③④の歌謡のようであるならば、尾根や谷を過ぎて「百伝《ももつた》ふ　鐸響《ぬてゆら》くもよ」のように鳴り響いている。すなわち「聞く銅鐸」の感じである。この考えに誤りがないならば、アヂスキタカヒコネは銅鐸神となる。従って、この神を雷神[*11]や蛇神[*12]とする見方は妥当性が薄いことになる。

一方、「神代記」の大国主神の神裔譜ではアヂスキタカヒコネは阿遅鉏高日子根と表記されているが、天若日子の段ではアヂシキタカヒコネ（阿遅志貴高日子根）となっている。スキ（耜・鉏）のキは甲類であるが、シキ（志貴）のキは乙類である。『播磨国風土記』『出雲国風土記』『土佐国風土記』逸文でも「神代紀」と同じようにアヂスキであるのに、どうして「神代記」ではアヂシキに変化してしまったのであろうか。シキを地名とする説もあるが、大和の磯城や河内の志貴はアヂスキタカヒコネとは関係がない。そこで少し補足する。

〔補〕以下この段は私の想像である。『万葉集』ではシグレ（時雨）が十三回詠われているが、いずれも鍾礼と表記されている。ただし、『万葉代匠記』や『万葉集全釈』では鐘礼となっている。鐘はツリガネの意であるが、しばしば鍾で代用されている。また、黄鐘を『枕草子』ではワウシキと訓み、『徒然草』ではワウジキと訓む。鐘・鍾は音読みでは通常ショウである。藤井貞幹《さだもと》は『衝口発《しょうこうはつ》』（一七八一年刊）のなかでシク（鐘）を韓音とし、宮崎道三郎はシグ・シキを特殊な音とする。[*13] 多分アジスキに味鐘・味鍾の伝承もあったのだろうか、『記』の撰録者は、アヂシキと訓み、さらに訓みに惑いのないように阿遅志貴と真仮名表記に直したのであろう。

味鐘・味鍾の伝承もあったかとするのは、次の文による。

（ホノニニギの尊を）皇祖高皇産霊尊《みおやたかみむすひ》、特《こと》に憐愛《めぐしとおもほすみこころ》を鍾《お》きて、崇《かた》て養《ひだ》したまふ。（神代紀九段本文）

『古典大系本』は上文にある鍾を、『名義抄』の多くの訓の一つによって、アツメテと訓んでいるが、『図書寮本』『吉田家兼方本』『寛文版本』『日本書紀通釈』はオキテと訓んでいる。だから、この鍾の訓みはアツメテではなく、オキテを採用すべきと考える。オキテは古訓であろう。しかし、漢語としての鐘にオク（置）という意味はない。鐘の通用字の鍾にもアツマル・アツメルの意はあっても、オクの意はない。鍾にオクの訓みを与えたのはわが国においてであり、これから引用する⑧⑫の例にあるように、銅鐸を山や岡の地中に祀り置いた、あるいは山や岡に持ち込んで霊格を付着させる、そうした習俗が鍾にオクの訓みを生み出したのではないか。もしこの類推が正しければ、鍾を銅鐸の意にも使用していた可能性が高い。

それはさておき、アヂスキ甲→アヂシキ乙の変化でも、『紀』前『記』後であったことになる。

ここで、アヂスキタカヒコネ関連の伝承を掲げる。

②賀茂の神戸《かむべ》（前略）天の下造らしし大神の命の御子、阿遅須枳高日子命《あぢすきたかひこ》、葛城《かつらき》の賀茂の社に坐《いま》す。（出雲国風土記意宇《おう》郡）

③（大己貴神《おほあなむち》の）児《みこ》味鉏高彦根神、倭国《やまと》葛上郡《かつらきのかみ》の高鴨社《たかかものやしろ》に坐す。（中略）児都味歯《つみは》八重事代主神、倭国高市《たけち》郡高市の社に坐す。亦は甘南備《かむなび》の飛鳥《あすか》の社と云ふ。（中略）児建御名方《たけみなかた》神、信濃国諏方《すは》郡の諏方の神社に坐す。

（素戔烏尊《すさのを》の）孫都味歯《つみは》八重事代主神、八尋の熊鰐《くまわに》と化為《な》り、三嶋の溝杭《みぞくひ》の女活玉依姫《むすめいくたまより》に通ひて、一男《ひとはしらのひこ》一女《ひとはしらのひめ》を生む。（旧事紀地祇本紀）

③からもわかるが、アヂスキタカヒコネ・(ツミハヤヘ)コトシロヌシ・タケミナカタの三神はオホアナムチを父とする異母兄弟である。(ツミハヤヘ)コトシロヌシとタケミナカタについては次節で取り上げる。タケミナカタは次章でも言及する。(なお、③の後半ではスサノヲはオホアナムチの父であることになる。)

『延喜式』神名帳によれば、大和国高市郡に高市御県《たけちのみあがた》坐《にます》鴨事代主神社がある。葛上郡《かつらきのかみ》には鴨都波《かもつみは》八重事代主神社二座と高鴨《たかがも》阿治須岐《あぢすき》託彦根《たかひこね》神社四座がある。これらも②③の伝承とマッチするところである。『記紀』でのコトシロヌシと三嶋の溝杭の女との伝承は次のようである。

④(大己貴神の幸魂《さきみたま》・奇魂《くしみたま》は三諸山《みもろのやま》の大三輪の大物主神であるが)此の神の子《みこ》は、即ち甘茂君等《かものきみたち》・大三輪君等、又姫蹈鞴五十鈴《ひめたたらいすず》姫命《ひめのみこと》なり。又曰はく、事代主神、八尋熊鰐《やひろわに》に化為《な》りて、三嶋の溝樴姫《みぞくひひめ》、或は云はく、玉櫛姫《たまくしひめ》といふに通ひたまふ。而して児《みこ》姫蹈鞴五十鈴姫命を生みたまふ。是を神日本磐余彦火火出見《かむやまといはれびこほほでみの》天皇《すめらみこと》の后とす。(神代紀八段第六)

⑤事代主神、三嶋の溝橛耳神《みぞくひみみのかみ》の女《むすめ》玉櫛媛に共《みあひ》して生める児《みこ》を号《なづ》けて媛蹈鞴五十鈴媛命と曰《まう》す。(神武前紀庚申年《かのえさるのとし》八月)

⑥此間《ここ》に媛女《をとめ》有り。是を神の御子と謂ふ。其の神の御子と謂ふ所以《ゆゑ》は、三嶋の湟咋《みぞくひ》の女《むすめ》、名は勢夜陀多良《せやだたら》比売《ひめ》、其の容姿《かたち》麗美《うるは》しかりき。故《かれ》、美和《みわ》の大物主神、見感《みめ》でて、其の美人《をとめ》の大便《くそ》為《ま》れる時、(中略)美人の富登《ほと》を突きき。爾《ここ》にその美人驚きて、立ち走り伊須須岐伎《いすすきき》。(中略)即ち其の美人を娶《みあひ》して生める子、名は富登多多良伊須須岐《ほとたたらいすすき》比売命と謂ひ、亦の名は比売多多良伊須気余理《ひめたたらいすけより》比売と謂ふ。故、是を以ちて神の御子と謂ふなり。(神武記)

④の「神代紀」八段第六の伝承では、ヒメタタライスズヒメを、A大三輪の大物主神の子とするものと、Bコト

シロヌシが三嶋のミゾクヒの女を娶り生んだ子とする二説があり、併記されている。⑤の「神武前紀」ではBをとり、③の「地祇本紀」もBを受け継いでいた。⑥の「神武記」ではABの折衷を計っているけれども、Bに力点をおいて言葉遊びをしながら、（引用文では省略してあるが、）立派な歌物語を完成させている。引用部分だけからいっても、湟咋のミゾにこと寄せて、『山城国風土記』逸文の賀茂の瀬見の小川の川遊びを取り込んでいる。

ヒメタタライスズヒメの初めのヒメは「ヒコ＋某」という男性名の女性版である。タタラは鋳物を鋳るとき火力を高めるための送風装置であるが、鋳物製造装置全体をいうこともある。⑥のホトタタライススキのイススキはスキフルことであるが、ここでは銅鐸を指していると考えてよいだろう。④⑤のヒメタタライスズヒメのイスズはイススクの語幹のイススが変化したものである。もちろん銅鐸のことである。

津の国の三嶋は、現在の大阪府高槻市三島江に当たる。そこに三島鴨神社がある。オオヤマツミとコトシロヌシを祭神とする。溝咋《みぞくひ》神社は、三島江から北西二キロの茨木市五十鈴町にある。祭神はヒメタタライスズヒメとミゾクヒタマクシヒメである。三島江から西へ三・五キロ、溝咋神社から南西二キロに吹田市東奈良遺跡がある。そこから銅鐸の鋳型が少なくとも六個出土した。[*14]このことから津の国の三島県は銅鐸生産のセンターの一つであると認定された。三島県は後に島上《しまのかみ》・島下の二郡に分割されるが、『和名抄』によれば島下郡には穂積《ほつみ》郷もある。（ホツミは次章で取り上げる。）

⑥の「神武記」の勢夜陀多良であるが、勢夜を『古事記伝』は地名とし、『古典大系本』の頭注は未詳とする。[*15]『古典集成本』の頭注はそれを兄矢《せや》とし、男根を表すとする。[*16]そしてセヤダタラを「男根を立てられる」と理解する。兄矢は校注者西宮一民の造語で、承伏できない。『和名抄』では征箭に曾夜《そや》の訓を与えているが、大野晋はソヤは金属の矢じりの矢で、ソヤからセヤに音転したと見ている。[*17]『思想大系本』の補注はセはソの交替形で、ソヤを立てられたとする。[*18]これらのほうが素直な解釈である。もしかすると『記』の撰録者は、文字伝承の征箭・征矢をソヤではなく、セヤと訓み、訓み誤りを防ぐために音文字を借りて、勢夜と表記したのかも知れない。

ちなみに、ソヤ（征箭）の用例は『陸奥国風土記』の逸文や『万葉集』⑳四三九八番などにある。松前健は、④⑤⑥の三種の伝承のなかで、『記』の⑥がもっとも新しいと推定している。[*19] ここでも『紀』前『記』後であった。

④⑤のイスズ（ヒメ）や⑥のイススキ（キ）には語頭にイがついている。このイを『大言海』は発語、『新編古語』は接頭、『角川古語』は接頭語かとする。しかし、ユスル・イスル（揺・動）やユスグ・イスグ（濯）の語幹ユス・イスの畳語が縮まればイススであり、動詞化すればイススクである。ユサブル（揺）・ユサユサの語もある。したがって、イスズ・イススクのイを接頭語とするのは保留し、後考を待ちたい。また、『古典集成本』の頭注は、イススクをイスキイスクの略とし、イススクを「あわてふためく」・「身震いする」と解釈する。それは一つの解釈であるが、根底にフル・ユスルの語感がないと、元来の意味からは次第に離れて行ってしまう。⑥のイスケヨリヒメのイスケはイススキの訛り伝わったものである。ススキが銅鐸を指すのであるならば、イススキ・イスケも銅鐸である。タマヨリヒメが玉を依り代として神霊を招くヒメであるとするならば、イスケヨリヒメは銅鐸によって神霊や穀霊を招いたりもたらしたりするヒメである。

イスケが銅鐸であることは別のことからも証明できる。⑥ではホトタタライススキヒメはヒメタタライスケヨリヒメの別名であった。ところが、『紀』の④⑤のヒメタタライスズヒメには妹があり、「安寧紀」にはイスズヨリヒメ（五十鈴依媛）として記載されている。つまりイスケヨリヒメはイスズヨリヒメの異伝ともとれる。したがって、イスズが銅鐸ならば、イスケも訛っているが銅鐸であるはずである。

⑦大彦と和珥臣《わにのおみ》の遠祖彦国葺《とほつおやひこくにぶく》とを遣《つかは》して、山背《やましろ》に向《ゆ》きて埴安彦《はにやすびこ》を撃たしむ。爰《ここ》に忌瓮《いはひべ》を以て、和珥の武鐰《たけすき》坂《さか》の上に鎮座《す》う。（崇神紀十年九月）

⑧又天皇、丸邇《わに》の佐都紀臣《さつきのおみ》の女《むすめ》、袁杼比売《をどひめ》を婚《よば》ひに、春日《かすが》に幸行《い》でましし時、媛女《をとめ》道に逢ひき。即ち幸行《いでまし》を見て、岡の辺に逃げ隠《かく》りき。故、御歌を作《よ》みたまひき。その御歌に曰《の》りたまひしく、

媛女《をとめ》の　い隠る岡を　金鉏《かなすき》も　五百箇《いほち》もがも　鉏《すき》は鳴《ぬ》るもの（記九九）

とのりたまひき。故、其の岡を号《なづ》けて金鉏岡《かなすきのをか》と謂ふ。（雄略記）

⑦は奈良県天理市北部のタケスキ坂の上に瓶を据えて、域内の鎮護を祈ったものであるが、和邇氏がかつて銅鐸の祭に関係があったとするならば、タケスキ坂のスキは銅鐸であるから、この坂に銅鐸を埋めたこともあったろうし、そこで鳴らしたこともあったろう。⑧の歌謡の末句「鉏《すき》は鳴《ぬ》るもの」はこれまで「鋤《す》き撥《は》ぬるもの」としてきたものである。「スキは」のハは『真福寺本』では「波」とあり、ハと訓む。『前田家本』『猪熊氏本』には婆とあり、バと訓む。『国史大系本』『古典全書本』、丸山次郎の『標注訓読本』や尾崎知光《さとあきら》の『全注本』、あるいは西宮一民校注の『古事記』などはハ（波）を用いているので、ここではハを用いた。ところで、（カナ）スキがスキと同じように銅鐸とわかってみれば、（カナ）スキは鳴るものと理解してよいだろう。すると、銅鐸は時には多くまとめて、岡の地中に埋め保管するものだから、ヲドヒメが岡の辺に隠れ籠もる情景が結びつけられてくる。宮岡薫は、「（金）鉏は単なる農耕具ではなく、呪的かつ象徴的な意味合を濃厚に保持している」と感じているが[*20]、鉏が銅鐸であるならば呪能があって当然であろう。

次ぎに、出雲国の国引き神話の唱え言葉と、『記』の類似の章句を掲げる。

⑨童女《をとめ》の胸鉏《むなすき》取らして、大魚《おふを》のきだ衝《つ》き別けて、はたすすき穂振り別けて、三身《みつみ》の綱うち挂《か》けて、くるやくるやに、河舟のもそろもそろに、国来《くにこ》国来と引き来、縫へる国は、（出雲国風土記意宇郡）

⑩栲縄《たくなは》の、千尋縄打ち延《は》へ、釣為《せ》し海人《あま》の、口大《くちおほ》の、尾翼鱸《をはたすずき》、佐和佐和《さわさわ》に、控《ひ》き寄せ騰《あ》げて（神代記）

⑨の称辞は、国引き神話のなかでダイナミックに四度繰り返されて、四カ所の国の余りを引き寄せる国造りを演

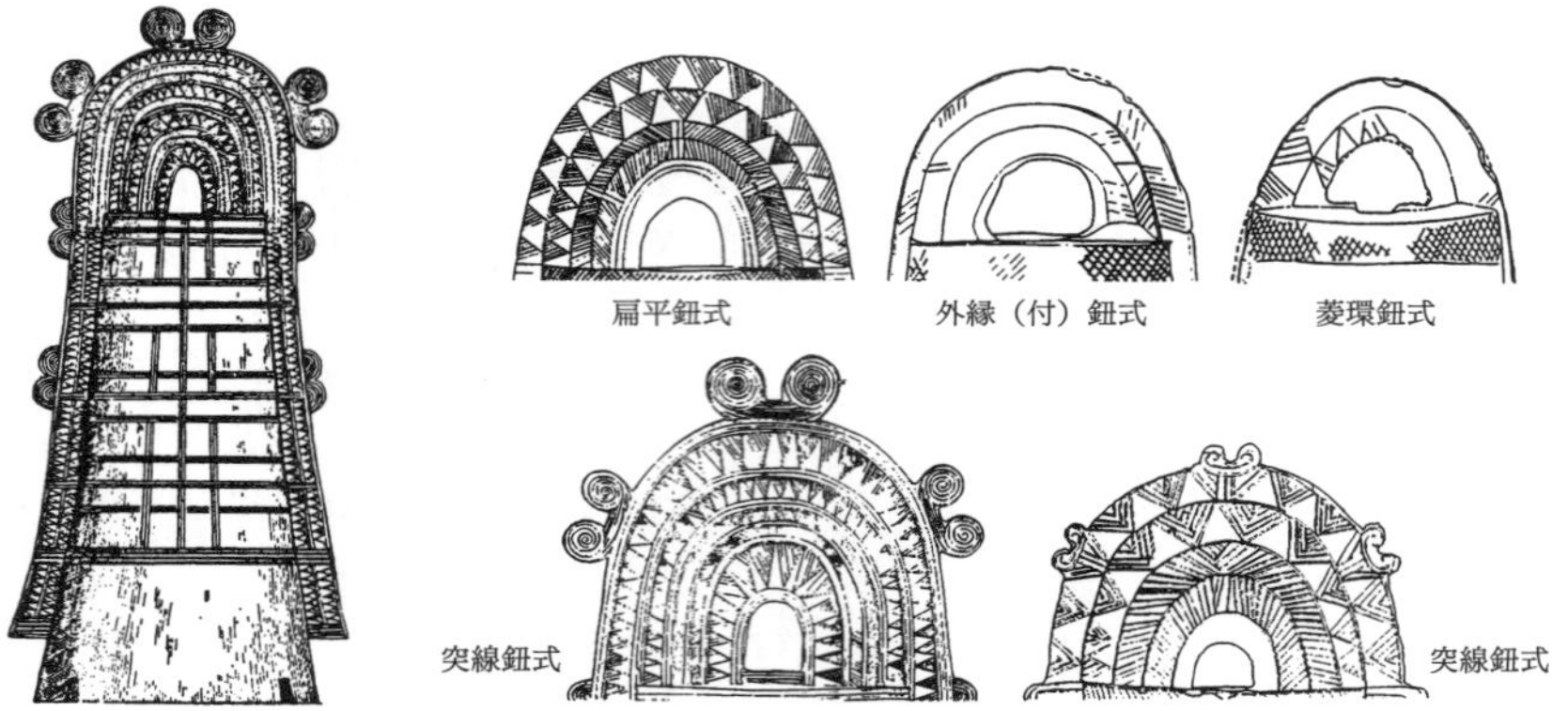

佐原真の銅鐸編年と近畿式銅鐸（熊野正也・堀越正之　『考古学を知る辞典』　学生社1964年より）

出する。ところが、栗田寛は童女の胸鉏を「処女の胸の広きが如く、広く平に直き鉏」とし、[*21] その後加藤義成・久松潜一・秋本吉郎・小島瓔禮《よしゆき》・植垣節也などもおおよそ同様の解釈をほどこす。[*22] しかし、幅広くとも扁平な胸が、若い女性の魅力であるはずがない。スキ（鉏・鋤）は銅鐸のことであるから、乙女の胸の乳房が、まるで二つの銅鐸をつけたように、ふくらみ突きだしていると解釈するべきである。乙女の胸が扁平であっては、国引きをする男神たちに強烈な力を与えはしない。オフヲは大きい魚ではなく、海を渡ってくる回遊魚の意である。ハタススキは穂の出たススキ（薄）である。このハタは旗・鰭・端にも展開するが、ヒレに通じている。これもヒレの出た銅鐸を連想させるものである。ハタススキは『万葉集』でも穂にかかる枕詞として詠まれているが、ハダススキ・ハナススキにも変化をしている。引用文では「はたすすき穂振り別けて」とあり、ハタススキは穂にかかっていた。銅鐸のホ（穂）は、ヒレや鈕から出た渦巻状双耳や鰭状双耳の飾り耳の突起であるだろう。（また付け加えると、ホには〈海などに〉突き出た渡し状のものを指すことがある。）

⑩は大国主神の国譲り段にある。「口大《くちおほ》の、尾《を》翼鱸《はたすずき》」は、口が大きく、尾鰭や背・胸・腹などの鰭が張り出したスズキ（鱸）である。延縄で釣り上げられる鱸は、縄で吊しあげられた周りにヒレの出た

ススキ（銅鐸）と連想が重なっている。『記紀』や『延喜式』祝詞では、魚は「鰭《はた》の広物、鰭の狭物《さもの》」として表現されていて、ヒレの信仰が深いのがわかる。銅鐸もヒレが次第に大きくなった。佐原真の形式分類に従えば、菱環鈕《りょうかんちゅう》式・外縁付《がいえんつき》鈕式・扁平鈕式・突線《とっせん》鈕式と変化した。突線鈕式は途中から急に大型化し、末期には近畿式・三遠式銅鐸を生み出した。[*23] 銅鐸のヒレも後期のものほど大きくなり、近畿式には飾り耳がついている。

こうした傾向の背景には、銅鐸によってより効率よく稲魂を招来し、それを稲穂に付与して豊かな稔りをもたらすという、長年盛行した強い信仰があったからに違いない。大きなホ・ヒレが銅鐸の威力を増したのである。これは銅矛や銅剣が大きくなり扁平になったのと同じである。

さらに、『出雲国風土記』には次の伝承がある。

⑪出雲の神戸《かむべ》（前略）伊弉奈枳《いざなき》の麻奈古《まなご》に坐《ま》す熊野加武呂《くまのかむろ》の命と、五百《いほ》つ鉏《すき》の鉏猶《なほ》取り取らして天《あめ》の下造らしし大穴持《おほあなもち》命と、二所《ふたところ》の大神等に依さし奉る。故、神戸といふ。（出雲国風土記意宇郡）

⑫神原《かむはら》の里（前略）古老《ふるおきな》の伝へていへらく、天の下造らしし大神の御財《みたから》を積み置き給ひし処なり。則ち、神財《かむたから》の郷《さと》と謂ふべきを、今の人、猶誤りて神原の郷といへるのみ。（同大原郡）

⑪のクマノカムロは熊野の大神、すなわちスサノヲのことである。片方のオホアナモチは五百口ものスキ（鉏）、すなわち銅鐸を取り集めたとある。⑫は神原はオホアナモチが御宝を積み置いたところであるという伝承である。ところが、平成八年この雲南市加茂町神原に至近の加茂岩倉遺跡から三十九口の銅鐸が発見された。すでに昭和五十九年には北西の斐川町神庭《かんば》荒神谷《こうじんだに》遺跡からは銅剣三百五十八本が出土し、翌六十年には隣接地から銅矛十六本とともに、銅鐸六口が発見されて、一大ニュースとなっていた。

この他に「安寧紀」には懿徳が大日本彦耜友天皇《おほやまとひこすきとものすめらみこと》と記してある。「崇神紀」元年二月には豊鋤入《とよすきいり》姫がいる。

これらの御名にはスキを含む。トヨスキイリヒメのトヨスキとは鳴り響《とよ》む銅鐸であろう。銅鐸のトヨミが稲の豊作に結びついていて、豊の字にトヨの訓みが与えられたと考える。銅鐸のトヨミ（響）がトヨ（豊）であり、銅鐸の祭りの夜に続いて饗宴が行われたが、それがトヨのアカリ（明）であろう。（ゆらゆら揺れるユタもユタカとして豊の訓になった。アマテラスは崇神の大殿で祭られていたが、崇神六年にトヨスキイリヒメにつけて、倭の笠縫邑で祀ることになった。）

また、「景行記」には吉備臣《きびのおみ》の祖の御鉏友耳建日子《みすきともみみたてひこ》がいる。この名にある語頭のミは敬称の接頭語、スキは銅鐸、トモミミは近畿式銅鐸の鈕の上端やヒレにつけられた渦巻状双耳や鰭状双耳の飾り耳であろうか。当時、糸巻きや巻き貝、あるいは紡錘形をした銅鐸への信仰が重層して盛行していた。銅鐸は次第に大きくなり、鈕は扁平となり、鐸身の両側のヒレは肥大化し、さらに耳状の飾りもつけられたのである。

懿徳の和風名ヒコスキトモはミミを欠いている。しかし、ヒメタタライスズヒメの皇子がカムヌナカワミミ（綏靖）であり、その皇子のシキツヒコタマテミ（安寧）とイスズヨリヒメの皇子が懿徳であった。タマテミ（安寧）のテミがツミの転訛とすれば、ヒコスキトモのトモはツミの変化か、あるいはトモミミの略体ではないのか。「景行記」のミスキトモミミタテヒコ以降、銅鐸の名残を示す人名は消失する。

第三節　鐸名ツミはトミ・トビに変わったか

第一節⑤で引用した『延喜式』のなかで鏄をサヒツエと訓み、またツミという左訓もあった。紡錘形をしたものがツミと呼ばれていた。

これまで追求してきたスキ・ススキは銅鐸を振り動かす動作に起因していたが、ツミは銅鐸の形によっている。たとえば、紡錘形のツム（錘）がある。同様につぼまった形はツボ（壺）・ツボミ（蕾）・スボ（苞）・ツツミ（包）・

ツト（苞）などになる。毛の渦巻きがある頭もツム・ツムリである。ツミ（銅鐸）の名もそうしたなかのバリエーションである。稲藁を束ねるとき、二・三筋の藁を稲藁に廻し、両端を一緒にひねって、廻した藁のしたに差し込んで止める。ツム（紡・績）にはひねる意がある。稲藁の上方を束ねると、下部は傘状に広がるが、ツバ（鍔）のようになり、ツバサ（翼）・ツバメ（燕）・トビ（鳶・飛）のように変化する。下部もつぼまっていれば、あるいは下部をもう一度束ねると、ツム形になる。そこで多少想像を含めるが、ツミはトミ・トビに変化していたのではないかと思われる。

「神武前紀」戊午《つちのえうま》年十二月の条に次のようにある。

①皇師《みいくさ》遂に長髄彦《ながすねひこ》を撃つ。連《しきり》に戦ひて取勝《か》つこと能《あた》はず。時に忽然《たちまち》にして天陰《ひし》けて雨氷《ひさめ》ふる。乃ち金色《こがね》の霊《あや》しき鵄《とび》有りて、飛び来り皇弓《みゆみ》の弭《はず》に止《とま》れり。其の鵄光り曄煜《てりかかや》きて、状流電《かたちいなびかり》の如し。是に由りて、長髄彦が軍卒《いくさのひとども》皆迷《まど》ひ眩《まぎ》えて、復力《きは》め戦はず。長髄は是邑《むら》の本の号《な》なり。因りて亦以て人の名とす。皇軍《みいくさ》の、鵄の瑞《みつ》を得るに及《いた》りて、時の人仍《よ》りて鵄邑《とびのむら》と号《なづ》く。今鳥見《とみ》と云ふは訛《よこなま》れるなり。

鵄《とび》は『日本書紀私記』丙本はトヒと訓んでいる。同じ年の三月には、ナガスネヒコは日下（クサヱとも）の戦いで神武軍を退けていた。しかし、ここではナガスネヒコの軍勢は神武の弓の先端に止まったトビの光りによって、困惑し戦意をまったく失っている。これはどうしたことか。櫻井満は金鵄を太陽の象徴であり、日神《ひのかみ》の使いと見ている。[*24] しかし、そうではないだろう。ここではトビという鳥になってはいるが、馴らした鷹でもなければ、弓のハズに鳥がとまるはずはない。それは弓の先につけられた銅鐸ではないか。神武はナガスネヒコや軍卒の信仰する神器の銅鐸を手中にして、それを先頭に進軍してきたのである。当時光り物は限られていたはずである。ここではトビが本で、横訛ってトミとなったとしているが、本当はトミからトビに変わったのであろう。トミはツミではないか。

『和名抄』によれば、小型の鷹の雀鷂をススミタカともツミともいう。ススミタカはスズメダカ（雀鷹）ともいい、ハヤブサを指す地方もある。同じく『和名抄』にはハシタカ（鷂）の一種をツブリというとある。タカとトビは同じワシタカ目ワシタカ科だから、大小の差はあるものの、外見は似通っている。おそらく『紀』の編者はツミ（銅鐸）を隠蔽して、トビにしたのである。

ところで、この金鵄の挿話より半年前のこと、難波から迂回した神武軍は、熊野で神の毒気《あしきけ》に萎えて難渋した。アマテラスは神武軍を助けるため、その地のタカクラジの倉に霊剣を降ろす。タカクラジが霊剣を神武に奉ると、皇軍はその悪酔いから目覚めた。タカクラジは新宮市の神倉神社に祀られており、「天孫本紀」によると尾張氏の天香語山命《あめのかごやま》の別名である。神倉神社のゴトビキ岩の下からは近畿Ⅲ式の銅鐸の破片が出土している。

神武軍がその熊野から大和に侵入するまでの様子を古代文献で調べてみる。

②（アマテラスが神武に夢で教えて）「朕《あれ》今頭八咫烏《やたのからす》を遣《つかは》す。以て郷導者《くにのみちびき》としたまへ」とのたまふ。果《はた》して頭八咫烏有りて、空《おほぞら》より翔《と》び降る。（中略、多分伊勢国の南部の山中を経由して）乃ち烏の向ひの尋《まま》に、仰ぎ視て追ふ。遂に菟田《うだ》の下県《しものこほり》に達《とほりいた》る。（神武前紀 戊午年《つちのへうまのとし》六月）

③（高木大神の命以ちて諭《さと》していう）「（前略）今天より八咫烏《やたのからす》を遣はさむ。故《かれ》、其の八咫烏引道《みちび》きてむ。其の立たむ後より幸行《い》でますべし」とまをしたまひき。故、其の教へ覚しの随《まにま》に、其の八咫烏の後より幸行でませば、（多分熊野の北山川沿いの山中を経由して）吉野河の河尻に到りましし時、（神武記）

④（神武は）時に、金《こがね》の烏の導きの随《まにま》に中州《うちつくに》に入りて、菟田《うだ》の下県に至りき。（伊勢国風土記逸文）

⑤賀茂建角身命《かもたけつのみ》、神倭石余日古《かむやまといはれひこ》の御前《みさき》に立ちまして、大倭《やまと》の葛木山《かつらきやま》の峯に宿り、彼《そこ》より漸《やくやく》に遷《うつ》りて、山代の国の岡田の賀茂に至りたまひ、（山城国風土記逸文）

⑥鴨県主《かものあがたぬし》。賀茂県主と同じき祖《おや》。神日本磐余彦天皇《かむやまといはれひこ》謚《おくりな》神武。中洲《うちつくに》に向《いでま》さんとする時に、山の中嶮絶《さが》しくして、跋《ふ》み渉《ゆ》かむに路を失ふ。是に、神魂命《かむみむすひ》の孫《ひこ》、鴨建津之身命《かもたけつのみ》、大きなる烏と化如《な》りて、翔《と》び飛《かけ》り導き奉りて、遂に中洲に達《とほりいた》る。天皇其の功《いさをし》有るを嘉《よみ》したまひて、特に厚く褒め賞《たま》ふ。天八咫烏の号《な》は、此れ従り始りき。（姓氏録山城国神別）

比較のために多くの例を引用した。引用文から賀茂氏の祖のカモタケツノミが八咫烏となって、神武軍を熊野からウチツクニに先導したことがわかる。賀茂氏は鴨とも書かれるので、鳥に見なされているが、ここでは八咫烏となっている。ところが、④の『伊勢国風土記』逸文では、八咫烏がコガネ（金）の鳥になっている。これが上述の「神武前記」戊午年十二月の条では、コガネ（金色）の怪しい鵄となっていた。八咫烏は金鵄となって皇弓に止まったらしい。①と②③などは同じ展開ではないか。飯田武郷《たけさと》や池田源太は金鵄と八咫烏は同じであると考えている。[*25] 烏はいずれも八咫で、三足烏とはしていないので、まだ日神の象徴や使いではなかったろう。八咫烏が先導したことを熊野にかこつけていえば、神の使いのミサキガラスである。その銅鐸がここではミサキを象徴していたろう。また、烏勧請・御鳥喰《おとぐひ》神事などの民俗行事でいえば、ミサキガラスは山の神の使いである。酒井卯作は、八咫烏はミサキガラスで、山の神の使いであるとする。[*26] それはハシブトガラスではなく、山から飛んでくるハシボソガラスである。[*27] いずれにせよ、トビ・カラス・カモなどの鳥は霊魂の送達・運搬にかかわるとの信仰があったのだろう。「神代紀」九段本文では天稚彦の葬儀を鳥たちが執行しているし、十段第三では鵜が出産にかかわり、「景行紀」四十年是歳では亡くなったヤマトタケルの霊魂は白鳥となって大和へ飛んでいる。

カモタケツノミは杖の先に銅鐸を吊るし、それを先頭に神武軍を案内したと考えられる。ところで、ヤタノカラスは「神武紀」に頭八咫烏とある。宣長の『古事記伝』は、八頭烏にて頭が八つあるとしている。伴信友は『宝鏡秘考』（一八二三年以前）で八頭を否定し、これを「頭のいと大きくて八咫、即ち八寸ばかりに所見《みえ》たるよしの名なるべし」としている。しかし、「頭」には隠れた意味があって、ツム・ツムリではないか。ツムはツミ（鐸）の古形、あるいはその変化形だろう。従来より頭は衍字《えんじ》扱いで訓んでいないが、意外にも不要な頭の文字が銅鐸を暗示していたのである。

八咫の咫《あた》の長さにはいろいろな説があるが、一般には親指と中指または人差し指を広げた長さであるという。『時代別国語』は、咫は十二センチくらいかとする。角林文雄は十六センチ弱とする。[*28] 仮に咫を十五センチとすると、八咫は約百二十センチである。もし、八咫鏡《やたのかがみ》であるならば、円周は百二十センチであり、直径は三十八センチとなる。銅鐸のヒレに添って計れば、高さは百センチほどになるだろう。いずれにせよ大型の「見る銅鐸」である。鳥とすれば不自然な頭八咫のサイズは、銅鐸となれば俄然現実味を帯びてくる。銅鐸には一メートルを超えるものもいくつかある。最大の銅鐸は滋賀県野洲市小篠原の大岩山から出土したもので、高さ百三十五センチある。上文と関係の土地でいうと、大和国宇陀郡浪坂郷から出土した銅鐸は約九十センチであったという。[*29]

佐伯有清は、ヤタガラス伝説は八世紀初めからあまり遡らない時期に完成したと考えているが、[*30] 時代を引き下げればよいというものでもないだろう。

賀茂氏はかつて大場磐雄によって銅鐸の使用氏族に比定されている。[*31] また、第二節⑫のように島根県雲南市加茂町の加茂岩倉遺跡からは三十九口の銅鐸が出土した。『出雲国風土記』にある古伝では、（加茂町の）神原郷はオホアナムチが神財《かむたから》を積み置いたところである。神宝は銅鐸であった。賀茂建角身は角身でツミと訓ませるつもりであったろうが、ツノミと訓まれてしまった。『新撰姓氏録』山城国神別には鴨建津見命の表記もあり、ここではツミである。肥後和男は本来はツミでよいだろうとしている。[*32]（ただし念のためにいうが、この場合のツミのミ〈身〉は乙類で、ヤマツミ・ワタツミのミは甲類である。後に取り上げるホツミ〈穂積〉のミは甲類である。）

長野県の諏訪大社（上社）の神宝の鉄鐸であるが、『神使《おこう》御頭《おたう》之日記』には、天文四年（一五三五）甲州の武田信虎と甲斐・信濃の堺を策定するとき、神長《じんちやう》は鉄鐸をつづらに入れて持ち出している。供の六人に鉄鐸を担がせ、堺川まで持って行き、川の北の端で鳴らした。また、『諏訪大明神絵詞《ゑことば》』（延文元年一三五六成立か）によれば、三月の大《おほ》御《お》立座《たちまし》神事に続き、神使が茅野市付近の内県《うちあがた》、諏訪湖の東や北の小県《をあがた》、上伊那方面の外県《とつあがた》を巡幸する。そのとき鉄鐸を御杖につけ、あるいは錦の袋に入れて首にかけて進んで行く。鉄鐸は六口を一組として巡幸したようである。鉄鐸は威信財でもある。「神武前紀」戊午年十二月の条でも銅鐸は威信財を兼ねていた。ここでも神武軍は銅鐸を先導として、銅鐸信奉者の村々を通過している。長髄彦《ながすねひこ》軍も銅鐸の威光に恐れを抱いて、戦意を失ったのである。すると、金鵄も頭八咫烏も実体は偽装されてはいるけれども、荒唐無稽な伝承ではなかったのである。

ここでつけ加えるが、孝霊の女倭《やまと》迹《と》迹《と》日《ひ》百《もも》襲《そ》姫《ひめ》（『記』ではヤマトトモモソビメ）と倭《やまと》迹《と》迹《と》稚《わか》屋《や》姫《ひめ》（『記』ではヤマトトビハヤワカヤヒメ）のトトヒ（迹迹日）やトト（またはトビハヤ）もトビ・トミ、さらにツミ（銅鐸）に関係があろう。ここではトトヒ・トト（トビハヤ）のトは乙類である。なお、トビ（飛）のトは乙類である。

ここからは前節②③で引用したことを復習する形で論を進める。

オホアナムチの子にアヂスキタカヒコネがいたが、前節①でスキのつくアヂスキタカヒコネは銅鐸神であるとした。アヂスキタカヒコネは、スキとあることから農耕神とも、「神代紀」九段第一では二谷二丘の間に照り輝くとあることから雷神・蛇神とも見なされている。しかし、そうではなかろう。また、『出雲国風土記』神門郡《かむどのこほり》高岸郷《たかきしのさと》の条では、アヂスキタカヒコネは夜昼いたく泣いたとある。これは「神代紀」五段第六ではナキサワメが畝丘《うねを》の樹下にいたとされているように、アヂスキタカヒコネは銅鐸神として畝丘《うねを》で鳴らされていた可能性がある。

谷川健一は、アヂスキタカヒコネはもともと奈良県御所《ごせ》市鴨《かも》の高鴨神社に祀られた神で、賀茂氏の神とみることが常識になっていると書いている[*33]。「神代記」には、阿遅鉏高日子根神は今、迦茂大御神と謂ふぞ。

とある。前節②の『出雲国風土記』意宇郡《おうのこほり》賀茂の神戸《かむべ》の条に、「阿遅須枳高日子《あぢすきたかひこ》命、葛城の賀茂の社に坐す」とある。『土佐国風土記』逸文には「土佐の高賀茂の大社の神は、一言主《ひとことぬし》尊と為す」とあり、ある説を引いて「大穴六道《おほあなむち》尊の子、味鉏高彦根《あぢすきたかひこね》尊なり」ともいう。

前節③『旧事紀』にある同じ兄弟神の都味歯《つみは》八重事代主は、奈良県御所市掖上《わきがみ》の鴨都波《かもつみは》神社に祀られている。都味歯のミ（味）は乙類であり、これまで取り上げてきたツミ（紡・積）のミは甲類である。（しかし、『旧事紀』の編纂された時代はすでに特殊仮名の甲乙の別が失われていたと考えれば、ミの甲乙には関係がない。）ツミハは「ツミ（銅鐸）＋ハ（霊の顕れ）」、あるいはツミ（鐸）のハシ・ハタ・ヒレ（端・鰭・領布）とでも理解したらどうだろう。前節④ではコトシロヌシは銅鐸製造センターである津の国三島のミゾクヒヒメに通っていた。

実は④であげた『伊勢国風土記』逸文の後文には、伊勢津彦は神武の差し向けた天日別命に破れ、天孫に国を献上して、夜中に風を起こし浪を打ち上げ、「光耀《ひかりかがや》きて日《ひる》の如く」海を渡って東に行き、信濃国に住んだとある。イセツヒコは別の『伊勢国風土記』逸文に出雲の神の子と在り、『播磨国風土記』揖保郡《いひぼのこほり》では伊和の大神の子となっている。だから、オオアナムチの子としてよい。ちょうど信濃国に逃げたタケミナカタと同様の伝承である。すると、イセツヒコの発した光は銅鐸によるものと推定される。さらに推定を重ねると、伊勢の五十鈴は銅鐸を指す地名ではないか。ただし、伊勢市五十鈴周辺から銅鐸が出土したとは聞いていない。

『伊賀国風土記』逸文によると、サルタヒコのころ伊賀は伊勢国に属していたが、孝霊のとき分国して成立したという。

⑦猿田彦の神の女、吾娥津媛《あがつひめ》命、四神之御神の天《あめ》上より投げ降し給ひし三種《みくさ》の宝器《たから》の内、金《こがね》の鈴を知りて守《も》り給ひき。

ここにある吾娥津媛は伊賀津姫のこととされている。「四神之御神」は不明で、栗田寛は「天照大御神」に、[*34] 秋本吉郎は「日神之御神」に校訂している。[*35] それらの当否はさておく。ここで取り上げたいのは「コガネ（金）の鈴」である。先ほど引用した④では「コガネ（金）の鳥」であった。鐸はオオスズ・スズともいうから、「コガネ（金）の鈴」は銅鐸ではないか。コガネの鶏や鳥は銅鐸の暗喩であったが、この場合は暗喩として隠していたわけではない。諸賢は「コガネ（金）の鈴」を銅鐸とは認めたくなかっただけである。あるいは一歩譲っても、銅鐸であると表明することに躊躇してきただけなのである。

後白河法皇撰の『梁塵秘抄』（十二世紀後半成立）巻二に、

南宮《なんぐ》の本山《ほんざん》は　信濃の国とぞ承《うけたば》る　さぞ申す　美濃の国には中の宮　伊賀の国には稚《をさな》き児《ちご》の宮（二六二）

とある。本山は信濃国一宮の諏訪大社、中の宮は美濃国一宮の南宮《なんぐう》神社、チゴの宮は伊賀国一宮の敢国《あへくに》神社である。諏訪大社（上社）の祭神はタケミナカタトミ命である。タケミナカタトミのトミはツミの転であることはすでに述べた。南宮神社は、社記によると、祭神金山彦命は神武の軍勢が熊野から大和へ進むとき、八咫烏を助けて道案内をし、その功によって、美濃国の府中に祀られたという。[*36] 今は岐阜県不破郡垂井町に遷座している。当社は鉱山・金属関係者の崇拝を受けており、鞴《ふいご》祭は著名である。垂井町の東三キロほどの不破郡荒崎村（現大垣市）より銅鐸が出土している。

伊賀国一宮の敢国神社の北に近接した千歳からは銅鐸の飾り耳が出土した。千歳は佐奈具《さなぐ》の南である。第一節

①では鐸の名にサナキがあったが、サナグはサナキ・サナギで、福士幸次郎や谷川健一が指摘するように銅鐸を指す地名としてよいだろう。[37] また、伊賀国の南部からは高さ百二十四センチと百七センチの銅鐸が出土している。[38] これはまさに八咫の高さである。

第四節　「鳴る銅鐸」と「照る銅鐸」

銅鐸には、十センチほどの小型のものから百三十五センチに及ぶ大型のものまであり、また鐸身や鈕・ひれに施された装飾的模様にもいろいろなものがある。佐原真は銅鐸の鈕の変化に着目し、銅鐸の変遷段階を四類九種に分けて把握した。[39]

銅鐸の内面の下端近くには突帯がめぐっており、吊された舌が触れて音を出す。それらは菱環鈕式・外縁付鈕式・扁平鈕式・突線鈕Ⅰ式と呼ばれている銅鐸である。銅鐸は次第に大きくなってはきたが、銅鐸使用期間の中頃までは大体五十センチまでのサイズである。五十センチを越えた突線鈕Ⅱ式以降になってからは、銅鐸は急に大型となって、鈕や縁もさらに扁平で大きくなる。三遠式・近畿式と呼ばれるものもこの範疇である。これらの銅鐸の内側の突帯には摩耗がなくなってきたり、突帯自体が作られなくなるものも生じた。これは銅鐸が視覚的になり、鳴らされることがなくなったためである。

そこで田中琢《みがく》は突線鈕Ⅰ式までの銅鐸を「聞く銅鐸」と名づけ、突線鈕Ⅱ式以降の銅鐸を「見る銅鐸」と名づけた。[40] この考えは広く認められて、定説となっている。私もこの分類に賛成である。しかし、「聞く銅鐸」「見る銅鐸」という名称が妥当であるかどうかは別問題である。なぜならその名称にある「聞く」「見る」は人の知覚を基準にしているが、銅鐸の主たる作用対象は人ではないからである。もちろん穀霊・稲魂のような霊格も聞いたり見たりすることはあるだろう。春成秀爾は「鳴らす銅鐸」「鳴らさない銅鐸」の語を遣ったが、これらも人の行為を基準にしている。[*41] たとえば、歌謡や和歌が筆録されるようになって、「歌う歌」「聞く歌」から「書く歌」「読む歌」に変化したというならば、是認もしよう。しかし、銅鐸にはもっと適した呼称があるだろう。「聞く銅鐸」はその作用からすれば「鳴る銅鐸」とすべきであろう。「顕宗紀」二年の条には鐸にヌリテ・ヌテの訓みもあった。もし「聞く銅鐸」でなく「鳴る銅鐸」であるならば、たとえば「出雲国造《いづものくにのみやつこ》 神賀詞《のかむよごと》」にあるカヤナルミの命のナルミは銅鐸に関係がないかどうか、思い浮かべやすい。「神賀詞」にはこうある。

> 己命《おのれのみこと》（大己貴のこと）の御子阿遅須伎高孫根《あぢすきたかひこね》の命の御魂《みたま》を、葛木の鴨の神奈備《かむなび》に坐《ま》せ、事代主《ことしろぬし》命の御魂を宇《う》奈提《なて》に坐せ、賀夜奈流美《かやなるみ》命の御魂を飛鳥《あすか》の神奈備に坐せて、皇孫《すめみま》の命の近き守り神と貢《たてまつ》り置きて、

ここにあるアヂスキタカヒコネやコトシロヌシは銅鐸に関係することはすでに第二節で述べた。すると兄弟神であるカヤナルミも銅鐸に関係があるだろうと当然予測される。また、ナル（鳴）はナル（生）やナル（成）と同音である。どうして同音なのか。銅鐸を鳴らすことによって、稲の実を生らすことができた。いうまでもないが、ナル（鳴）とナル（生・成）ではアクセントが異なるから、軽々に結論を出すことはできない。しかし、「鳴る銅鐸」はこうした問題を身近に引き寄せておくことができる名称である。

「見る銅鐸」は「照る銅鐸」と呼ぶべきだろう。「照る銅鐸」は「光る銅鐸」でもよいが、ヒカルはテルより新しく通用した言葉であるので、「光る銅鐸」はできれば避けたいところである。「光」を『日本書紀』や『万葉集』ではテルと訓むことが多いが、『古事記』ではヒカルと仮名表記に直してあるところがある。それが『古事記』を最初の著作物であるべき古代性に疑いを抱かせる要因の一つにもなっている。[*42] 古代ではヒカルは主として太陽光や稲妻に用いる語である。

第五節　銅鐸の埋納と祭の終焉

銅鐸の多くは小高い山陵や山腹から埋まった状態で発見されている。その理由にはいろいろな説が立てられている。主なものをあげると、

①土中保管説　中国南西部から東南アジアで用いられた銅鼓が土中に保管されるように、銅鐸も土中に保管し祭のときに取り出して用いる。それが事情により掘り出されぬまま残ったとするもの。

②神への奉献説　聖なる場所や境の神に奉納して埋め、あるいは悪霊の進入防止のために埋め、そのままにしたもの。

③廃棄説　信仰の変化により銅鐸が不要となり廃棄したもの。

④危機を避けての隠匿説　大切な宝器を外敵の危害を避けて土中に隠し、そのままになったもの。

がある。これらのいずれも可能性があるが、①の土中保管説はもっとも有力なものである。第二節⑦⑧⑫にみられるように、山丘や山腹の土中に祀り籠めていただろう。山は産であり、山の神は多産である。だから保管という言葉は必ずしも適当ではないかもしれない。ただ残念ながら、銅鐸が祭のたび毎に掘り返されて取り出された形跡は、それほどはっきりはしていない。とくに「照る銅鐸」の場合は土中で銹化する恐れがあるので、祀り籠める方法としても問題である。

②の奉献説であるが、第二節⑦のようなことが行われたかも知れないが、主体的ではないだろう。たとえば、諏訪上社にかかわる守矢文書によれば、天文四年（一五三五）確執のあった武田信虎と甲信国境の堺川で和議を

したとき、鉄鐸をその場に持ち込んでいる。*43 だから古代において、そうした境界や峠に瓶を埋めるように、銅鐸を埋めた可能性もある。なにしろ悪霊を塞ぐ邪視文の銅鐸もある。しかし、その事例はそれほど多くはないだろう。

④の隠匿説であるが、銅鐸が埋められた状態をみると、ほとんどがヒレを上下にして横たえる方式がとられているので、火急の埋納処理とは思われない。さて、残るのは③の廃棄説である。④に述べた埋納方法からかんがえると、廃棄と規定するには多少の違和感を覚える。実際はこうではないかという私見を順次述べてみる。

「神代紀」九段第二では天孫降臨の時、アマテラスは御子のオシホミミに宝鏡を授けて次のようにいう。

吾が児、此の宝の鏡を視まさむこと、当に吾を視るがごとくすべし。与《とも》に床《ゆか》を同じくし殿《おほとの》を共にして、斎《まつり》の鏡とすべし。

この宝の鏡はアマテラスの象徴であるので、アマテラスと考えてよい。宝鏡はオシホミミと同床共殿に祭るべきであるとしている。「崇神紀」六年の条を引用する。

天照大神・倭大国魂《やまとのおほくにたま》、二《ふたはしら》の神を、天皇《すめらみこと》の大殿《みあらか》の内に並祭《いはひまつ》る。然《しかう》して其の神の勢《みいきほひ》を畏《おそ》りて、共に住みたまふに安からず。故《かれ》、天照大神を以ては、豊鍬入姫命《とよすきいりひめのみこと》に託《つ》けまつりて、倭《やまと》の笠縫邑《かさぬひのむら》に祭る。仍《よ》りて磯堅城《しかたき》の神籬《ひもろき》を立つ。亦、日本大国魂神《やまとのおほくにたまのかみ》を以ては、渟名城入姫命《ぬなきのいりひめのみこと》に託けて祭らしむ。然るに渟名城入姫、髪落ち体痩《やすか》みて祭《いはひまつ》ること能《あた》はず。

ここでも天皇は大殿で神と同床共殿の状態で過ごしている。そのときアマテラスは宝鏡につけられていたに違いない。倭大国魂神の依り代は不明であるが、後文の七年の条によると、夢のお告げにしたがって市磯長尾市《いちしのながをち》を祭主としたら、祟りがおさまり天下太平になったとある。

こうしたことから判断すると、銅鐸も宝器であり神や霊格と同様であるから、首長の大殿に同床共殿の状態で祝い祭られるようになったに違いない。特に「照る銅鐸」は大殿にあれば、風雨にさらされてはいないから、鐸身に錆は生ぜず、光沢が保たれやすい。ところが、その銅鐸が祟ったり、祟られていると信じ込んだときが問題である。また首長や住民の信仰が薄れたり変化が生じてきたときも問題で、神と同様だった銅鐸にどう対処したらよいか、扱いに苦慮したはずである。こうなると、同床共殿で保管するのは重い負担に感じる。信仰が薄れたとはいえ過去の霊宝に全く呪能がなくなったとは思いきれず、粗略に捨て去ることもできなかったろう。

『延喜式』の遷却祟神《たたりがみをうつしやる》の祝詞にこうある。

> 皇御孫《すめみま》の尊の、天の御舎《みあらか》の内に坐《ま》す皇神等《すめがみたち》は、荒びたまひ健《たけ》びたまふ事なくして、（中略）神直《かむなほ》び・大直《おほなほ》びに直《なほ》したまひて、この地《ところ》よりは、四方《よも》を見霽《みはる》かす山川の清き地《ところ》に遷《うつ》り出でまして、吾が地《ところ》と領《うすは》きませと、（中略）、祟《たた》りたまひ健《たけ》びたまふ事なくして、山川の広く清き地《ところ》に遷り出でまして、神ながら鎮まりませと称辞《たたへごと》竟《を》へまつらくと申す。

諏訪の鉄鐸もそうであったが、祭の直前に、山川の清きところである御射《みさ》山に持ち出されていた。上田正昭によれば、山見のおりに山ほめ・国ほめの歌が歌われるが、山見行事と銅鐸埋葬地は関連性があるという。[*44] 銅鐸に祟られたとき、あるいはその作用に疑義を抱いたりして同床共殿に耐えられなくなったとき、山丘や山腹、あるいは谷筋に銅鐸は遷しやられ、丁寧に祀り籠められたのである。それは一時的なこともあったろうし、地中保管が結果としてそのまま封じ込められたこともあったろう。

考古学の成果によると、銅鐸が埋納されたピークが二度あるという。それは「鳴る銅鐸」の時代の終わりごろと「照る銅鐸」の時代の終わりごろである。[*45] ただし、三遠式銅鐸は大型化しているが、鳴らした痕跡があるものもあるという。[*46]「鳴る銅鐸」に終わりを迎えたのは、恐らく銅鐸の響きが穀霊を驚かし、稲の穂に稔りを招来するどころか、逆に穀霊を逃がしてしまうと考えられるようになったからであろう。多分、「鳴る銅鐸」は「照る銅鐸」に変化し、穀霊を光に載せて運び、稲穂に刻みつけ、稔りをもたらすものと信仰が変わったらしい。「照る銅鐸」は急速に肥大化し光量を増し、首長の威信材にもなりながら、東海や近畿を中心に再び盛行期を迎えることができた。

ところが稲魂により稲穂の稔りがもたらされるとする信仰自体が危機を迎え疑問を抱けば、神格であった銅鐸自体も邪魔になる。さりとて、信仰していた神器がいつも身辺にあれば心の負担になる。祟りとはそうした心理的負い目に原因する。いつか銅鐸の処遇に苦慮するようになり、山丘や山腹に遷し祀り籠めたのである。寺沢薫によれば、山頂・山腹・丘陵斜面が六九％、台地・段丘縁辺・自然堤防上が一六％であるという。この場合の「祀り籠め」は結果として①の土中保管説で述べた「祀り籠め」とは異なる。寺沢によれば、銅鐸の銹化は全く無視され保管・温存・再発掘という意図はなく、地中に返すという意識がみてとれるという。宮田登の用語にしたがえば、祀り籠めて放置されてしまった銅鐸は「祀り棄て」られた状況になったのである。[*47] それを奥野正男は埋納地を銅鐸の墓所と考えている。[*48] ことわっておくが、「照る銅鐸」が祀り棄てられた例が多いといっているだけで、「鳴る銅鐸」はいわゆる土中保管が多かっただろう。

そこで「垂仁紀」二十七年八月七日の条を引用する。

祠司《かむづかさ》に令《のりごと》して、兵器《つはもの》を神の幣《まひ》とせむと卜《うらな》はしむるに、吉《よ》し。故《かれ》、弓矢及び横刀《たち》を、諸《もろもろ》の神《かみたち》の社に納む。(中略)蓋《けだ》し兵器をもて神祇《あまつかみくにつかみ》を祭ること、始めて是《こ》の時に興れり。

これは不思議な条文である。始めて兵器を幣にして祭をしたとあるが、すでに多くの先学が指摘するように、垂仁二十七年以前に兵器をもって神祭りをする例がある。「崇神紀」九年三月と四月の条にはこうある。

（三月）天皇の夢《ゆめみ》に神人《かみ》有《ま》して、誨《おし》へて曰《のたま》はく、「赤盾八枚《あかたてやつ》・赤矛八竿《さを》を以て、墨坂神を祠《まつ》れ。亦黒盾八枚黒矛八竿を以て、大坂神を祠れ」とのたまふ。

（四月）夢の教《をしへごと》の依《まにま》に、墨坂神・大坂神を祭りたまふ。

ここにある盾も矛も兵器であり、それらで墨坂神・大坂神を祭っているので、垂仁二十七年が兵器で神を祭る始めではありえない。それどころか、飯田季治《すゑはる》によれば、「神代紀」九段第二で、オホアナムチを祀るのに、百八十縫《ももぬひあまりやそぬひ》の白楯《しらたて》を作り、アマノホヒに祀らせているし、『古語拾遺』の天石窟の段では、矛・盾・刀・斧などを作らせて、アマテラスを祀らしめている例もあげている。[49] こうした兵器が神祭に使用されている事実は、考古学的にも主として弥生中期以降の西日本の祭祀遺跡から、銅剣・銅鉾・銅戈などが多数出土することからも実証されている。

「垂仁紀」二十七年の兵器納社は八月初旬の祭だが、諸社に兵器を幣として捧げたのは何のためだろうか。風鎮めや豊作祈願のためだろうか。文面の背後を想像することが許されれば、そのころには銅鐸の呪能も衰えて、銅鐸による豊作儀礼は社での兵器による儀礼に変わっていったらしい。カムヅカサの占いの結果、兵器による祭に替えてもよいという卦が出たのが変革へのきっかけであったのである。もしこの想像が妥当であるならば、「垂仁紀」の兵器納社は兵器を祭祀具とした始まりではなくして、逆に銅鐸を用いた祭の終焉を宣告するものであったろう。第二節の末尾で、「景行記」の御鉏友耳建日子が銅鐸名を織り込んだ名前の最後であるとしたが、この名前が垂仁二十七年以前の命名であるならば、垂仁二十七年を銅鐸使用の終焉と理解しても、論旨に矛盾を来さない。もっとも、垂仁二十七年の伝承を正しいと仮定してのことであるし、畿内より西の周辺諸国では、ところにより銅鐸の祭りは垂仁以前の比較的早い古墳時代に廃止された可能性もあるだろう。

第六節　銅鐸伝承の残欠

この節は不確かなものながら銅鐸伝承の残欠らしきものと、その後それらがどのように展開したかについて、いくつか例をあげてみる。そして、こうしたことをどのように理解したらよいのか、諸賢の知恵を仰ごうとするものである。

ツミハヤヘコトシロヌシを祀る鴨都波《かもつみは》神社は御所《ごせ》市掖上《わきがみ》（「神武紀」では腋上）に鎮座する。神武が国見を行ったところである。

（神武が）腋上の嗛間丘《ほほまのをか》に登りまして、国の状《かたち》を廻《めぐ》らし望みて曰《のたま》はく、「妍哉乎《あなにや》、国を獲つること。内木綿《うつゆふ》の真迮《まさき》き国と雖《いへど》も、蜻蛉《あきつ》の臀呫《となめ》の如くにあるかな」とのたまふ。是に由《よ》りて、始めて秋津洲《あきつしま》の号《な》有り。（神武紀三十一年四月）

神武はホホマの丘でアキツのトナメを見て、国号になった秋津洲の名を得たという。孝昭の掖上の池心宮《いけごころのみや》（またはイケノウチノミヤ）は鴨都波神社のすぐ南であり、さらに南に孝安の室《むろ》の秋津嶋宮があった。掖上や室の山側の名柄《ながら》からに銅鐸が出土している。なお、蜻蛉や秋津がアキヅではなく、アキツと訓むべきことは拙著『古代日本の月信仰と再生思想』で説いてある[*50]。

トンボの語源はまだ定まっているわけではないが、『大言海』は飛羽《とびは》の音便とし、柳田国男はツブリ・トブリからとする。[*51]トンボはトンバウであったが、ツムハ・ツミハと似ているのが気にかかる。ことによると、トンバウはツムハ・ツミハ・ツムホで、「ツム（銅鐸）のハ・ホ（霊力の顕現）」ではないか。するとヤヘはトンボが二重の羽を忙しく動かして飛ぶ姿になりそうである。ツミハヤヘは銅鐸と羽を動かすトンボが二重イメージになっているようにも思われる。なぜなら、トンボは銅鐸によって山から田へ降りてきた田の神の顕現態である。山から降りてきたアキツは穀霊として、稲田に豊作をもたらした。だから、トンボの別名のアキツは神武によって国名とされたのである。（次章第六節でアキツをもう一度取り上げる。）神武は銅鐸の威信によって二度も危機的状況を克服している。一つは八咫烏に熊野から大和の菟田（宇陀）へ道案内をしてもらったこと、他は金鶏の威光で長髄彦軍との戦いに勝利したことである。そして、トビ（鵄）は元トミであった。

アジスキタカヒコネ・コトシロヌシの異母兄弟のタケミナカタはタケミナカタトミともいわれる。「神代記」ではオホアナムチとコトシロヌシは、アマテラスの命を受けたタケミカヅチに服従する。しかし、タケミナカタはタケミカヅチと力競べをして敗れ、諏訪の国に逃げ込んで、そこから他所へ行かぬことを条件に許される。タケミナカタトミのトミはツミの転訛したものであるだろう。ツミは紡錘、紡錘形に巻かれた糸、あるいはツト・タハラのような紡錘形のものを指すこともあるが、ここではツミを銅鐸としてよいだろう。その諏訪に隣接する塩尻市などから銅鐸が出土し、また現在でも諏訪市の諏訪大社上社などで鉄鐸を用いた神事が行われている。こうしたことは次章で取り上げるが、ここでは簡単に関連事項のみを記す。

長野県塩尻市北小野の小野神社と、隣り合わせの上伊那郡辰野町の矢彦神社には鉄鐸があり、それぞれ七月下旬鉾に鉄鐸を吊して山中に持参し、御狩神事を行う。宮に戻って八月一日八朔祭を行って稲の豊作を祈願する。菅江真澄の『すわの海』に引用してある神楽歌を示す。

都まで　聞こえて久し　小野の杜《もり》　矢彦のみやは　とひふれの神

この歌にある「とひふれの神」は意味不詳ではあるが、「ツミ（鏄）振れ（振り）の神」ではないか。このトヒは『私記』丙本の鵄の訓みトヒと同じである。『名義抄』には鉦にフリツ、ミの訓がある。これはフリツミではないか。あるいは、孝霊皇女ヤマトトトヒモモソヒメのトトヒはツミの畳語ツツミの転訛であったか。

小野・矢彦の神楽歌に似た伝承が岐阜県下呂市の森八幡神社の田の神祭の踊り歌にある。田の神祭は昭和五十六年に国指定の重要無形民俗文化財となった。ここには明治六年完成の富田禮彦《のりひこ》の『斐太後風土記』によりその一部を抜き出す。これらは寛永十年（一六三三）などの踊歌本がもとになっている。*52

この庭の　おせどの小松は　とびやりて　サヤウナウ　とびふりて　錦を敷かせて　とびやふらせる
白金を　ひしやくにまげて　水くめば　サヤウナウ　水くめば　水もろともに　とみやくまるる
しなのだけの　中のよで　センぜらめいて　とぶはの　とぶこそ　だうりなり　めがいろふ　いろふ迄に
　取てやらう　取てやらう
とび草の　花又手につみ入てナウ　宮へまゐらふよ　手につみ入てナウ　御祝て　そふ程に　そふ程に

これらの歌には、トビ・トビフリ・トミ・トブ（ハ）などが歌い込まれている。ここで注意を促しておきたいのは、森八幡神社はもとはシャグジの宮と称していたことである。シャグジはサグチ・サグジ・シャグジなどとも呼ばれる諏訪上社の非常に古い神霊で、山の神的な、あるいは湛《たたえ》に棲むもの、すなわち巻き貝・幼虫・虫であるような要素がある。オタマジャクシのように変態する虫様の動物である場合もある。なお、タタエ（湛）は水が貯ったところの意であるが、諏訪地方のタタエは山腹の傾斜地や平地にあり、巨木があって、シャグジの神霊などを降す神事を行う場所である。*53 シャグジについて詳しくは第二章第十節で述べる。参考までにつけくわえるが、下呂市の上流の上呂からは二口の銅鐸が出土している。
『神楽歌』や『風俗歌』に富草を歌ったものがある。

天なる雲雀　寄り来《こ》や雲雀　富草　富草持ちて（神楽歌四七）

荒田に生ふる　富草の花　手に摘み入れて　宮へ参らむ　なかつたへ（風俗歌一六）

トミ（富）はトもミも甲類である。ここにある富草は一般的には稲のことであるとされている。しかし、富草の富が正しい義を表しているかどうかは不明である。しかし、奈良時代以前を考えると、もしツミ（銅鐸）からトミに変わったとしたら、トは乙類だろうと推定する。ナガスネヒコのいたトミ（鳥見）は『記』では登美であるが、トは乙類で、ミは甲類である。大野晋によればトミ（富）はツム（積）からの変化だろうというが、[*54]さてどうであろうか。

下呂町の踊り歌にあるトビ・トミはかなり穀霊的な感じもする。金田《かねだ》久璋《ひさあき》はトビ・トミについて積極的に追いかけ、鋭い論考を展開している。[*55]それらと上記のトビフレやツミハがどのように結びつくのか、私自身まだ満足の行く結論を得ていない。トビ・トミには二種類があるように思える。山から迎えてきたトビシバを田の水口に刺し、豊作を祈願する。[*56]また、藁の上を束ねて広げたトビを稲むらにのせる。いずれもタム・タバあるいはツミ・ツツミに関係するだろうが、田の水口祭をするトビシバなど一部ではもしかすると銅鐸につながっているようにも思う。一方で、銅鐸から発する音や光もトミであるかもしれない。トンボもそうした顕在態だろう。

こうしたトミ・トビについては確たる結論を得ないまま問題を提起して、教示を仰ぐものである。

第七節　おわりに

この章ではかなり「神武紀」や「崇神紀」などの古伝承を活用し、銅鐸伝承が残存していたことを提示した。鐸・銅鐸は古来ツミ・サナキ・ヌテ・ヌリテなどと呼ばれてきたが、振りすすき鳴らすその特性から、さらに（イ）ススキ・（イ）スキ・スズという別名があることがわかった。（イ）スキ・（イ）ススキならば、多くの伝承が『記紀』や『風土記』にあった。この事実は銅鐸伝承は侵略勢力によって消し去られてしまったとする定説とは大いに異なる結果であった。

銅鐸の形から名づけられたツム・ツミは、「神武前紀」では頭八咫《やた》烏の訓まない「頭」に隠されていた。（頭）八咫は銅鐸の大きさであった。また、ツム・ツミは金色のトビやカラスとして隠蔽して書かれていた。

銅鐸の使用も最盛期が二回あり、穀霊の信仰の変化によってか、「鳴る銅鐸」から「照る銅鐸」になって、大きさが急に大きく変わった。しかし、西からの新興勢力もあり、そうした祭で銅鐸を使用する終焉がやがて訪れた。それは伝承上では垂仁朝であることも推定できた。これは通説よりもかなり時代が下るが、畿内より西の周辺を除けば、かならずしも妥当性を欠いた結論ではないだろう。

しかも鐸・銅鐸の大きい呪術的な用途は、八朔のころ稲魂を招き、稲に豊かな稔りをもたらすことであるが、次章で古代の事例を挙げて論述する。

註

＊1　「特集　弥生時代よどこへゆく」『歴博』一二〇　二〇〇三年九月　六ページ以下、「特集二　弥生時代の年代測定をめぐって」

＊2　『東アジアの古代文化』一一六　二〇〇三年八月　一〇九ページ以下、「特集二　弥生時代をどう見るか」同一一七　二〇〇三年一一月　一三〇ページ以下、「特集　弥生開始年代」『考古学ジャーナル』五一〇　二〇〇三年一二月　四ページ以下

＊3　喜田貞吉「銅鐸考」『喜田貞吉著作集』一　石器時代と考古学　平凡社　一九八一年　一九六－二〇三ページ

＊4　和辻哲郎『日本古代文化』改稿版　岩波書店　一九三九年　五二－五四ページ

＊5　三品彰英「銅鐸小考」『三品彰英論文集』五　古代祭祀と穀霊信仰　平凡社　一九七三年　一四ページ

＊6　三品彰英『三品彰英著作集』二　建国神話の諸問題　平凡社　一九七一年　一九七－二〇二ページ

＊7　谷川健一「銅鐸、この地に籠もる神の司祭者」『エッセイで楽しむ日本の歴史』上　文藝春秋　一九九七年　一一一ページ

＊8　佐原真『歴史発掘』八　祭りのカネ銅鐸　講談社　一九九八年

＊9　藤森栄一『銅鐸』　学生社　一九六四年　一一三－一二八ページ

＊10　拙著『古代日本の月信仰と再生思想』　作品社　二〇〇八年　五八－七二ページ

＊11　森田良行『基礎日本語』二　角川書店　一九八〇年　二二ページ

＊12　倉野憲司『古典と上代精神』　至文堂　一九四二年　二二一ページ、西宮一民「神名の釈義」『古事記』　新潮社　一九七九年　二七九ページ

＊13　折口信夫「七夕祭の話」『折口信夫全集』一五　中央公論社　一九六九年　一七九－一八一ページ、土橋寛『古代歌謡全注釈』古事記編　角川書店　一九七二年　六〇ページ、土橋寛『古代歌謡の生態と構造』　塙書房　一九八八年　一四三ページ

＊14　宮崎道三郎『宮崎先生法政史論集』　岩波書店　一九二九年　二四六－二五〇ページ

＊15　東奈良遺跡調査会「東奈良遺跡出土の銅鐸鋳型」『月刊文化財』一四一　一九七五年六月　一〇－二〇ページ、田代克己他「東奈良遺跡出土の銅鐸鎔笵について」『考古学雑誌』六一－一　一九七五年七月　一－一〇ページ

＊16　倉野憲司「古事記」『古事記・祝詞』　岩波書店　一九五八年　一六一ページ

＊17　西宮一民『古事記』　新潮社　一九七九年　一二〇ページ

＊18　大野晋『仮名遣と上代語』　岩波書店　一九八二年　二三七ページ

＊19　佐伯有清他『古事記』　岩波書店　一九八二年　三七二ページ

松前健『古代王権の神話学』　雄山閣　二〇〇三年　九四－九九ページ

*20 宮岡薫『古代歌謡の構造』新典社 一九八七年 二六〇ページ
*21 栗田寛『標註風土記』出雲 大岡山書店 一九三一年 一八ページ
*22 加藤義成『出雲国風土記参究』 原書房 一九五七年 六七ページ、久松潜一『風土記』下 朝日新聞社 一九六〇年 五〇ページ、秋本吉郎『風土記』 岩波書店 一九五八年 一〇〇ページ、小島瓔禮『風土記』 角川書店 一九七〇年 三七ページ、植垣節也『風土記』 小学館 一九九七年 一三六ページ
*23 佐原真「銅鐸の鋳造」『世界考古学大系』二 平凡社 一九五九年 九二−一〇四ページ
*24 櫻井満『柿本人麻呂論』桜楓社 一九八〇年 八一ページ
*25 飯田武郷『日本書紀通釈』二 日本書紀通釈刊行会 一九四〇年 一一八四ページ、池田源太『伝承文化論考』 角川書店 一九六三年 四二三−四二五ページ
*26 酒井卯作『稲の祭』 岩崎書店 一九五八年 七九−八一ページ
*27 柳田国男「野鳥雑記」『定本柳田国男集』二二 筑摩書房 一九七〇年 一五一−一五二ページ
*28 角林文雄『「日本書紀」神代巻全注釈』 塙書房 一九九九年 二五五ページ
*29 佐原真・春成秀爾「銅鐸出土地名表」『月刊考古学ジャーナル』二一〇 一九八二年一一月 四〇−四一ページ
*30 佐伯有清『新撰姓氏録の研究』研究編 吉川弘文館 一九六三年 四八七ページ
*31 大場磐雄『考古学から見た古氏族の研究』 永井出版企画 一九七五年 三〇−三三ページ
*32 肥後和男『日本神話研究』 河出書房 一九三八年 一六五ページ
*33 谷川健一『青銅の神の足跡』 集英社 一九七九年 一三七ページ
*34 栗田寛『古風土記逸文考證』 有峰書店 一九七七年 一一一ページ
*35 秋本吉郎『風土記』 岩波書店 一九五八年 四三一ページ
*36 不破郡教育会『不破郡史』下 不破郡教育会 一九二七年 二一三ページ
*37 福士幸次郎『原日本考』 白馬書房 一九四二年 一三四−一三八ページ、谷川建一『青銅の神の足跡』 集英社 一九七九年 二四八−二五〇ページ
*38 佐原真・春成秀爾「銅鐸出土地名表」『月刊考古学ジャーナル』二一〇 一九八二年一一月 四二ページ
*39 佐原真「銅鐸の鋳造」『世界考古学大系』二 平凡社 一九五九年 九二ページ

＊40　田中琢「〈まつり〉から〈まつりごと〉へ」『古代の日本』五　近畿　角川書店　一九七〇年　四五-五九ページ
＊41　春成秀爾「銅鐸の起源と年代」『市民の考古学』一　論争と考古学　名著出版　一九九四年　一六一ページ
＊42　澤瀉久孝『万葉集注釈』一　中央公論社　一九五七年　三一六ページ、富山民蔵『語構成より見た日本書紀・古事記の語・語彙の比較研究』上　風間書房　一九八三年　六一九-六二〇ページ
＊43　藤森栄一『銅鐸』　学生社　一九六四年　一一七-一一八ページ
＊44　上田正昭「神楽の命脈」『日本の古典芸能』一　神楽　古代の歌舞とまつり　平凡社　一九六九年　四三ページ
＊45　福永伸哉「銅鐸から銅鏡へ」『徹底討論銅鐸と邪馬台国』　サンライズ出版　一九九九年　一三八-一四三ページ
＊46　進藤武「近畿式銅鐸と三遠式銅鐸」『銅鐸から描く弥生時代』　学生社　二〇〇二年　一二一ページ
＊47　宮田登『江戸の小さな神々』　青土社　一九八九年　九一ページ
＊48　奥野正男『古代人は太陽に何を祈ったのか』　大和書房　一九九五年　一四〇ページ
＊49　飯田季治『日本書紀新講』中　明文社　一九三七年　一一六ページ
＊50　拙著『古代日本の月信仰と再生思想』　作品社　二〇〇八年　四二ページ
＊51　柳田国男「赤とんぼの話」『定本柳田国男集』二〇　筑摩書房　一九七五年　四四七ページ
＊52　富田禮彦『斐太後風土記』下（大日本地誌大系二四）　雄山閣　一九三〇年　二三四-二三七ページ
＊53　藤森栄一『銅鐸』学生社　一九六四年　一五〇-一五四ページ
＊54　大野晋『日本語の世界』新版　朝日新聞社　一九九三年　五三-五四ページ
＊55　金田久璋『森の神々と民俗』　白水社　一九九八年　一七二-一九五ページ、『稲魂と富の起原』　白水社　二〇〇二年　全章
＊56　長谷川明「かいごもり祭について」『岡山民俗』四一　一九六〇年七月　四一一-四一三ページ

第二章　銅鐸伝承と八朔の祭

第一節　はじめに

前章で銅鐸伝承が古代文献に残っていることが判明し、銅鐸の使用が終焉を迎えるまでを論述した。この章では銅鐸の祭とその効用についてできる限り追求する。また、銅鐸の祭が中止されてからも、どのような形でその影響が残っているかを探ってみる。

日本の祭はある面では稲作を基盤にしているといわれている。春の農耕開始時期にする豊穣への予祝儀礼は、一旦眠ってしまった生命力が冬ごもりから醒めて、無事再生復活するよう促すものである。だから、不安と期待を持って祈年祭・水口祭・田遊祭・田植祭が行われた。秋の取り入れ後の収穫感謝祭は、喜びをもって神に新穀《しんこく》と新酒を捧げた。氏人も神とともに直会《なほらひ》をした。感謝祭は新嘗祭・刈上げ祭・アエノコト・霜月祭・亥の子などとして行われている。こうした春や初夏と秋の祭の中間には、補足的な予祝儀礼がいくつか行われた。八朔前後の穂掛祭もその一つであった。

弥生中期から始まる銅鐸祭祀の時代も、祭は右のようであったろうか。この章では主として八朔の祭を中心に論考を進める。これを補足的な予祝儀礼としたが、古代においても補足的であったかを確かめる。次節ではやや迂遠な事実を述べて、この章の導入部とする。

第二節　ホヅミ・ススキ（スズキ）と八朔

「神武記」に次のようにある。

邇芸速日命《にぎはやひのみこと》、登美毘古《とみびこ》が妹、名は登美夜毘売《とみやびめ》を娶《めと》して生める子、宇摩志麻遅命《うましまぢのみこと》。此は物部連、穂積臣、婇臣《うねめのおみ》の祖なり。

「神武前紀」ではニギハヤヒを饒速日または櫛玉饒速日とし、トミビコは長髄彦《ながすねひこ》とし、トミヤビメは三炊屋媛《みかしきやひめ》、亦の名は長髄媛・鳥見屋媛《とみやひめ》とする。前章ではトミビコのトミはツミ（銅鐸）とかかわるかもしれないと問題を提起した。この伝承によれば、ニギハヤヒがトミビコの妹のトミヤビメを娶り、生んだ子をウマシマヂといい、穂積臣の祖であるとする。穂積氏は物部氏族である。ウマシマヂは「神武前紀」では可美真手《うましまで》とある。

太田亮によれば、穂積氏は大和国山辺郡穂積より起こるという。[*1] 穂積氏は紀伊国にも進出し、そこから鈴木氏が派生した。紀伊国からは三十余口の銅鐸が出土している。[*2] 鈴木氏は熊野の神官として、全国に熊野信仰を広めた名族である。スズキはススキと清音の場合もあり、丹羽基二によればススキ・スズキの関連姓氏は次のとおりである。

鈴木・周木・寿々木・寿々喜・寿木・椙木・薄・薄木・進木・進来・寿松木・寿洲貴・涼木・涼樹・鈴杵・鈴樹・鈴紀・鈴置・鈴記・鋤・錫・錫木・鐸木・雪・須々岐・須々木・鱸など

これらは、みな瑞称または佳称か、当て字であるという。[*3] それでも、そのなかの鈴・鐸はスス・スズであるが、これらの字はススキの体を表しているかもしれない。鍬は、ここではススキと訓んでいる。ススキはスキの畳語である。ホヅミと同意らしいススキ・スキは、鍬の字を借りていても、土を耕す農具ではない。このあたりの認識不足が事実を見えにくくした原因であるらしい。

柳田国男は、鈴木氏の本姓が穂積だということ、鈴木はすなわち稲の穂にほかならずということは、よく耳にする説であるが、まだ確かな典拠を知らない、と書く。[*4] 太田亮の『姓氏家系大辞典』などによると、ホヅミ・ホツミに次のようなものがある。[*5]

穂積　ホヅミ
八月朔日　ホヅミ　日用重宝記に此の訓見ゆ。穂積氏に同じかるべし。
八月一日　ホヅミ・ホツム　上野に存す。中興系図には「八月一日（ホツム）源姓」と載せたり。
秀実　ホヅミ　日用重宝記に此の訓見ゆ。穂積氏に同じきか。
保積　ホツミ　播磨別所氏家臣に保積経広あり。
八月一日宮　ホヅミヤ・ホヅミノミヤ　神戸市内在住の八月一日宮三千年氏は元吉岡氏なりしが（下略）。

丹羽基二によると、群馬県などには八月一日・八月朔日と書いてホヅミにあてる姓氏があるという。そして、旧暦八月朔日を期して稲刈りが始まり、稲穂を積む神事が行われたと解釈した。[*6] これは八朔の行事に関わることだろうし、その時期であると稲刈りには早すぎる。だから、収穫した稲穂を積むのではなくして、豊作祈願のための初穂を摘むことだろう。だから、穂積の字は穂摘のほうが適合する。実は、吉田東伍によると、大和国山辺郡穂積には大字新泉《にいつみ》があり、穂積は初穂を積み置く処の義であるという。[*7] また、天野信景の『塩尻』（一七三三年まで執筆）や滝沢馬琴の『燕石雑志』（一八一一年刊）には、三州の鈴木氏は姓は穂積で、紋は抜穂なりとある。

八朔行事は、稲作への災害を防ぎ、稲の稔りに豊穣を期待するものである。初穂を摘み、家に持ち帰り、柱などに懸け供えたり、また未熟の米を焼き米にして供えたりもする。長野県諏訪地方の民謡に次のようにある。[*8]

　八月朔日　田の実の祭り　初穂ささげて　よく祈れ

八朔の祭はタノミ・タノム・タノモの節句などともいい、田ほめ・作頼みなどとも称して、稲の穂出しや穂の豊かな実入りを祈願する。鳥取県では田の畦で大声で「穂を賜え」などと唱え、大分県では竹筒に神酒を入れて田畑に行き、「作たのむ、作たのむ」などといって作頼みをするという。[*9] また、福岡県では朝田を廻って、「ようでけた、ようでけた」とほめながら、田に酒を注いで豊作を祈るという。[*10] 武蔵国橘《たちばな》樹郡鶴見村（現横浜市）の杉山神社に伝わる神寿歌《かむほぎのうた》には解説がつけられているが、そこに次のようにある。[*11]

　秋に成りし時、皆々高笑をして、
　　豊年でござる　穂ばらみめでたや〳〵　よなんざう　いなんざう　お出や申せ
　といふ。此時老人の姿にこしらへ、村にて年久しき百姓、よなざう・いなざうに成りて、席上に出つつ、
　　めでたい〳〵　五万町九万町　なんのう〳〵　みのそうひらたて　やす女　太郎次　稲刈の上手　大太郎
　　尺次郎　いでよ〳〵
　といふ。

初めは八朔の穂ばらみの頼みであり、続けて稲刈りの所作に移って行く。ヨナ（ン）ザウ・イナ（ン）ザウは稲に親しみを込めて呼びかけているのである。

柳田国男は、「稲は走り穂五十日」という諺を紹介しているが、[*12] 八朔のころは走り穂を初穂として摘み、家の神棚などに供えることはできても、収穫には早すぎる。最近の極早稲種ならばともかく、稲は普通まだ稔ってはいないからである。晩稲《おくて》ならばまだ穂を出してはいない。ただ、南西諸島はこのかぎりではない。『琉球国由来記』（一七一三年編集）によれば、稲の穂祭は五月に日を選んで行うとある。谷川健一は、南島では初穂儀礼が主体であり、収穫祭は後に行われるようになったに過ぎないといっている。にもかかわらず、柳田国男が稲作儀礼に絶大な関心を持ちながら、稲魂の増殖や継承にかかわる初穂儀礼に注意を払わなかったことに不満をもらしている。[*13]

くりかえすが、八朔の祭の主目的は収穫感謝祭ではない。『神楽歌』には次の歌がある。

（本）木綿垂《ゆふし》での　神の幸田《さきだ》に　稲の穂の
（末）稲の穂の　諸穂に垂《し》でよ　これちほもなし（古典大系本三六・古典全集本三七）

橘守部の『神楽歌入文《いりあや》』（一八三四年成稿）には「秋のみのりを祈りて、田の畔に祭る」木綿垂でとある。末句の「これちほもなし」は伝承に乱れがあるらしいが、『入文』は「枯朽穂《かれくちほ》もなく」のことであるとし、小西甚一は「これちふもなし」との異伝を参考に、「これといって頼りない穂もない」と解している。[*14] それはそれとして、『琴歌譜』（九八一年書写）にも次の類歌がある。

木綿垂での　神が崎なる　稲の穂の　諸穂に垂でよ　これちふもなし（三）

これは八朔の作頼みの歌ではないのか。

『貞観儀式』（八七一年完成）践祚《せんそ》大嘗祭儀によれば、八月上旬悠紀《ゆき》・主基《すき》両国に抜穂使《ぬきほのつかひ》を派遣する。抜穂使は国司とともに斎郡《さいぐん》におもむき、稲実殿《いなのみのとの》の地や御田六段を卜定する。そして御田の四隅に木綿をつけた榊を立てる。抜穂使はさらに造酒童女《さかつこ》・稲実公《いなのみのきみ》・大酒波《おほさかなみ》などを卜定する。九月に入り諸役の者が稲を収穫し、九月下旬に都にかえる。稲が稔るまえの一ヵ月間、抜穂使は何をしていたか。谷川健一は、稲の穂孕みの期間驚きやすい稲魂をそっととどめておき、登熟を成就させるため忌み籠もりしていたかもしれないと推測する。[*15] ホツミ（穂摘）はこの抜穂使の抜穂に通じるだろう。

ここで八朔の祭と銅鐸の別名であるスキ・スキが結びついてくるように思われる。前章第一節で示した中国古代の楽器に鎛《はく》があるが、銅鐸の源流ではないかとの説があるらしい。[*16]『延喜式』にはその鎛にツミという訓がある。また、鈴に似た鐘に鐃《ねう》がある。室町期の『倭玉篇』には鐃にホツミの訓がある。ホツミのホは、銅鐸のヒレや鈕から出た鰭状双耳や渦巻状双耳の突起ではないか、とすでに書いた。これらのワラビ手状の文は再生のシンボルである。ホツミのツミはもちろん銅鐸としてよいだろう。後漢の許慎著『説文解字』に「鐃は小鉦也」とあり、平安末期の『名義抄』には鉦にフリツヽミの訓がある。フリツヽミは振るツミ（ツミの畳語）ではないか。するとホツミ（ホヅミ）もススキ（スズキ）もともに銅鐸名になる。ホツミは穂摘と銅鐸の両意である。すでに福士幸次郎はスズキは霊力のある鈴で、文字にすれば鈴置がむしろ正しく、鐸《さなぎ》のことであると述べている。[*17] ただ、福士のいう「スズ（鈴）＋キ（霊力）」「サナ（実）＋キ（霊力）」とする語構成は承服できない。従来、折口信夫にしても柳田国男にしても、多数の先学がホツミ・ススキを稲むらに関連づけて追求をしてきた。[*18] しかし、それでは展望が開けてこない可能性が高い。松尾俊郎によれば、中部地方の山や小島に多いスズ（スス）・スズミ（ススミ）という名の地形はドーム条・円錐状・鐘状をしており、稲積みの名によるものだろうとしている。[*19] これはもしかすると銅鐸の形にならって名づけられているかもしれないのである。

「崇神紀」八年二月の条に、穂積氏の遠祖の大水口宿禰《おほみなくち》がいる。志田諄一は大水口宿禰の水口は田の水口祭をさし、大和の田の水口祭か、屯倉《みやけ》の屯田《みた》の水口祭の総括を掌《つかさど》っていたのではないかと想定した。*20 志田の想定は正しい。しかし、穂積は稲作儀礼のなかでも八朔の祭にも深く関わっていたことが名字の表記からわかった。

第三節　八朔の祭と鹿

ところで、八朔は銅鐸の祭と関係はないだろうか。この節では古代の八朔の祭を取り上げる。そこで、古代文献から八朔に関係すると思われるものを抜き出してみる。

「仁徳紀」三十八年七月の条に次のようにある。ただし、長文になるので略述する。

①仁徳と皇后は暑さを避けて高殿で過ごしていたが、毎夜菟餓野《とがの》に鳴く鹿の声を哀れに思い聞いていた。月《つご》尽《もり》になって鹿の声が聞こえなくなった。ところが、翌日猪名県《ゐなのあがた》の佐伯部《さへきべ》が大贄《おほにへ》として菟餓野の鹿を献上してきたので、仁徳は、やむを得ないことながら、鹿を殺した佐伯部を恨めしく思われた。仁徳は、佐伯部を都に近づけないようにするため、安芸の渟田《ぬた》に移住させた。

①の後文には牡鹿の夢見の物語があるが、『摂津国風土記』の逸文にもトガノの牡鹿が夢見をした物語がある。これはその異伝を略述したものである。

②牡鹿に自分の背に雪が降り置き、ススキが生える夢を見る。牝鹿は、背のススキは背中に射られた矢を表し、雪は宍肉に塗った塩であると読み解き、牡鹿がよそへ行くのを止めた。しかし、牡鹿は牝鹿の諫めを聞かず渡海し、射殺されてしまう。

トガノの鹿の物語を検討するに先立ち、『播磨国風土記』讃容《さよ》郡と賀毛《かも》郡雲潤《うるみ》里の条を引用する。

③讃容《さよ》といふ所以《ゆゑ》は、大神妹妋《いもせ》二柱、各《おのもおのも》競ひて国占めましし時、妹玉津日女命、生ける鹿を捕り臥せて、其の腹を割きて、其の血に稲種《ま》きき。仍《よ》りて、一夜の間《ほど》に、苗生ひき。即ち取りて植ゑしめたまひき。爾《ここ》に、大神、勅《の》りたまひしく、「汝妹《なにも》は、五月夜《さよ》に植ゑつるかも」とのりたまひて、即《やが》て他所《あだしところ》に去りたまひき。故《かれ》、五月夜《さよ》の郡《こほり》と号《なづ》け、神を賛用都比売《さよつひめ》と名づく。今も讃用の町田あり。

④雲潤《うるみ》と号《なづ》くるは、丹津日子《につひこ》の神、「法太《はふだ》の川底を、雲潤の方に越さむと欲《おも》ふ」と爾《しか》云ひし時、彼の村に在《いま》せる太水《おほみず》の神、辞《いな》びて云《の》りたまひしく、「吾は宍《しし》の血を以ちて佃《たつく》る。故、河の水を欲《ほり》せず」とのりたまひき。その時、丹津日子、云ひしく、「此の神は、河を掘る事《わざ》に倦《う》みて、爾《しか》いへるのみ」といひき。故、雲弥《み》と号く。今人、雲潤と号く。

ニホンジカの角は、三歳では無枝、四歳では一枝を生ずる。五歳で二叉、六歳以上では三叉である。この生え替わり成長する角は、再生の理想的なシンボルであった。こうした鹿の持つ再生能力は、農作物の育成にも関わると考えられていたらしい。

ここで①の物語に返るが、岡田精司は秋七月に妻を求める鹿の声としては時期が早すぎるが、大王と后が高殿で鹿鳴を聞く行為は呪術的な意味があり、稲の農耕儀礼にかかわる重要な行事であったと思われるとしている。この首長儀礼は稲魂の増殖にかかわる一種のタマフリと考えられるとも述べている。[*21] 辰巳和弘はこうした王者の呪的行為を「鹿鳴聴聞の儀礼」と名づけている。[*22]

②の物語では、牡鹿はおのれの背にススキが生えた夢を見たが、牝鹿はそれを背に立った矢であると夢判断を

した。しかし、前節で述べたようにススキ・スキは銅鐸の別名であり、これから順次明らかにして行くが、銅鐸は八朔の豊作祈願に欠かせない呪具であることが証明されてくる。だから、②のススキは薄であるばかりでなく、背後に銅鐸としてのススキが隠れている。

鹿の血が稲の籾蒔きや田植えに顕著な霊能を発揮する様子は、③や④の事例から明瞭に読み取ることができる。また、春先に奥三河や隣接する南信や西遠で行われる鹿打ち神事は、しし祭・ぶさ祭とも呼ばれていて、豊作を予祝する行事である。[*23] たとえば愛知県北設楽《きたしたら》郡東栄町古戸《ふっと》では模造の鹿を弓で射て、その鹿の腹のなかに仕込んだサゴと呼ぶ小豆飯を参列の村人に分配する。これは豊作を祈願しての神事であるが、鹿の内蔵や胎児に見立てたものが、稲作などに霊能があると信じていることがわかる。

ところで①では、鹿鳴が聞こえなくなったのは七月のつごもりであり、鹿が大贄として献上されてきたのは、明示してはいないが、八月一日のはずである。これは稲穂の豊かな実孕みを願う八朔の行事に、鹿が奉納されてきたことを意味する。神事に鹿を献上した佐伯部は、かえって安芸に遠ざけられてしまった。

『播磨国風土記』託賀《たか》郡の条に次のようにある。

⑤比也山《ひややま》といふは、品太《ほむた》の天皇《すめらみこと》、此の山にみ狩したまひしに、一つの鹿、み前に立ちき。鳴く声は比々といひき。天皇、聞かして、即ち翼人《いめひと》を止めたまひき。故、山は比也山と号《なづ》け、野は比也野と号く。

ホムタの天皇は応神のことである。この狩は稲の豊穣を願ってのことにかこつけてある。内田賢徳《まさのり》がいうように、①では鹿を山の神の顕現と見た意識とはすでに隔たり、鹿に情愛に等しい憐憫を抱いているという見方も成り立つだろう。[*24] しかし、首長が鹿の鳴き声を聞くことも山から霊を招き寄せ、稲作に豊穣を授かる呪法があったのだろう。その後も天皇が鹿鳴を聞く行為は続けられており、小島憲之によれば次の舒明と雄略の歌がそれであるという。*25

⑥夕されば　小倉の山に　鳴く鹿は　今夜《こよひ》は鳴かず　いねにけらしも（⑧一五一一）
夕されば　小椋《をくら》の山に　臥す鹿は　今夜は鳴かず　いねにけらしも（⑨一六六四）

一五一一番は舒明の歌、一六六四番は雄略の歌とされている。しかし、後者には或本に舒明の御製とあり、よって左文に「正指を審《つばひ》らかにせず」とある。それが正しいかどうかはっきりしないので、後注を書き添えたものらしい。

「神武前紀」に次のようにある。ただし、略述する。

⑦戊午年八月二日に兄猾《えうかし》が仮の新宮を設け、しかも密かに殿内に機《おし》を設置して、神武を饗宴に招こうとした。しかし、逆に自らがオシにかかり、死んでしまう。そのときすでに弟猾《おとうかし》も牛酒《しし》を設けて、皇軍を饗宴でねぎらった。

これも八月初めの豊作祈願の祭か、その後の饗宴にかかわる物語であろう。エウカシ・オトウカシは年中行事の一つを実修し、それに続く饗宴に神武や皇軍を招いたのである。牛酒をシシと訓んでいるのは、豊作祈願の祭に犠牲の鹿や牛（や酒）が必須であったからである。これに関連するところとして、「垂仁紀」二年是歳の条に韓半島のツヌガアラヒト譚があるが、神祭に牛を犠牲にするところがある。また、「皇極紀」元年七月の条に雨乞いのために、村村の祝部《はふりべ》の所教《をしへ》の随《まにま》に、或ひは牛馬を殺して、諸《もろもろ》の社の神を祭《いの》る。

とあるが、雨乞いも豊作祈願の重要な要素である。これらには牛酒や牛馬の文字が用いられているが、わが国古来の八朔行事であるならば、鹿《かのしし》あるいは猪《ゐのしし》を供したことだろう。（「雄略紀」四年八月の条でも、虞人《やまのつかさ》に命じて獣《しし》を狩りさせている。この条は第六節で検討する。）

各地のたのみの節句・穂掛け・相撲・綱引き・虫送り・風祭などの稲の豊作を祈願する神事・行事は、旧八月一日だけでなく、七月七日の七夕から八月中旬あたりにかけて行われている。暦も現在のように正確ではなかったろうし、普及もしていなかっただろう。しかも地域の緯度・高度や稲の品種、あるいは水落の時期や農作技法、農作業の段取りによっても、穂孕みと豊作祈願の時期は異なってくる。平山敏治郎によれば、農事暦であるから必ずしも制定暦の八月一日には統一されないという。[*26]

「雄略前紀」安康三年八月のことであるが、概略を記す。

⑧安康は山宮に幸して沐浴をし、楼《たかどの》に上り国見をして楽しんだ。豊明《とよのあかり》をし、神酒を飲み、皇后と過ごした。その時大草香皇子を殺したことを語った。それを大草香の子の眉輪王《まよわのおほきみ》が聞き、昼寝をしていた安康を刺殺した。

「安康紀」三年八月の条では、刺殺したのは八月九日のこととある。これは八朔がらみの祭事が八月八日以前に行われ、それに続いて饗宴も催されたとしてよいだろう。大林太良は新嘗の饗宴の後、王が臥していたとき、弑逆《ぎやく》されるケースが多いが、これは例外であるといっている。[*27]古代では八朔行事は新嘗に劣らず、あるいはそれ以上に重要なものであった。

だから、前章第五節で引用した「垂仁紀」二十七年八月七日の条であるが、

⑨祠司《かむづかさ》に令《のりごと》して、兵器《つはもの》を神の幣《まひ》とせむと卜《うらな》はしむるに、吉《よ》し。故《かれ》、弓矢及び横刀《たち》を、諸《もろもろ》の神《かみたち》の社に納む。（中略）蓋《けだ》し兵器をもて神祇《あまつかみくにつかみ》を祭ること、始めて是の時に興れり。

とある。この兵器納社の件はいわゆる八朔の行事とからめて解釈しても、的はずれにはならないだろう。詳しい推論は前章に譲るが、これは銅鐸による祭を兵器に切り替えたことを表していると判断した。

以下は八朔に代表させて関連の伝承を掘り起こして行く。

第四節　鉄鐸と八朔

鉄鐸に関する古代の伝承はそれほど多くはない。『古語拾遺』の日神の石窟幽居の段に次のようにある。

①天目一箇神《あめのまひとつのかみ》をして雑《くさぐさ》の刀《たち》・斧及び鉄《くろがね》の鐸《さなき》を作らしむ。（中略）又、天鈿女命《あめのうずめのみこと》をして、真辟《まさき》の葛《かづら》を以て鬘《かづら》と為《し》、蘿葛《ひかげ》を以て手繦《たすき》と為、竹葉《ささば》・飫憩《おけ》の木の葉を以て手草《たくさ》と為、手に鐸着けたる矛を持ちて、石窟《いはや》の戸の前に誓槽《うけふね》を覆《ふ》せ、庭燎《にはび》を挙《あ》げて、巧に俳優《わざをき》を作《な》し、相与《あひとも》に歌ひ舞はしむ。

鉄鐸は矛の乳《ち》に吊されていて、矛を持って舞を舞うと、鉄鐸は振れて鳴ったと思われる。現在鉄鐸を蔵する神社や出土地は次の通りである。*28

ア	諏訪大社上社	長野県諏訪市中洲神宮寺（本宮）	一八口（六口×三組）
イ	神長官《じんちやうかん》守矢資料館	長野県茅野市宮川字高部	六口
ウ	小野神社	長野県塩尻市北小野字頼母《たのも》	一一口（元一二口）
エ	矢彦神社	長野県上伊那郡辰野町小野字矢彦沢	一口（元五口）
オ	五社神社	長野県東筑摩郡朝日村西洗馬《にしせば》	一口
カ	御狩野遺跡	長野県茅野市金沢の丘陵尾根	一口（他に舌二点）

諏訪大社上社の鉄鐸（藤森栄一　『銅鐸』　学生社1964年より）

イの守矢資料館はアの諏訪大社上社の神長官を務めてきた守矢家に属する。ウエオの小野・矢彦・五社は、いずれの神社も諏訪信仰に関係する。「神代記」によれば、諏訪はタケミナカタがタケミカヅチに敗れて逃げ籠もった地とされている。タケミナカタも銅鐸にゆかりのあることは前章第三節で述べた。なお、長野県では、カ以外にも近年発掘によって、松本市笹賀のくまのかわ遺跡、同じく芳川の小原遺跡、同じく平田の本郷遺跡、茅野市構井の阿弥陀堂遺跡、中野市坂柳の五明条里遺跡などからも鉄鐸が出土しているそうである。（そのほかに、栃木県日光二荒山山頂や福岡県沖の島などから出土した鉄鐸があるが、今は議論の対象とはしない。）

前節で銅鐸の祭の終焉を想定したが、その後長野県諏訪近辺で用いられてきた鉄鐸は、八朔やその前後の神事でどのように扱われていたか検証してみたい。「持統紀」五年八月二十三日の条に、

②使者《つかひ》を遣《まだ》して竜田の風神《かぜのかみ》、信濃の須波《すは》・水内《みぬち》等の神を祭らしむ。

これに対し、『諏訪大明神絵詞』（延文一三五六－一三六一年頃成立）巻一では次のように記載されている。

③持統天皇五年八月一日勅使を派遣して、信州須波水内神等を祀る由、日本記《ママ》第三十巻に載たり。是即当社祭礼の始めなるをや。今に至まで当日を八月朔《ついたち》神事の最要とす。

「持統紀」では八月二十三日の使者派遣が、『絵詞』では八月一日のこととなっている。しかも、諏訪大明神にとって八朔の神事は「最要とす」、すなわち最重要のことであるとしている。

二百十日・二百二十日ころは台風の襲来することが多い。八月二十三日の龍田風神や信濃の諏訪・水内への使者の派遣は、神々に八朔過ぎのこうした台風に対する風鎮めを依頼するというより、風鎮めの祈願により神々が霊能を発揮して風害がなく過ぎたので、神々の加護に対するお礼の使者であったのではないか。とすると、『絵詞』の記事は八月一日の祈願の使者であるだろう。（水内の神は、『延喜式』にある信濃国水内郡の建御名方富命彦神別《たけみなかたとみのみことひこがみわけ》神社、あるいは風間神社であるといわれている。前者には該当候補の社が複数あるが、いずれも諏訪系である。後者は竜田系の神である。しかし、今は保留して論じない。）

『絵詞』秋上巻によると、七月二十六日神官や騎馬の者が行列をなして御射山《みさやま》に登る。鉄鐸を吊した矛は御射山に持参する。酒室の社で神事を終えた後、長峯に登り山野で鹿などの御狩をする。夜はススキでしつらえた穂屋に忌み籠もる。二十七・二十八・二十九日も山宮奉幣・御狩・饗膳・競技などをする。晦日に里に帰る。八月一日本社で祭礼をし、御作田の熟稲を奉献する。宣長の『玉勝間』所載の肥後国の神楽歌「地誉歌《ちほめうた》」に、

みさやまの　諏訪のみまへの　初穂花　まゐれる人の　かざしなるもの

とある。この祭は肥後国にまで鳴り響いていたのである。

小野神社と矢彦神社の所在地は市郡が異なるが、実は境内が一続きの隣り合わせに鎮座する。だから、小野南北大明神とも総称され、信濃国二宮として崇められてきた。[*29] 小野神社では七月二十六日（今は新暦八月二十六日）に御射山祭が行われる。その御狩の神事には十一口の鉄鐸のついた神代鉾を捧持して山中におもむき、翌日帰還する。八月一日（今は九月一日）に八朔祭とか田の実祭と呼ばれる例祭を執行する。菅江真澄の『委《い》寧《な》能《の》中路《なかみち》』には、小野邑について次のようにある。

　此里におましませる、憑《たのむ》の神のおほんみずがきなりけり。
　誰もさぞ　たのむの神の　みしめ縄　かけてくちせぬ　ちかひなるらん
　としごとの葉月朔《ついたち》の日は、たのも祭とてかんわざありて、なりはひをいのるみやしろなれば、神をたのめとも頼むとも、里の名もしかいへり。

小野神社は字頼母《たのも》に所在する。鎌倉後期の『夫《ふ》木《ぼく》集《せう》』には憑《たの》めの里とある。なお、憑をタノムと訓むのは『万葉集』や『名義抄』にある。

矢彦神社では、七月二十七日（今は新暦八月二十七日）御狩の宮と称する御射山で御狩の神事を行う。鉄鐸のついた長鉾を山中の祭場に捧持し、翌日帰還する。八月一日（今は十月一日）八朔祭とか田の実祭と呼ばれる例祭を挙行する。根のついたままの初穂を幣物とし、三日三夜の豊作祈願の儀式を行う。[*30] 菅江真澄が『すわの海』に引用する神楽歌に次のようにある。

都まで　聞こえて久し　小野の杜《もり》　矢彦のみやは　とひふれの神
日はてると　笠きてまひき　二宮へ　小笹のつゆは　雨にまさると

歌中にある「矢彦のみや」はもちろん矢彦神社である。「とひふれの神」とは意味不詳ではあるが、「鋳振《つみふ》り（れ）の神」の音転ではないのかと前章で推定した。これら一連の神事は、前節で述べた八朔前後の古代の事例やその推定復元と合致する。七月の末に鹿狩りをし、八月初めにそれを神に供え、また銅鐸を吊るし鳴らして、稲の豊かな穂孕みを祈願する。諏訪近辺のこれらの事例では、銅鐸が鉄鐸に変わっただけである。念のために申し添えるが、昭和三十五年小野神社と同じ塩尻市内の柴宮から三遠式銅鐸が出土した。また、松本市宮淵からも銅鐸の破片が発掘されている。[*31] したがって、諏訪近辺も銅鐸祭祀の圏内に属していたことになる。

各地にある諏訪神社の分社では、七月二十七日ごろを祭日にしているところが多く、ススキの青箸二本を小豆飯に立てたり添えたりして、神に供える。あるいはススキを手に尾花踊りを踊る。また、八朔にススキの穂を黒焼きにして粥に混ぜ、ススキ粥を作り、青稲の豊作を祈願する。このようにススキを非常に重んじるのは、かつて銅鐸名のススキ・スキや鉄鐸名のオオスズと名前が通っていたからである。

春成秀爾は「銅鐸から発せられる澄みきった単打音は、つまるところは稲魂を呼び、振起するためのものであったのではあるまいか」と書く。[*32] 卓見である。春成は銅鐸に描かれた画題とその頻度を調査しているが、もっとも多く描かれているのは鹿であるという。しかも、春成は圧倒的多数の鹿には角が描かれていないことに注目した。[*33] ところが、弥生土器にも画題として鹿はもっとも数多く描かれているが、そのうちの多くは立派な角を持つ牡鹿であり、銅鐸とは反対の傾向を示しているという。この際は、牡鹿にも、まだ角のでない子鹿もおり、また成長してからも角のない冬の終わりから春にかけての時期もあるが、子を孕む牝鹿が選ばれたのだろう。すでに述べたことであるが、愛知県北設楽《きたしたら》郡東栄町古戸《ふっと》の鹿打神事では丸めた小豆飯多数を模造の牝鹿の腹に仕込み、それを弓で射る。丸めた小豆飯はサゴと呼び、氏子や参拝者に分配する。サゴは再生する子の意であり、豊作をもたらす呪物である。鹿打神事は春の予祝行事であるが、八月初め稲の穂孕みの季節に銅鐸で豊作を祈願するとなれば、銅鐸の絵には特に類感呪術的にサゴを腹に孕む能力のある牝鹿が選ばれることになったろう。

諏訪大社の中世文書『年内神事次第旧記』は前欠のために理解しづらいところもあるが、

御神事は御こく（穀）のない神事はなし。（中略）鹿なくては御神事はすべからず候。大瓶《おほべい》は何もかもめしか（牝鹿）を本と云。

とある。諏訪では鹿がなくては神事はできぬという。牝鹿は多産な山の神の化身でもある。オホベイは案外大幣であるか。

「景行紀」四十年是歳の段にもあるが、山の神はしばしば鹿に、ある場合は猪・大蛇などに化身する。通常山の神は女神であり、多産であると伝えられている。[*34] 後漢の『釈名』に「山は産也。産は物を生む也」とあり、『説文解字』には山は「万物を生む也」とある。このように古代中国では山は万物を生むと考えられていたが、古代日本でも同様の信仰があったのであろう。冬の枯木山は春に旺盛な青葉の山になり、再生を果たす。秋になるとその山から神霊の化身である鹿などを捕ってきて、八朔の神事に供えたのである。そして豊かな穂孕みを願った。銅鐸を丘陵や山の中腹や谷奥に持ち込んだり、あるいは埋めたのも、そうした山の再生の霊力を付着させる理由からだろう。福井県若狭地方の田植歌に、

奥山とやま、とやまの奥のモミの木のしたに、臼ひとからげに米《よね》が八石

がある。[*35] トヤマとは人里に近い麓の山、端山のことであるが、「神代記」の用語を遣えば戸《と》山《やま》津《つ》見《み》神のいますところである。そこは岡見をしたり、銅鐸を埋めていたところでもある。そこに稲の稔りのもとが隠されているのである。

『神楽歌』の一番と三〇番は同じ歌であるが、

深山には　深山には　あられふるらし　と山なる　まさきのかづら　色づきにけり　色づきにけり

とある。通常マサキノカヅラはツルマサキまたはテイカカヅラとされてきたが、それは誤りであると考える。私説によれば、それはサキクサ（山枝・福草）と同じで、アケビのことである。『古今集』仮名序にある世をほめて神に告げる祝い歌に、

このとのは　むべもとみけり　さきぐさの　みつばよつ葉に　とのづくりせり

とある。類歌は『催馬楽』の三七番にもある。「むべもとみけり」は「なるほど富んでいる」ということであるが、アケビの仲間のムベ（トキワアケビ）にかけてある。サキグサとは古くはサキクサであるが、アケビの果実の皮が縦に裂けるのに起因する名である。「みつばよつ葉」とは、ミツバアケビは複葉の小葉が三枚、アケビならば五枚、あるいはムベならば数枚であることを指している。アケビやミツバアケビの果実は、秋も稲の稔るころになると紫色に色づく。やがて、皮は真二つに裂ける。マサキノカヅラのマサキとはそのような状態をいうのである。そのマサキ・サキクサのサキ（裂）はここではサキ（幸・福）に通じている。（サキクサを白百合とするのは、

原意が忘れられた後の変化である。）トヤマ・端山とはそうしたアケビの稔るところである。だから、『神楽歌』の「色づきにけり」は通説のような黄葉・紅葉とは関係がない。

岡田精司は、牡鹿は初夏に鹿茸《ろくじょう》が生じ、稲の生長する夏の間に立派な角となり、稲の収穫のすんだ冬には角は脱落する、だから稲の生長と収穫は鹿の角の成長と脱落に関連づけられると考えている。*36 しかし、考えすぎであるし、銅鐸に牝鹿が多く描かれた動機が理解できていない。ただし、近世の諏訪地方の御射山神事で特に牝鹿が選ばれたということはなかったようである。

『万葉集』の始めに、舒明が内野に遊猟《みかり》されたとき、間人連老《はしひとのむらじおゆ》が献じた歌がある。

やすみしし　わご大君の　朝《あした》には　とり撫でたまひ　夕《ゆふべ》には　い寄り立たし　御執《みと》らしの　梓の弓の　中弭《はず》の　音すなり　朝猟《あさかり》に　今立たすらし　暮猟《ゆふかり》に　今立たすらし　御執らしの　梓の弓の　中弭の　音すなり（①三）

たま尅《き》はる　内の大野に　馬並《な》めて　朝踏ますらむ　その草深野《くさふかの》（①四）

これらの歌が詠まれた「内」は、現在の奈良県五條市の旧宇智郡の野であるとされている。「草深野」とあることから判断すると、（歌は省略するが、）『万葉集』の③二三九・⑥九二六・⑯三八七四番歌のように、春草や和草《にこぐさ》に猪鹿を追う春から初夏の猟ではない。三八七四番の類歌が「斉明紀」四年五月の条にあるが、次のようにある。

射《い》ゆ猪鹿《しし》を　認《つな》ぐ川辺の　若草の　若くありきと　吾が思《も》はなくに（紀一一七）

また、⑯三八八五番のように袋角を取る初夏の薬猟でもない。ましてⅠ四九番のような枯野の冬猟でもない。すると、①三・四番は初秋の七月末に催された八朔儀礼のための御狩である可能性が高くなってくる。狩りの獣の死は稲の実入り、豊作として蘇る。

もしそうであるとすると、「内」にかかる難解な枕詞「たま尅はる」が解釈できそうである。尅は剋の俗字であり、刻に通じる。すなわち魂・霊を内に刻み憑けることである。そして再生するのである。だから、『紀』の二八・二九・六二番歌では「たまきはる内の朝臣《あそ》」が長寿の武内宿禰を表していた。この反歌では、稲魂を穂の籾のうちに刻み込んで豊かな稔りをもたらす願いが、「たま尅はる内の」という序詞に込められているのではないか。こうした理解によって、この秀歌の意味内容はいよいよ深く高くなったのではないか。

第五節　イカヅチと聖婚

「雄略紀」七年秋七月三日の条に次のようにある。

①天皇《すめらみこと》、少子部連《ちひさこべのむらじ》蜾蠃《すがる》に詔《みことのり》して曰《のたま》はく、「朕《われ》、三諸岳《みもろのをか》の神の形を見むと欲《おも》ふ。汝《いまし》、膂力《ちから》人に過ぎたり。自ら行きて捉《とらへ》て来《まうこ》」とのたまふ。蜾蠃、答へて曰《まう》さく、「試《こころみ》に往《まか》りて捉へむ」とまうす。乃ち三諸岳に登り、大蛇《をろち》を捉取《とら》へて、天皇に示《み》せ奉る。天皇、斎戒《ものいみ》したまはず。其の雷《かみ》虺虺《ひかりひろめ》きて、目精《まなこ》赫赫《かかや》く。天皇、畏みたまひて、目《みめ》を蔽《おほ》ひて見たまはずして、殿中《おほとの》に却《かく》入れたまひぬ。

この物語は、『霊異記』冒頭の「雷を捉ふる縁」ではこうなっている。

②天皇、后と大安殿《おほやすみどの》に寐《ね》て婚合《くなかひ》したまへる時に、（小子部《ちひさこべ》）栖軽《すがる》知らずして参《ま》ゐ入りき。天皇恥ぢて輟《や》みぬ。時に当りて空に雷《いかづち》鳴る。即ち天皇、栖軽に勅《みことのり》して詔《のたま》はく、「汝、鳴雷《なるかみ》を請け奉らむや」とのたまふ。答へて曰《まを》さく、「請けたてまつら将《む》」とまをす。

後半は省略するが、スガルは豊浦寺の近くで雷神を捉えて、天皇に示すことになる。②では、雄略と后は大安殿に寝て交合をしているとき、空には雷が来て鳴り始めようとしていたと思われる。

①では、三諸の岳の神を見たいとあるので、大物主神またはその係累ならば、当然蛇形もとりうる。スガルは大蛇を捉えてくるが、雷に変身して稲光を発する。「雷虺虺《かみひかりひろめ》きて」とある雷を『熱田神宮本』はナルカミと訓んでいる。虺《き》はもともと中国では蝮や小さい蛇のことであるが、虺虺となると鳴神のこととなり、虺竜になると稲妻形の文様とともに描かれるのが通常であるという。[*37] どうも、和漢ともに蛇や雷は相互自在に変幻したようである。

奈良県北葛城郡河合町の佐味田宝塚古墳から家屋文鏡が出土した。そこに描かれた高殿の上には稲妻文があり、さらに雷神まで覗いている。②ではちょうどそうした状況になろうとしていたわけである。辰巳和弘によれば、高殿では首長と后が神牀に同衾し、神の来臨を待っているのであろうという。高殿に首長がいることは、斜めに差し掛けられた衣笠でわかるとある。[*38] ところが、スガルが殿中に闖入してきたので、交合ができなくなってしまった。と同時に、雷が去ってしまった。だから、雄略はスガルに雷を捉えさせ、雷鳴を起こさせようとしたらしい。

「推古紀」二十六年是年や「天武紀」九年六月の条では、雷電をイナツルビと訓んでいる。鎌倉期の経尊撰『名語記』に、イナツマは「電光也。稲妻の義と申せり。電光にあたりて稲ははぐくむと云。或はいなつるひ（み）ともなつけたり」とある。また、寺島良安の『和漢三才図絵』（一七一二年成立）の電《いなひかり》の条には「秋夜晴れて電有るは常也。俗伝に云ふ、此の時稲実る故に、稲妻稲交《いなつるひ》の名之れ有り」とある。首長の交合は、類感的に雷に稲妻を起こさせ、イナツルビさせて、稲の稔りをもたらそうとして行われていたに違いない。三谷榮一も雄略のこの交合をこの年の豊穰の予祝儀礼としているが、あえて時期を正月にずらして考え、「粟穂稗穂」の夫婦による裸廻り儀礼の一環としているのは残念である。[*39]

第三節①で紹介した「仁徳紀」三十八年七月のつごもりでも、仁徳と后は高殿で同衾していただろう。J・G・フレーザーによると、ジャワのある地方では、稲が間もなく開花する時分になると、農夫とその妻が夜分に稲田へ行って、稲の結実を促進する目的で交接するという。[*40]ここでは「神武前紀」庚申年《かのえさるのとし》の八・九月の条を転記する。

③（八月十六日）天皇《すめらみこと》、正妃《むかひめ》を立てむとす。改めて広く華胄《よきやから》を求めたまふ。時に、人有りて奏《まう》して曰《まう》さく、「事代主神、三嶋溝橛耳神《みしまのみぞくひみみのかみ》の女玉櫛媛《むすめたまくしひめ》に共《みあひ》して生める児を、号《なづ》けて媛蹈鞴五十鈴媛命《ひめたたらいすずひめのみこと》と曰《まう》す。是、国《か》色秀《ほすぐ》れたる者《ひと》なり」とまうす。天皇悦《よろこ》びたまふ。
（九月二十四日）媛蹈鞴五十鈴媛命を納《めしい》れて、正妃としたまふ。

③の「神武前紀」のヒメタタライスズヒメは、「神武記」ではホトタタライススキヒメまたの名をヒメタタライスケヨリヒメという。略してイスケヨリヒメである。③で「人有りて奏し」とあるのは「神武記」では大久米命であり、神武が高佐士野《たかさじの》に遊ぶイスケヨリヒメを見初めて、大久米命を介して妻まぎをする歌物語が展開する。「神武記」にはそれに続けて次のようにある。

④是に其の伊須気余理比売命《いすけよりひめのみこと》の家、狭井河《さゐがは》の上《へ》に在りき。天皇、其の伊須気余理比売命の許に幸行《い》でまし

て、一宿御寝《ひとよみね》し坐《ま》しき。後に其の伊須気余理比売、宮の内に参入《まゐ》りし時、天皇御歌よみしたまひけらく、

葦原の　しけしき小屋《をや》に　菅畳《すがたたみ》　いや清《さや》敷きて　我が二人寝し（記一九）

とよみたまひき。

狭井河は大和国城上郡《しきのかみ》にある。④で神武がイスケヨリヒメと「しけしき小屋」で一夜をともにするのは、③から判断すると八月十六日ないしはその直後のことである。そして宮中にイスケヨリヒメが参内し、神武が歌を詠んだのは、③にある九月二十四日の正妃となった伝えと結びつく。

もしこの見方が正しいとすると、八月中旬過ぎに神武が妃予定者と狭井河近くの「しけしき小屋」で一夜を交合して過ごすのは、周辺の稲作地帯に豊かな稔りを招来する、類感的呪術の儀礼であったろう。一夜婚ともいうが、いわゆる聖婚とはそういうものだろう。しかも、すでに述べたように、イスケヨリヒメは銅鐸によって稲魂を招くことができる呪能を持っていたのである。塚口義信は、神武とイスケヨリヒメの一夜婚を新嘗の聖婚と考えているが[*41]、収穫感謝祭とするのはむろん妥当ではない。

なお、「しけしき小屋」は、毎年祭りや民俗行事のときに繰り返し建ててきた仮屋である。これは、土屋文明が『万葉集』⑱三三五八番の「しけらく」を「度重なる」と解釈した例による[*42]。そうした小屋は神を招く再生の呪能があるところでもある。決して通説のような汚い小屋や荒れた小屋の意味ではない。シケシキのケは甲類であるが、「頻り」とか「重なる」という意味あいの、シケラク・シケ（万⑭三三五八）やシケ（万⑳四五一六）と同類の語であろう。シケラク・シケのケはともに甲類である。これらのケは乙類から甲類に移った可能性があるが、シケシキのケも多分そうだろう。

『万葉集』に斉明（皇極重祚）の歌がある。（なお、この歌は額田王《ぬかたのおほきみ》のものともいう。）

秋の野に　み草刈り葺き　やどれりし　うちのみやこの　仮廬《かりいほ》しおもほゆ（①七）

これはある秋に斉明が夫の舒明と泊まった仮屋の歌で、稲の豊かな稔りを願って一夜をともにしたのである。

第六節　アキツとアキツシマ

ここで鐸祭とは少し離れるが、再び八月あたりの古伝承に返り、そこにある根源的な習俗を浮き彫りにしてみたい。

「雄略紀」四年八月の条には次のようにある。雄略は、十八日に吉野宮に行幸し、二十日にその川上の小野に出でます。

①虞人《やまのつかさ》に命《みことのり》して獣駈《ししか》らしめたまふ。躬《みづか》ら射むとしたまひて待《お》ひたまふ。虻《あぶ》、疾《と》く飛び来て、天皇《すめらみこと》の臂《みただむき》を噆《く》ふ。是に、蜻蛉《あきつ》、忽然《たちまち》に飛び来て、虻を囓《く》ひて、将《も》て去《い》ぬ。天皇、厥《そ》の心有ることを嘉《よみ》したまひ、群臣《まえつきみたち》に詔《みことのり》して曰《のたま》はく、「朕《わ》が為に蜻蛉を讃めて歌賦《うたよみ》せよ」とのたまふ。群臣、能《よ》く敢へて賦《よ》む者莫《ひとな》し。

天皇、乃ち口号《くちつうた》して曰はく、

倭《やまと》の　峯群《をむら》の嶺《たけ》に　猪鹿《しし》伏すと　誰か　この事　大前《おほまへ》　一本《あるふみ》、大君　に奏《まを》す　大君はそこを聞かして　玉纏《たままき》の
胡床《あごら》に立たし　一本、坐《いま》し　倭文纏《しつまき》の　胡床に立たし　猪鹿待つと　我がいませば　さ猪《ゐ》待つと　我が
立たせば　手腓《たくふら》に　虻《あむ》かきつき　その虻を　蜻蛉はや囓ひ　昆《は》ふ虫も　大君にまつらふ　汝《な》が形《かた》は　置
かむ　蜻蛉嶋倭《あきつしまやまと》　一本、昆《は》ふ虫もといふより以下《しも》を以て、「かくのごと　名に負はむと　そらみつ　倭の国を蜻蛉嶋」といふに易
へたり。（紀七五）

因《よ》りて蜻蛉を讃《ほ》めて、此の地《ところ》を名《なづ》けて蜻蛉野《あきつの》とす。

この歌物語は「雄略記」ではやや異なった展開をする。雄略は吉野の宮に行幸したとき、吉野川のほとりで麗しい童女《をとめ》と邂逅し、婚《まぐはひ》をした。『記』は『紀』と違って編年体ではないので、時期は不明であるが、その後雄略は再び吉野に行幸し、童女と遇ったところに留まる。

②其処《そこ》に大御呉床《おほみあぐら》を立てて、其の大御呉床に坐《ま》して、御琴を弾きて、其の嬢子《をとめ》に儛為《まひせ》しめたまひき。爾《ここ》に其の嬢子の好く儛《ま》へるに因りて、御歌を作《よ》みたまひき。其の歌に曰《のたま》ひしく、

呉床座《あぐらゐ》の　神の御手もち　弾く琴に　舞ひする女《をみな》　常世にもがも（記九六）

といひき。即ち吾岐豆野《あきづの》に幸《い》でまして、御猟《みかり》したまひし時、天皇御呉床《みあぐら》に坐しましき。爾に虻御腕《みただむき》を咋《く》ふ。即ち蜻蛉《あきづ》来て其の虻を咋《く》ひて飛びき。是に御歌を作みたまひき。其の歌に曰ひしく、

み吉野《えしの》の　袁牟漏《をむろ》が岳に　猪鹿《しし》伏すと　誰ぞ　大前に奏《まを》す　やすみしし　我が大君の　猪鹿待つと
呉床《あぐら》に坐《いま》し　白栲《しろたへ》の　衣手著具《そてきそな》ふ　手腓《たこむら》に　虻かきつき　その虻を　蜻蛉早咋ひ　かくの如　名に負はむと　そらみつ　倭の国を　蜻蛉島とふ（記九七）

といひき。故《かれ》、其の時より其の野を号《なづ》けて吾岐豆野と謂ふ。

さて、アキツシマの起源を語る①の歌謡は、雄略が詠ったことになっているが、連絡係・地謡い・天皇、三者それぞれの言葉や行為が三様に展開をしている。*43『古典大系・日本書紀』の頭注は、この物語歌は演劇として行われたものが書きとめられたとしている。従うべき見解である。ここで断っておくが、蜻蛉と秋津嶋の秋津はアキツと訓むべきである。*44一方、『記』に限っては豆がヅの濁音のみであるので、アキヅと濁って訓むべきである。

②の「雄略記」記九七の後半の歌謡は①の「雄略紀」紀七五のそれより新しく整理されたものとされている。[*45]紀七五は異伝をも取り込み、素朴な対句があるが、記九七後半では対句は省かれ、五七調に整理されている。

①は八月も半ば過ぎの物語であるが、八朔ころの関連の出来事として扱ってよいだろう。山の司に命じたシシ狩は、豊作祈願の贄を神に奉るためであっただろう。内田賢徳は、天皇の狩の古い目的は農作の豊穣儀礼の一環であると述べている。[*46]

雄略のこむらを刺した虻を捕ったアキツ（蜻蛉）は、天子の国見にしばしば現れて唱われる。折口信夫によれば、国ほめのおりにアキツにこと寄せて、作物の生産を祝福しているという。稲の花の咲くころになると、神主や長老などの聖事に与るものが岡に登って、まだ穂の出ない田に向かって誉め言葉をかけ、稔りの秋を祝福する。古代の国見は、この田ほめの系統の儀礼であるという。[*47]アキツは、仲夏から秋にかけて多く飛ぶもので、俳句でもトンボは秋の季語である。アキツは稲の害虫を食べる。香川県出土の大橋氏銅鐸や神戸市灘区桜ヶ丘町神岡出土の四号・五号銅鐸にもトンボが描かれていて、注目されてきた。[*48]盆のころ稲田に群れ飛ぶウスバキトンボなどは精霊トンボと呼ばれている。越谷吾山の『物類称呼』（一七七五年刊）には、畿内のシヤウレウヤンマがあり、西国のシヤウレウヱンバがいる。古くからシヤウレウヤンマは彼岸から此岸へ飛んできた精霊の顕在化したものと考えられていた。

『物類称呼』や『増補俚言集覧』（一八二九年以前成立、明治に増補）にはトンボの異名が羅列してあって、会津などにタノカミトンボがある。東條操の『全国方言辞典』よると、タノカミトンボはアカトンボの名になっている。[*49]トンボは田の神と信じられていたのである。佐原真も「長野県北安曇郡小谷村ではトンボが田の神であった」とするトンボ研究家の見方を引用している。[*50]もしかすると、アキツは山の神＝田の神か稲魂の顕在化したものかもしれなかった。アカトンボはおもにナツアカネやアキアカネと呼ばれるものである。とくにアキアカネは水田や池沼に生まれて、暑い夏を高い山地で過ごす。秋になり涼しくなると、平地の水田や池沼に下りてきて、交尾産卵をする。この生態はちょうど秋の初めに山を降る田の神や稲魂の動きと同じではないのか。

神武の国見にはこうある。

③（神武が）腋上《わきがみ》の嗛間丘《ほほまのおか》に登りまして、国の状《かたち》を廻《めぐ》らし望みて曰《のたま》はく、「妍哉乎《あなにや》、国を獲《え》つること。内木綿《うつゆふ》の真迮《まさき》き国と雖《いへど》も、蜻蛉《あきつ》の臀呫《となめ》の如くにあるかな」とのたまふ。是に由《よ》りて、始めて秋津洲《あきつしま》の号《な》有り。（神武紀三十一年四月　朔《ついたちのひ》）

腋上は奈良県御所《ごせ》市掖上《わきがみ》である。これは統治者神武の四月の国見になっているが、「蜻蛉の臀呫の如くにある」とは四月の情景ではない。間違いなく、アキツの交尾のトナメを見かけるころに、すなわち八朔のころ神武はこの国ほめ・田ほめの言葉を発している。アキツの交尾が稲魂の繁殖につながり、稲の豊作につながったのであろう。だから、秋津洲と国の名称にもなったのである。

（③の神武の国ほめの言葉につづけて、ニギハヤヒが大空からヤマトを望見した「虚空《そら》見つ日本《やまと》の国」という頌辞《しょうじ》が記されている。ヤマトにかかる枕詞「そらみつ」は『万葉集』にも散見するが、かかり方は未詳とされるものである。おそらく「そらみつ」は元来アキツ・アキツシマにかかる枕詞であったろう。それがのちに、ヤマトにかかる枕詞に転じたのである。それは下引⑤の天御虚空豊秋津根別《あまつみそらとよあきづねわけ》にもあるように、ミソラもトヨもアキツを修飾しているのでわかる。）

上野理によれば、②のアキツ野の歌謡は吉野の歌ではなく、本来は南葛城の室の秋津島の地名起源を語るものではなかったかという[*51]。おそらくそうであろう。そこで秋津・秋津島にかかわる伝承を掲げる。下引の⑥⑦にあるように、室の秋津島は孝安の宮の所在地である。

④（淡路洲《あわじのしま》を胞《え》として）廼《すなは》ち大日本豊秋津洲《おほやまととよあきつしま》を生む。（神代紀四段本文）
⑤（七島を生んでから）次ぎに大倭豊秋津島《おほやまととよあきづしま》を生みき。亦の名を天御虚空豊秋津根別《あまつみそらとよあきづねわけ》と謂ふ。（神代記）
⑥（日本足彦国押人天皇《やまとたらしひこくにおしひとのすめらみこと》が）都を室《むろ》の地《ところ》に遷《うつ》す。是を秋津嶋宮《あきつしまのみや》と謂ふ。（孝安紀二年十月）
⑦大倭帯日子国押人命《おほやまとたらしひこくにおしひとのみこと》、葛城《かづらき》の室の秋津島宮《あきづしまのみや》に坐しまして、天の下治《しろ》しめき。（孝安記）
⑧そらみつ　日本《やまと》の国は　神《かむ》からか　在りが欲しき　国からか　住みが欲しき　在りが欲しき国は　秋津洲日本《あきつしまやまと》
（琴歌譜一二）

④⑤のアキツ（ヅ）シマにはトヨの美称がつけられている。いうまでもなくトヨは銅鐸のトヨミ（響）に関係する。多分アキツの群舞が稲の豊作をもたらすものと考えられていたからに違いない。だから、⑥⑦にあるように孝安は秋津に都を構えたし、⑧にあるように秋津洲は理想の国であった。トンボ・トンバウはツミハ・ツムハに通い、銅鐸に関わりがあるかも知れないと前章で述べた。

第七節　古代の韓国・中国とのかかわり

ところで、『魏志』韓伝によれば次のようである。

常に五月を以て種を下ろし訖《をは》り、鬼神を祭り、群聚《ぐんしゅう》して歌舞し、酒を飲みて昼夜休《や》む無し。其の舞、数十人倶《とも》に起ちて相随《したが》ひ、地を踏みて低昂《ていこう》す。手足相応じ、節奏は鐸舞に似たる有り。十月農功畢《をは》るときも、亦た復た之の如し。（中略）又諸国各《おのおの》別邑《べつゆう》有りて、之を名づけて蘇塗《そと》と為す。大木を立て、鈴鼓を県《か》け、鬼神に事《つか》ふ。

古代韓半島の馬韓では、五月稲の種まき後、豊作を鬼神に祈願し、十月の収穫後にも感謝する祭を行っていた。そうした祭には、昼夜休みなく歌舞をし、また飲食をしていたが、その群舞はちょうど鐸舞のようであったらしい。鈴鼓は小銅鐸の可能性がある。

古代日本の稲の収穫祭に銅鐸が用いられたかどうかは、残念ながら伝承が見いだせない。藤森栄一によれば、諏訪地方では三月の初酉の日と十一月二十八日にも鉄鐸が打ち振られていたという。[*52] 三月のそれについては第十節で詳しく述べるが、十一月二十八日のそれは収穫感謝祭であったに違いない。

韓半島で用いられていた小銅鐸は弥生中期に九州にもたらされたとされている。[*53] 佐賀県神埼市千代田町詫田《たくた》西分の詫田遺跡から、わが国最古と思われる無紋の銅鐸型土製品・鹿の角・水鳥の木製品が発掘された。同時に出土した土器片から弥生中期前半のものとみられている。[*54] 詫田遺跡は貝塚であるので、これらのものが同時に呪的・宗教的な行事に使われたかどうかはわからない。しかし、銅鐸型土製品や水鳥の木製品の組み合わせは、まるで古代の韓半島的である。そこに鹿が加わると、何かしら日本的な展開を思わせる。

北九州と狭い関門海峡を挟んだ下関市長府町の忌宮《いみのみや》神社では、数方庭祭《すほてのまつり》と呼ばれる古式神事が八月七日夕から十三日夕にかけて行われる。[*55] 維新前は七月七日より十三日であったという。参列者は長い竹竿に幟《のぼり》をつけ、竿頭に鶏の尾羽を挿し、大きな鈴を吊す。夜ごと境内の鬼石の廻りを囃子《はやし》につれて舞い踊る。国分直一によれば、この祭事は初現的小銅鐸の用途を偲ばせ、数方庭の呼び方は蘇塗の韓風発音スサルテイに由来するように見えるという。[*56] おそらく国分の見解は正しいだろう。伊藤彰も国分と同様の考えを披瀝しているが、下関市内の他のスホウテーとか幟舞と呼ばれる祭事が、雨乞いや風祭としても行われていることから、これらの神事は稲作の豊穣を祈ってする村レベルの儀礼であると述べている。[*57]

しかし、この数方庭祭が、『魏志』韓伝のように五月や十月ではなく、七・八月に行われるところが日本的展開ではないのか。あるいは韓半島南部では、八月十五日に秋夕行事が行われてきた。それは、十月初旬を中心とする収穫祭の刈り上げ儀礼に対して、一次的な収穫祭であると考えられている。依田千百子は、秋夕関連のいろいろな事例を掘り起こしているが、収穫の年占的・予祝的な側面もあると指摘し、二次的収穫祭との違いを述べている。[*58]また、八月十五日には「農者天下之大本」と墨書した農旗を立てて巡遊するが、農旗の周りで農楽を奏し、歌いながら円舞するという。その農旗の竿頭には雉の羽が挿してあり、山との結びつきも強いという。[*59]雉は山の神かその使いである。ただ秋夕の儀礼に小銅鐸が用いられたかどうかを跡づける伝承はないようである。

わが国の八朔前後の儀礼もルーツを尋ねれば、あるいは韓半島、あるいは中国の江南からの渡来文化であるかも知れない。大林太良によれば、ラオスの焼畑耕作民ラメット族の考えでは、人間と稲だけが霊魂を持っているそうである。稲の成育期間中、人々は供犠をもって稲魂を祀る。この供犠によって、人々は稲の畑を邪悪な精霊たちから守るとともに、よい稔りのために祖先や村の守護霊に助力を乞うのである。[*60]岩田慶治によれば、タイのクイ族も同様で、稲の穂が出るころになると、旗竿に供物を結びつけて掲げ、稲魂を招く。このとき稲魂は擬人的にあたかも妊婦に対するごとく取り扱うという。[*61]また、宇野圓空の『マライシアに於ける稲米儀礼』にある数多くの事例も、稲の穂出しから実入りまでの期間に稲魂を招き寄せたり、成熟を促進加速させたりする。さらに人間の性生活や妊婦になぞらえた儀礼も多い。これらインドシナ半島やマレーシアの稲作儀礼も、ルーツは同じ中国にあるだろう。[*62]そこは銅鼓の分布域である。

上州高崎の人川野辺寛《かん》の『閭里《りより》歳時記』（安永九年一七八〇刊）によれば、

もろこしにて八月朔臈《さくろう》といふことあり。臈《ろう》は田穀《でんこく》の新なるを祈《いのる》祭の名なれば、此方（の）八朔の佳節もこれに類せり。田穀の実《み》のる事をいはふ故、田みのるつゐたちいふなるべしと貝原恥軒いへり。

『説文解字』には「膢、一に穀を祈り、新を食うを膢と曰う」とあり、清の段玉裁の『説文解字注』に「即ち八月の祭の説《こと》なり」とある。膢は膢臘《ろろう》ともいい、八朔に行う祭の名である。同じく後漢の会稽の人王充の『論衡』祭意篇にも、八月に雨乞いをして、穀物の実りを祈求するとある。梁の宗懍《そうりん》撰『荊蘇《けいそ》歳時記』(六世紀前半成立)には、

> 秋分、牲を以て社を祠《まつ》る。其の供帳は仲春の月より盛んなり。社の余の胙《そ》、悉く郷里に貢饋《こうき》し、族に周《あまね》くす。社余の会、其れ茲《ここ》に在るか。此れ其の会や、教を社神に擲《ふる》ひ、以て来歳の豊倹を占う。(中略)(教は桐〈銅〉を以て之を為《つく》り、形は小蛤〈鈴〉の如し。教は教令を言うなり。)

とある。荊蘇とは中国の湖北・湖南地方である。秋分は八朔よりも遅れるが、八月中である。胙は祭に捧げる肉である。教という銅鈴を用いて、来たる稔りの豊かさを占っている。

膢臘の臘は猟に通じる。田に祈るため猟をして、その肉で祭をすることである。臘日とは十二月八日で、その日の祭を臘祭という。同じ『荊蘇歳時記』の臘祭の条に、

> 諺にいう。臘鼓鳴り、春草生ずと。

とある。この諺は宋の『太平御覧』所引の『後漢書』東夷列伝に、

> 三韓の俗、臘日を以て家家祭祀す。俗に云う。臘鼓鳴りて、春草生ずなりと。

とあるのに同じである。臘鼓とは臘祭で鳴らす鼓である。古代中国や三韓では、銅鈴や鼓の音には稲を稔らせたり、草などを生やす霊能があったらしい。これは古代日本にも通じることであったに違いない。

第八節　ヤマタノヲロチ伝説と八朔

「神代紀」八段本文によると、高天原を追放されたスサノヲは出雲国の簸《ひ》の川上に下り、アシナヅチ・テナヅチの娘クシイナダヒメがヤマタノヲロチの人身御供《ひとみごくう》にされようとしているのに遭遇する。クシイナダは八姉妹の末娘であった。すでに七人が毎年ヲロチに捧げられてきた。その年はクシイナダが生け贄に捧げられることになっていて、親子三人は泣き悲しんでいた。スサノヲは娘を娶ることを条件に、救済を約束する。スサノヲはクシイナダを櫛になし、アシナヅチ・テナヅチに八醞《やしほおり》の酒を醸させ、八間《やま》の桟敷《さじき》に八つの槽《さかふね》に酒を盛りおいて、ヲロチを待ち受ける。ヲロチは頭も尾も八股になっており、眼は赤ホホヅキのようで、背には松柏が生えていた。八丘・八谷を越えてきたヲロチは、八つの頭を八つの槽に入れて酒を飲み、酔って睡ってしまう。そこでスサノヲは十握《とつか》の劔でヲロチを斬り殺した。そのとき尾のなかから草薙劔《くさなぎのつるぎ》を得る。「神代記」にも同様の伝承がある。
津田左右吉は、地の精霊である蛇と処女が結合する生殖作用は、穀物の豊穣を促す呪術であったらしく、毎年蛇が処女を取りに来るというのは、年々行われる呪術に基づいた話とする。[*63] なお、スサノヲはクシイナダと結婚するが、クシイナダを稲田の祭祀にあずかる巫女とし、スサノヲと聖婚をするべき女であったとする見方がある。[*64] 聖婚を豊穣をもたらす予祝儀礼とするのである。

ヤマタノヲロチ伝説は、W・G・アストンや白鳥庫吉などによって、ギリシャ神話のペルセウス・アンドロメダ伝説に類似しているといわれてきた。[*65] ペルセウスは、女怪ゴルゴン・メドウサを退治に行った帰りに、エチオピアの王女アンドロメダが海の怪物悪竜の餌食にされようとしているのを、怪物を退治したら王女を妻にもらい受けることを王から認めてもらい、怪物を退治する。類似の伝承はヒッタイト神話やバビロンの物語にもあり、インドシナ半島や中国南部、さらにポリネシアのトンガまでにも分布している。大林太良によれば、我が国のヤマタノヲロチ伝説に一番似た伝承は中国の江南地方から東南アジアに連続的に分布しており、紀元前一千年期の半ばごろに、鉄や剣とともに江南から運ばれたものであるという。[*66]

東晋の干宝編『捜神記』(四世紀成立)に大蛇退治をした娘の話があるので、略述する。

東越の閩中《びんちゅう》(福建省閩侯《びんこう》県の北)に庸嶺があり、その西北の隙間に大蛇がいた。そのため多くの死者が出、牛や羊を捧げて祭りをしたが、福がなかった。人の夢や巫祝の教えで、童女を要求していることがわかり、毎年八月の初めの祭り(八月朝祭)になると一人ずつを蛇穴の口に捧げた。すでに九女が生け贄になっていた。将楽県の李誕の家には六女がいたが、末娘の寄がその歳の生け贄の募集に応じた。寄は好剣と蛇を噛む犬を請い求め、八月の初め廟に赴いて座った。剣は懐にし、犬はかたわらに伴っていた。まず十石の米粉の餅に蜜と麦焦がしをかけたのを穴の口においた。出てきた蛇は大きさは丸い穀物倉のようで、目は二尺の鏡のようであった。蛇は餅の香りを嗅いで、これを食べた。寄は犬を放った。犬は蛇に噛みつき、寄は後ろから数カ所を斬った。蛇は傷の痛みがひどく、踊り出て庭先で死んだ。

越王はこれを聞き、寄を后にし、その父を将楽の県令とし、母や姉には賞を賜った。これより東冶《とうや》(福建省閩侯県の東北、冶山の北)には再び妖怪が現れることはなかった。

竹田晃の訳をみると、八月朝祭を「八月一日の祭り」と訳している。[*57] ペルセウス伝説は中国南部に至って、八朔と結びついて語られているのである。大蛇に供するものは米粉で作った餅、シトギ団子であった。八月朝祭はおそらく稲の稔りを願ってのもので、そのための人身御供であったろう。してみると、ヤマタノヲロチ伝承は八朔ころの稲の作頼みとその生け贄に関係しているといえる。クシイナダのイナダは稲田で、ヲロチは山の神の顕在態でもある。蛇は水とも豊穣とも関係する。山の神は田に下ってくれば、田の神にもなっていたはずである。松本信広・松村武雄・守屋俊彦は、スサノヲとヤマタノヲロチは本来同一の神で、二つの側面にわけられている、あるいは一人二役の神霊ではないかと見ている。[68] スサノヲにも農業神の一面を看取するのである。スサノヲ神話は六月・十二月の大祓の起源譚であるといわれていたが、平林章仁はそればかりでなく「天武紀」五年八月十六日の臨時の祓いをあげている。[69] 天武は詔して曰く、

四方《よも》に大解除《おほはらへ》せむ。用ゐむ物は、国別《くにごと》に国造《くにのみやつこ》輸《いた》せ。秡柱《はらへつもの》は馬一匹《ひとぎ》・布一常《ひときだ》。以外《これよりほか》は郡司《こほりのみこともち》。各刀《たち》一《ひと》口《から》・鹿皮一張《ひとはだ》・鍬一口《ひとわ》・刀子《かたな》一口《ひとつ》・鎌一口《ひとつ》・矢一具《ひとそろひ》・稲一束《ひとつか》。且《また》戸毎《へごと》に、麻《を》一條《ひとたばり》。

とのたまう。これは八月十六日のことだが、祓柱《はらへつもの》として馬一匹や鹿皮一張などが供えられている。第三節⑨の「垂仁紀」二十七年八月の条にあったように、兵器の大刀・刀・矢なども供えられている。

〔補〕なお、「神代記」ではスサノヲはオホゲツヒメを殺すが、殺した神の身から蚕や五穀が生まれてくる。また、「神代紀」五段第十一ではツクヨミの尊がウケモチの神を殺し、その神から牛馬・繭・五穀が化生してくる。ここでは「神代紀」のほうが「神代記」より古態を示しているとしても、「神代記」の伝えからスサノヲに月神的神格のあることがわかる。「神代紀」五段第六ではツクヨミに滄《あを》海原を統治させているが、五段第十一ではスサノヲに滄海原を配している。「神代記」もスサノヲに海原を統治するよう命じている。ツクヨミは海の干満や潮流を支配しているので、海原を支配することが理解できるが、スサノヲはどうであろうか。スサノヲのスサはスサブ（荒・凄）の語根で、暴風神であると考えられてきた。[70] それはそれとして、スサノヲは各地で進雄とも表記されている。スサブは月が満ち進んで、やがて勢いが衰えて行く様であるとすれば、月神的な神格があることが理解できるだろう。月は西に渡

り去って行くが、それをシナザカルともいっている。その月が沈む入り口がシナトであり、その戸口はシナトの風が吹き出すところでもある。したがって、風神的要素のあることもわかってくる。もちろん、「神代紀」五段第六や「神代記」で、イザナキが鼻を洗うとスサノヲが生まれてくることも関係があるだろう。（なお、スサノヲのスサは出雲国飯石郡須佐郷の地名に由来する説が有力になっている。『出雲国風土記』によると、スサノヲはそこに己が命の御魂を鎮め置いたとあるが、「神代紀」八段第四ではスサノヲは新羅のソシモリにいたし、地域神には収まりきれぬところがある。）

N・ネフスキーが紹介した宮古島平良《たいら》町（現在宮古島市）の伝説によれば、お月様が人間にヲチ（変若）水を、蛇に死に水を与えようとアガリヤザガマを地上に遣わした。ところがアガリヤザガマが小便をしているすきに、大蛇がおち水をかぶってしまい、仕方なく人間に死に水を与えることになったという。[*71] この伝承は古く本土から伝わってきたものであると推測している。蛇が脱皮して不死であるということは、お月様の持つ性質を受け継いだものと考えてよい。こうしてスサノヲは月神的・風神的・蛇神的（農業神的）な神格を持っているとしてよいだろう。

『山城国風土記』に賀茂社に関する逸文があり、次のように述べてある。

（賀茂建角身《かもたけつのみ》の子の）玉依日売《たまよりひめ》、石川の瀬見《せみ》の小川に川遊びせし時、丹塗矢《にぬりや》、川上より流れ下りき。乃ち取りて、床《とこ》の辺《へ》に挿し置き、遂に孕みて男子を生みき。人と成る時に至りて、外祖父《おほぢ》、建角身命八尋屋を造り、八戸《やと》の扉を竪《た》て、八腹《やはら》の酒を醸《か》みて、神集《かむつど》へ集へて、七日七夜楽遊《うたげ》したまひて、然して子と語らひて言《の》りたまひしく、「汝《いまし》の父と思はむ人に此の酒を飲ましめよ」とのりたまへば、即《やが》て酒杯《さかづき》を挙《ささ》げて、天に向きて祭らむと為《おも》ひ、屋の甍《いらか》を分け穿《うが》ちて天に升《のぼ》りき。乃ち、外祖父のみ名に因りて、可茂別雷命《かもわけいかづちのみこと》と号《なづ》く。

ここに「八尋屋を造り、八戸の扉を竪て、八腹の酒を醸みて」とあるが、スサノヲのヤマタノヲロチを退治する段と非常に似ている。そこでは次のように表現されていた。

八醞《やしほをり》の酒を醸み、并《あは》せて仮庋《さずき》八間《やま》を作《ゆ》ひ、各《おのおの》一口《ひとつ》の槽《さかぶね》置きて、酒を盛《い》れしめて待ちたまふ。（神代紀八段本文）

八鹽折の酒を醸み、亦垣を作り廻《もとほ》し、その垣に八門《やかど》を作り、門毎に八佐受岐《やさずき》を結ひ、其の佐受岐毎に酒船を置きて、船毎に其の八鹽折の酒を盛りて待ちてよ。（神代記）

「神代記」の文は「神代紀」をわかりやすく述べたものである。それはともかく賀茂社の物語の後半では、カモタケツノミは雷神の訪れやすい時期に八甕の酒を醸して、七日七夜の宴を催しているのである。倉野憲司は、大蛇退治譚の一歩前には賀茂系の神話があったと考えている。[*72]第五節で「雄略紀」七年七月の条を引いたが、少子部連蜾蠃《すがる》が三諸山のヲロチを捉えてきたところ、ヲロチは雷になって光りひらめいたとあった。高木敏雄が「雷神と蛇神は其性質互に融通するものの如し」というように、[*73]ヲロチと雷とは変身可能なのである。「神代紀」五段第九に山雷《やまつち》・野雷《のづち》とあるが、これはもう雷というより幻のツチノコに近い感覚で、山野の蛇である。もちろんたちどころに大きくも変身するだろう。

するとこの賀茂の物語は、八朔の豊作祈願に続く饗宴のときのこととしてよいだろう。さらにいえば物語の前半では、何年か前の同じ時期か、四月の賀茂祭の時にタマヨリヒメは瀬見の小川で遊びをしていた。タマヨリヒメは神霊の出遊を待っていて、川上から丹塗矢として出現した神霊を床の辺に迎えたのである。何年か前といっても、小童は急速に成長するから、多分川遊びをしていたのは、その年の賀茂祭か、前年の八朔のころであろう。『年中行事秘抄』（十四世紀初め成立か）の四月条には、賀茂社の「旧記」にある同様の説話を載せている。

賀茂社の説話に似た伝承が『播磨国風土記』託賀郡《たかぐん》賀眉里《かみのさと》の条にある。

荒田と号《なづ》くる所以《ゆゑ》は、此処《ここ》に在《いま》す神、名は道主日女命《みちぬしひめ》、父なくして、み児を生みましき。盟酒《うけひざけ》を醸《か》まむとして、田七町《まち》を作るに、七日七夜の間《ほど》に、稲、成熟《な》り竟《を》へき。乃ち、酒を醸みて、諸《もろもろ》の神たちを集《つど》へ、其の子をして酒を捧げて、養《やしな》はしめき。ここに、其の子、天目一命《あめのまひとつのみこと》に向きて奉りき。乃ち、その父を知りき。後に其の田荒れき。

この条は八朔の祭には関係がないが、神の子が父神に酒を捧げて、父神が誰であるか知らしめている。賀眉里は印南川の上流の支流杉原川沿いにある。天目一命を祀る神社は西脇市大木町の天目一神社がある。播磨国二宮の多賀郡加美町の荒田神社には天目一命の御璽《みしるし》の鉄鉾が伝わっている。[74] 付近には製鉄地名が多いが、杉原川一帯には銅山も多く、谷川健一はこうした銅山で働いていた人たちが尊崇する神社に天目一命が祀られていると指摘している。[75] ところで『古語拾遺』では、天照大神が天石窟《あめのいはや》に籠もったとき、思兼神《おもひかね》は天目一箇神に雑《くさぐさ》の刀《たち》・斧および鉄《くろがね》の鐸《さなき》を作らせている。

第九節　イケニエの祭

伊藤清司によると、中国西南部の雲南省に住むペー（白）族にはヲロチ退治の神話・説話が目立つという。たとえば雲南省西北部の洱海《じかい》には湖の主の大蛇がおり、人柱を要求する。英雄が大蛇のいる洞窟に入っていくと、さらわれて妻となっていた女がいた。大蛇が寝ているすきに、その女たちに宝剣を盗ませ、その剣で大蛇を斬り殺す。[76]

天明四年（一七八四）現福岡市東区志賀島から「漢委奴国王」と刻された金印が発見された。『後漢書』倭伝には「光武、賜ふに印綬を以てす」とあるので、光武帝から賜ったものと考えられている。その鈕《ちゅう》には蛇の形が彫られていた。光武の治世は紀元二五－五六年である。

古代中国の帝王が国王などに与えた印の鈕には駱駝・羊・竜などの形があるが、蛇鈕の金印では、一九五六年雲南省晋寧県の石寨山の六号墓から出土したものがある。金印には「滇《てん》王之印」とある。[*77]『史記』西南夷列伝や『漢書』西南夷伝には、漢の武帝元封二年（前一〇九）滇王は西夷を離れ、漢に降ったので、益州郡とし、滇王に王の印を賜い首長にしたとある。蛇鈕であることは、倭と晋寧県の両地ともに蛇信仰が卓越していたことを表している。国分直一は、浙江省などから出土している八個の蛇鈕の銅印なども考え合わせて、稲作漁撈民の夷族に与えられたものと考えた。[*78]うなずける見解である。

殺人祭場面銅鼓形貯貝器（前漢時代）
（『雲南省博物館』 文物出版社1991年より）

『史記』西南夷列伝によれば、楚の威王の時代に将軍荘蹻が滇池まで攻略したが、楚が秦に破れたので、帰国できず、滇王になった。蹻は服装を変え、住民の習俗に従ったとある。ところが、大宛《たいゑん》列伝には滇越とあり、張増祺は滇人は百越の一支族であるという。[*79]

石寨山の古墓遺跡からは前漢代の青銅器が多数出土しているが、そのうち三・六・十三号墓より出土の人物屋宇銅飾や、一号墓の殺人祭場面銅鼓形貯貝器、十二号墓の殺人祭場面細腰筒型貯貝器、二十号墓の祈念場面銅鼓形貯貝器などの蓋は、柱や梢上の蛇神・各種人物・生け贄・家畜・銅鼓・家屋などの鋳造物で飾られて、漢代の滇国の豊穣祈願祭の有様を知ることができる。[*80]

貯貝器上の表柱と生け贄たち
（易学鍾作図『雲南青銅文化論集』　雲南人民出版社　1991年より）

特に一号墓の殺人祭場面銅鼓形貯貝器の蓋上の鋳造物群は易学鍾や鳥越憲三郎などによって、詳しく解説されている。[*81] 貯貝器は当時の通貨であった子安貝（タカラガイ）の貯蔵用である。蓋上の鋳造物は次のようである。

表柱一・碑板一・銅鼓二・男二十二・女二十九・幼童一・猪一・犬一など

その他籠・布帛・薪・鶏・魚など

主祭者は女で、四人に担がれた駕籠に乗っている。表柱には二匹の大蛇がまつわりつき、柱上には虎がいる。碑板には生け贄が縛られている。そのほかにも手足を縛られたり、足枷をはめられた裸身の生け贄が三人いる。これらの生け贄は稲の豊穣祈願のために蛇神に捧げられるらしい。貯貝器は銅鼓形であり、しかもその蓋の上には左右に一個ずつ銅鼓が据えられている。安田喜憲は女主祭者を女王であり蛇巫女であると見なしている。[*82]

十二号墓出土の貯貝器の蓋の上には、高殿の前に密集した百二十九人がおり、さらに左右一つずつの銅鼓と、台上に十六個の小銅鼓が並べられている。このほうがより銅鼓祭の様相が濃い。張増祺は、銅鼓は馮漢驥が述べたように祈念と播種の儀式であり、農業神の祭祀に密接な関係があるという。[*83] この農業神とは蛇神であろう。松村武雄はヤマタノヲロチに田の神を髣髴とさせるものがあり、いわば誇大化し凄まじくした田の神であるという。[84] この場合田の神は即山の神である。

『太平御覧』所引の『南州異物志』にも、広西省あたりに住む南蛮の烏滸《をこ》族についての叙述がある。

出て人を得て家に帰り、隣里を合聚し、死人を中に懸け、四面に当り向ひ坐り、銅鼓を撃ち、歌舞飲食し、稍就きて之を割く。月を方田に奉り、尤も好く出て人を索《もと》め、之を貪得《たんとく》し、以て田神を祭るなり。

文中に人とあるのはイケニエに当てる人であるようだ。烏滸族は田の神の祭によくイケニエを捕らえて捧げ、銅鼓を打ち鳴らし、歌舞飲食し、暫くしてイケニエを割いて食べている。月を奉るとあるので、多分八月十五日に田の神祭を催したのであろう。

銅鼓は湖南・江西・広西・広東・雲南・貴州・四川などの各州から千数百点が出土し、さらにインドシナ半島のヴェトナム・ラオス・カンボジア・タイからミャンマー・マレーシア・インドネシアにまで広がっている。[85] 銅鼓は春秋戦国時代にミャオ（苗）族に起源し、越族などにも伝わったと考えられている。それは現在もなお使用されている。主に土中や洞窟内に保管され、豊作祈願や冠婚葬祭などのおりに用いられてきた。銅鼓も銅鐸も元来は音を響かせる楽器である。銅鼓の上にはあるものは四匹の蛙を配し、また上部や側面には雷文・渦文・水鳥・羽人・ロングボート・高殿などが描かれている。こうした図柄は、銅鐸に描かれたものと共通する。鳥居龍蔵は銅鼓と銅鐸の文様の共通性、楽器とともに神秘的な宗教性、土中から掘り出されることなどから、銅鐸の成立に華南の影響を想定している。[86] 白川静は、春耕に先だって土中より掘り出し、打ち鳴らして大地の生成力を招く農耕儀礼をし、耕作が終わると、再び埋めてなおしたという。白川は日本の銅鐸、江南の大鐃《だいにょう》、南人の銅鼓とには親縁関係があると想像している。[87]

華南や西南中国の稲作儀礼をのぞいてみると、日本の新嘗祭・霜月祭・亥の子のような収穫感謝祭はそれほど盛んであるとは見て取れない。萩原秀三郎も、稲作行事としては抜穂の行事ばかりで、刈り上げ祭は稀薄であると述べている。[88]刈り上げ祭よりも満月の七月十五日や八月十五日のころに行われる収穫前の儀礼が各所に見受けられる。これは古い畑作時代からの慣習で、里芋の収穫儀礼であったかもしれない。しかし、すでに稲作儀礼になっている。七月七日や二十四日に行われるところもある。あるところでは収穫前儀礼が先祖祭と結びついている。W・エバーハルトによると、福建省のヤオ（瑤）族に見られる八月十五日の山祭は同時に満月祭であり、越の農耕文化では同型の祭を七月十五日に行うという。[89]ミャオ族・ヤオ族の八月十五夜などに行われる祭は、跳月《ちょうげつ》と呼ばれている。[90]満月の夜に跳《おど》りまわって祈るのである。鳥越憲三郎によれば、雲南の先住民のワ（佤）族では、稲穂の出る前の八月初めに豚や鶏をころして先祖祭をし、ブランコ遊びをして豊かな出穂を祈願する。ワ族は近頃まで首狩りをして稲の豊作を祈願する習俗があった。また、雲南のハニ（哈尼）族では牛を殺し先祖霊を祭り、自然災害から稲の結実を守ってもらう。[91]

　中国南部には槃瓠《ばんこ》など犬祖伝説があるが、『捜神記』の大蛇退治には犬が登場する。ここがヤマタノヲロチ伝承とは異なるところであるが、日本の各地には犬と人身御供が結びついた猿神退治という伝説がある。ここでは、静岡県磐田市見付に伝わる伝説を取り上げる。[92]

> 毎年八月十日の祭の前夜に、どこからともなく白羽の矢が飛んできて、見付の一軒の家に当たる。その家では娘を人身御供として天神様に捧げなくてはならなかった。延慶《えんきょう》元年（一三〇八）八月九日回国の六部が見付にさしかかったところ、ある家から忍び泣きの声が聞こえてきた。事情を聞くと、娘を人身御供に出さなくてはならぬという。六部は、怪物が生け贄の入った唐櫃を廻りながら、「信濃国光前寺のシッペイ太郎はおらぬか。このことばかりは信州信濃の光前寺のシッペイ太郎には知らせてくれるな」といっていると教えられる。六部は光前寺からシッペイ太郎という犬を借り受け、唐櫃のなかに入れて天神様に納めた。怪物が

唐櫃をあけたところ、犬との闘いになった。夜が明けてみると年老いた狒々が死んでいた。シッペイ太郎も深手を負って死んだ。

見付天神すなわち矢奈比売神社の例祭は旧の八月十・十一日である。比佐麻利《ひさまり》祭といい、一宿ことごとく灯火を消して、声も立てずにいる。ヒサマリとはヒソマリである。供犠を要求したのはヒヒであるが、山の神の化身であろう。十日の真夜中に神社境内の右側にある山の神に篝火が焚かれ、祝詞が奏上される。その後すべての明かりが消され、そこから御輿が山丘を下る。裸で腰蓑を巻いた男たちが鈴振りの役に合わせて練り歩く。西の練りは加茂川まで出向き、総社にも寄る。御輿は矢奈比売神社から淡海国魂神社へ渡御をする。この祭では粟餅が売られ、かならず里芋の煮付けをつくることから、焼畑の収穫祭の要素が潜在的にあるという。[*93] 加茂川のカモは、前章第三節で述べたが銅鐸がらみの地名であった。なお、磐田市北部の豊岡町から銅鐸二口が出土している。

滋賀県野洲市三上の御上《みかみ》神社にも人身御供の伝承がある。二月と八月の二番の巳日に籠もって、人身御供の有無を占った。巳の日は蛇にかかわるか。人身御供の娘は社人の家から出され、神殿にあげられたという。[*94] 年ごとに少女を要求したヤマタノヲロチはスサノヲによって殺されるが、肥後和男はスサノヲは山の神の化身であり、近江の山の神や荒神も同質であるという。ヲロチはスサノヲと根を一つにするが、供犠として山の神に捧げられているともいう。[*95] 実は御上神社に近い小篠原の大岩山からは、明治十四年に銅鐸十四口が出土し、昭和三十七年にも銅鐸十口が発見された。

京都府舞鶴市付近に、ヤマタノヲロチ伝承に似たエイトンビキなどと呼ぶ年中行事がある。金田久璋《かねだひさあき》によって紹介された舞鶴市別所のエイトンビキは、旧八月一日（今は九月一日）に行われている。むかし、大蛇が里に現れて娘に巻きつき、さらって行くことがあった。その際、逃げまどう娘たちを土蔵や便所に隠した故事により、藁製の大蛇を作り、村中を引き回す。その後荒神のある裏山に担ぎ上げ、椎の巨木の根に巻きつける。これは稲作に被害を与える風神の退散と五穀豊穣、村人の無病息災を祈る八朔の行事であると伝えられている。[96] こうした行事は舞鶴市上根や大波上などでも九月一日に行われている。

舞鶴市城屋の「蛇神様」という伝説では、森脇宗坡が若嫁になったばかりの娘を飲み込んだ大蛇を、七月十三・十四日に弓で片目ずつを射抜き、その後胴体を三切りに断った。蛇の頭部を祀ったのが雨引《あまびき》神社であるという。雨引神社の祭神は、農業水利を司る水分神《みくまりのかみ》である。[97] 今は八月十四日の夜に揚松明《あげたいまつ》の神事がある。なお、舞鶴市下安久よりは銅鐸二口が出土している。

南九州一帯では八月十五夜に綱引きが行われ、角力などもある。綱引きの綱は八月一日から用意し始めるところが多いという。[98] これらの行事も、藁蛇を引き回すエイトンビキと同じで、八朔ころの稲作の豊穣祈願と考えてよい。

第十節　春の予祝神事と鐸祭

長野県諏訪地方では鉄鐸は、三月初酉の日、諏訪大社上社の御頭祭《おんとうさい》にも用いられた。これは中世以降では上社の年中祭礼のなかでも重んじられてきた祭である。七十五頭の鹿の頭が神前に供えられ、そのなかには必ず耳裂き鹿がいたと伝えられている。神使《じんし》の頭人たちが御杖と御神宝の大鈴をうけて、内県・外県・小県の御廻りに進発する。[99] 藤森栄一は、大鈴とは問題の鉄鐸であることは間違いないという。そして三十カ所のタタエと呼ぶ高木のある祭場で神事を行って巡回した。六口一組の鉄鐸は杖頭に結びつけられて、鳴らしながら巡回し、タタエでは鉄鐸を神体として祭祀が執行されたらしい。[100] このあたりに、八朔以外にも銅鐸の祭があった可能性を探るヒントがありそうである。

第四節②で引用した「持統紀」の竜田の風神は、大和国平群《へぐり》郡の竜田坐天御柱神社二座である。『延喜式』祝詞に竜田風神祭があるが、風の神の祭りに唱えられるものである。天武八年以降しばしば四月と七月に奉幣がなされ、四月と七月の四日に祭を行う。現在では四月の例祭にあたり、三日竜田川の滝津瀬川の梁から川魚を捕獲して、唐櫃に入れて持ち帰り、四日神前に供える。祭典終了後は元の川に放魚する。風鎮祭は現在六月二十八日から祈願を始め、七月四日に竜田本宮の跡と伝えられる竜田山主峰に登頂参拝する。この祭には馬具模型と白馬の絵馬が供えられる。*101

風祭については、『今昔物語』巻十九の「参河守大江定基出家する語《こと》」につぎのようにある。

（三河の）国の者共風祭《かざまつり》と云事をして、猪《ゐ》を捕《とり》、生け乍ら下ろしてけるを（定基が）見て、弥《いよい》よ道心を起して、速《すみやか》に此の国を去なむと思ふ。

これは愛知県宝飯《ほい》郡小坂井町宮脇の式内社菟足《うたり》神社の神事である。宝永四年（一七〇七）の花翁撰の『三河雀』にはくだんの神社について次のようにある。

四月十一日毎年風の祭あり。四月上旬より十日切に雀十二翅を射取。雀箭当て血流れぬれば、氏子の災難あり。

以前は風祭に生け贄として猪を供えていたが、猪が獲がたくなって、雀の贄に変えられたらしい。十二羽とは月の数によるという。『古典大系本』は、この風祭に対し「風を鎮める為に風の神を祭る行事。ここでは秋の収穫を祈る為のものと思われる」とする。*102『古典集成本』『古典全集本』『新古典大系本』も同様である。この大江定基が遁世する話は『宇治拾遺物語』にも記載されているが、『古典大系本』『完訳日本の古典本』の注もまた秋の風祭と解している。[103] 横田健一もこの風祭を解説して、「台風シーズンに稲の豊作をさまたげる台風の吹かぬように祈り、豊作を祈る祭ではなかったか。そうした祭に動物犠牲がともなったようである」と述べている。[104] 一般の風祭は、秋の収穫前に吹く大風を鎮め、豊作を祈るために、八朔や二百十日前に執り行われるので、秋の風祭と理解されてもいたしかたない。しかし、菟足神社では四月十一日に祭が行われている。ちなみに、『万葉集』には、

山下《やまおろし》の　風な吹きそと　うち越えて　名に負へる社《もり》に　風祭《かざまつり》せな（⑨一七五一）

とある。この風祭は、竜田の春のものである。参考までにつけ加えると、大正十三年上述の菟足神社のある愛知県宝飯郡小坂井町内の伊奈字松間からも三遠式銅鐸三口が出土している。ただし、風祭との関連は保証のかぎりではない。

風祭や豊作祈願は、春と八朔ころに行われ、あるいは片方だけが行われた。しかも、鹿・猪・牛などの獣類、あるいは鳥や魚が贄として捧げられた。それでは、銅鐸がそうした春の予祝行事や風祭に用いられただろうか。銅鐸に描かれた題材は、鹿などのほかに、水稲に関係する水流文・水生動物・トンボなどが多く描かれている。また、銅鐸埋蔵地は春の山見行事の場所との関連が指摘されている。[105] 春に銅鐸が用いられた可能性は濃厚である。

こうした行事に獣などの贄が必須であるらしいし、いずれの行事にも鉄鐸が用いられたらしい。たとえば諏訪大社（上社）では年に少なくとも四度の御狩が行われてきた。

五月二－四日　押立御狩　五月五日　五月会頭の祭礼
六月二十七－二十九日　御作田御狩　六月三十日　御田植え祭

七月二十六－三十日　御射山御狩　八月一日　憑《たのみ》の祭礼
九月二十六－三十日　秋穂の御狩　九月三十日　祭礼

五月の御狩が田起こしや稲の苗作りに関係するとしたら、その他の祭も田植え祭・稔りの祈願祭・収穫感謝祭であるから、いずれも稲作儀礼の一環である。これからすると、田の祭に山の神をその都度御射山から迎えてきたらしいとわかる。御射山は三済山・御作山・三佐山・三才山などとも書かれ、伊藤富雄によるとミは敬語、サは矢の古語であるから、御矢山の儀で、神の狩猟地であるという。[*106] 確かに弓矢で狩りをしているが、ミサ山のミは接頭語、サは再生・新生・反復繰り返しを意味するもので、ミサ山から稲作の豊穣に関わる山霊を招いてきたのである。しかも、年ごとに春に山から招いた田の神を、秋の刈り入れ後に山に送り返すのではなく、祭の度ごとに招いていた。これは古い習俗と見なしてよい。折口信夫は、古くは田の神は山から年毎に春田打ち・田植え・刈り上げのときの三回来臨したとしている。[*107] しかし、八朔の祭を入れれば四回になるはずである。その四回ともに鉄鐸を鳴らしてきたろう。

諏訪の下社では春霧ヶ峰の御射山から砥川を流れ下ってきた神霊を春宮へ迎える。六月三十日の御作田の田植神事の翌日、神霊を青柴で飾ったお舟に乗せて、秋宮に遷す。そして七月二十六日、氏人は行列を組み、別のルートを通って神を山宮へ送って行く。[*108] 下社では春山を下った神は秋の初めに山へ帰る。これからすれば、上社の祭祀に下社のそれより古態が残っているといえるだろう。

諏訪を中心にして中部・関東に広く山の神的な、あるいは湛《たたへ》の神的な、サクチ・サグジ・シャグジなどと呼ばれる土俗的な神がいる。左口司・左宮司・社宮司・社宮神・社護神・社軍神・杓子などと書き表されている。サグジ・シャグジについては、山中笑は石神かといい、柳田国男は、石神には否定的で古い鎮守や産土神の類であろうと考えてはいるが、正体はつかめないとしている。[*109] 前章第六節でのべた岐阜県下呂市の森八幡神社ももとはシャグシ（シャグジのこと）の神祠であった。

サクチ・サグジのサは再生・新生、あるいは変態を意味するのであろう。クチ・クジは巻き貝・幼虫・虫などの小動物を指す古い言葉である。それはオタマジャクシ（蝌蚪）・ナメクジ（蛞蝓）・メーメークジ（蝸牛）・ウナコジ（蛆）・ヲコゼ・ヲコジ（毛虫・刺虫）ヤマヲコゼ（山螺・煙管貝・煙管擬《きせるもどき》）・ヲコジョ（山鼬）などに名残がある。あるいはクチナハ・クチナ（蛇）のクチもこの類か。それらはこうした山の神・山霊の顕現態である。なお、『大言海』などは、オタマジャクシは江戸期の言葉と考えて、お多賀杓子を元とするという。しかし、河原宏は、お多賀杓子を否定し、カイロダマ・ゲーロダマ・オタマゲーロなどの方言が各地にあることをあげている。また、ガエルクジョ・カエルクチョなどの名も集めている。*[110] オタマ（御頭）は御魂と考えた方がよいとの説もある。*[111] オタマジャクシは「オ（美称）＋タマ（魂）＋サ（再生・変態）＋クジ（小動物）」としてよいだろう。

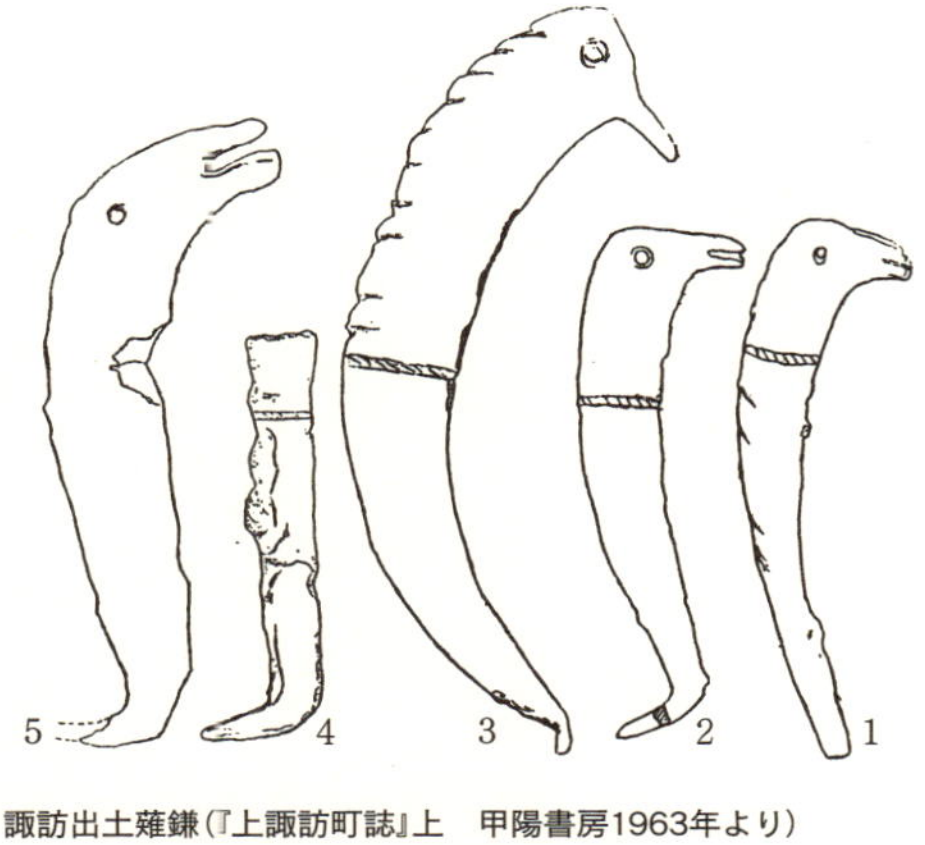

諏訪出土薙鎌（『上諏訪町誌』上　甲陽書房1963年より）

繰り返すが、サクチ・サグジは、陸棲のヲコゼ・ヲコジのように山の尾根や岡に住むコゼ・コジ・クジ、すなわち巻き貝・幼虫・虫などの小動物である。山の神が海棲のヲコゼ・ヲコジを見て喜ぶのは、それが名や形で同類であるからではないか。従ってサクチ・サグジ・シャグジなどはヲコゼなどに通じるところがある。このサグジの形を信濃の人々はどのように考えていたかを具体的に示すと、諏訪系の神社や信濃国境の大木や柱に打ち込まれた薙鎌の形を想像すればよい。それは鳥形とも魚形ともいわれてきた。*[112] いわば下刈り用の大鎌の形、すなわち「う」から点「ゝ」を除いた形で、目・口・鱗などが添えられているものである。幼虫の形といったらよいだろうか。

サクチ・サグジ・シャグジに有効な解釈を施しているのは中沢新一で、中沢はミシャグチについて次のように述べている。[113]

> 蚕は幼虫のときには、芋虫のように地面を這う虫である。それが十分に成長すると口から糸を吐いて、自分のまわりに繭の殻をつくって、その中に隠ること数週間、繭の内からあざやかな色彩をした羽根をもった蛾があらわれてくる。この虫は、ミシャグチのように、殻に包まれて守られている間に、見えない殻の内部で劇的なメタモルフォーシスをおこなって、現実の「見える」世界の中に出現、「みあれ」するのだ。これは諏訪信仰圏で、ミシャヤグチが胞衣《えな》の中で成長して、童子として出現すると考えられているのと、よく似た考え方である。

ミシャグチのミは敬称の接頭語であり、シャグチはサクチ・サグジの変化形である。

信濃に銅鐸を持ち込んだのは、おそらく天孫族に追われた出雲族のタケミナカタやイセツヒコであろう。それは諏訪の大祝《おほはふり》となった神氏の祖先筋で、蛇信仰を持っていたと考えられる。その蛇神はソソウ神として『年内神事次第旧記』にしばしば登場する。しかし、その語義は不明とされるものである。宮坂光昭は、ソソウ神は巨大な藁作りの蛇で、正月一日諏訪大社前宮の御室にミシャグチとともに入れられるという。[114]しかしあえていえば、それは出雲のスサノヲ・スサヲと通じるものではないか。すでに第八節でスサノヲはヤマタノヲロチと本来は同一で、一人二役の神霊であるとの見方を紹介した。すなわちスサノヲは蛇といい換えうる。

信濃の銅鐸は後に鉄鐸に変わったが、鉄鐸によって山霊を招き稲の豊穣を祈願しているのである。

第十一節　ウケモチのウケはワカと同根

西郷信綱は、最初に人身御供があり、それが動物の生け贄に変わり、さらに無血の供え物に変わったとする説を否定して、獣類の生け贄が秘蔵の娘を神に捧げる説話に転調したと考えた。[*115] 捧げられた娘は神を祀る巫女の立場であったろう。ただ、縄文時代の壊された土偶は女性をかたどっており、里芋などの栽培への再生呪術とも考えられている。[*116] 里芋は正月や八月十五日夜の儀礼食に用いられ、月信仰と関連が深い。（ただ縄文時代の大地母神と弥生時代の山の神的女神とでは差がある。）

そこで「神代紀」五段第十一にあるツクヨミの尊とウケモチの神の神話を引用する。

天照大神、天上《あめ》に在《ま》しまして曰《のたま》はく、「葦原中国に保食神《うけもちのかみ》有りと聞く。爾《いまし》、月夜見尊《つくよみのみこと》、就《ゆ》きて候《み》よ」とのたまふ。月夜見尊、勅《みことのり》を受けて降《くだ》ります。已《すで》に保食神の許に到りたまふ。保食神、乃ち首《こうべ》を廻《めぐら》して国に嚮《むか》ひしかば、口より飯《いひ》出づ。又海に嚮ひしかば、鰭《ひれ》の広《ひろもの》・鰭の狭《さもの》、亦口より出づ。又山に嚮ひしかば、毛の麁《あらもの》・毛の柔《にこもの》、亦口より出ず。夫《そ》の品《くさぐさ》の物悉《ふつく》に備へて、百机《ももとりのつくゑ》に貯《あさ》へて饗《みあへ》たてまつる。是の時に、月夜見尊、忿然《いか》り作色《おもほてり》して曰はく、「穢《けがらは》しきかな、鄙《いや》しきかな。寧《いつくに》ぞ口より吐《たぐ》れる物を以て、敢へて我に養《あ》ふべけむ」とのたまひて、廼《すなは》ち劒を抜きて撃ち殺しつ。然《しかう》して後に、復命《かへりことまう》して、具《つぶさ》に其の事を言《まう》したまふ。時に天照大神、怒りますこと甚しくして曰はく、「汝《いまし》は是悪しき神なり。相見《あひみ》じ」とのたまひて、乃ち月夜見尊と、一日《ひとひ》一夜、隔て離れて住みたまふ。是の後に、天照大神、復天熊人《またあめのくまひと》を遣はして往きて看しめたまふ。是の時に、保食神、実《まこと》に已《すで》に死《まか》れり。唯し其の神の頂に、牛馬化為《な》る有り。顱《ひたひ》の上に粟生《な》れり。眉の上に蚕生れり。眼の中に稗生れり。腹の中に稲生れり。陰《ほと》に麦及び大小豆《まめあづき》生れり。天熊人、悉《ふつく》に取り持ち去《ゆ》きて奉進《たてまつ》る。

月夜見尊は、「神代紀」五段本文のなかの割注では月読尊、「神代記」では月読命と書き表されている。本来は月の運行を読み取る知識を持った神であるが、月神あるいは月と同等と考えてよい。一年に月は、少なくとも十二回死に、十二回再生を果たすが、もっとも鮮やかで月祭の対象となるのは八月の望月である。一般にウケモチはウカモチの転であると考えられているが、私はウケモチ・ウカモチのウケ・ウカはワカ（若）の転であると考えている。[*117] ウケモチとは食べ物を保つことではあるが、同時にいのちの若さを保持することでもある。ちょうど月が欠けては満ちて、永遠の若さを保つようにである。

もしウケモチが「ウケ＋モチ・ムチ」であり、オホナムチ・オホナモチやヒルメノムチ・ヒルマモチのようにモチがムチの変化であり、貴人を指すとなれば、ウケモチはほとんど月神と同義となってしまう。沼沢喜市は次のように説く。[*118]

オホゲツヒメ・ウケモチ・ワカムスビは、ともに食物神・穀物神・農耕神であり、本来同一の神であろう。ウケモチ神話では、月神が食物神を殺すことになっているが、オホゲツヒメを殺すスサノヲも月の性格をもつ神である。更に又殺される食物神自身も月神である。比較神話学では、月は月神であるばかりでなく、農耕神、植物神、食物神、生誕神、地母神であり、更に死者の神、ヨミの神でもある。

沼沢はイエンゼンなどの神話学の成果に従い、熱帯的球根栽培の分割と再生をベースに論を展開している。

私は『古代日本の月信仰と再生思想』において、二日三日《ふつかみつか》などのカ（日）はウカの約言であり、ウカは月または月夜であると説いた。[*119] 二日三日の日は借字である。古代の太陰暦時代には、おもに月または月夜の数によって日を数えたのである。登る太陽によって日を数えたのではない。そしてこのカ・ウカはワカ（若）と同根である。ウケモチ・ウカモチのウケ・ウカもこれらのウカ・ワカと同類であると考えている。したがって、このウケ・ウカはカ（瓮）・ケ（笥）とは異なることになる。

してみると、若返る月神はウケモチと同じ信仰ベースの上にある。ツクヨミがウケモチを殺したとすれば、月の消える晦日であり、いわば道連れである。しかも、八月十五日の月祭の行事からすれば、その第一は七月の晦日に絞ることができる。その時消えた月は八朔に再生を果たし、蘇るのである。そして八月十五日に望を迎え、満月となる。

　ツクヨミが尋ねてきたとき、ウケモチは飯を噛み吐きだして口噛酒を作り、海のもの・山のものとともに、ツクヨミに奉ろうとしていた。しかし、逆にツクヨミにより殺され、犠牲とされてしまう。ツクヨミは、多分月末に自分自身が死ぬと同時に、穀霊の象徴といってよいウケモチをも道づれにしていたのである。死んだウケモチは月の蘇る八朔に再生し、稲を始めとする五穀の稔りとなって化成する。ここでは稲・粟・稗・麦・大小豆である。だが弥生中期以降になれば、中心は次第に稲に移るはずである。この神話は牛馬や蚕をも取り込んでいるが、それらは後の発展である。

　ツクヨミはウケモチを殺してはいるが、これは説話上のことであって、必ずしも神や人が殺されて、上位の神に供された事実を反映しているものではない。そうかといって、過去に人身御供が絶対になかったともいいきれない。西郷信綱によれば、生け贄とは、あらかじめ祭に供えるために、活かしかつ畜養してきた動物たちである。祭の日、生け贄は屠られて、神前に供犠される。ところが、仏教思想が普及してくると、生け贄の殺生が嫌われ、国家主導のもとに動物たちを放生するようになってくる。[*120] 柳田国男によれば、「いわゆる放生会の最も盛んであったのは、八月十五日の八幡様の祭であった」という。[*121] これは八朔儀礼に供えた生け贄を八月十五日ころに放生したことを意味する。そう理解してよいだろう。

第十二節　稲作の二種の穀霊

　ここで一つ断り書きをするべき問題が残っていた。山から迎えてきた山の神は田の神となり、稲田に豊作をもたらしてくれた。山の神は巻貝・ヲコゼ・蛇やアキツとして顕現することもあったし、年木・水口のさし木・刈敷などとして迎えてくることもあった。

　ウケ・ウカの絡みでいえば、『延喜式』大殿祭の祝詞でいえば、次のようにある。

> 平らけく安らけく護り奉る神の御名を白《まを》さく、屋船久久遅命《やふねくくのちのみこと》、是は木の霊《みたま》なり。（下略）屋船豊宇気姫命《やふねとようけひめのみこと》と、こは稲の霊なり。俗《よ》の詞にうかのみたまといふ。（下略）御名をば称へ奉りて

屋船は家屋の意であるとされているが、ここでは覆いのある酒を醸す槽と考えてよい。大木を刳り抜いた槽には山の霊である木魂が隠っている。トヨウケヒメがその槽に醸した酒には稲魂が隠っている。あるいは酒は稲魂そのものともいえる。してみると、醸された酒には二種の霊が関係していることがわかる。

　稲作の神を山の神＝田の神とも穀霊とも稲魂とも無造作に書いてきたが、厳密には山の霊的なものと籾種子《たね》に宿る稲魂的なものがあり、両者が絡み合っている。また、場合によっては区別してとらえる必要がある。たとえば、鳴る銅鐸から照る銅鐸へ変わったのは、音に驚いて稲魂が逃げないようにしたのではないかとしたとき、山からの音や光の霊妙な働きと音で逃げる稲魂とは別個のものとしなくてはならない。特に初穂や籾種子を家に持ち帰るとき、山の神の影は薄く、穀霊・稲魂そのものになってきている。特に、

能登半島の稲刈り後、田から家に迎えるアエノコトの田の神[*122]
石塚尊俊のいう中国地方の田から家に迎えて、米俵を寝所や納戸に収める納戸神[*123]
岡山県新見市阿哲《あてつ》の種子籾俵のオンタネサマ[*124]
南島の初穂儀礼のシキョマ（稲の霊）[*125]

など、山の神との関わりも多少あっても、顕著に稲種子的な穀霊・稲魂に対する信仰があった。小野重朗は南島では水口の神様が稲魂カナシを迎えるといい、穂孕みの時期には稲魂をタマガラセナイ配慮が必要であるといっている。[*126]石塚は、稲作の霊を山と田を往復する山の神＝田の神に対し、田と家を往復する稲魂とに分離した。折口信夫も、山と田を往復する田の神と、家に迎える穀物の霊、または米の精霊とに分けている。[*127]概観するに、昔ほどまた東国ほど前者の信仰が顕著であり、時代が降るほどまた西国ほど後者が強くなる傾向がある。また、村邑や首長国の祭儀が次第に個人の祭に移行した後代になると、山の神＝田の神より穀霊・稲魂の要素が重視されるようになる。

山の神＝田の神は、稲魂自体に対し始動化・活性化・再生化源であり、成長素・結実素的であり、守護霊的である。銅鐸の祭で招来したものはこうした霊である。

なお、森田悌《てい》は穀霊をa穀物自体の霊とb生育を司る霊に分け、その他に自然環境の霊を考えている。[*128]

第十三節　おわりに

以上の論述で銅鐸にかかわるいくつかの特性や祭祀のさまを明らかにできたと思う。銅鐸を用いていた古代では、稲作儀礼のなかでも八朔の祭は非常に重要なものであった。

銅鐸が稲作儀礼に使われてきただろうとは多くの先学が述べてきたことである。ここでは多くの儀礼のうちで、八朔ころの伝承を取り上げて、古代の八朔の祭が銅鐸による穂孕み呪術であったことを示すことができたと信ずる。また、諏訪地方の現在の祭にもまだ古代の風習が生きていることもわかった。一方、それは江南から南西中国などにもつながる習俗であった。こうした事実を明らかにすることによって、前章の銅鐸論をふくらみのあるものにすることができたと思う。

ここで遠江国横須賀（現在の掛川市大須賀）の伝説を紹介する。*129

夏の夜に蛍狩りに出た子供が、

蛍来い、たのむし来い、／　行灯の光を一寸見て来い。

蛍来い、たのむし来い、／　彼方の水は苦いぞ、此方の水は甘いぞ。

と歌う声に混じって、

大鐘婆サ遠い遠い、／　近い近い。

と呼ぶのが聞こえる。

昔、大鐘と云う素封家があった。しかし、一人死に、二人亡くなって、婆サン一人が残された。遂に婆サンも死んだ。親戚の者は後で祭祀をする者も決めずに、遺産処分をし、墓に香華を手向ける者もいない。婆サンの亡魂はそれを恨めしく思い、夏の雨のしょぼ降る晩になると、提灯のような凄みを帯びた青い灯をともして、これも家の田だ、これも家の畑だ、と数えて、田圃の上を迷って行く。

この灯は宝珠寺の墓地の上で消える。宝珠寺には大鐘婆サの墓がある。寺の南には、大鐘堤と云うのもある。大鐘婆サの灯は、決して人には仇はしない。只広い田圃の上を、浮いて行くだけで、「大鐘婆サ遠い遠い」と呼ぶと、近くへ寄って来る。子供が恐がって、「大鐘婆サ近い近い」と云えば、また遠くへ行くそうだ。

この伝説には、なにか招魂だけでないものがあるようである。思い過ごしかもしれないが、弥生時代後期から古墳時代初期の遥かな昔になるが、八朔ころの銅鐸を用いた伝承の残欠が変化してあり、それにたまたま行き当たったような感じを受ける。私は銅鐸の祭は夜に行われたと考えている。なお、横須賀より西になるが磐田郡東浅羽村（現浅羽町）にも「怪火大金婆さ」という伝説がある。[*130] 横須賀より北になるが、小笠郡大池村（現掛川市）から銅鐸が出土している。また、すでに述べたが磐田市豊岡から二口の銅鐸が出土した。

今回のテーマでは、思いもかけず『紀』にある古い時代の編年体を用いることになった。しかも、当然初期の天皇代の暦年は作為的に改変して遡らせているので信用するに価しないが、それに反し月日はまんざら荒唐無稽なものばかりとはいえないことが明らかになってきた。

文献による銅鐸とその呪的祈願の研究は、いま始まったばかりである。この他にも古い年中行事の解明に『紀』などを利用できる可能性がありそうである。まだまだこれから魅力ある事実がいくつも明るみに出てくるだろう。それを期待している。

註

＊1　太田亮『新編姓氏家系辞書』秋田書店　一九七四年（原本一九二〇年）一一三七ページ

＊2　佐原真・春成秀爾「銅鐸出土地名表」『月刊考古ジャーナル』二一〇　一九八二年一一月　三五－三七ページ

＊3　丹羽基二『姓氏の語源』角川書店　一九八一年　二二四・二六三ページ

＊4　柳田国男「稲の産屋」『定本柳田国男集』一　筑摩書房　一九六三年　一八四ページ

＊5　太田亮『姓氏家系大辞典』下　角川書店　一九六三年　五四二一－五四二四ページ、『姓氏家系辞書』人物往来社　一九六八年　一二二八ページ

＊6　丹羽基二『姓氏の語源』角川書店　一九八一年　四九七ページ、丹羽基二増補『新編姓氏家系辞書』秋田書店　一九七四年　二三八ページ
＊7　吉田東伍『大日本地名辞書』上方　冨山房　一九〇〇年　二八一ページ
＊8　有賀恭一『諏訪の民謡』甲陽書房　一九五一年　八六ページ
＊9　橋浦泰雄『日ごとの祭』岩崎美術社　一九六六年　二三九ページ、早川孝太郎「食と伝承」『早川孝太郎全集』一〇　未来社　一九八八年　三六〇－三六一ページ
＊10　佐々木哲哉「八朔習俗再考」『民俗文化』三　一九九一年三月　三五ページ
＊11　志田延義編『続日本歌謡集成』二　中世編　東京堂出版　一九六一年　二九二ページ
＊12　柳田国男「田の神の祭り方」『定本柳田国男集』一三　筑摩書房　一九六九年　三七三ページ
＊13　谷川健一『柳田国男の民俗学』岩波書店　二〇〇一年　一〇四－一一七ページ
＊14　小西甚一「神楽歌」『古代歌謡集』岩波書店　一九五七年　三一三ページ
＊15　谷川健一「王権の発生と構造」『日本民俗文化大系』三　稲と鉄　小学館　一九八三年　四二〇－四二一ページ
＊16　小出義治「原神道の世界」『講座日本の古代信仰』一　神々の思想　学生社　一九八〇年　二九ページ
＊17　福士幸次郎『原日本考』白馬書房　一九四二年　二五七ページ
＊18　折口信夫「稲むらの蔭にて」『折口信夫全集』三　中央公論社　一九六六年　七〇－七六ページ、柳田国男「稲の産屋」『定本柳田国男集』一　筑摩書房　一九六八年　一八一－一八四ページ
＊19　松尾俊郎『地名の探求』新人物往来社　一九八五年　一一四ページ
＊20　志田諄一『古代氏族の性格と伝承』増補　雄山閣　一九七四年　四五一ページ
＊21　岡田精司「古代伝承の鹿」『古代史論集』上　直木孝次郎先生古稀記念会編　塙書房　一九八八年　一四〇－一五〇ページ
＊22　辰巳和弘『高殿の古代学』白水社　一九九〇年　二〇八－二〇九ページ
＊23　早川孝太郎『早川孝太郎全集』二　花祭後篇　未来社　一九七二年　三九九－四〇一ページ、「農と能」『早川孝太郎全集』三　一九七三年　一〇九ページ、野本寛一『焼畑民俗文化論』雄山閣出版　一九八四年　四七二－五〇二ページ
＊24　内田賢徳『萬葉の知』塙書房　一九九二年　三五－三六ページ
＊25　小島憲之「〈トガ野〉の鹿と〈ヲグラ山〉の鹿」『萬葉』九　一九五三年一〇月　四四－五五ページ

＊26 平山敏治郎『歳事習俗考』法政大学出版局 一九八四年 二二六―二二八ページ
＊27 大林太良『東アジアの王権神話』弘文堂 一九八四年 二二三―二二七ページ
＊28 大場磐雄『考古学上から見た氏族の研究』永井出版企画 一九七五年 七〇―七四ページ、藤森栄一『銅鐸』学生社 一九六二年 一八三―二〇一ページ
＊29 赤羽篤「小野神社」『日本の神々』九 白水社 一九八七年 三七九―三八一ページ
＊30 藤森栄一『銅鐸』学生社 一九六二年 一九〇―一九一ページ、赤羽篤「小野神社・矢彦神社」『日本の神々』九 白水社 一九八七年 三八〇―三八五ページ
＊31 大場磐雄『考古学上から見た古氏族の研究』永井出版企画 一九七五年 六九―七〇・七八―八七ページ
＊32 春成秀爾「銅鐸のまつり」『国立歴史民俗博物館研究報告』一二 一九八七年 二五ページ
＊33 春成秀爾「角のない鹿」『横山浩一先生退官記念論文集』II 横山浩一先生退官記念事業会 一九九一年 四四三―四四八ページ
＊34 湯川洋司「会津における農耕儀礼」『民族学研究』四三―四 一九七三年三月 三九二―三九四ページ
＊35 金田久璋「田の神まつりの民俗」『田の神まつりの歴史と民俗』吉川弘文館 一九九六年 一三九―一四〇ページ
＊36 岡田精司「古代伝承と鹿」『古代史論集』上 塙書房 一九八八年 一三八―一三九ページ
＊37 中野美代子『中国の妖怪』岩波書店 一九八三年 四六―四七ページ
＊38 辰巳和弘『高殿の古代学』白水社 一九九〇年 二一九―二二三ページ
＊39 三谷榮一『記紀万葉の世界』有精堂出版 一九八四年 六五ページ
＊40 J・G・フレーザー 永橋卓介訳『金枝篇』一 岩波書店 一九五一年 二八七ページ
＊41 塚口義信「神武天皇とイスケヨリヒメ」『歴史公論』一〇―一一 一九八四年 一一月 四五―四六ページ
＊42 土屋文明『万葉集私注』一四 筑摩書房 一九五四年 一九―二一ページ
＊43 坂本太郎他『日本書紀』上 岩波書店 一九六七年 四六八ページ
＊44 拙著『日本古代の月信仰と再生思想』作品社 二〇〇八年 四二ページ
＊45 土橋寛『古代歌謡全注釈』古事記編 角川書店 一九七二年 三四二ページ、中西進『古事記をよむ』四 河内王家の伝承 一九八六年 六三―一六四ページ、長野一雄「雄略記の吉野」『古事記年報』二九 一九八七年一月 二一二―二一四

ページ
＊46 内田賢徳『萬葉の知』塙書房 一九九二年 一六―二二ページ
＊47 折口信夫「万葉集講義」『折口信夫全集』九 中央公論社 一九六六年 一六五―一六七ページ
＊48 小西正己「〈秋津洲〉の史的要素について」『PL学園女子短期大学紀要』一九 一九九二年一二月 一九ページ
＊49 東條操編『全国方言辞典』東京堂 一九五一年 五一二ページ
＊50 佐原真「出雲岩倉銅鐸と銅鐸の絵」『銅鐸の絵を読み解く』小学館 一九九七年 一七ページ
＊51 上野理『人麻呂の作歌活動』汲古書院 二〇〇〇年 五八―五九ページ
＊52 藤森栄一「諏訪大社」『藤森栄一全集』一四 学生社 一九八六年 二二三ページ
＊53 高倉洋彰「朝鮮小銅鐸から銅鐸へ」『考古学ジャーナル』二一〇 一九八二年一一月 一〇―一三ページ
＊54 千代田町教育委員会「わが国最古の銅鐸型土製品出土」『考古学ジャーナル』二一五 一九八三年三月 五〇ページ
＊55 神祇院『官国幣社特殊神事総覧』国書刊行会 一九七二年 八七三―八七六ページ
＊56 国分直一「東シナ海の時代」『東アジアの古代文化』三九 一九八四年四月 六六ページ
＊57 伊藤彰「忌宮神社」『日本の神々』二 白水社 一九八四年 二六五ページ
＊58 依田千百子『朝鮮民俗文化の研究』瑠璃書房 一九八五年 一五〇―一九四ページ
＊59 依田千百子 同前 四五八―四五九ページ
＊60 大林太良「東南アジアの神話」『無文字民族の神話』白水社 一九八五年（新装版一九九八年）七六ページ
＊61 岩田慶治「クイ族の稲作儀礼」『新嘗の研究』二 稲の祭儀 学生社 一九七八年 一七二ページ
＊62 宇野圓空『マライシアに於ける稲米儀礼』東洋文庫 一九四一年 二九二―三〇七ページ
＊63 津田左右吉『日本古典の研究』上 岩波書店 一九四八年 四五〇―四五一ページ
＊64 和田勝「八岐大蛇伝承について」『論究日本古代史』学生社 一九七九年 六七―六八・九〇ページ
＊65 W・G・アストン『神道』安田一郎訳 青土社 一九八八年 一〇三ページ、白鳥庫吉『白鳥庫吉全集』一 日本上古史研究上 岩波書店 一九六九年 五二〇―五二二ページ
＊66 大林太良「日本の神話」『民俗文学講座』Ⅳ 古典文芸と民俗 弘文堂 一九六〇年 三五九―三六二ページ、『日本神話の起源』角川書店 一九六一年 一六六―一九一ページ

＊67　干宝『捜神記』竹田晃訳　平凡社　一九六四年　三六五－三六七ページ
＊68　松本信広『日本神話の研究』平凡社　一九七一年　一二二－一二四ページ、松村武雄「八岐大蛇退治の神話」『日本神話の研究』三　培風館　一九五五年　二〇六－二二三ページ、守屋俊彦『記紀神話論考』雄山閣　一九七三年　一七七－一九四ページ
＊69　平林章仁「スサノヲ神話を読み解く」『日本書紀の読み方』講談社　二〇〇四年　四六ページ
＊70　高木敏雄「素尊嵐神論」『日本神話伝説の研究』一　平凡社　一九七三年　一三五ページ以下
＊71　N・ネフスキー『月と不死』平凡社　一九七一年　一一－一三ページ
＊72　倉野憲司『古典と上代精神』至文堂　一九四二年　二一六－二一七ページ
＊73　高木敏雄『比較神話学』博文館　一九〇四年　二八九ページ
＊74　浅田芳朗「天目一神社・荒田神社」『日本の神々』二　白水社　一九八四年　四七－五一ページ
＊75　谷川健一『青銅の神の足跡』集英社　一九七九年　一一二－一一四ページ
＊76　伊藤清司の発言『シンポジウム日本の神話』三　出雲神話　学生社　一九七三年　一〇一ページ
＊77　岡崎敬「雲南石寨山遺跡と銅鼓の問題」『史淵』八六　一九六一年一二月　五一－八六ページ、森浩一「金印と銅鏡の語る倭人」『日本の古代』一　倭人の登場　中央公論社　一九八五年　二二三－二二九ページ、李昆声「〈滇王之印〉与〈漢委奴国王〉印之比較研究」『雲南青銅文化論集』雲南人民出版社　一九九一年　一八〇－一八八ページ
＊78　国分直一「蛇鈕の印をめぐる問題」『東シナ海の道－倭と倭種の世界』法政大学出版局　一九八〇年　一九六－二一五ページ
＊79　張増祺『中国西南民族考古』雲南人民出版社　一九九〇年　一六〇－一七八ページ
＊80　雲南省博物館編『雲南省博物館』文物出版社　一九九一年　図三三－三八・一〇三－一〇八
＊81　易学鍾「晋寧石寨山一号墓貯貝器上人物雕像考釈」『雲南青銅文化論集』雲南人民出版社　一九九一年　二七九－二九六ページ、鳥越憲三郎『稲作儀礼と首狩り』雄山閣出版　一九九五年　一九－三二ページ
＊82　安田喜憲『竜の文明・太陽の文明』ＰＨＰ研究所　二〇〇一年　一二一－一二三ページ
＊83　張増祺「滇王国時期的原始宗教和人祭問題」『雲南青銅文化論集』雲南人民出版社　一九九一年　二九八－三〇一ページ
＊84　松村武雄『日本神話の研究』三　培風館　一九五五年　二二四ページ
＊85　松本信広『日本民族文化の起源』三　東南アジア文化と日本　講談社　一九七八年　六八ページ、中国古代銅鼓研究会編

＊86　『中国古代銅鼓』　文物出版社　一九八八年　一‐九ページ
＊87　鳥居龍蔵「わが国の銅鐸は何民族の残した物か」『人類学雑誌』三八‐四　一九二三年四月　一四四‐一五二ページ
＊88　白川静『説文新義』六　白鶴美術館　一九七〇年　一二三‐一二八ページ、『中国古代の文化』　講談社　一九七九年　七六‐七七ページ、『中国の神話』　中央公論社　一九八〇年　八八ページ
＊89　萩原秀三郎「中国の初穂儀礼と収穫儀礼」『民俗文化』二　一九九〇年三月　八三ページ
＊90　W・エバーハルト『古代中国の地方文化』　白鳥芳郎監訳　六興出版　一九八七年　三一四‐三一六ページ
＊91　竹村卓二「華南産地栽培民文化複合から観た我が国の畑作儀礼と田の神信仰」『民族学研究』三〇‐四　一九六六年三月　三一六‐三一七ページ
＊92　鳥越憲三郎『倭族から日本人へ』　弘文堂　一九八五年　一六三‐一六四ページ
＊93　乗合船「今昔物語の研究」『郷土研究』一‐三　一九一三年　一六七‐一七二ページ、　吉田知子「悉平太郎」『日本の伝説』三〇　静岡の伝説　角川書店　一九七八年　一九六‐二〇六ページ
＊94　大林太良「日本の神話」『民俗文学講座』Ⅳ　古典文芸と民俗　弘文堂　一九六〇年　三五九‐三六二ページ、　野本寛一「矢奈比売神社」『日本の神々』一〇　東海　白水社　一九八六年　一六四‐一七六ページ
＊95　肥後和男「八岐の大蛇」『古代伝承研究』　河出書房　一九三八年　六四‐六五ページ、「ヤマタノオロチ」『日本の神話』雪華社　一九六八年　一三〇‐一三七ページ
＊96　肥後和男『日本神話研究』　河出書房　一九三八年　一八‐二七ページ
＊97　金田久璋『森の神々と民俗』　白水社　一九九八年　一五二‐一五九ページ
＊98　京都新聞社編『京都丹波・丹後の伝説』　京都新聞社　一九七七年　一四二‐一四三ページ
＊99　小野重朗『十五夜綱引きの研究』　慶友社　一九七二年　一七五ページ
＊100　矢崎孟伯「諏訪大社」『日本の神々』九　白水社　一九八七年　一五五‐一五六ページ
＊101　藤森栄一『銅鐸』　学生社　一九六四年　一四四‐一五〇ページ
＊102　吉川正倫「竜田坐天御柱国御柱神社二座」『式内社調査報告』二　京・畿内二　皇學館大学出版部　一九八二年　一四六ページ、　大矢良哲「竜田大社」『日本の神々』四　白水社　一九八五年　四一六‐四一七ページ
山田孝雄他『今昔物語』四　岩波書店　一九六二年　五七ページ

*103 渡邊綱也他『宇治拾遺物語』 岩波書店 一九六〇年 一六四－一六五ページ
*104 横田健一『日本古代の精神』 講談社 一九六九年 三八ページ
*105 上田正昭「神楽の命脈」『日本の古典芸能』一 神楽 平凡社 一九六九年 四三ページ
*106 伊藤富雄「上代の下諏訪」『下諏訪町誌』上巻 甲陽書房 一九六三年 六〇九ページ
*107 折口信夫「年中行事」『折口信夫全集』一五 中央公論社 一九六七年 六七－六八ページ
*108 金子典美「諏訪の御射山信仰」『山岳宗教史研究叢書』九 富士・御岳と中部霊山 名著出版 一九七八年 二八六－二八八ページ
*109 柳田国男「石神問答」『定本柳田国男集』一二 筑摩書房 一九六九年 二三－三四ページ
*110 河原宏「おたまじゃくしの方言」『信濃』五－一一・一二合併号 一九五三年一二月 一一－一四ページ
*111 吉田金彦編著『語源辞典』動物篇 東京堂出版 二〇〇一年 五三ページ
*112 藤森栄一「古代の下諏訪」『下諏訪町誌』上巻 甲陽書房 一九六三年 五三六－五五三ページ
*113 中沢新一『精霊の王』 講談社 二〇〇三年 二八四ページ
*114 宮坂光昭「縄文の〈井戸尻連合体王国〉」『東アジアの古代文化』一五 一九七八年四月 一〇四ページ
*115 西郷信綱「イケニエについて」『神話と国家』 平凡社 一九七七年 一六一－一六五ページ
*116 吉田敦彦『縄文土偶の神話学』 名著刊行会 一九八六年 一六－二六、四七、一一〇－一二三ページ
*117 拙著『古代日本の月信仰と再生思想』 作品社 二〇〇八年 五一ページ
*118 沼沢喜市「南方系文化としての神話」『日本神話研究』二 国生み神話・高天原神話 学生社 一九七七年 一四－一六ページ
*119 拙著『古代日本の月信仰と再生思想』 作品社 二〇〇八年 二二一－二二五ページ
*120 西郷信綱「イケニエについて」『神話と国家』 平凡社 一九七七年 一四七－一六〇ページ
*121 柳田国男「一目小僧その他」『定本柳田国男集』五 筑摩書房 一九六八年 一四〇ページ
*122 四柳嘉孝「奥能登のアエノコト行事」『民間伝承』一五－一一 一九五一年 八二－八五ページ、奥能登あえのこと保存記録編さん委員会編『奥能登のあえのこと』 奥能登あえのこと保存会 一九七八年
*123 石塚尊俊「納戸の神」『民間伝承』九－五 一九四三年 一三－一八ページ、「納戸神をめぐる問題」『日本民俗学』二－二 一九五四年 九－四〇ページ

＊124　坪井洋文「西日本におけるトウヤ祭祀の儀礼的特質」『國學院雑誌』六五－二・三　一九六四年二・三月　三三－三六ページ

＊125　下野敏見『南西諸島の民俗』　法政大学出版局　一九八一年　一八八－一九三ページ

＊126　小野重朗「南西諸島の稲作儀礼をめぐる問題」『東北大学日本文化研究所研究報告』一九　一九八三年三月　二七九－二八二ページ

＊127　折口信夫「新嘗と東歌」『折口信夫全集』一六　中央公論社　一九六八年　二八五－二八六ページ

＊128　森田悌『日本古代の耕地と農民』　第一書房　一九八六年　一五九－一六二ページ

＊129　高木敏雄『日本伝説集』　宝文館出版　一九九〇年　七五－七七ページ

＊130　御手洗清『遠州伝説集』　遠州タイムス社　一九六八年　三五八－三六〇ページ

第三章　和数詞の成り立ち

第一節　はじめに

荻生《おぎふ》徂徠《そらい》の随筆『南留別志《なるべし》』（一七三六年刊）に次のようにある。

ふたつはひとつの音の転ぜるなり。むつはみつの転ぜるなり。やつはよつの転ぜるなり。いつゝなゝつは、いづれなにといふ事なり。こゝのつはこゝら、こゝだくのこゝなるべし。とをはつゞの転ぜるなり。つゞとは、こゝにいたりて、筭《かず》をつゞめて一にするなり。

和数詞では、ヒトとフタ、ミとム、ヨとヤが対をなし、後者が前者の倍数となっている。白鳥庫吉は、イツとトヲも対の言葉としている。[*1] これらの対をなす数は、倍加法によって成り立っているといわれている。これらの四組の和数詞を整理すると次のようになる。

一	ひと	二	ふた	ハ行音
三	み（つ）	六	む（つ）	マ行音
四	よ（つ）	八	や（つ）	ヤ行音

五　いつ・い　十　とを・と（タ行音）

詳しくは後に取り上げるが、上段と中段は主として下段のような音韻が変化して連結している。なお、ヒト・フタの初字はハ行であるが、そのH音はF音に、さらにP音に遡る。

倍加法は重複法・Doppelung（doubling）ともいう。白鳥は加倍法といい、また新村出は倍加法・倍進法ともしている。[*2] ここでは倍加法の語を用い、その成り立ちを明らかにする。また、八・八十が聖数であることも明らかにする。

第二節　倍加法をもたらした機織り作業

終戦後間もないころから発掘された静岡市駿河区の登呂遺跡では、弥生時代後期の十二の住居跡が確認され、十三セットの機織具が出土した。[*3] このことから、弥生時代後期にはすでに、ほとんどの家庭で織物を作っていたということになる。もっとも森浩一の語るところによれば、登呂では職業的に織物を生産していたという。[*4] 縄文晩期に織物の技法が日本に伝えられ、弥生時代に各地に普及した。[*5] その後、多数の家庭で自家で績んだ糸を用いて機織りを連綿と続けてきた。明治・大正になり、織物が動力式織機によって工場生産されるようになって、ようやく自家生産をやめたのである。

織物は交差して組まれた経糸《たていと》と緯糸《よこいと》から成り立っている。織物が編物と区別される特徴をさらにあげると、製造時に経糸が張られていることである。また、基本的な平織りでは、経糸が二組に分けられ、上下する両者の間に開口部が設けられ、緯糸を貫き渡すようになっていることである。緯糸を挿入した次の段階では、経糸の上下が逆になり、開口部に再び緯糸を折り返すように挿入する。

整経（島根県の葛布用）（『紡織習俗』II　文化庁文化財保護部1981年より）

織物を製造するには、まず前工程として糸を紡ぎ、あるいは繭から糸を繰り、撚《よ》りをかけておく必要がある。次ぎに機織りに供するために、経糸と緯糸の二種類の織り糸を支度する。経糸は整経して長い一本のチキリに巻き取らなければならない。チキリに一幅数百本から千数百本の経糸を巻きそろえるには、整経工程で正確に糸を延べ、その本数を数えておく必要がある。また、緯糸は小管に巻き、杼《ひ》に装着する。あるいは、網針状の板杼に巻く。

　整経するためには糸はヘソ巻か枠巻きにしておく。ヘソ巻は初め糸を指に巻き、次第に斜めに巻き重ねながらボール状にする。ヘソ巻は玉巻ともいい、糸は内側から引き出して用いる。そうした複数の巻糸を同時に手の指・へら・経箸などに掛けて、滑らせながら引き出す。その糸を固定した棒に掛けて、もとに戻る。もっとも簡単な整経法は三本の木杭を打ち、それらに8字状に糸を繰り返し掛け回す。8字の交差をアヤとも呼び、経糸を上糸・下糸に区分けをする手だてとなる。また、「工」の字型のカセ（桛、カセギとも）に糸を複数回掛け回して、もとに戻ってもよい。（カセギの図は第七節に掲げてある。）カセギは狭い部屋でも整経することができる道具で、古くから用いられてきた。あるいは、整経台の両側にある複数の木釘（経棒ともいう）に糸を掛け回して、もとに戻ってもよい。これはカセギより進んだ装置である。

　いずれにせよ、引き出した糸を、固定した木杭に掛けてもとに戻ると、一本の糸なら二本に、二本の糸なら四本に、三本なら六本に、五本なら十本になる。基本的な織物であるならば、折り返された経糸を織機にセットしたとき、経糸の半数を上糸とするならば、残りの半数は下糸になる。上糸と下糸は、緯糸が挿入されるたびにアゼ（綜）の動きによって交替し、上下は逆になる。アゼは綜絖《そうこう》ともいう。

整経するときは、糸を絡ませないよう、均一に引き出さなければならないので、初心のものは少ない糸一、二本を引き出して、固定した木杭に掛けて戻る。少し慣れると、たとえば四本ほどを、引き出して木杭に掛けて戻る。四スヂの糸は折り返せば八本の糸になるが、それを一手という。（詳しくは第五節で述べる。）慣れるにしたがって、多くの糸を引きだす。熟達のものは八本・十本の糸を同時に引き出して、整経するという。

四本取りならば、これを十回繰り返すと、四×二×十で、八十本になる。八本取りならば、五回繰り返すと、八×二×五で、八十本になる。四十スジ八十本を一ヨミ（升・読）といい、この八十本の束ねた糸が整経・製織時の基本単位となる。鎌倉期の経尊撰である『名語記』に、

経台（渡辺三省　『越後縮布の歴史と技術』　小宮山出版1971年より）

ひとよみとはおさの歯四十也。糸をふたすぢつゝいるれば、八十筋也。

とある。この場合の八十筋は、四十スジ×二で八十本の糸のことである。オサ（筬）の枠には、櫛の歯のような竹皮の筋や金属の薄片がついており、オサハ（筬羽）と呼ぶ。オサハごとに一スジ二本の糸を通す。オサは経糸の位置を整え、また緯糸を密に打ち込むのに用いた。鈴木牧之の地誌『北越雪譜』（一八四〇年頃刊）には、こうある。

縮《ちぢみ》の糸四十綫《すぢ》を一升《ひとよみ》といふ。上々のちゞみは経糸二十升より二十三升にも至る。但し筬《をさ》には二すぢづゝ通すゆゑ一升の糸は八十綫也。

チヂミは織物の一種で、北越の名産品である。このなかの八十スヂは、四十スヂの糸を折り返すので、八十本の糸になる意である。『名語記』と同じである。

織物の幅は通常鯨九寸五分ないし一尺（約三六－三八センチ）である。粗末で粗い織物では経糸は横幅方向に八ヨミから九ヨミである。織り目の緻密な上質の布では経糸が二十ヨミもある。織り糸としてアサ・カラムシ・バショウ・蚕の繭などの繊維を紡ぐのであるが、上質の布を織るためには、細くて均一で節の少ない糸を紡がなくてはならない。糸紡ぎ段階から練達の業が要求されている。とくに貢納品の織物は上質のものでなくてはならなかった。

『南島歌謡大成』Ｉ沖縄篇から「うりぢんぐぇーな」（ウリズンクェーナ・初夏の祭祀歌謡）の一部を引用する。*6 下にその訳を併記する。

一　うりぢんが初が苧《をう》　　初夏の初の苧
　　若夏《わかなち》が真肌苧《まはだを》　　若夏の真肌苧
七　はてん苧やうみんち　　二十読《よみ》苧を紡いで
　　んしん苧やうみんち　　三十読苧を紡いで
八　爪《つみ》なかい績《つい》んぢゃい　　紡ぎ車に紡いで
　　枠なかいくゆきてぃ　　枠に繰って

十　十尋がしかけやい　　十尋綛《かせ》を掛けて
　　八尋がしかきやい　　八尋綛を掛けて
十一　廿弓《はでーん》ふどぅちに抜ちゅきてぃ　　二十読筬《をさ》に貫いて
　　んしんふどぅちに抜ちゅきてぃ　　三十読筬に貫いて
十二　巻板《まちちゃ》なかい巻《ま》ちゅきてぃ　　巻板に巻いて
　　布機《ぬのはた》にうちきてぃ　　布織機に置いて
十三　赤糸《あかちゅ》びゃーかきやい　　赤糸の綜絖に掛けて
　　黄糸《きいるちゅ》びゃーかきやい　　黄糸の綜絖に掛けて
十四　いなやかしち打ちゅさ　　はや織り初めをするよ
　　しちゅいしちゅいうやがてぃ　　さらさら織り上がって

以下は省略するが、右で織物の製造工程がある程度理解できる。苧（ウーとも）はカラムシであるが、糸芭蕉から取る繊維をもいうようになった。[7] 芭蕉布では晴れ着でも十二ヨミ程度というから、十六ヨミが最高クラスであろう。三十ヨミは可能限界を超えた理想的な極上品を歌に詠っているのだろう。

『記紀』をみると、ヨム（読）は、ツクヨミ（月読）やコヨミ（暦）のようにものの数を数えることと、読歌（允恭記）や経文などを声を出して唱えること（皇極紀元年）の両方の意味がある。「神代記」では、稲羽の素兎《しろうさぎ》が並んだ鰐の上を渡るとき、「爾《ここ》に吾其の上を踏みて、走りつつ読み度らむ。」という。数を数えるのをヨムというのである。糸を数えるのもヨムである。本居宣長はヨムについて『石上私淑言《いそのかみのささめごと》』（一七六三年成立）で詳しく考察しているが、『古事記伝』によると、ヨムは物を数えるのも歌を作るのもいうけれども、およそ物を数えるごとくつぶつぶと唱えることであるという。また、別の箇所では「読は数計《かぞふる》なり」とする。橘守部は『雅言考』（十九世紀中）で「数ふる事を読むといふは、古言のまま也」とする。『岩波古語』は「一つずつ順次数えあげてゆくのが原義」とする。

書や文字を読むという使い方はのちの用法である。『万葉集』では、ヨムにほとんどが「数」の文字を当て、数を数える意味に使っている。これは『記』が「読」を用いているよりも古態を残しているのだ。

白たへの　袖解きかへて　帰り来む　月日を数《よ》みて　行きて来《こ》ましを（④五一〇）

時守の　打ち鳴《な》す鼓《つづみ》　数《よ》み見れば　時にはなりぬ　逢はなくも怪《あや》し（⑪二六四一）

このように数をヨムとして使っている。

『万葉集』に枕詞「かき数ふ」がある。通常の「かき数ふ」とともにそれを示す。

かき数ふ　二上《ふたがみ》山に　神さびて　立てる栂《つが》の木　本も枝《え》も（⑰四〇〇六）

秋の野に　咲きたる花を　指《および》折り　かき数ふれば　七種の花（⑧一五三七）

ここにある「かき数ふ」のカキは接頭語として無視するか、「掻き」を当てるかしていた。しかし、「掛き」（四段活用）を当てたい。ただし、後に四段活用の「掛く」は下二段活用に変わっている。一本の糸を経て、杭や経棒などに掛けて戻れば、二本の糸になる。これが四〇〇六番の「かき数ふ」の意味とかかり方である。糸を数えながら整経することが一五三七番の「かき数ふ」である。「雄略紀」十二年十月の歌謡に次のようにある。

神風《かむかぜ》の　伊勢の　伊勢の野《ぬ》の　栄枝《さかえ》を　五百経《いほふ》るかきて　其《し》が　尽くるまで（紀七八）

この歌謡にある「五百経るかきて」は多くの糸を木杭などに掛けて整経することが背景にある。

第三節　数詞ヒト・フタ

ヒト（一）はイトやヒモを真っ直ぐに引き延ばしたヒタ（直）と同源であろう。「神代紀」九段第六に「雉《きぎし》の頓使《ひたつかひ》」という諺がある。村山七郎は、ヒタツカヒのヒタは意味に一方性があり、かなり「一」に近いといっている。*8「神武記」に、

蝦夷《えみし》を　一人《ひだり》　百《もも》な人　人は言えども　抵抗《たむかひ》もせず（記一一）

とある。ここでは、一人がヒダリとなっている。弓を射るとき真っ直ぐに伸ばす腕がヒダリ（左）である。ヒトはヒタ・ヒダともいったらしい。『万葉集』に次の歌がある。

伊香保ろの　沿ひの榛原《はりはら》　吾が衣《きぬ》に　着きの宜《よら》しもよ　ひたへと思へば（⑭三四三五）

この歌の末句にあるヒタへは、仙覚《せんがく》の『万葉集註釈』（一二六九年成立）以来ヒトへ（一重）のこととされている。ここでも、ヒトがヒタとなっている。

引き延ばされたイトが木杭に掛けられて重なるように戻ると、それがフタ（二）となる。「天武紀」五年八月の条に「大三輪の真上田《まかむだ》の子人君《ひとのきみ》卒《みまか》りぬ」とあるが、『北野神社所蔵兼永本』や『寛文版本』は、人君をフトキ

ミと訓んでいる。これについて『時代別国語』はヒト（人）の転化形とし、フトが存在したことを示すかとしている。[*9] 同じように、和数詞でもヒタ・（ヒト）がフタに変化することもあるだろう。

　白鳥庫吉は、ヒ・ヒトとフ・フタが音声上は互いに酷似しているけれども、まったく語源は異なるという。[*10] そして一はハジ・ハ（端）・ハツ（初）で、二は一よりヘ（経）・ヘダ（隔）タルの義であるとする。新村出も偶然の一致であると白鳥の説を支持した。[*11] そして、フタはハタチ（二十）なども考え合わせて、傍《はた》・他《はた》・将《はた》（又）の義であると信ずるとした。白鳥や新村はヘ（経）やハタ（傍）まで持ち出しながら、倍加法から離れてしまった。ハタマタという語があるが、小島憲之によればハタはものを並べてAかBか選択する、一方を一旦あげてさらに押さえながら他をあげる用法であるという。[*12]『岩波古語』にも同様の語源解説がある。マタも再びの意である。村山七郎は、ハタは「あるいはまた」の意で、二つのうちの一つを選択するということは、ハタが一対に関係するという。[*13] すなわち、双・両・再・復などの対偶観念である。このうち再は、『説文解字』には「一挙にして二なり」とある。白川静によれば、再は「組紐の形。冉《ぜん》の上下に一を加えて、折り返しの意を示す」という。[*14] 谷川士清《ことすが》の『和訓栞』は、ハタは「フタの転ぜしなり」とし、『古事記伝』は「二《ふた》より転《うつ》りたることとおぼし」としている。フタがハタ（傍）に通じるとする考えは正しいと思うが、糸を経る往復作業からすれば、ヒト・ヒタがフタ・ハタと異なる語源としなくてもよいだろう。「欽明紀」十四年六月の条には「同船《もろきふね》二隻」の二隻にハタフナの訓をつけている。

　ところで、奈良末期の藤原浜成著『歌経標式』では双本をヒタモトと訓ませている。往復しても一筋の糸だからヒタと訓むこともできるだろう。『万葉集』⑪二三八三番では半手をハタタとしている。井手至はハタには端の意があり、この場合訓読みであるとした。[*15] ハタは二を指していたが、後には二十の意ともなるから、用法は複雑である。

〔補〕両腕を横に一直線に伸ばした長さが一ヒロである。糸を延ばして戻れば、行き帰りの長さはヒトシ（等）くなる。織物の整経もそうだが、組紐を組む前工程は、やはり多数のイトを均一に引きそろえなくてはならない。ハツ（初）・ハナ（端・始）・ハシ（端）などもヒタ・ヒトに近い言葉だろう。

また、初めをハナというが、糸端のことである。ハナは韓国語では一である。栗原薫によれば、ハツハル（初春）・ハツカリ（初雁）・ハツハナ（初花）などのハツは一巡りして初めて戻ってきた初めという意味がある。[16] ハツですら巡りや繰り返しに関連しているらしい。初めてイトを棒に掛けて戻れば、ハナであっても、もうハナではない。そこでハナの類似音のハタが選ばれた。

越後では経糸を経る往復的作業をハタへといっているので、ハタはすでに織機で織る以前の整経段階ですでにハタであったらしい。[17] 太田全斎の『諺苑《げんえん》』（一七九七年成立）に、人馬の往来が激しいさまを「はたを経るやう」というのがある。木杭の間に糸を繰り返し「張り渡す」、その「張り」はハタと語源を等しくするだろう。張り渡した糸は再び元に戻っている。（ハル〈張〉とハタと同じような例として、たとえばハル〈墾〉とハタ〈畑・畠〉の関係と同じである。ハラ〈原〉は野と違って人の活用地であるが、焼畑可耕地を時おりハル〈墾〉と考えれば、ハラ・ハリ・ハタは同源となる。）また、その「渡す」の語幹ワタはハタと音通である。ワタは海の意ともなっているが、韓国語ではパタである。村山七郎によると、パタは日本語のハタに対応しているという。[18] ワタは海というより、渡海すること、すなわち渡し・渡りが元であったはずである。織物の特徴の一つは経糸が張り渡してあることであったが、織機はハタ（機）である。織機では杼を左右に渡して往復し、緯糸を挿入する。

アマテラスの古名は、「神代紀」五段本文によればオホヒルメノムチあるいはアマテラスオホヒルメであり、五段第一ではオホヒルメである。六段本文ではアマテラスは斎服殿で神衣を織っていたが、六段第一では分身のワカヒルメが神衣を織っている。しかし、オホヒルメは日の神とされている。

ヒルメと対をなすヒルコは「神代紀」四段や五段本文では蛭児、「神代記」では水蛭子と書き表している。五段本文ではヒルコは三歳になっても足が立たず、船に乗せて流してしまう。よく伸縮する環形動物のヒルは、体の前後、すなわち口と尻に吸盤を持つ。前進するには尻吸盤で固定して体を前に伸ばし、口吸盤を固定する。次に尻吸盤をはなして、体をΩ状に曲げ、尻吸盤を口吸盤のすぐ後ろに移動する。再び尻吸盤で固定して、体を前に伸ばす。これは糸を伸ばして折り返す整経や機織りと似た動きである。ヒルメも糸をヒル（経・延）ことや、ヒ（杼）で緯糸を渡し返し、機を織っていた。すると、ヒルメは、日の神となる以前は、機織女の意であったし、語彙のうえではヒルコとも対をなす。

緯糸を伸ばす道具がヒ（杼）である。家の切妻から斜めに空に伸びた木がヒギ（氷木）である。まっすぐに伸びた建築用材に最適な木がヒノキ（檜）である。地下の球根から茎をまっすぐに伸ばすヒル（蒜）がある。ヒル（蒜）やヒルメ（日孁・日女）のヒもそうであるが、ヒ・ヒギ・ヒノキのヒも甲類である。経糸を伸ばす意の動詞フ（経）は下二段で、ヘ・ヘ・フ・フル・フル・ヘヨと活用する。国語学では、上二段と下二段の活用動詞はハ行などにあるが、上一段はハ行にはないとしている。[19] しかし、右のヒルやヒからして、古代に上一段のヒル（経・延）があったと復元できる。このヒルは延《は》える意であるが、同時に折り返す・繰り返す意でもある。ヒルガエル・ヒルガエス（翻・飜）でも反復や繰り返しの動きがあるだろう。また、たとえば「成務紀」五年九月の条に、「東西を日縦《ひのたたし》とし、南北を日《ひの》横《よこし》とす」とあるが、この日は太陽ではなく借字で、日縦は経糸、日横は緯糸のことである。これは『万葉集』①五二番の日経《ひのたて》・日緯《ひのよこ》でも同じである。

これまで述べてきたヒ・ヒルは動詞ヒルの連用形・連体形、あるいはそれらの名詞化したものである。長い呪力ある布であるヒレのヒも甲類である。すると、ヒタ（直）やヒト・ヒタ（一）もこのヒルと同源の語であろう。もちろんヒト・ヒタのヒも甲類である。

フタはハタの転訛であるともいいうるし、フ・フル（経）と関連するともいいうるだろう。村山七郎は、ヒトとフタはたまたま似通った発音となっているが、音韻転訛などの関連は証明できないとした。これはヒトをアルタイ語系と考えていたための強弁で、後にはヒトも南島語系の数詞と考えるように変わったようである。[20] 泉井久之助によれば、南島（マライ＝ポリネシア）祖語の **pada** は日本語のハタ（将）やフタ（二）に関係づけられるという。[*21] 南島祖語には言及する力がないが、日本へはこうした言葉は織物技術とともに弥生時代に（あるいは縄文晩期以降に）中国南部から、あるいは韓半島を経由して、渡って来たものだろう。

第四節　数詞ミ（ツ）・ム（ツ）

数詞ミ・ムはミツ・ムツとしても用いられる。

『三国史記』（一一四五年成立）巻三十九に記載されている高句麗の地名に次のようなものがある。

三峴県　一云、密波兮
五谷郡　一云、于次呑忽
七重県　一云、難隠別
十谷県　一云、徳頓忽

これら傍線部分に注目して欲しい。三は密 mir であり、五は于次 uchha、七は難隠 nanun、十は徳 tək で、それぞれ日本語のミツ・イツ・ナナ・トと対比できるとされるものである。[*22] だから、和数詞の三・五・七・十は、古い高句麗語の数詞に似ているとされてきた。このうちナナはツングース諸語の nadan に関係があるといわれている。[*23]

ここでは初めの三・密についてのみ取り上げる。韓国での密の音は今はミル mir であるが、新村出は『史記』（前九一年頃成立）巻三十四に単密県の密が弥知《みち》とあることから、密の古音は mit ミツであったろうと考えた。[*24] してみると、かつて中国沿岸に盤踞していた民族も同様の語を話しており、それが韓半島にも日本にも伝わったと考えられる。おそらく民族の移動も伴っていたであろう。弥生人が機織技術とともに数詞をも半島から、あるいは中国沿岸から直接日本に持ち込んだものであろう。

B・カールグレンによれば、糸は古代中国語では miek、北京官話で mi、広東語で mik であるという。日本で用いるシの音は絲に当てられている。[*25] 藤堂秋保の『漢和大辞典』によると、糸の音に二種類あり、シ音のほかに、呉音のミャク mek と漢音のベック mek（mbek）がある。[*26] シはシルクのように変化しながら欧州にも伝わっているが、m音で始まる語も古くからあったと考えられる。

一方日本の古語を調べてみると、糸状線状のものはm音で始まるものが多いことがわかる。たとえば次のようなものがある。

マタ（又・股・復）・マチ（町・坊・街）・ミチ（道・路）・マサ（正）・ムタ（共）・マツ（松、長い双葉がある）・マダ（シナの別名、繊維を利用）・ミヅキ（結束に使う枝が細長い木）・ミヅヒキ（長い花軸を引く草）・ミヅナ（糸のような細い葉を持つ）・ミツホ（瑞穂、後にミズホ・水穂）・ミミ（耳、ミの畳語。糸の折り返し部分）

数詞のミ（三）は、糸の呼び名の一つミツのツが省略されたものであると考える。助数詞ツをつけるとミツツとツが重複するからである。ミ（三）すなわち三本の糸を引き出し、木杭に掛けて折り返したときに、糸は六本となる。ミの音も転じてム（六）となる。ムもムツのツが省略されたものだろう。ムツブ（親・睦）・ムツマカ（纏綿）のムツでもそうであるが、ムツは行きの糸と帰りの糸が重なるように寄り添っているさまでもある。ミチノク（陸奥）のムツ（陸奥）もミチの転訛したものだろう。少なくともムツはイト・ミチなど線状のものを指す関連語である。白鳥庫吉は、マタ（又）やマス（益）はミツ・ムツと語源をともにするとみなしている。[*27]

〔補〕先にあげたミチ（道・路）はチに接頭語のミ（御）がついたものとされている。新井白石の『東雅』（一七一七年成立）を初めとして、『大言海』『岩波古語』などほとんどがミチのミを接頭語とする。これは『古事記』の御路《みち》という用語によって、接頭語ミ（御）＋チ（路）と判断されたものである。『記』は通常ミチに道を当てているが、ただ一カ所「海神の宮訪問」の段で「味《うま》し御路《みち》有らむ」と、ミチに「御＋路」を用いている。『日本書紀』はミチに対し道・路・径・途・行路などを用いているが、「神代紀」十段第三の同じ場面でも「可怜《うまし》御路有り」とある。ここは「うまし御り《の》路《みち》有り」とでも訓むべきところであったろう。あるいは、出御・渡御などにある御の遣い方からすれば、「御《ゆ》く路」と訓んでもよいだろう。その御路を『記』の撰録者がそのまま用いたのである。しかし、『記』は、序文以外では、御を敬称の接頭語としてのみ用いていて、動詞には用いることがない。従って『記』の御路が特例であり、路・道はミチが元で、決してチではない。もちろん、ヒタチ（常陸）のチのようにミチのミ音が脱落してチとなることもあるが、チが元ではない。

イト（糸）やイチ（市）はおそらくミト・ミチの語頭のm音が脱落して生じた語であろう。イタ（板）もこの範疇であろう。イト・イチ・イタのイは接頭語ではない。ヒタ・ヒト・フタ・ハタはおそらくマ行の糸・糸状のものを指す語からの変化であろう。（次節で取り上げるヨ〈四〉・ヤ〈八〉はイト・イタの変化で、さらに語頭のイ音が脱落したものだろう。）

なお、麻や紙縒《こより》の水引は水を用いて作るからミヅヒキという通説は当たっていないと考える。植物のミヅヒキだってある。水菜も栽培するのに多くの水を必要とするからというが、普通の野菜以上には水を必要としない。これらの語にあるミヅは元はミツであったろう。それは『紀』のミツホ（瑞穂）と『記』『万葉集』のミヅホ（水穂）の例かららもわかるだろう。ミツホよりミヅホの方が新しい。

第五節　数詞ヨ（ツ）・ヤ（ツ）

ヨ（四）は、イヨ・イヨイヨ（愈）と同根であるという。ヨ（四）の倍数のヤ（八）も、ヤ・イヤ（弥）と同根であるという。[28] ヤ・イヤは出発点より隔離・増加・経過する観念より生じたものらしい。上代のヤ・ヤツ（八）は実数を指すだけでなく、しばしば「多い」の意に用いられてきた。

大野晋は、ヨとヤは母音交替の関係にあること、その副詞的な用法が意味上同一であること、アクセントが同一であることを見るとき、極めて古い時代に、これが同根の語の二重形であった蓋然性が少なくないとしている。[29] 大野が編纂した『岩波古語』は、ヨ（四）は節と節との間を指すヨ（節）や、世・代のヨと同根とみている。竹のような節と節の間に長く延びたものばかりではない。麻糸を紡ぐとき、裂いた繊維をつなぎつなぎして長い繊維にするが、つないだ結び目から次の結び目までがヨであるだろう。いずれも繰り返す長いものである。ただし、『新編古語』はイ（接頭）＋ヤ（弥）とし、『国語大辞典』は接頭語イが物事がたくさん重なる意の副詞ヤについたものとする。『時代別国語』は、ヤ（弥）はイヤの約言であるとし、物の程度の甚だしいこと、盛んなことであるとする。ヤはイヤのイが脱落したものとしたほうがよいだろう。いずれにせよ、イヤのイは接頭語ではないと思われる。

藤井貞和は、ヨムはイム（忌・斎）と関係深い語であるとし、もし漢字を当てるとするならば、「呪言《よ》む」とするのが本来的なニュアンスであるとしている。[30] しかし、太田全斎の『俚言《りげん》集覧』（文政頃成立）では、ヨムはヨ（節）を活用させた語であるとしている。ヨを（節と節の間に）長く延びたものとするならば、この考えに従ってもよい。ヨムはもちろん糸と関連する。折口信夫は、ヨムの古い意義は数えるというところにあるとしているが、また別のヨム【数む】の項にヨは代・世・重《よ》などのヨで、重ねてみる意だろうとしている。[31] やや意味がとりづらいが、ヨムは代・世と語源的に通じているということだろう。西條勉もヨムのヨは節《よ》であるとし、ヨ（代・世）に関連づけている。[32] さらにいえば、ヨ（四）とヨムの語根ヨとは通じているだろう。ヨ（四）・ヨ（代・世）もヨムのヨも同じ乙類である。参考までに書き添えると、夜のヨは甲類である。

村山七郎は、ヨ・ヤの同源説や母音変化説に疑問を呈し、特にヤには数多の意があるものの、ヨにはその意がないとした。[*33] しかし、ヨは一生にしても、統治期間にしても、稲の作柄にしても、世間や取り巻く広がりにしても、時間的・空間的な区切りでありながら、繰り返すもの更新するものである。ヨは無限につながる時間・空間から区切られた一つの長さでもある。[*34]

私見によれば、イヨイヨとか、イヤガウエニモなどは、糸を増やす状態である。整経の時、慣れるにしたがい、同時に引き出す糸を増やして、繰り返し糸をはえる。それがイヤ益々の状態である。寺島良安の『和漢三才図会』巻二十七には、「四縷《る》を一手とする。四十縷を一与美《ひとよみ》とする。いわゆる紀《よみ》である」とある。縷は糸筋のことである。また、伊勢貞丈《さだたけ》の『貞丈《ていじょう》雑記』（一七八四年以前成立）巻三には、機を織る者の詞に（長さが一疋分あるいは一端分の）「糸四筋を一かなと云。十かなを一たばと云。四十筋なり」とある。沖縄でも四筋八本の糸を一手というが、[*35] 糸の四筋八本は整経の単位である。四本の糸を同時に引き出して整経するのが普通であったからだろう。それを十回繰り返すと、十手で四十筋八十本となり、織物製造の基本単位の一升《よみ》・一読となる。

また、八重・八雲・八尋矛のように、ヤ（八）が聖数扱いされていることも、多数を意味することもある。今は漢字の「八」の末広がりの形から、ヤ（八）を聖数とするが、ヤの聖数化は漢字の輸入以前からであると、『古典大系・日本書紀』の補注にある。[*36] また、八の聖数化は八卦の八によるとの説もあるが、採用できない。白鳥倉吉も対偶倍加の性質をもっとも持つ「八」が神聖の数とされたとしている。[*37] 大野晋はヤ（八）が聖数化した理由の一つは、八が二×二×二で基本数中でもっとも多く二を含む数だからと推測している。[*38] しかし、折り返して二になる対偶は整経・機織りの根源的な作業ではあるが、聖数化したのは八を基数とする作業に起因する。

第六節　数詞イツ・トヲ

イツ（五）は、もちろんイト（糸）と通音の語であろう。糸や木綿《ゆふ》には、それから織られた布もそうだが、優れた呪能があって、糸を巻き結んでおくと神を招くことができた。祭りも語源は神にマツラフことにある、あるいは神に奉ることにあるとする、民俗学などで言い古された説は誤りである。[*39] 再活用したマツラフがマツルの語源であるはずがない。マツル（纏）はイトで廻し縫いにすることであるが、マツル（祭）は神を迎えるために糸を巻きつけて神を招くことであったろう。このようにマツル（纏）ことがすなわち祭りであったろう。だから、イトの変化したイツに神聖な意味が生じ、「厳」が当てられた。

玉というと、貴石や準貴石の玉、あるいは真珠や珊瑚の玉などを思い出すだろうが、縫い物をするときはまず糸端に結び玉を作る。また、糸も巻いて玉として保管することがしばしばあった。その玉は巻けば容易に大きくなるし、分割も自由である。これはタマ（霊・魂）の性質と非常に似ている。タマ（霊・魂）も成長するし、分祀することもできる。また、神道によれば活動状況により荒魂《あらみたま》・和魂《にきみたま》に、さらに奇魂《くしみたま》・幸魂《さきみたま》などにも変化して多彩である。神や伸の旁は「申」であるが、白川静によれば、これは電光の走る形で、神の初文であるという。[*40] もちろんその通りだろうが、もし甲骨文や金文に遡らなければ、糸巻きから上下に糸が伸びた様としても通用しそうである。

小林好日は、イツのイは接頭語、ツは手と同語源としているが、[*41] これはおかしい。たとえば、イソ（五十）・イホ（五百）・イカ（五十日）などのイはイツのツが略されたものだが、接頭語のイではないはずである。語幹が消滅したら、接頭語だけでは意味をなさない。（第四節の〔補〕で述べたが、イツはミツからm音が脱落したものだろう。イチ（市）にしてもミチ（道）からm音が落ちたものである。）

トヲ（十）は、新村出によると、もとはト（to）であったが、トオ（too）となり、トヲ（towo）となったという。テ・タ（手）には五本の指があるので、トヲを両手と考えている。[*42] 『岩波古語』は、イツはタ（手）と同根とし、トヲは両手の指をタヲル・トヲル（撓）ことかとしている。

トヲ（十）のトは乙類のト（tö）である。イトのトの甲乙は不明であるが、乙類である可能性がある。私見によれば、イトのイが略されて、ヲと結合した。すなわち元はイトヲである。ヲは緒・絃のヲであろう。ヲ（緒・絃）は撚り合わせた糸状のものであるが、糸より太い感触がある。しかも、弓の弦や楽器の弦のように張り渡してあることがある。山と山との間の尾根や、動物の尻から長く伸びた尻尾もヲである。渡島をヲシマともワタリシマとも訓むことがあるが、ヲはワタリ・ワタシのことで、繊維品の名にもなっている。

「推古紀」十二年正月の憲法《いつくしきのり》十七条を、『図書寮本』はトヲチアマリナナヲチと訓んでいるが、前後のチはツと同じ助数詞であり、チの前のヲは緒に起因する語だろう。幸いにも織物製造の訓としての古い数え方がまだ残っていたのである。第二節で引用した沖縄の祭祀歌謡クェーナにもあったが、二十ヨミ・三十ヨミの糸をハタヨミヲ（二十読苧）・ミソヨミヲ（三十読苧）とあった。語の後にヲをつけている。ヲには苧が当てられているが、この歌謡では芭蕉が素材であるので、ヲをカラムシに限定してはならない。いずれにせよ、先ほどの『岩波古語』の説は成り立たない。

また、トヲをツヅということがある。新村によれば、トツ（十個）がツヅになったという。[*43] そのようにツヅ（十）のツは、イツのイの脱落したツで、イトのイが脱落したトと通じる。ヅは助数詞のツの連濁であるとされている。

ヒトツ・フタツ・ミツ・ヨツなどの語尾のツや、ハタチ・ミソチ・イホチなどの語尾のチは、数を数えるときに添える助数詞である。これらのツ・チは、もともとはツミ・ツム（紡・績・錘）の略だろうか。この場合ツミは紡いだイトと考えてよい。あるいはツ・チはイトと同類のイツ・イチの語頭のイが脱落して生じたものか。いずれにせよ、助数詞ツ・チもイトの関連語としてよいだろう。

第七節　数詞ナナ・ココノ

ナナ（七）についてもいろいろな語源が示されてきたが、残念ながら納得させられるようなものがない。そのなかでも箕田憙貞《みのだきてい》の俗語辞書『志不可起《しぶがき》』（一七二七年成立）巻五には次のようにあり、注目する必要がある。

ナ、ツは、六に本源の一を加（ふ）れば、一片は三、一片は四にて、傾《かたぶく》形也。かたぶ（く）は斜なれば、ナナメと云義也。

鈴木修次もナナはナナメと同語源であったのではないかとするが、その説明を見ると憙貞の説と変わるところがない。[44] ナナはナナメと同語源とする説を参考に自説を述べる。

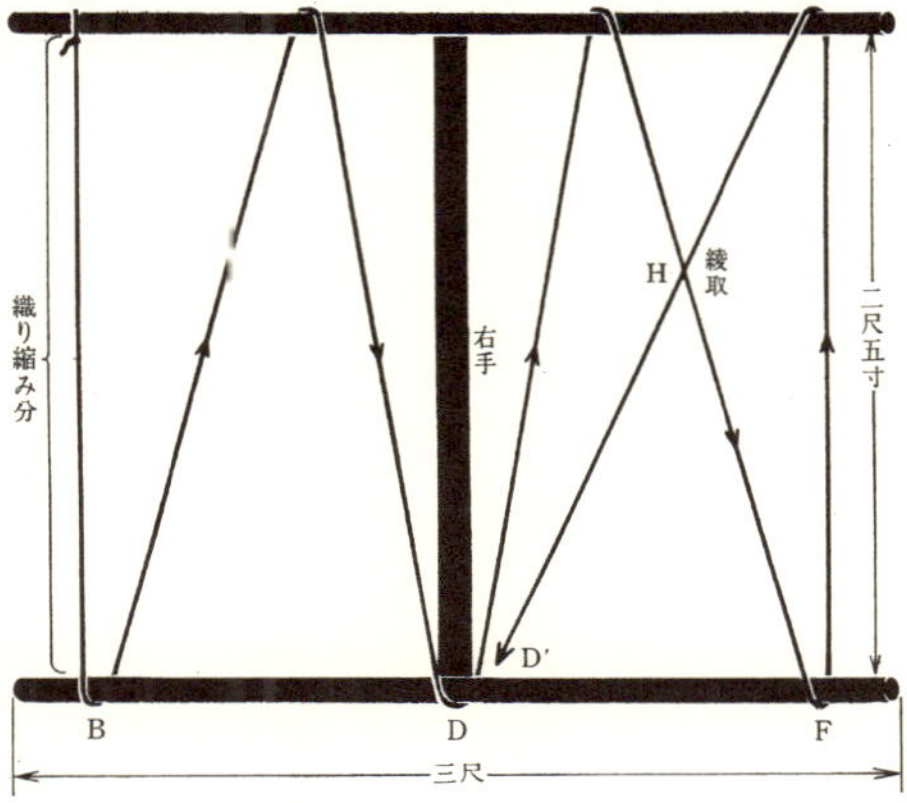

カセギ（桛）による整経（田中俊夫・田中玲子　『沖縄織物の研究』紫紅社1976年より）

古代の整経では工の字型のカセギ（桛）が用いられることが多かったと考えられるが、図は沖縄の例である。[45] カセギにイトを掛け廻す仕方は数通りはあると思うが、図は代表的なものとしてよいだろう。そのイトの延《は》え方は、右手に持ったカセギの左上端のA点からイトを左下端のB点に渡し、裏側を通って上C点に渡す。さらにイトをCからDに渡し、裏側をDからEに、続けてEからFに、そこから裏側をGに渡す。今度はイトをGから、Eの真下のDF間ではなく、斜め方向のDに渡す。さらにイトをDC間は表側を、CB間は裏側を、BA間は裏側を渡して元に戻る。

EF間のイトとGD間のイトの交点は図ではHとしてあるが、その交わりをアヤ・綾取と呼び、織機に経糸を装着したとき、上糸と下糸を分ける手立てとなっている。ＡＢ間の渡りを一番目、ＢＣ間を二、ＣＤ間を三、ＤＥ間を四、ＥＦ間を五、ＦＧ間を六とすると、ＧＤ間の斜めの渡りは七番目となる。おそらくこの斜めの渡りがナナの語源であろうと考える。

もっともこの解答は憙貞説に触発されて考え出したもので、これが絶対的であるといいはるつもりはない。他の説よりはましではあるだろうと信じてはいるが。もちろん、第四節で述べたが、ツングース系の **nadan** を借用し、その音転であると見なす説もある。さて、**nadan** は何から来ているのだろうか。

ココノ（九）については、『万葉集』に用いられている数多くの意のココダ・ココダク（幾許・許多）によるという説が有力のようである。[*46] しかし、残念ながら筆者はココノに特別な具体案を持ち合わせていない。

第八節　ハタチ（二十）・ヤソ（八十）など

ハタは、数詞としては初め二を指していたが、後に二十を指すように変わったと考えられる。ハタチのチはヒトツ・フタツのツと同じ助数詞である。第六節でもチのついた数詞の例をあげたが、『万葉集』⑦一一六九番でも八十にヤソチという旧訓がある。

上質の布を織るとき、たとえばおよそ二十ヨミ、すなわち千六百本の経糸をハタ（機）に仕掛ける。さきに引用した『北越雪譜』でもそうであったが、琉球でもそうであった。『おもろさうし』（一六二三年までに成立）にも次のようにある。下に訳をそえる。

たち選びに　筋選びに　選で　　経糸を選び、糸筋を選びに選んで
二十読は　三十読は　為《し》ちおちへ（⑭八三九）　二十読みや三十読みの織物を織っておいて

とある。石垣島の布晒歌は、いずれも「天かなし御用ぬ、二十算《よみ》ぬ美布」で始まる。[*47] 石垣島の生活を記録した宮城文の文にこうある。[*48]

二十桝（よみ）の細上布とは口ではたやすく言える言葉であるが、分業、機械利用のない昔は自ら苧を作り、繊維をとり、それを爪先で割いて、指先で捻り継ぎ、さらにヤマ（糸車）でよりをかけて、毛髪程の細い経糸二十桝（千六百本）を調え、なおそれに釣り合う緯糸を調えて一反分の細上布の糸を得るのである。

してみると、理想的な基準の経糸二十ヨミの上布は芭蕉では至難の作業であったことがわかる。それがハタヨミで、ハタ・ハタチ（二十）はハタ（機）、さらにはハタ（服）・ハタ（旗・幡）に通じるのである。織機は次第に進歩してきたが、手績みの糸紡ぎは古代からずっと条件は変わらなかったはずである。伝来の技法でも絹糸ならばかなりの細糸も可能なので、二十ヨミをかなり古代まで遡らせてもよいように考えられるからである。

ヤソほどではないにしても、古代ではイソ（五十）のソを略したイ（五十）もかなり聖数的に、また接頭語的に用いられている。たとえば、イカタラシヒコ（五十日足彦）・イスズ（五十鈴）・イタケル（五十猛）・イトテ（五十迹手）などである。五百箇・五百瀬・五百枝・五百城などイホに五百を当てる用法もかなりある。これが単にイツ（五）がイツ（厳）に通じる延長線上で用いられているのか、何か慣用的な習俗や技術があったのかはわからない。単に十・百・千の半数であるためか。おそらくは、先学が指摘したように、高句麗・百済などで重視されていた五部制などの観念を受け継いだのだろう。この五部制には中国の陰陽五行説が影響しているという。また、三・五などが吉祥観念を含むことになったのは、漢土の思想の影響によるともいう。[*49] また、五行・五倫・五爵・五味・五穀というような、五を基調とする数理観念は確かに中国で発達している。それも片手の指数五を基本数の最高のものと考えたことに淵源するかもしれないという。[*50]

『記紀』『万葉集』『風土記』などをみると、ヤソタケル(八十梟師)・ヤソクマ(八十隈)・ヤソツヅキ(八十連続)・ヤソタマグシ(八十玉籤)・ヤソフネ(八十船)・ヤソシマ(八十嶋)・ヤソカミ(八十神)・ヤソトモノヲ(八十伴雄)のように、ヤソ(八十)がしばしばみうけられる。十を超える数では、ヤソ(八十)を用いる頻度が断然高い。ヤソは多数を意味したり、聖数扱いをされている。また、接頭語的に用いられることも多い。それは何故か。

すでに述べたように、ヤソ(八十)をヒトヨミ(一升・一読)といって、整経や製織時の大切な単位なのである。ヒトヨミの糸を整経枠からはずすとき、細ヒモでくくり、糸が乱れないようにする。それが霊力ある布を織る基礎の数になっている。中国でも同じで、明の張自烈撰『正字通』には「布は八十縷を升と為す」とある。おそらく中国の技法が直接的・間接的に日本に伝来したのであろう。

多くの神を表すのに、『記』ではヤソカミ(八十神)を用いている。とくに「神代記」でオオクニヌシの活躍する物語に多く使用され、「応神記」のイヅシオトメの条に一度ある。これは、古い伝承を受け継いだ部分であろう。『紀』ではオオクニヌシの詳しい物語に欠けるが、「神代紀」九段ではタカミムスヒが召し集う神たちをヤソモロガミタチ(八十諸神)とし、「垂仁紀」二十五年の条ではヤソミタマノカミ(八十魂神)としている。

また、『紀』では「神代紀」七・九段や「崇神紀」七年で集う神たちをヤソヨロヅノカミ(タチ)(八十万神)とし、「崇神紀」七年にはヤソヨロヅノモロガミ(八十万群神)ともするなど、多数をヤソヨロヅ(八十万)で表現することがある。ところが、「神代記」はこれをヤホヨロヅノカミ(タチ)とし、八百万神で表している。『記』には八百万神は六回あるが、八十万神は一度もない。ただし、先ほどもあげた八十神は十三回ある。

『紀』で、八十万(群)神は七回ある。八十は諸神・魂神につけて三回、その他で四十九回遣われている。さらに百八十や一百八十が十回ある。ただし、八十+xや一百八十+xなどの数字は除外してある。『記』と比較すべき八百は、「垂仁紀」三十五年是歳の条に「多《さわ》に池溝《うなて》を開《ほら》しむること数八百《やほちあまり》」の一回だけである。

参考までに『万葉集』をみると、人麻呂の長歌に「八《や》百《ほ》万《よろづ》千《ち》万神《よろづのかみ》の神集《かみつど》ひ」がある。他に神々とは関係がない語句を含めると、『万葉集』では八百万は二回、八百が一回用いられているが、八十は四十八回ある。『風土記』では、八百万が一回、八十が十回、百八十が七回である。『記』の同様の数字は、八百万が六回、八百が一回に対し、八十は二十一回である。ところが、整経・織物の基準である八十が多数に対する一般的な用語であり、それぞれの家庭で用いられていたはずである。八百は後の変化とせざるを得ない。

先ほども述べたが、『紀』には八百万神は見かけない。実は、『記』では一対三の高率で八百万・八百が用いられている。七二〇年成立の『紀』やそれ以降まとめられた『万葉集』と異なって、七一二年撰録の『記』に後発的な八百万が多い。これはどうしたことか。このことはすでに、太田善麿や田中卓によって、多数を意味する八十万が発展し、八百万になったのだから、『紀』先『記』後の一つの例であるとして挙げられたところである。[*51] この考えに私は賛同する。肥後和男は、この一桁違う数字を用いることにも、両書の底を流れる考え方に相異があると思われるとし、八百万神に無限の神の可能性を予想している。[*52] これは八十が織物の基準の数であることを知らない男性学者の思い過ごしである。

『日本書紀私記』丙本は「崇神紀」の八十万群神にヤヲヨロヅノカミタチの訓みを与えている。もちろん、八十をヤソでなくヤヲ（ホ）とするのであるから、誤読であることは明らかであるが、『私記』が書かれた平安時代になると、八十万神よりも八百万神のほうが一般化し通行していたことがわかる。さもなければ、このような誤読が生じるものではない。従って、『記』の撰録は『紀』よりも時代が下るものであることがここでも証明できる。

モモ（百）・チヂ（千）・ヨロヅ（萬）については格別の成案を持っていない。

第九節　おわりに

日本の数の数え方は、ヒ・フ、ミ・ム、ヨ・ヤ、イツ・ト（ヲ）のように、音転を遣った倍加法になっている。和数詞の倍加法は、家庭で機織りの前工程として行ってきた整経作業に密着していた。糸を指やへらに掛けて滑らせながら延ばし、木杭に掛けて戻ってくる。その繰り返しによって経糸を反物の長さに、所定の本数だけを準備する。その経糸を織機にセットし、上糸・下糸に分けて筬や綜絖に通す。そうした作業では、四十筋の糸の折り返し、すなわち八十本の糸が一ヨミとして基準になっていたのである。

この数の仕組みについてこれまで納得の行くような見解が示されたことはなかった。たとえば、川本崇雄は、日本語の数詞は南島語と同系であるとし、倍加法の成り立ちを具体的に立論している。[*53] しかし、南島語と同系であるのはよいとしても、倍加法の個々の説明は納得できなかった。川本の論文には編集者のコメントがついている。それには複数の専門家にコメントを依頼したが、誰からも回答がなかったことを記している。[*54] してやったりと意気込んで書かれた論文だろうが、編集者などは川本の立論に無理があったのではないかと判断していたようである。拙論でもいちいち取り上げることはしなかった。

中西進は、ものを数えるときの指の使い方でこれを説明している。中西によれば、二を指し示すとき、片手の二本の指を立てるのではなくして、双方の手の指を一本ずつ立てて数えるとした。たしかに、この方法でも二が一の倍数になる基本には乗っ取っている。四ならば双方の手の指を二本ずつ、六ならば三本ずつを動員して立てることになる。[*55] しかし、残念ながらこうした数え方は中西の思いつきで、日本のいかなる地方にも、また古来の文献などにも痕跡すらないだろう。

織物は弥生時代以降ずっと手織りにされてきた。私が縷々説明してきた和数詞の多くは、各家庭で女手で受け継がれてきた作業習慣に基盤を置いている。近代になって織物が機械化工業化されて、主として工場で製造されるようになって、機織りは次第に家庭から離れたのである。

糸を延ばせばヒタ・ヒトであるが、どこまでも延ばせば、ヒタ（常）・ヒサ（久）となり、永遠の観念につながる。糸を繰り返しカセギ（桛）にとれば、カナ（縢）にもなり、輪にもなる。それは反復・循環である。また、糸玉から糸は自在に延長もできるし、分割して小玉にもできる。これはタマ（霊・魂）の分霊にもつながるし、糸を結んだところに霊魂をとどめることもできる。糸・緒の結びは霊魂を招き付着させた。糸・緒を玉に巻けば大きくなるし、分割も自在であった。これらは霊魂の性質と似通っている。また、絣の糸の反復作業は模様を生みだし、いくつかの像を布に結ぶ。

整経や製織作業でも糸を延ばしては戻る繰り返しは、すでに述べたように、一にして二になる事実がある。機織りでヒ（杼）走らせ渡す往復は、ハシル・ワシル（走）、ハシ（間・橋）・ハサ（稲架）、ハシ（端・嘴）・ハタ（端・傍）・ハタ（将）、ヒタ（直）・ヒタ（常）・ヒトシ（等）などの語をもたらした。ワタ（海）・ワタシ（渡）・ヲ（尾・緒）もそうした類語である。対立するような言葉が一連の製織作業に基づいていたのである。

民衆の生業や生活で数をもっとも必要としていたのは、製織作業であった。これまで世の識者たちの数や倍加法に対する追求が、こうした日常の機織り作業に及ばなかったことこそが異常であり、不思議とすべきであろう。言語学の田中克彦は「ヒフミの倍加説」を次の文で締めくくっている。[*56]

知識は単に結果としてではなく、それが発見され、解釈され、ひろめられてゆく過程であってこそ、人の心を打つ力があるのだということである。

私の和数詞の倍加法に対する新しい解釈が、これまでの知識に締めくくりをし、かつ人の心に響く力があるのか、それともまた、笑殺されて終わるのか、大方の判断を待ちたいと思う。

註

＊1　白鳥庫吉「日本語の系統」『白鳥庫吉全集』二　日本上古史研究下　岩波書店　一九七〇年　五二六ページ
＊2　新村出「国語及び朝鮮語の数詞について」『新村出全集』一　東方言語史叢考　筑摩書房　一九七一年　一一ページ
＊3　後藤守一「木器」『登呂』本編　日本考古学協会編　東京堂出版　一九七八年　一四一－一四四ページ
＊4　森浩一「僕の考古学人生」（第五回三河考古学談話会記念講演会）於豊橋駅前文化ホール　二〇〇七年五月一二日
＊5　小林行雄『古代の技術』塙書房　一九六二年　四二ページ
＊6　外間守善・玉城政美『南島歌謡大成』Ⅰ　沖縄篇上　角川書店　一九八六年　二八一ページ
＊7　外間守善他『沖縄古語大辞典』　角川書店　一九九五年　七四四ページ
＊8　村山七郎「原始日本語の数詞イタ〈一〉について」『国語学』八六　一九七一年九月　六七ページ
＊9　澤瀉久孝他『時代別国語大辞典』上代編　三省堂　一九六七年　六一五ページ
＊10　白鳥庫吉「日・韓・アイヌ三国語の数詞に就いて」『白鳥庫吉全集』二　日本上古史研究下　岩波書店　一九七〇年　四四二ページ
＊11　新村出「国語及び朝鮮語の数詞について」『新村出全集』一　東方言語史叢考　筑摩書房　一九七一年　一三－一四ページ
＊12　小島憲之「万葉語『ハタ』の周辺」『万葉』一六　一九五七年七月　八ページ
＊13　村山七郎『日本語の研究方法』　弘文堂　一九七四年　一八五－一八七ページ
＊14　白川静『漢字の世界』二　平凡社　一九七六年　二〇三－二〇四ページ、『字統』　平凡社　一九八四年　三三五ページ
＊15　井手至「万葉語『はた』の意味用法をめぐって」『万葉』二七　一九五八年八月　一九－二二ページ
＊16　栗原薫「上代精神史二三の問題」『日本史論叢』　柴田実先生古稀記念会　一九七六年　三七三ページ
＊17　新潟県教育委員会「新潟県の紡織習俗」『紡織習俗』Ⅰ　新潟県・徳島県　文化庁文化財保護部　一九七八年　三三ページ
＊18　村山七郎『日本語の研究方法』　弘文堂　一九七四年　二五〇ページ

＊19　橋本進吉「上代に於ける波行上一段活用に就いて」『上代語の研究』岩波書店　一九五一年　一八五―二〇四ページ

＊20　村山七郎「原始日本語の数詞イタ〈一〉について」『国語学』八六　一九七一年九月　六八―五七ページ、『日本語の研究方法』弘文堂　一九七三年　一九六ページ

＊21　泉井久之助「日本語と南島諸語」『民族学研究』一七―二　一九五二年三月　一一八ページ

＊22　新村出「国語及び朝鮮語の数詞について」『新村出全集』一　東方言語史叢考　筑摩書房　一九七一年　一八―二〇ページ

＊23　村山七郎『日本語の研究方法』弘文堂　一九七四年　一九一ページ、李基文『韓国語の歴史』藤井幸夫訳　大修館書店　一九七五年　四五ページ

＊24　新村出「国語及び朝鮮語の数詞について」『新村出全集』一　東方言語史叢考　筑摩書房　一九七一年　一九ページ

＊25　B.Karlgren『Analystic Dictionary of Chinese and Sino-Japanese』Chenn-Wen Publishing C., Taipei　一九七〇年　一九六ページ

＊26　藤堂秋保『学研漢和大辞典』学習研究社　一九七八年　九八一ページ

＊27　白鳥庫吉「日本語の系統」『白鳥庫吉全集』二　日本上古史研究下　岩波書店　一九七〇年　五二七ページ

＊28　白鳥庫吉「日・韓・アイヌ三国語の数詞に就いて」『白鳥庫吉全集』二　日本上古史研究下　岩波書店　一九七〇年　四二二ページ

＊29　大野晋「語源研究の方法」『国語と国文学』一九七〇年一一月　五九―六〇ページ

＊30　藤井貞和『古日本文学発生論』新装版　思潮社　一九八〇年　一〇五―一〇六ページ

＊31　折口信夫「叙景詩の発生」『折口信夫全集』一　中央公論社　一九六五年　四二九ページ、「万葉集辞典」『折口信夫全集』六　一九五六年　三九八ページ

＊32　西條勉『古代の読み方』笠間書院　二〇〇三年　一四七ページ

＊33　村山七郎『国語学の限界』弘文堂　一九七五年　二五一―二五五ページ

＊34　永藤靖『時間の思想』教育社　一九七九年　一四一―一四九ページ

＊35　外間守善「補注」『おもろさうし』岩波書店　一九七二年　五一四ページ、田中俊雄・田中玲子『沖縄織物の研究』紫紅社　一九七六年　一四二ページ

＊36　井上光貞他「補注」『日本書紀』上　岩波書店　一九六七年　五五二ページ

＊37　白鳥庫吉「神代の国号考」「八の数字を尚ぶ古習」『白鳥庫吉全集』二　日本上古史研究下　岩波書店　一九七〇年　八三

－八四・四五九－四六一ページ
＊38　大野晋「古事記（二）」『国文学解釈と鑑賞』三一－八　一九六六年八月　二三三－二三四ページ（『仮名遣と上代語』岩波書店　一九八二年　三〇一ページ）
＊39　柳田国男「日本の祭」『定本柳田国男集』一〇　筑摩書房　一九六九年　一八五・四六二ページ
＊40　白川静『字統』平凡社　一九八四年　四六七ページ
＊41　小林好日『日本文法史』刀江書店　一九七〇年（原著一九三五年）　三四ページ
＊42　新村出「十の語源」『新村出全集』四　筑摩書房　一九七一年　四一七ページ
＊43　新村出　同前　四一八ページ
＊44　鈴木修次『数の文学』東京書籍　一九八三年　一六四ページ
＊45　田中俊雄・田中玲子『沖縄織物の研究』紫紅社　一九七六年　一五三ページ
＊46　新村出「国語及び朝鮮語の数詞について」『新村出全集』一　東亜言語史考　筑摩書房　一九七一年　一五ページ
＊47　岡村吉右衛門『日本原始織物の研究』文化出版局　一九七七年　四二一－四二二ページ
＊48　宮城文『八重山生活史』沖縄タイムス社　一九七二年　七三－七四ページ
＊49　白鳥庫吉「神代史の新研究」『白鳥倉吉全集』一　日本上代史研究上　岩波書店　一九六九年　二〇六－二〇七ページ、川本芳明『中国の歴史』五　中華の崩壊と拡大　講談社　二〇〇五年　三二六－三三〇ページ
＊50　酒井洋『古代中国の数観念』つくも書房　一九八一年　一七二ページ
＊51　太田善麿『論考「記紀」』群書　一九八一年　一〇三－一〇五ページ、田中卓「八十万神（紀）から八百万神（記）へ」『田中卓著作集』一〇　古典籍と史料　国書刊行会　一九九三年　四〇〇－四〇六ページ
＊52　肥後和男「八百万の神々」『西田先生頌寿記念日本古代史論集』吉川弘文館　一九六〇年　五五八－五六二ページ（『古代史上の天皇と氏族』弘文堂　一九七八年　二〇－二四ページ）
＊53　川本崇雄「日本語の数詞の起源」『季刊人類学』六－二　一九七五年二月　四一－五八ページ、『日本語の源流』講談社　一九八〇年　四七－五六ページ
＊54　和田祐一「コメント」『季刊人類学』六－二　一九七五年二月　五九ページ
＊55　中西進『古代日本人・心の宇宙』日本放送出版協会　二〇〇一年　九三－九五ページ

＊56　田中克彦「ヒフミの倍加説」『国家語を越えて』筑摩書房　一九八九年　二五四ページ

第四章　タナバタ（棚機・七夕）とは

第一節　はじめに

タナバタツメについては、折口信夫の有名な論文「水の女」などに湯河板挙《ゆかはたな》に関連づけた特異な説がある。[*1] 川や池の傍らにやぐら造りの桟敷、すなわち懸崖《かけ》造りのタナを造って、選ばれた処女《をとめ》が機《はた》を織りながら神やマレビトの訪れを待っている。こうした聖なる湯河の辺《ほとり》にかけられた棚の上で、機を織る女がタナバタツメであるという。いいかえれば、銀河の辺で機を織りながら年一度の出会いを待つ織女星さながらの物語を演繹《えんえき》して、折口一流のロマンをもって「水の女」を学説として歌い上げた。確かに、『古語拾遺』には、日神《ひのかみ》アマテラスがスサノヲの乱暴によって石窟《いはや》に幽居したとき、オモヒカネの神は天棚機姫神《あめのたなばたひめのかみ》に神衣《かんみそ》を織らしめている。それはアマテラスの招来や再生に神衣が必要であると考えられていたからであろう。

この折口説に賛同をするものは多々あっても、管見によれば、ことさらに反対をとなえるものはいない。当然異議があってもよいと思うのだが、国語・国文学、あるいは民俗学・神話学サイドからの目立った反論もない。いかにもこれは不可思議な現象である。はたして、タナバタツメは湯河棚で機を織ったであろうか。そこで、民俗学に親しみをもつものが、折口説にささやかながらも異をとなえることになる。これから詳しく論じてゆくが、問題は、鳥取造《ととりのみやつこ》の祖天湯河板挙《あめのゆかはたな》や、御頸珠《みくびたま》の御倉板挙之神《みくらたなのかみ》や、棚機《たなばた》と織女《たなばたつめ》などにある、タナの語釈にかかっている。次節からその問題点を順次指摘して、正解を導き出すことにしたい。

第二節　タナとタナナシヲブネ（棚無小舟）

『万葉集』には、

タナギラヒ（棚霧合）・タナクモリ（棚曇）・タナシラズ（棚不知）・タナシル（棚知）・タナナシヲブネ（棚無小舟）・タナハシ（棚橋）・タナバタ（棚機）・タナバタツメ（織女）・タナビク（棚引）・タナユヒ

などのタナのつく言葉が多い。タナユヒは万葉仮名で表記されていて、当てる漢字は不明となっている。地名としてはタナカミヤマ（田上山）・タナクラ（万葉仮名表記）がある。このほかに接頭語タナ（手）で始まる語もあるが、ここでは取り上げない。

　このうちタナナシヲブネがタナを理解するのにもっとも手頃であるらしい。そこで手始めに、『万葉集』のタナナシヲブネの例を掲げる。

いづくにか　舟泊《ふなはて》すらむ　安禮《あれ》の崎　こぎたみ行きし　棚無《たなな》し小舟《をぶね》（①五八）
四極山《しはつやま》　うち越え見れば　笠縫の　島こぎかくる　棚無し小舟（③二七二）
あまをとめ　棚無し小舟　こぎづらし　旅のやどりに　楫《かぢ》の音聞こゆ（⑥九三〇）

これらのタナナシの小舟は、舷側の板のない小舟である。九二〇年代の源　順《みなもとのしたがふ》著『和名抄』にフナダナ（枻）は「大船の旁板也」とあり、平安末期の『名義抄』仏下にはタナは舷、すなわちフナハタであるとする。これらからすると、タナは舷側を構成する板でできている。だから、それは浸水を防ぐように舷側の高さを増すために張った板で、甲板のように水平に張られた横板でないことは明らかである。倉田一郎によると、「棚無小舟は刳《くり》舟《ふね》すなわち独木舟《まるきぶね》のたぐい」であるとする。[*2] タナナシヲブネは丸木船のような舟で、両舷側に側板を積み重ねたものではないことがわかる。

沖縄の久高島のヲナリ（姉妹）がヱケリ（兄弟）の無事を祈願するヤラシコヱニヤ、即ち渡し行かすクェーナ（祭祀歌謡）に次のようにある。その訳も下に添える。[*3]

朝とれかしゃうれば　　　　朝凪になれば
夕とれかしゃうれば　　　　夕凪になれば
十棚《とたな》み舟おしうけて　　　十棚御舟押し浮《う》けて
八棚《やたな》み舟おしうけて　　　八棚御舟押し浮けて
にらひ渡《どう》にうしょけて　　　ニライ渡に押し浮けて
かなひ渡にうしょけて（クェーナ九）　カナイ渡に押し浮けて

これは両側の側板が十枚も八枚もある大きい舟を押し浮かべて、ニライカナイの理想郷へ海を渡って行こうとしているのである。十棚はトヲダナともいうが、規模の大きな舟である。ニラヒ渡の渡はト・ドとも発音する。『おもろさうし』には次のような歌謡がある。

板清《きよ》らは　押し浮《う》けて
棚清らは　押し浮けて（⑩五一五）

『混効験集』（一七一一年成立）坤には、イタキヨラ・タナキヨラは「いづれも船の事を云」とある。沖縄ではイタキヨラ・タナキヨラは舟の美称となっている。

ところが、残余のタナに対する従来の通説は、タナナシヲブネのタナとは異なる不可思議な解釈を与えて、詠まれた状況と齟齬を来たしていることが多い。これらのタナもその真髄を順次明らかにしてゆくが、そこに広がる習俗や信仰が解明されればありがたい。

第三節　ユカハタナ（湯河板挙）

「垂仁紀」二十三年十月と十一月の条に、垂仁の皇子誉津別命《ほむつわけのみこと》が成長した後の物語がある。十月八日に垂仁は、話のできない皇子ホムツワケが鵠《くぐひ》を見て片言をいうことができたので、左右のものに鳥を捕らえるように命じる。

鳥取造《ととりのみやつこ》の祖《おや》天《あめの》湯河板挙《ゆかはたな》奏《まう》して言《まう》さく、「臣《やつこ》必ず捕へて献《たてまつ》らむ」とまうす。即ち天皇《すめらみこと》、湯河板挙に勅《みことのり》して曰《のたま》はく、「汝是《いましこ》の鳥を献らば、必ず敦《あつ》く賞《たまひもの》せむ」とのたまふ。時に湯河板挙、遠く鵠の飛びし方を望みて、追ひ尋《つ》ぎて出雲に詣《いた》りて、捕獲《とら》へつ。或《あるひと》の曰はく、「但馬国に得つ」といふ。（中略、十一月二日に）湯河板挙、鵠を献る。誉津別命《ほむつわけのみこと》、是の鵠を弄《もてあそ》びて、遂に言語《ものい》ふこと得つ。是《これ》に由《よ》りて、敦く湯河板挙に賞《たまひもの》す。即ち姓《かばね》を賜ひて鳥取造と曰《い》ふ。

ホムツワケは三十歳になり、長くひげが伸びても、泣きわめく子どものようで、言葉が話せなかった。ところが、鳴きながら大空を渡っていくクグヒ（鵠）すなわち白鳥を見て、「これは何ものか」と口を動かして聞いた。天皇は皇子がクグヒを見てものをいうことができたのを知り、鳥取造《ととりのみやつこ》の祖の天湯河板挙《あめのゆかはたな》にクグヒを捕らえて献ずるように命じる。ユカハタナは逃げたクグヒを追って行き、出雲に至って捕獲した。あるいは但馬国で捕らえたという。ホムツワケはクグヒをもてあそび、ついに言葉を話すことができるようになった。この功によって、ユカハタナは少なからぬ賞を得、鳥取造の姓を賜った。ここにはユカハタナがクグヒを捕獲する方法は明記されていない。

一方、「垂仁記」によれば、

（垂仁の命で大鶙《おほたか》は）其の鵠《くぐひ》を追ひ尋ねて、木国《きのくに》より針間国《はりまのくに》に到り、亦追ひて稲羽国《いなばのくに》に越え、即ち丹波国《たにはのくに》、多遅麻国《たぢまのくに》に到り、東の方に追ひ廻りて、近淡海国《ちかつあふみのくに》に到り、乃ち三野国《みののくに》に越え、尾張国より伝ひて、科野国《しなののくに》に追ひ、遂に高志国《こしのくに》に追ひ到りて、和那美《わなみ》の水門《みなと》に網《あみ》を張りて、其の鳥を取りて持ち上りて献《たてまつ》りき。

とある。山辺の大鶙《おほたか》がクグヒを求めて十カ国もの各地を追い尋ね、ついに高志（越）国の和那美《わなみ》の水門《みなと》に網を張って、クグヒを捕らえて献じたという。『度会本』や『鼇頭《ごうとう》古事記』では、文中の網をワナと訓んでいる。『姓氏録』（八一五年成立）右京神別上の鳥取連の条では、ユカハタナは湯河桁と書き表されており、彼はクグヒを尋ね求めて、出雲国の宇夜江《うやのえ》で捕らえて奉ったとある。

「垂仁紀」では、湯河板挙の板挙に対し訓注をつけて、タナと訓むように指示してある。これは「神代記」も同じで、御倉板挙の板挙にタナと訓むよう注をつけている。なお、八一五年成立の『姓氏録』ではユカハタナのタナは桁となっていた。九世紀末の僧昌住《しょうじゅう》著『新撰字鏡』でも桁をタナと訓んでいる。桁は横に渡した材である。

この章の冒頭で掲げた折口説を繰り返すと、聖なる川のほとりに懸けた棚、すなわちユカハタナで神のために機を織る若い女がいた。ユカハタナで機を織る女がタナバタツメであるという。折口独特の語彙では、ユカハ（湯河）は斎川、タナはやぐら造りの桟敷である。そこで機を織る女がタナバタツメ（棚機津女）である。[*4] この折口の考えは、『国語大辞典』や『角川古語』のタナバタの項にも引用されていて、代替え説もないままに、ほぼ定説化している。折口の直感によると思われるこの説は、はたして正しいだろうか。ユカハタナは鳥取造の祖の名であって、聖なる布を織る場所と関係がないはずである。タナバタツメをユカハタナに結びつけるのは、単なるこじつけであるだろう。

『常陸国風土記』の逸文では、景行天皇が常陸国河内《かふち》郡浮島村の行宮《かりみや》にいたとき、伊賀理《いかり》の命を遣わして、網を張って賀久賀鳥《かくがとり》を捕らしめたとあり、景行はこれを喜んでイカリに鳥取の姓を賜ったとある。カクガトリはミサゴのことであるらしいが、ここでも網を使用している。ミサゴは魚を捕獲して食べるが、水面に急降下して遊んでいるカモなどを驚かすことがしばしばある。この逸文から、鳥を捕獲するのに網を使っていることがわかる。すると「垂仁記」の地名ワナミはワナアミ（罠網）の縮言であると推定される。

確認のため、鳥を捕獲するのに網を使用する事例を掲げる。

①依網《よさみ》の屯倉《みやけ》の阿弭古《あびこ》、異《あや》しき鳥を捕りて、天皇《すめらみこと》に献りて曰《まう》さく、「臣《やつかれ》、毎《つね》に網を張りて鳥を捕るに、未だ曾《かつ》て是の鳥の類《たぐひ》を得ず。故《かれ》、奇《あや》しびて献《たてまつ》る」（中略）「百済の俗《ひと》、此の鳥を号けて倶知《くち》と曰ふ」とまうす。是、今時《いま》の鷹なり。（仁徳紀四十三年九月）

②大羅野《おほあみの》といふは、昔、老夫《おきな》と老女《おみな》と、羅《あみ》を袁布《をふ》の山中に張りて、禽鳥《とり》を捕るに、衆鳥多《とりどもさわ》に来て、羅を負ひて飛び去《ゆ》き、件の野に落ちき。故《かれ》、大羅野といふ。（播磨国風土記託賀《たか》郡）

③（昔、女が児を負い、人を待つ間に）羅《あみ》をもちて鳥をとらむとす。鳥まつあひだ、河の鳥飛《とび》て羅にかゝる。女人、鳥の力にたへずして、かへて、ひきかへされて、おちいりてしぬ。（摂津国風土記逸文八十島《やそしま》）

これらの例から見て、鳥を捕るには常に網が使われていて、かなり効率的に鳥が捕獲できていたことがわかる。「神代紀」九段第一によると、シタテルヒメが、兄アヂスキタカヒコネの神を知らしめようとして、詠んだ歌謡の一つに、

④天離《あまさか》る　ひなつ女《め》の　い渡らす迫門《せと》　石川片淵《かたふち》　片淵に　網張り渡し　目ろ寄《よ》しに　寄し寄せ来ね　石川片淵（紀三）

がある。この歌謡にある網は、従来魚を捕る漁網と解されてきた。かつて鈴木重胤は「網張り渡し」を「鳥網を張渡したるにて、彼衆鳥を捕し網を其任に打捨置たる現在の状なる可し」と解していた。*5 この説は無視されてきたが、最近になって内田賢徳は鳥を捕らえる網ではなかったかと再び注意を喚起した。*6 これにより『新古典全集本』や佐々木隆も鳥網として解釈している。*7 賛成である。『延喜式』神名帳には大和国葛上《かつらぎのかみ》郡に高鴨阿治須岐《あぢすき》託彦根《たかひこね》神社四座がある。現在は高鴨神社として御所《ごせ》市鴨神に鎮座する。主神はもちろんアヂスキタカヒコネ神である。高鴨は鴨都波《かもつみは》神社の別称のある下鴨社に対応する。おそらく鳥網で捕った鳥はカモであったろうし、霊格の顕現化した姿がカモでもあったろう。

ワナで鳥を捕るとする場合も、ワナアミであることもあるだろう。

⑤（山幸彦が海辺で嘆いている時）時に川鴈《かはかり》有りて、羂《わな》に嬰《かか》りて困厄《たしな》む。即ち憐《あはれとおもふみこころ》　心を起こして、解きて放ち去《や》る。（神代紀十段第三）

⑥菟田《うだ》の　高城《たかき》に　鴫《しぎ》わな張る　我が待つや　鴫は障《さや》らず（紀七）（神武前紀戊午《つちのえうま》年八月）

⑤の「羂」の上部の四はアミガシラで、网《あみ》である。アミガシラのついた「羅」の字もアミである。②や③の「羅」は前漢の『爾雅』釈器や『説文解字』に「鳥罟《とりあみ》を羅と謂ふ」とある。鳥を捕るもっとも一般的な網はカスミアミ（霞網）である。鳥に見えにくいように、細く柔らかくしかも強い、（多くは黒く染めた、）絹製のアミを使ってきた。絹網を一字の漢字に直せば「羂」にもなる。だから、⑤のワナ（羂）はワナアミである可能性が非常に高い。

カスミ網は、その絹網の上端と下端にやや太い糸（あるいは細い糸）を取り付けて、張りやすく仕立ててある。ところが、立ちの高い幅広の網は、中間に上道糸・下道糸（あるいは上道縄・下道縄ともいう）と平行に、一本ないし数本の横糸が通してある。*8 その横糸をタナイト（棚糸）と呼ぶ。一本の棚糸が通されて上下二つに区切られた網を二棚網、二本の棚糸が通されておれば三棚網と呼んでいる。三本なら四棚網である。飛来した鳥は、そのまま網に絡まるか、網を押しながら下に落ちて、棚糸や下道糸の向こう下に、網にくるまってぶら下がる。網に袋状にくるまった鳥は、棚糸などで邪魔された下に吊られているので、もがいても容易には逃げられない。（なお、上道糸と下道糸の間に棚糸一本を挿入した網を三棚網、二本挿入した網を四棚網という地方もある。）*9 ともかく立ち上がりのある網で水平ではない。図には横竹があるが、用いないことが多い。

東京あたりでは、投網の裾まわりを吊り上げ、撓んだ網の袋状の部分をタナという。タナ部分の網は錘よりも下に垂れていて、そこに入った魚が逃げにくい仕立てになっている。*10 これはカスミ

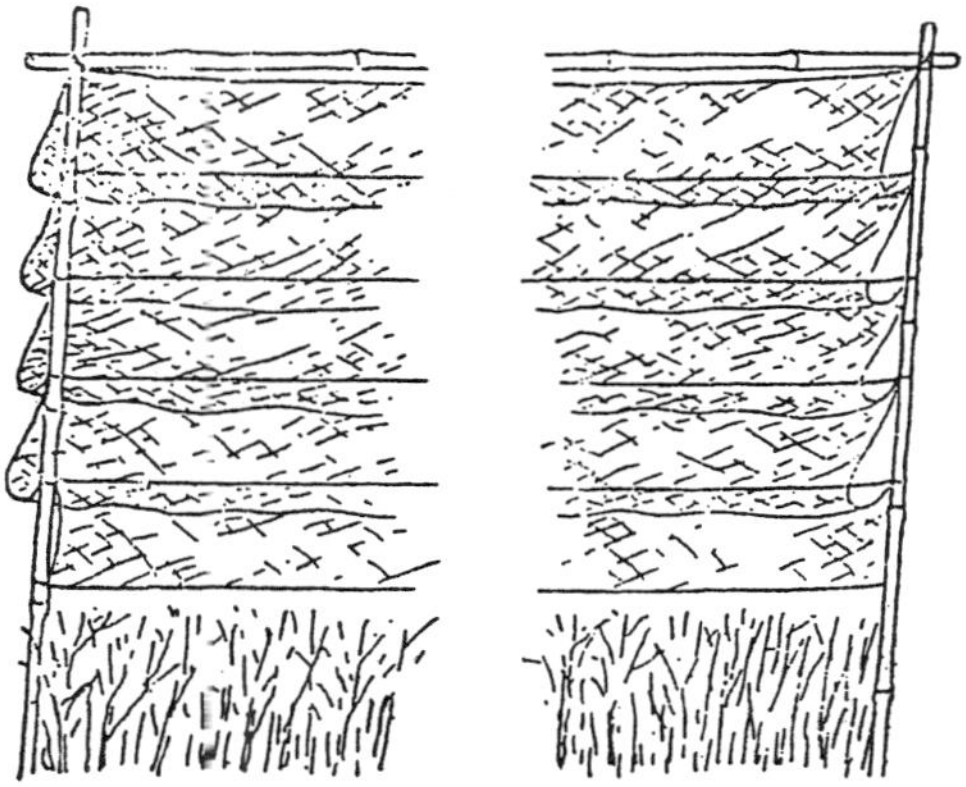

カスミ網（長野県）（堀内讃位　『写真記録　日本の伝統狩猟法』出版科学綜合研究所　1984年より）

アミをタナと呼ぶのに近い用法である。

そこで前出のクグヒを捕らえた鳥取造の祖の湯河板挙《ゆかはたな》に返るが、折口信夫の解くような聖なる河のほとりに設けられた機織りのための棚ではない。その語義は、カモなどの水鳥が飛来する聖なる河や湖沼に張り渡した、鳥を捕るための棚に仕立てた網であった。その網は上述のように絡まった鳥が棚糸や下道糸から向こう下へ、網にくるまって垂れ下がるように仕立ててある。そうした鳥網がタナと呼ばれ、人名の一部にもなっているのである。

第四節　タナシル・タナシラズとタナユヒ

『万葉集』に次の歌がある。

やそうぢ川に　玉藻なす　浮べ流せれ　其《そ》を取ると　さわく御民も　家忘れ　身もたな知らず　鴨じもの
水に浮き居て（①五〇）

金門《かなど》にし　人の来立てば　夜中にも　身はたな知らず　出でてぞあひける（⑨一七三九）

これらの歌にあるタナシラズのタナは語源が不明とされている。山田孝雄《よしお》は、「意明確に知られず。諸説あれど、いづれも首肯しがたし。後賢の考をまつものなり」としている。[*11] そうではあるものの、通常は状況からタナを「全く」とか「すっかり」と訳している。坂本信幸は、タナの語義はもとは高い空間（場所）の意ではなかったかとする。[*12] これはタナの解釈では優れたものだろう。

しかし、すでにタナが鳥網・カスミ網であることを知っていると、イメージは具体的になっている。五〇番は「自身がカスミ網に捕らえられるのもつゆ知らないで、鴨ではないが鴨のように水に浮いている」と解釈をつけることができる。後の一七三九番も「カスミ網で絡み捕られるように、来訪者を虜《とりこ》にするのもつゆ知らず珠名《たまな》は出て歩く」と解釈したらどうだろう。一七三九番は、一七三八番で容姿端麗な珠名娘子《たまなをとめ》が多くの男を惑わせていることを詠った、反歌である。

次は勝鹿《かつしか》（葛飾）の真間の美女テコナを詠んだ長歌の一部である。

いくばくも　生けらじものを　何すとか　身をたな知りて　浪の音の　さわく湊の　奥つ城に　妹が臥やせる（⑨一八〇七）

歌の前半の意味は、「それほど長くは生きておれないものを、何をしようとしてか、自身のわからないところまでわかり知って」ということである。すなわち、カスミ網のようにわからない未来をわかったものとして、死んでしまったことを詠ったものだろう。

次は思い夫《つま》を床を敷いて待っているのに、犬に吠えないでくれ、と詠った長歌に対する反歌である。

葦垣の　末掻き別けて　君越ゆと　人にな告げそ　事はたな知れ（⑬三二七九）

歌の意味は「葦垣のうら先をかき分け越えて、そっとやってくる君を、犬よ、吠え立てて他人にまで知らせてくれるな、カスミ網のような密《みそ》か事も知られてしまうから」ということだろう。

タナシルに似た言葉にタナユヒがある。一般にタナユヒは未詳語とされているが、武田祐吉の『万葉集全註釈』は約束の意とする。[*13] これを受けて、『古典大系本』や澤瀉久孝の『万葉集注釈』も同様の説を立てている。[*14] また、『万葉集注釈』はタナを「すっかり、一面に」の意としている。

少女《をとめ》らは　思ひ乱れて　君待つと　うら恋ひすなり　心ぐし　いざ見に行かな　事はたなゆひ（⑰三九七三）

この歌の大意は、「乙女らは思い乱れて、あなたを待ちながら、心恋しく過ごしています。切ないことです。さあ（そっと）見に行きましょう。これは密《ひそ》かにカスミ網を結び張るような内緒のことですよ」ということだろう。

第五節　ミクラタナ（御倉板挙）

「神代記」によると、黄泉の国から逃げ帰ったイザナキが筑紫の日向《ひむか》の橘の小門《をど》で禊ぎをしたとき、アマテラス・ツクヨミ・スサノヲの三人の貴子《うづのこ》が成りでた。イザナキはこれを非常に喜んで、

即ち御頸珠《みくびたま》の玉の緒《を》もゆらに取りゆらかして、天照大御神に賜ひて詔《の》りたまひしく、「汝命《いましみこと》は、高天《たかあま》の原を知らせ」と事依《ことよ》さして賜ひき。故《かれ》、其の御頸珠の名を、御倉板挙之神《みくらたなのかみ》と謂ふ。

とある。イザナキは御頸珠《みくびたま》の玉の緒をモユラに取りゆらかして、それをアマテラスに賜り、「汝命《ながみこと》は高天《たかあま》の原を治めよ」と委任した。だから、その御頸珠の名を御倉板挙之神《みくらたなのかみ》というとある。『古事記伝』はこのミクラタナを説明して、

こは御祖神《みおやのかみ》の賜し重き御宝として、天照大御神の、御倉に蔵《をさ》め、その棚の上に安置《ませ》奉《まつり》て、崇祭《いつきまつり》たまひし故の御名なるべし。さて、板挙《たな》は書紀の垂仁の巻に天湯河板挙《あめのゆかはたな》てふ人名ありて、其《そこ》にも板挙を挖儺《たな》と云と

見えたり。板を高く舁《あ》挙《げ》て、物置《おく》所に構《かまふ》る故に、如《か》此《く》書《かく》るならむ。

とある。宣長は「神代紀」のユカハタナをも引用しながら、板を高く挙げて、物を置くところを構えるからであるとする。この宣長の説に追従するものは多いが、さしたる新見も見あたらない。倉野憲司校注の『古典大系本』は、「倉の棚の上に安置する神の意で、珠に神霊を認めてあがめ祭ったのである」と頭注をつける。*15 西宮一民の『古典集成本』は、ミクラタナ神は稲霊の表象であるという。巻末の「神名の釈義」では、神座《かみくら》の台になった棚に稲の霊を安置して祭ったとし、さらにそれを「うかのみたま（稲魂・稲霊）」のことであると付け加えている。*16 西宮はミクラタナの神格の説明に想像で稲霊を持ち込んでいる。ミクラタナは、倉の棚にも稲霊にも関係がないだろうし、倉の棚は首飾りとは全く別次元のものであるはずである。

このように先学はいずれも、御頸珠の別名のミクラタナに首飾り・ネックレスと全然関わりのない説明をつけて、こと足れりとしている。これもどうしたことか。それでは御頸珠の別名の御倉板挙神《みくらたな》とは何か。私説によると、首飾りの胸先にくる部分の飾りが垂れ下がり、それはフリンジ状の網目で、さらに中央には珠がつり下げられたものもあるだろう。たとえば、首飾りの前の部分に円弧状の輪を三つ垂らす。その三つの輪の下に二つの輪をつける。さらに二つの輪の下に一つの輪をつけ、珠を吊す。輪毎に珠をつけてもよい。すると、三段の網目が逆三角形状に垂れ下がる。それは梯子状の隙間のある組んだ帯を横たえて、首輪から下垂させた飾りでもよい。これらがタナという構造に当たる。一方、

法隆寺の九面観音像（飛鳥時代）
（法隆寺発行絵にがきより）

御倉のミは接頭語、クラは多分組まれたものを指すであろう。校倉《あぜくら》は、材木を井桁《ゐげた》に組んだものである。磐座《いはくら》は岩を組んだもの、あるいは組んだように見える磐で、神の依り代である。高座《たかくら》は山上などの磐座を指すことが多い。もちろん、一段と高く組んだ立派な座席をタカミクラと呼び、天皇の玉座を指す。

このように、ミクラタナの神は編み組みされた首飾りが神格化したものである。その首飾りは、たとえば河南省武安県北響堂山中洞の入り口にある北斉時代の菩薩立像、奈良県薬師寺の日光菩薩像、法隆寺の夢違観音・九面観音・伝六観音などの、胸元に垂れる飾りを思い浮かべれば、鮮明によみがえるだろう。珠や貴金属を編んでつり下げた首飾り・胸飾りは瓔珞《ようらく》と呼ばれている。白川静の『字統』によれば、瓔珞の「瓔」の旁《つくり》「嬰《えい》」は、複数の子安貝が女に掛けられた様子を表現している。[*17] 蛇足であるが、第三節⑤では川鴈が「罥《わな》に嬰《かか》りて困厄《たしな》む」とあり、そこに「嬰」の字が用いられているが、貝ならぬ鳥が網に吊り下がった様を連想させる。

問題の「棚」であるけれども、白川によれば、その旁「朋」は貝を綴った形で、担い吊された一連二系の貝であるという。[*18] すると「棚」は、挙げられた横板というより、板を挙げる仕組みや機構全体である。木偏でないタナは、吊り下げられて張られた網であったり、首に吊す編み組まれた飾りであったりする。繰り返すが、湯河板挙・御倉板挙の板挙は、板に加重があるのではなく、挙に主たる意味があったのである。

これらの説明でミクラタナのタナも、高さのある形態であることが理解できるであろう。

第六節　タナバタ（棚機・七夕）

それではタナバタに対する従来の解釈はどうだろうか。タナバタは七夕または棚機と書き表されている。七夕は旧暦七月七日の夕、牽牛・織女の二星が逢うという伝説から当てられた文字である。

『古事記伝』はタナバタ（棚機）を「機《はた》のかまへは、棚なる故に、然いふなり」とし、『大言海』も「其構へに棚あれば云ふ」とする。タナバタは、織り手が床や低い位置に坐って織る古い在来の地機《ぢばた》（いざり機《ばた》や傾斜機）ではなく、構造を高く組み立てた水平の機台のある高機《たかばた》を指しているとされてきた。棚機を水平機台のある高機とする通説ははたして正しいだろうか。タナバタのタナの理解には見過ごされている事実があって、見当違いの解釈が与えられているのではないかと懸念される。タナは横に渡された板と思われているものの、横板を含めてもよいが、横板を挙げて支える構え全体であるのではないか。言い換えれば、タナは平板なものではなく、上下に広がりのある立体的な機構であるかもしれないのである。

　それでは棚機とは何か。機織りの装置は、時代により次第に改良されてきた。大ざっぱにいって、原始的な機は床に接する機台のある地機《じばた》に、地機は機台が斜めになった傾斜機に変わる。（これも地機に含めることがある。）さらに傾斜機は機台が高く水平の高機へと改良が進んで、次第に能率の上がる織機に変化してきた。だから水平の高機は比較的新しい。玄海灘の沖ノ島四号遺跡から出土した模型の金銅製織機や、伊勢神宮に御衣《おんぞ》を織って納める静岡県浜松市北区三ヶ日町の初生衣《うぶぎぬ》神社織殿の古い織機は傾斜機である。こうした傾斜機は棚機ではなかったのか。

沖ノ島出土の金銅製織機（弓場紀知『海の正倉院　宗像沖ノ島』平凡社1979年より）

　織物は縦糸（経糸）と横糸（緯糸）からなり、平行に並んだ経糸に緯糸が直角に組み合わされている。経糸は一本おきに二組に分けられ、片方の組を上に、他方を下にして、両者を広げた間に杼によって緯糸を貫き通す。次の段階では上糸は下に、下糸は上にして、その広げた間に杼によって緯糸を折り返し貫き通す。この二組の経糸を上下交互に広げる装置を綜絖《そうこう》、あるいは綜《へ》とか綜《あぜ》と呼んでいる。綜絖にもいろいろ

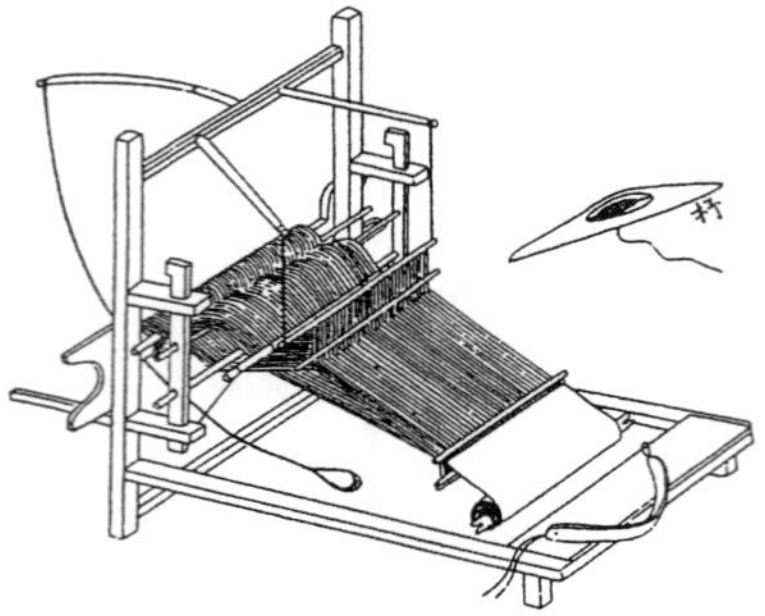

木綿機（天秤式）
（大関益業　『機織彙編』1826年より）

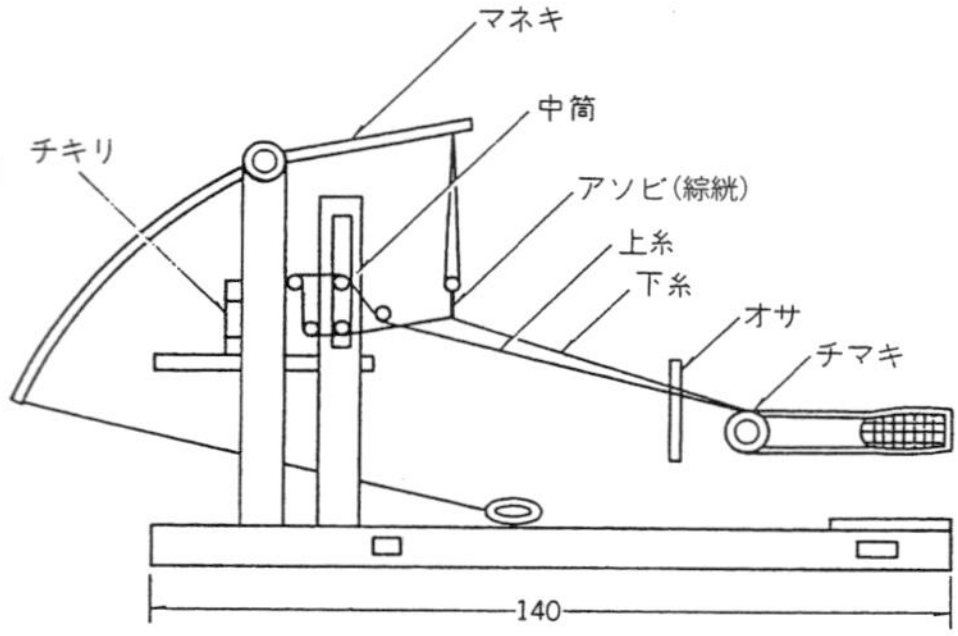

天秤式織機の見取図（図のアソビノ後に（綜絖）を追加）
（渡辺三省　『越後縮布の歴史と技術』　小宮山出版1971年より）

な種類があるが、桁《けた》状の横棒（綜《へ》の棒ともいう）にいくつもの輪状の糸のループを吊した装置が基本であろう。輪状の糸に経糸の半数（たとえば下糸）が通されていて、綜絖を上げれば下糸が上がり、残りの半数（上糸）の上に隙間が開口する仕組みになっている。綜絖を戻せば下糸は下がり、上糸の下に開口部ができて、緯糸を通すことができる。なお、原始機では片手で綜絖を持ち上げている間に、他の片手で杼を隙間に渡して緯糸を通していた。

沖ノ島出土の金銅製織機の模型に仕掛けられた経糸を見ると、常には下側に開口していて、緯糸を貫き通すことができる。ところが、足に結ばれた紐を引くと、天秤が動いて綜絖が上がり、上側に開口するので、そこにまた緯糸を貫き通せば織物が織れる。綜絖は一枚だけである。そのような仕組みに見受けられる。[*19]

傾斜機よりも古形の地機でも床に接する機台があり、綜絖の保持機構がついたものがある。たとえば越（新潟県中魚沼郡妻有郷）のイザリバタはマネキによって綜絖を吊り上げている。[*20]（イザリバタは差別用語とされ、今は地機という。）阿波のタフ紡織でも地機を用いているが、綜絖を吊り上げる機構があり、足縄を引いて天秤を吊り上げ、綜絖を上げて杼の

弓棚式織機（やや正確さに欠ける）
（徐葆光　『中山伝信録』1721年より）

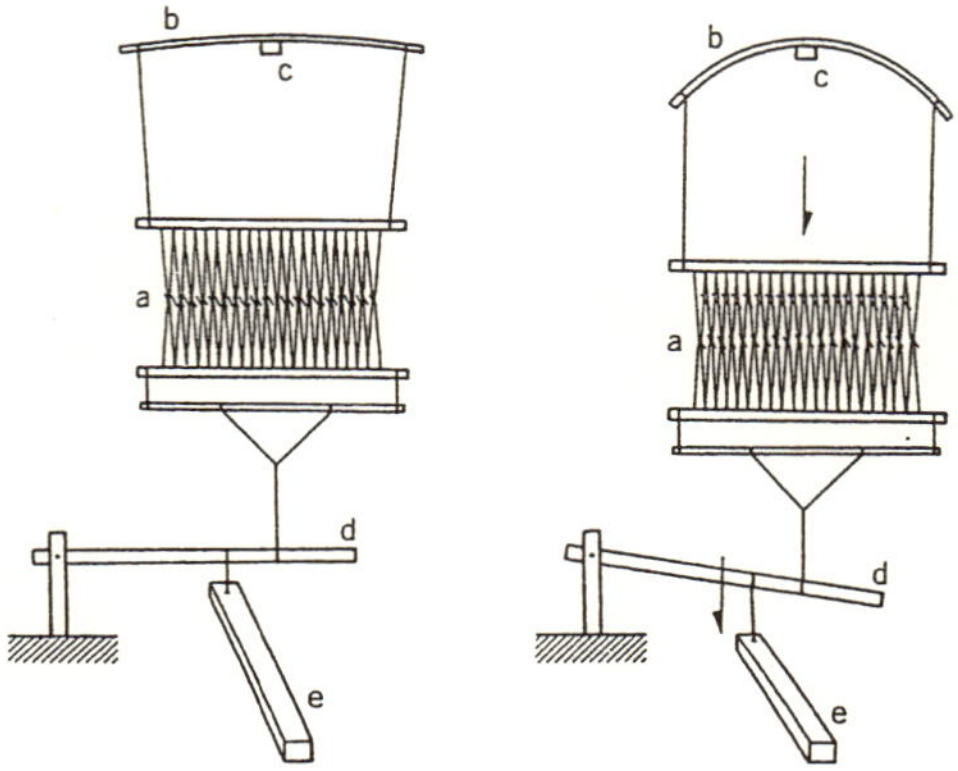

（1）閉合　（2）開口

弓棚式織機の仕掛け図（a:綜絖　b:天秤　c:弓棚　d:招木　e:踏木）
（吉岡忍　「手織機の構造・機能論的分析と分類」『国立民族博物館研究報告』12-2　1987年11月より）

道を作っている。[*21] 地機をみると、西日本から北陸にかけては傾斜機が多いが、東日本では機台が水平型で床面についているようである。

また上下の横棒の間に糸で作った網目が横一列に並んでいる綜絖もある。そのような織機では、しなった弓状の竹の先から下げた紐に上横棒を結び、竹のしなりの反発で常には経糸は上側に開口している。しかし、下横棒に連結した蹋木《まねき》を踏むと、綜絖は下に下がって、そのときだけ経糸は下側に開口する。こうした竹のしなりを利用して綜絖を上下させる装置を「弓棚式」と呼んでいる。[*22] 弓で吊した棚、すなわち弓で吊した綜絖である。これからすると、綜絖とそれを吊り上げ保持する装置がついた織機をタナバタ（棚機）と呼んでよいのではないか。それは高機だけとは限らない。地機でも傾斜機でも綜絖の保持機構がついておれば、それは棚機であると考える。

『万葉集』に次の歌がある。

機《はたもの》の　蹋木《まねき》持ち行きて　天の河　打橋《うちまし》わたす　君が来むため（⑩二〇六二）

天の河　棚橋わたせ　織女《たなばた》の　い渡らさむに　棚橋

契沖は二〇六二番の蹋木をフミキと訓んで、機織りをするとき腰を掛ける板であるとしたが、これは誤りである。もし金銅製織機のように紐輪を足で招いて綜絖を上下させる場合は、踏み木はない。最近は、『和名抄』『新撰字鏡』『名義抄』などに機躡をマネキと訓んでいることに従って、蹋木をマネキと訓むようになった。しかも、天秤状のマネキやそれに連動する綜絖は、織機を横断して渡してあるから、「打橋わたす」にふさわしい。二〇八一番の棚橋となると、綜絖はタナといわれていたから、文句なく承認できる。もしかすると綜絖自体を含め天秤機構をマネキと呼んだことがあったかもしれない。

上の七夕の歌は織物に関係するから、棚橋を織機の装置や部品に関連付けて解釈したが、棚橋だけで孤立してあるのならば、棚橋は桟橋であるだろう。『説文解字』に桟は「棚也」とあるからである。また、『康熙字典』（一七一〇年完成）によれば、『洪武正韻』に「木を編みたるを桟と曰う」とある。だからやはり、棚は横板中心でなく、木を組み上げた構造全体で考えるべきだろう。

なお、通常の織機の綜絖は一枚だけではなく、上糸用・下糸用の二枚の綜絖があり、交互に上げて開口部を作り、効率的に緯糸が挿入できるようになっている。

第七節　タナビク・タナギラフ・タナグモリ

『万葉集』中にタナビクは、トノビクと訛った一首を加えると、八十首に詠われている。そのうち「霞たなびく」「春霞たなびく」のように霞とともに詠われたのが三十七首、白雲・青雲・天雲・雲居などや雲とともに詠われたのが三十六首、霧とともにが四首、煙とともにが二首、その他が一首である。例として三首の歌を掲げる。

みよし野の　高城の山に　白雲は　行きはばかりて　たなびけり見ゆ（③三五三）

山の際《ま》ゆ　出雲の子らは　霧なれや　吉野の山の　嶺にたなびく（③四二九）

ひさかたの　天の香具山　この夕べ　霞たなびく　春立つらしも（⑩一八一二）

四二九番は霧、一八一二番は霞であるから、タナビクとあっても横板のように厚みの薄い状態ではない。三五三番も山に遮られて山腹に覆い隠すようにかかっているのだから、横板のように薄い雲ではない。『延喜式』の祈年祭《としごひのまつり》・六月月次《みなつきのつきなみ》・大殿祭《おほとのほかひ》の祝詞《のりと》では「青雲の靄《たなび》く極み」の常用句が遣われているが、これは渡って行った雲が天際に厚く吹き溜まっている様である。タナビクには「靄」が当てられている。モヤ（靄）は大気中の下層に立ちこめた細霧や煙霧であり、特に春には霞と呼ばれることも多い。『名義抄』では靄・靉・靆をタナヒクと訓む。いずれも決して横板のような薄く見えるものではない。また、タナビクの多くは横に移動している状態ではない。なお、古代の青雲は殆んどが青味を帯びた雲ではない。『万葉集』には青雲は四首にあるが、②一六一番ではタナビク雲が青雲となって移って行き、⑬三三二九・⑯三八八三・⑳四四〇三番では青雲が移って天際や山にかかり、タナビイている。青については詳しくは次章第三節で述べる。

繊維製品にはヒキ・ヒクを伴う語が多い。いくつかの例をあげてみる。

網びき・網ひき・糸ひき・帯ひき・小袖ひき・袖ひき・綱ひき・布ひき・裳ひき

タナヒキもその一つで、カスミアミを引き延《は》えて張ることである。ヒキは（繊維品を）繰り延べてあるということである。それが、霞・雲・霧などが横に厚みのある層をなしている状態にも転用されたのである。だから、霞・雲・霧はあまり流れるようには動いていない。たとえば、『岩波古語』には次のようにある。[23]

たなび・き【たな引き】《タナはタナ（棚）と同根。横になびく意》①雲や霞などが横に長く引く。②たなびかせる。雲霞《うんか》のように長く引きつらねる。

しかし、平田篤胤の『古史伝』（一八二五年成立）巻二十七では、タナ・タナヒクを雲・霧が空に覆い渡るようであるとしている。この方が正しいだろう。

タナビクには、それを「接頭語タ＋ナビク（靡）」ととるか、タナの語彙が不明であるが「接頭語タナ＋ヒク（引）」ととるか、二種の語構成があるとされている。『万葉集』に次の歌がある。

朝去らず　霧立ち渡り　夕されば　雲居棚引き　心もしのに　立つ霧の　思ひ過ぐさず（⑰四〇〇三）

『古典全集本』の頭注は、この歌のタナビクを「タ＋ナビク」としている。[24] タを単なる接頭語とし、ナビクを雲が「靡く」とするのである。このような語構成の説明はないものの同様に解釈しているものには、鹿持雅澄《かもちまさずみ》の『万葉集古義』（一八二三年頃成立）以来、鴻巣盛廣《こうのすもりひろ》の『万葉集全釈』や『古典大系本』『新古典大系本』などがある。[25] 歌には「雲居」とあるからには、雲はじっとしているはずである。それに諸本は「心もしのに」のシノニが正しく把握されていない。「心をなびかせ」と理解しているようであるが、「心に繰り返し思い出されるように、繰り返し立つ霧のような思いが絶えずに」と、後の句に続くように解さなければならない。シノニについては前著『古代日本の月信仰と再生思想』で説いてある。[26] タナがカスミ網であるとわかったのだから、後者「タナ＋ヒク」に与することになる。ただし、タナを必ずしも接頭語とすることはない。

『万葉集』にはタナギラヒ（棚霧合）という言葉もある。

棚霧合《たなぎら》ひ　雪もふらぬか　梅の花　咲かぬが代《しろ》に　そへてだに見む（⑧一六四二）

「棚（網）のように高さを増した霧が濃くなってきたが、雪でも降るのだろうかなあ」ということだろう。深い霧が濃くなって雨もよい雪もよいになっているのだろう。しかし、「霧合ふ」とあるからには、もとはカスミアミの網糸に霧のつぶつぶがいっぱい付着したさまであったかも知れない。

タナグモリ・トノグモリについても調べてみよう。

さ結婚《よばひ》に　吾が来れば　棚曇り　雪は零《ふ》り来　さ曇り　雨は零り来（⑬三三一〇）

三諸の　神奈備山ゆ　との曇り　雨は零り来ぬ　雨霧《あまぎ》らひ　風さへ吹きぬ（⑬三二六八）

海神《わたつみ》の　沖つ宮辺に　立ち渡り　との曇り合ひて　雨も賜はね（⑱四一二二）

この見ゆる　雲ほびこりて　との曇り　雨も零らぬか　心足《だ》らひに（⑱四一二三）

いずれの場合にも、雲が棚のように厚く曇ってきて、今にも雨や雪が降り出してくる様子がうかがわれる。三三一〇番のサグモリは「繰り返し曇り曇って」の意である。四一二三番の「雲ほびこりて」のホビコルは、『時代別国語』には「広がる・はびこる・いっぱいになる」とある。タナグモリ・トノグモリは、雲が棚のように厚く曇ることで、横板のように靡き曇ることではない。すると、トノ（殿）も立ちの高い建物が原意で、貴人の邸宅を指すようになり、さらに貴人の敬称にもなったのだろう。もちろんタナ（店）にしても、販売する店・商家・貸家などのことで、平板な状態ではない。

実は『日本書紀』の冒頭、すなわち「神代紀」一段本文に次のようにある。

> 古《いにしへ》に天地《あめつち》未だ剖《わか》れず、陰陽《めを》分れざりしとき、渾沌《まろか》れたること鶏子《とりのこ》の如くして、溟涬《ほのか》にして牙《きざし》を含《ふふ》めり。其れ清陽《すみあきらか》なるものは、薄靡《たなび》きて天《あめ》と為り、重く濁れるものは、淹滞《つつ》ゐて地と為る（下略）

この『紀』の冒頭は、前漢の『淮南子《えなんじ》』天文訓にある文を借用したところである。卜部兼方《うらべかねたか》の『釈日本紀』（鎌倉末期成立）に『淮南子』には薄靡が薄歴となっているが、どうしてかという問に対する「公望私記」のものだろう回答がある。以下『日本書紀私記』丁本より引用する。

> 薄靡而為レ天。
> 問。此は淮南子の文なり。彼書は靡字を歴に作る。即ち許慎高誘等の注に云ふ。薄歴は塵が飛揚する皃《かたち》なり。而して此の書は改めて靡に作る。其の意は如何。
> 師説。其の清陽が及びしより、地は後に定まるに至る廿余字は、全て是淮南子の文なり。而して此の紀が改めて靡字に作るは、其の由未だ明らかならず。若《あるひ》は歴靡の両字は其の躰は相似たり。淮南子は亦靡に作る本有り。但し、先代旧事本紀は全て靡字に作る。仮名日本紀は亦太奈比支天《たなびきて》と云ふなり。然れども則ち此の紀は、彼等の作る所を見しなり。淮南子の中に、若は靡に作る本有るは、此の義に叶うべし。

問いは塵が高く立ちのぼる状況なのに、薄くたなびいているようになっているのはどうしたことか追求しているが、公望は多少倭訓と合わないところがあるものの、それでよいとしているようである。結局、薄靡の薄を、濃淡・濃薄の薄ではなく、厚薄の薄に理解しているところに問題がある。しかし、「公望私記」は「承平私記」ともいわれ、九三六年の成立というから、もうタナビクの原義はわからなくなっていたのだろう。最近では神野志隆光や福田武史が「公望私記」の薄靡を取り上げて論じているが、[*27] タナビクを「薄く層をなしてなびくこと」と理解して、『紀』や『万葉集』では古い義によっていたなどとは思ってもみないようである。

第八節　八重タナ雲

まず、『記紀』でホノニニギが天降る場面の例文を掲げる。

①皇孫《すめみま》、乃《すなは》ち天磐座《あまのいはくら》を離《おしはな》ち、且《また》天八重雲《あまのやへぐも》を排分《おしわ》けて、稜威《いつ》の道別《ちわき》に道別《ちわ》きて、日向《ひむか》の襲《そ》の高千穂峯《たかちほのたけ》に天《あま》降《くだ》ります。（神代紀九段本文）

②皇孫、是に、天磐座を脱離《おしはな》ち、天八重雲を排分けて、稜威の道別に道別きて、天降ります。（神代紀九段第一）

③高皇産霊尊《たかみむすひのみこと》、乃ち真床覆衾《まとこおふふすま》を以て、天津彦国光彦火瓊瓊杵尊《あまつひこくにてるひこほのににぎのみこと》に裹《き》せまつりて、則ち天磐戸《あまのいはと》を引き開け、天八重雲を排分《おしわ》けて、降《あまくだ》し奉《まつ》る。（神代紀九段第四）

④是の時に、高皇産霊尊、乃ち真床覆衾を用《も》て、皇孫天津彦根火瓊瓊杵根尊《あまつひこねほのににぎねのみこと》に裹せまつりて、天八重雲を排披《おしわ》けて、降し奉らしむ。（神代紀九段第六）

⑤爾《ここ》に天津日子番能邇邇芸命《あまつひこほのににきのみこと》に詔りたまひて、天の石位《いはくら》を離れ、天の八重多那雲《やへたなぐも》を押し分けて、伊都能知《いつのち》和岐知和岐弖、天の浮橋に宇岐士摩理、蘇理多多斯弖、竺紫の日向の高千穂の久士布流多気の天降りまさしめき。（神代記）

いずれの例文も「天孫降臨」の段である。①②は皇孫、すなわちホノニニギが主語になっている。③④⑤はタカミムスヒが主語で、ホノニニギを天降らせた形をとる。しかし、「神代記」の⑤は、「神代紀」③④と同じであるが、①②のように「稜威道別道別而」を取り込んで、音仮名でイツノチワキチワキテと表記している。①②にある「稜威道別道別而」を、ここではイツノチワキニチワキテと訓み下したが、これは『寛文版本』の九段本文の訓に従っている。『寛文版本』でも九段第一は「道別道別而」をチワキテチワキテと訓んでいる。『鴨脚家本』は「道別」をチワケニとし、『図書寮本』はチワケとしている。『吉田家兼方自筆本』は「道別道別」をチワキチワキと訓んでいるが、『記』の撰録者も同じように訓み、訓みが紛らわしいので音仮名で表記したのである。⑤のような仮名表記が元であるならば、このように多様な訓みが「道別道別」に施されたはずがない。

それはさて置き、問題は「神代紀」の①②③④が「天八重雲」としているところを、「神代記」の⑤が「天八重多那雲」として、タナを挿入していることである。ただ、『寛文版本』は①の天八重雲をアメノヤヘタナグモと文字にないタナを補って訓んでいる。しかし、②③④ではタナを補ってはいない。『古典大系本』はいずれもアメノヤヘタナグモと訓む。富山民蔵によれば、『日本書紀伝』『日本書紀纂疏』『図書寮本』『内閣文庫本』『鎌倉本』も訓みにタナを補うという。[*28]『校本日本書紀』三では、『坂本本』『兼方本』『水戸本』『兼夏本』が①にタナを補う。富山は『記』に従ってタナを補って訓読すべきとしている。こうした訓みは、おそらく「神代記」に誘引されたのであろうが、全くの誤りである。その他の諸本は訓みにタナを追加していない。

雲は幾重にも重なって見えることがあるから、「神代紀」の八重雲の表現はありうる。『万葉集』にも次のような歌がある。

天雲の　八重かき別けて 一ニ云フ　天雲の　八重雲別けて　神下し（②一六七）
天雲の　八重雲隠《かく》り　鳴神の　音のみにやも　聞き渡りなむ（⑪二六五八）

また、『延喜式』の大祓《おほはらへ》（二回）と遷却祟神《たたりがみをうつしやる》の祝詞に、天孫の天降りを表現して、「天の八重雲を伊頭《いつ》の千別《ちわ》きに千別きに」とある。出雲国造神《いづものくにのみやつこのかむ》賀詞《よごと》には、「天の八重雲を押分けて」の句がある。これらもみな八重雲であり、重なる層雲を表現している。しかし、八重タナ雲とはしていない。

想像するに、『記』の撰録者は時代が新しいので、タナの原意を知らずに、平板な雲をタナ状と考えたのだろう。撰録者は八重の雲の重なりを視覚的により鮮明にするために、「神代紀」や『万葉集』や『延喜式』などに反して、タナを加えて八重タナ雲の語を創作した。上代文献では、八重のタナグモは『記』だけの独特の表現である。しかし、古代では高い立ちのタナ雲を、横板を重ねるように、八重にしてしまってはいけない。付け加えるが、『記』を七一二年の成立と考えて『紀』の訓みも変えるようでは、隠れた古義には遡れないだろう。これはスデ（既・已）ニについて、山田孝雄が指摘していることであるが、[29]『紀』や『万葉集』が「すっかり・全く」の意に用いているのに、『記』では十三例は同様であるが、十六例では「とうとう・もう・早くも」など過去の意に用いて後代の用法と変わらなくなっている。『記』のタナの用例もこれと同じであろう。

第九節　タナクラ・タナダ

手束弓《たつかゆみ》　手に取り持ちて　朝猟《あさかり》に　君は立たしぬ　たなくらの野に（万⑲四二五七）

この歌にあるタナクラは、京都府木津川市山城町の棚倉であるとされている。木津川右岸の河岸段丘上にある。天平十九年の『大安寺流記《るき》資材帳』には、山背国相楽《さからか》郡棚倉とある。また他の説では、『延喜式』神名帳にある京都府京田辺市棚倉の棚倉孫《たなくらひこ》神社の地を想定する。この棚倉は木津川左岸にある。福島県東白川郡棚倉町棚倉は、久慈川左岸の段丘上にある。そこに式内名神大社都々古別《つつこわけ》神社が鎮座する。

『地名用語語源辞典』には、タナガケ（棚懸）に対し、河岸段丘など段丘には崖が付随しているのが普通。また、「タナ」が「山中の小平地・緩傾斜地」を示す場合も、その上下は急傾斜地になっていることが多い。

タナガケが「棚を懸ける」ことであるならば、棚は崖または急傾斜地であるはずである。この地名辞典はタナベに対し、四つの語源を提示している。「①タナ＋へという地名か。②タ＋ナベもあるか。③タ＋ノ（助詞）＋へ（辺）という場合もあるか。④大化前代に屯倉の田で耕作に従った部民「田部」に由来する地名もあるか。」とする。先ほどの京田辺市のタナベは、タナクラがある土地なので、①を適用して「段丘の辺」の義である可能性が高い。

としている。[*30] タナが階段状の狭い平地をいうこともあるが、

『播磨国風土記』揖保郡の段に、

欟坐山《たなくらやま》の石、欟《たな》に似たり。故、欟坐山と号《なづ》く。

の文がある。欟の旁は「閣」であるから、欟は立体的であるだろう。『和名抄』では閣もタナと訓んでいる。賀古郡の段には、

（景行が）舟に乗らしし処に、楉《しもと》以ちて樹《たな》を作りき。故、樹津《たなつ》と号く。

の文がある。このタナツ（榭津）は、所在地不明とされているが、高砂砂丘を削ったような海岸段丘の下にできた津であろう。

急な傾斜地に階段状に造られた田を棚田というが、分析的な表現をすれば、下垂した畦や石積みがタナであり、水平面がタ（田）であると考えるべきである。タナはサナに変化することがあるが、サナ田を含む文（と参考文）を引用する。

①天照大神、天狭田《あまのさなだ》・長田《ながた》を以て御田《みた》としたまふ。（神代紀七段本文）
②日神尊《ひのかみのみこと》、天垣田《あまのかきた》を以て御田としたまふ。（神代紀七段第二）
③（サルタヒコが）「（前略）吾は伊勢の狭長田《さなだ》の五十鈴の川上に到るべし」といふ。（中略）其の猨田彦神《さるたひこのかみ》は、伊勢の狭長田《さなだ》の五十鈴の川上に到る。即ち天鈿女命《あまのうずめのみこと》、猨田彦神の所乞《こはし》の随《まにま》に遂に侍送《あひおく》る。（中略）因りて、猨女君《さるめのきみ》の号《な》を賜ふ。（神代紀九段第一）
④時に神吾田鹿葦津姫《かむあたかしつひめ》、卜定田《うらへた》を以て、号《なづ》けて狭名田《さなだ》と曰ふ。其の田の稲を以て、天甜酒《あまのたむさけ》を醸《か》みて嘗《にひなへ》す。又渟浪田《ぬなた》の稲を用《も》て、飯《いひ》に為《かし》きて嘗《にひなへ》す。（神代紀九段第三）
⑤其の処従《よ》り幸行《みゆき》するに、速河彦《はやかはひこ》詣《まう》で相《あ》ひき。「汝が国の名は何ぞ」と問ひたまふ。白《まう》さく、「畔広《あぜひろ》の狭田《さたの》国《くに》」と白して、佐佐上《ささかみ》の神田を進《たてまつ》りき。其の処に速河狭田社《はやかはさたのやしろ》を定め給ひき。（倭姫命世記）

サナ田は、③では狭長田、④では狭名田と表記されている。サナはタナの転訛したものであるが、棚田は階段状で、間口が横に広く、奥行きが狭いから、「狭長」と書いて、サナと訓ませたのである。しかし、狭長田では意味が通じなくなって、①のように狭田と長田に分化した。狭田を『吉田家兼方本』はサタと訓むが、通常はサナダと訓んでいる。棚田の下側の畦は傾斜面に造られているので、法《のり》があり、畦の面積は広くなっている。それが

⑤の「畔広の狭田」である。ただし、狭田はサタと訓んでいるが、古くは③④のようにサナダと訓んでいたものである。傾斜面の法《のり》は面積を必要とするので、それを石垣にすれば、畦は狭くてすみ、田の面積は増加する。そうしてできたのが②の垣田である。

従来狭田をサナダ・サダと訓んで、狭い田の意かとやや疑問視しながら、さらに早苗・五月《さつき》などのサにもかけて、聖なる田でもあったと理解していた。しかし、上述のように棚田と理解すれば、疑問・懸念は消失してすっきりする。倉塚曄子は、狭田・長田・狭名田は田の形状を示すのではなく、田をほめた語であることにほぼ間違いないとする。[*31] しかし、田ほめの要素がないわけではないが、田の形状を示すものであることは如上の通りである。

『延喜式』祝詞よりサクナダリの例をあげる。

⑥皇神《すめがみ》等の敷き坐《ま》す山山の口より、さくなだりに下し賜ふ水を、甘き水と受けて、天の下の公民《おほみたから》の取り作れる奥《おき》つ御歳を、悪しき風荒き水にも相《あ》はせ賜はず、（広瀬大忌祭《おほいみのまつり》）

⑦高山・短山《ひきやま》の末より、さくなだりに落ちたぎつ速川《はやかは》の瀬に坐《ま》す瀬織津比咩《せおりつひめ》といふ神、大海原に持ち出でなむ。（六月晦大祓《みなつきのつごもりのおほはらへ》）

⑥⑦にあるサクナダリには、いろいろな解釈がある。そのなかで真淵の『祝詞考』（一七六八年成立）が「逆垂り」とし、青木紀元の『祝詞全評釈』が「逆なだれ」とするあたりがもっとも無難なところである。[*32] しかし、私見によれば、サクナダリはサナクダリの隣音交換したものである。タナ・サナは垂れる・垂らした様を表しているので、サクナダリは「垂れ下《くだ》り」と解してよい。棚田に流れ下ってくる川は、あるいはその棚田脇を流れる川も、⑤や⑦にあるように速河・速川である。

第十節　ころも手の田上山

再び『万葉集』から引用する。

石走《いはばし》る　淡海《あふみ》の国の　衣手《ころもで》の　田上山《たなかみやま》の　真木さく　檜《ひ》の嬬手《つまで》を（①五〇）
ぬば玉の　夜霧は立ちぬ　ころも手の　高屋の上に　たなびくまでに（⑨一七〇六）
木棉畳《ゆふだたみ》　田上山の　さなかづら　ありさりてしも　今ならずとも（⑫三〇七〇）
木棉裹《ゆふつつみ》　一云　畳　白月山《しらつきやま》の　さなかづら　後《のち》も必ず　逢はむとぞ思ふ（⑫三〇七三）

枕詞「ころも手の」は袖のことをいう。「ころも手の」は、タモトを分かつから「離れる」に、袖が風に翻るから「返る」に、涙を袖で拭くから「泣く」にかかる。ここで問題にするのは、「ころも手の」の田上・高屋へのかかり方は手《た》の縁かとする説である。

そこで思い出していただきたいのは、タナは上道糸から吊し垂らした鳥網であったこと、織機のタナは吊るし垂らした綜絖であったことである。あるいは棚田は畦が下垂している田であった。タナはタル（垂）やその活用形と通音通意であることがわかるだろう。衣の袖は垂れているものだから、次のようにも詠われている。

袖垂れて　いざ吾が苑に　鶯の　木伝《こづた》ひ散らす　梅の花見に（⑲四二七七）

五〇番では「ころも手の」はタナカミ山のタではなく、タナにかかったのである。一七〇六番では、高屋のタにではなく、「たなびく」のタナにかかったのである。もちろん、高屋の高にかかるとしても、必ずしも誤りではない。

三〇七〇番の木棉畳《ゆふだたみ》の実際の形は不明であるが、木棉《ゆふ》を畳んで吊るし懸け、神に祈るものだったろう。枕詞「木棉畳」はタナカミ山のタナにかかり、副次的にサナカヅラのサナにかかる。サナはタナと通音である。サナカヅラは現在はサネカズラと呼ばれ、実葛と書き表されている。サナカヅラは蔓性で、花は垂れ下がって咲く。秋には球形の赤い果実を下垂する。しかし、実葛が誤表記であるといっているわけではない。一歩踏み込んでいえば、実や種をタナ・タネ・サナ・サネというのも、下垂してなるものである可能性もある。

三〇七三番の木棉褁の褁は袋のことであるので、背中に吊り下げて運んだのだろうか。『全国方言辞典』『分類方言辞典』を見ると、巾着を青森・宮城・長崎・広島県高田郡ではダラといい、またたびの蔓製の背負い籠を山形県米沢では、ダラスというとある。『改訂綜合日本民俗語彙』は、これらはいずれも、帯をタラシというと同じく、「垂れるもの」の意であろうとする。木棉褁も垂らすものと考えてよいだろう。だから、枕詞「木棉褁」は、木棉畳と同じようにサナカヅラのサナにかかるのだろう。しかし、木棉は白いので白月山のシラにかかるとしても、必ずしも誤りではない。

第十一節　おわりに

無謀にも織機の機構に踏み込んだ記述をしたが、編網機の知識は多少あっても、実際に織機に接した経験は少ない。しかし、折口のように聖なる川の傍らの棚で水の女が織物を織るという直感主体の立論よりは、製織作業を踏まえてのこの論は、数段に現実的で実際的であるだろう。またわかりやすくもあるだろう。

また、カスミ網・首飾りのタナについても具体的に論述し、従来の解釈がまるで見当違いであることを指摘した。タナナシヲブネ以外のタナのつく言葉にも、統一的に共通する語釈による新見を提示した。

こうしたタナの新解釈により、折口信夫特有の直感による語彙解釈の呪縛から解き放たれて、自由に議論ができるようになれば、日本神話や古伝承の咀嚼に新しい世界が開けることもあるだろう。

註

＊1　折口信夫「水の女」『折口信夫全集』二　中央公論社　一九六五年　一〇三－一〇五ページ、「七夕祭の話」『折口信夫全集』一五　一九六七年　一七八－一八〇ページ

＊2　倉田一郎『国語と民俗学』　岩崎美術社　一九六八年　八八－八九ページ

＊3　谷川健一代表「南島古謡」『日本庶民生活史料集成』一九　三一書房　一九七一年　二八一ページ

＊4　折口信夫「水の女」『折口信夫全集』二　中央公論社　一九六五年　一〇三－一〇六ページ

＊5　鈴木重胤「日本書記伝」『鈴木重胤全集』八　瑞穂出版　一九一〇年　六四三ページ

＊6　内田賢徳「記紀歌謡の方法」『万葉集研究』一六　塙書房　一九八八年　五八－五九ページ、『萬葉の知』　塙書房　一九九二年　一一二ページ

＊7　佐々木隆『万葉集と上代語』　ひつじ書房　一九九九年　三七六－三八四ページ

＊8　堀内讃位『写真記録　日本伝統狩猟法』　出版科学総合研究所　一九八四年　一六六ページなど

＊9　堀内讃位　同前　一三六ページ

＊10　民俗学研究所『改訂綜合民俗語彙』二　平凡社　一九五五年　八七八ページ

＊11　山田孝雄『万葉集講義』一　宝文館　一九二八年　二三〇ページ

＊12　坂本信幸「〈身をたな知る〉より覗い知る歌人高橋虫麻呂」『萬葉』八三　一九七四年二月　三七ページ

＊13　武田祐吉『増訂万葉集全註釈』一一　角川書店　一九五七年　四三七－四三八ページ

＊14　髙木市之助他『万葉集』四　岩波書店　一九六二年　二一三ページ、澤瀉久孝『万葉集注釈』一三　中央公論社　一九六四年　一三〇ページ、『万葉集注釈』一七　一九六七年　一三四－一三五ページ

*15 倉野憲司「古事記」『古事記・祝詞』岩波書店　一九五八年　七二ページ

*16 西宮一民『古事記』新潮社　一九八一年　四三ページ、「神名の釈義」同上　三六一ページ

*17 白川静『字統』平凡社　一九八四年　四八・八五五ページ

*18 白川静　同前　七八五ページ

*19 毎日新聞社編『海の正倉院　沖ノ島』毎日新聞社　一九七二年　七二―七三ページ

*20 新潟県教育委員会「新潟県の紡織習俗」『紡織習俗』I　新潟県・徳島県　文化庁文化財保護部　一九七五年　一一ページ

*21 後藤捷一「徳島県の紡織習俗」『紡織習俗』I　同前　一七九ページ

*22 田中俊雄・田中玲子『沖縄織物の研究』紫紅社　一九七六年　一七一―一七二ページ、吉本忍「手織機の構造」『国立博物館研究報告』一二―二　一九八七年一一月　三七三―三七四ページ、前田亮『続・図説手織機の研究』京都書院　一九九六　一八六ページ

*23 大野晋他『岩波古語辞典』岩波書店　一九七四年　七九五ページ

*24 小島憲之他『万葉集』四　小学館　一九七五年　二一六ページ

*25 鴻巣盛廣『万葉集全釈』五　廣文堂書店　一九三四年　二六四ページ、高木市之助他『万葉集』四　岩波書店　一九六二年　二三二ページ、佐竹昭広他『万葉集』四　岩波書店　二〇〇三年　一五六ページ

*26 拙著『古代日本の月信仰と再生思想』作品社　二〇〇八年　八五―八六ページ

*27 神野志隆光「神話の思想史・覚書」『万葉集研究』二二　塙書房　一九九八年　五七―五九ページ、福田武史「〈倭訓〉の創出」『古事記の現在』笠間書院　一九九九年　一八八ページ

*28 富山民蔵『語構成より見た日本書紀・古事記の語・語彙の比較研究』風間書房　一九八三年　三七四―三七五ページ

*29 山田孝雄『古事記序文講義』国幣中社志波彦神社塩釜神社　一九三五年　一二九―一三〇・一九一ページ、『漢文の訓読によりて伝へられたる語法』至文館出版　一九三九年　一五六―一六四ページ

*30 楠原佑介・溝手理太郎『地名用語語源辞典』東京堂出版　一九八三年　三八三ページ

*31 倉塚曄子「伊勢神宮の由来」上『文学』四一―三　一九七三年三月　二七ページ

*32 青木紀元『祝詞全評釈』右文書院　二〇〇〇年　一七六ページ

第五章　倭とは「渡り」の意である

第一節　はじめに

『漢書』地理志に、

楽浪の海中に倭人有り。分かれて百余国を為し、歳時を以て来り献見《けんけん》すと云ふ。

とある。『魏志』東夷伝倭人の条には、倭の三十国が魏に使訳を通じているとある。使訳とは使者と通訳である。二世紀後半に倭国は大いに乱れていたが、三世紀になると多くの国々が卑弥呼を女王に擁立し、女王国に統属するようになる。『後漢書』東夷伝倭の条にも同様の記述がある。これらにある倭・倭人・倭国とは何か。中国史書などの文献に頼らずとも、それらの来歴を確かめる方法はないのか。倭は元々中国の人々によって名付けられたもので、字義は「人に従うさま」「背が曲がって低い」「みにくい」というようなものであるという。[*1] しかし、ワ（倭・和）の本来の意味は別にあるだろう。金関文夫はワは日本人の性質か、自称のワ（私）ではなかったかという。[*2]（ただし、後にこれを否定している。）ワは我のことだとは『釈日本紀』（鎌倉末期成立）にある。

古代ではヤマトを表すのに倭・和・大倭・大養徳・大和・日本などを用いてきた。倭・和だけでもヤマトであるし、大倭・大和でもヤマトである。宣長が『国号考』の末尾でいうように、大和・大日本の大は称辞・美称であろうか。坂本太郎は、大倭・大日本の大は美称であり賛辞であることは動かせないという。[*3] 日本全体のような広域を指す場合や対外的に用いる場合は大も美称性があるだろう。

そうした場合もあろうが、大倭・大日本をオホヤマトと訓むこともある。直木孝次郎によれば、もっとも狭義のヤマトはおおよそ旧磯城《しき》郡と十市《とをち》郡の範囲で、一部に山辺《やまのべ》郡を含んでいる。[*4] 和田萃《あつむ》も同様であるが、山辺郡南部と高市《たけち》郡北部を含め、[*5] 伊達宗泰はそれを初瀬川と寺川の流域とみなしている。[*6] そうした狭義のヤマトをオホヤマトと称するのである。そのヤマトは倭人の中心地域であったから、倭もしくは大倭を当てただろうという和田清の説があるらしい。[*7]

河内の場合は、凡・大をつけた凡河内《おふしかふち》（オホシカフチとも）・大河内《おほしかふち》は河内に盤踞した氏族名である。ところが、「神代記」には凡川内国造、「国造本紀」には凡河内国造の名があって、凡川内・凡河内が国名となっている。宣長の『古事記伝』や篤胤の『古史伝』は凡河内国はすなわち河内国なりとする。

また、河内国から分国した和泉国では、なぜか泉の上に和が添えられている。宣長の『玉勝間』によれば、並河氏の『和泉志』にあるそうだが、和泉は府中村の清水が「上つ代よりいと清くて、甘かりし故」にちなんで名づけたとする。吉田東伍も同様であるが、こうした説にあるように果たして和泉《にぎいづみ》として和をつけたのだろうか。[*8] 和は甘泉によるものではないだろう。

畿内の国名の語頭にある大・凡・和は何らかの意味があるのだろうか。そうした疑問に答えられるかどうか。また、回り道をしながらも海人族と倭・倭国について考えてみたい。

第二節　ヲカ・ヲシマとワ

昭和二年五月柳田国男は秋田県男鹿《をが》半島を一周し、「をがさべり」という一編を残している。「をがさべり」

というのは男鹿しゃべりの意である。柳田はヲガという地名についてこう書いている。[*9]

ヲガといふ地名の今も存するのは、第一には筑前の岡の湊即ち芦屋を中心とした現在遠賀《をんが》郡の海角である。陸前の牡鹿郡は久しくヲシカと訓み、鹿が多かった故と説明せられて居る。成程それも確かな事実で、独り金華山の神社に此獣を放養するのみならず、土中の古物にも角器骨器の鹿に属するものが至って多い。併しそれは単に後に牡鹿といひ男鹿といふ漢字を宛て始めた理由といふばかりで、ヲカといふ名は三ヶ所共に、海に突きだした地であるのを見ると、陸地を意味するヲカが元であって、海角なるが故に最も早く目に入った陸地、即ち海上に在る者の命名する所であり、従って海から植民せられた土地と見てよいやうに思ふ。

柳田はこれらの地名にあるヲカを小高いところの岡・丘ととらず、くが・陸地の意味にとっている。しかし、その後の地名辞書などでは岡・丘の意とするものが多い。

男鹿半島は、『吾妻鑑』に小鹿島とあるように、かつては島であった。しかし、八郎潟の北西と南の両方から砂洲が西へ次第に延びて、ついに陸繋島になった。その後砂洲の間にあった八郎潟も干拓されて、主陸との結びつきも強化された。

陸前の牡鹿《をしか》郡の大部分は、石巻湾や追波《おっぱ》湾に注ぐ北上川が分流して隔離したところで、北上川を渡った先である。牡鹿郡に属した石巻市の中心より東へ北上川を渡った先が石巻市渡波《わたのは》である。この場合の語構成は「ヲシ＋カ」である。松尾俊郎によれば、ヲシカを「ヲ＋シカ」とし、シカ・シガは漁場を意味するという。[*10]しかし、『和名抄』によれば、牡鹿郡は賀美《かみ》、碧河《をかま》、余戸《あまるべ》の三郷からなり、ヲカハは渡る川の意としてよい。また、『続紀』天平勝宝五年六月の条にある牡鹿氏も舟運に関係し、第九節には丸子氏族の道嶋宿禰として示してある。したがって、松尾の説は牡鹿には適用できない。

筑前国遠賀《をんが》郡は遠賀川の下流地帯や洞海湾《どうかい》周辺に位置する。「神武前紀」に崗水門《をかのみなと》とあり、「仲哀紀」八年には岡県《をかのあがた》・岡浦《をかのうら》・岡津《をかのつ》の名があり、「神武記」には岡田宮がある。北九州市若松区から遠賀郡芦屋町山鹿《やまが》にかけての遠賀《をんが》島は、かつては洞海《くきのうみ》によって隔てられていたが、その後遠賀川の堆積物などによって地続きとなった。

『筑紫国風土記』逸文に、

塢舸《をか》の県。県の東の側《ほとり》近く、大江の口あり。名を塢舸の水門《みなと》と曰ふ。大船《おほふね》を容るるに堪へたり。彼《そこ》より島・鳥旗《とはた》の澳《うみのくま》に通ふ。名を岫門《くきど》と曰ふ。小船を容るるに堪へたり。

とある。遠賀川下流域にはかつて古遠賀湾があり、北九州市の折尾地区の北部も島状態であった。いまでも洞海と堀川と遠賀川河口部は一続きの水路となっていて、古代の岫門《くきど》の痕跡を地図上で辿ることができる。

「仲哀紀」八年正月の条では、岡県主熊鰐が船で仲哀を出迎えるが、河口右岸の山鹿には熊鰐の宅跡という伝承地があるという。[11] 遠賀川下流右岸の水巻町立屋敷から出土した土器は遠賀川式土器として弥生時代前期の指標となっている。ヲカという地名もそのころ渡来した海人系の倭人が命名したものであろうから、ヲ・ヲカなどの類似地名を彼らの移住先や生業先として指標的に取り扱うことができるだろう。

『万葉集』に次の歌がある。

天霧《あまぎ》らひ　日方《ひかた》吹くらし　水茎《みずくき》の　岡の水門《みなと》に　波立ち渡る（⑦一二三一）

「水茎の」は岡の枕詞である。水茎とは筆のことにもなっているが、茎は中が中空になっていることが多い。洞海はその名のように細長い海であった。その洞海から続く遠賀川の河口湊に波が立っているのである。末句の

「渡る」には波だけでなく、人の渡りも隠されている。

ところが、『万葉集』には「水茎の岡」を詠った和歌が他にもある。

雁がねの　寒く鳴きしゆ　水茎の　岡の葛葉は　色づきにけり（⑩二二〇八）

水茎の　岡の葛葉を　吹き返し　面《おも》知る児らが　見えぬころかも（⑫三〇六八）

これらの和歌にある「水茎の岡」は、三〇七〇番に詠まれた近江国田上山の地名からして、ともに詠まれた三〇六八番も近江国であるとされている。近江八幡市の西部に元水茎・水茎の集落があり、その北側に岡山（一八八m）という小山がある。そこは琵琶湖の湖面より百メートル余りの高さで、日野川河口の少し東側である。今は元水茎・水茎辺りは干拓されて地続きとなり、岡山の三方は細い水路で、北側は湖水によって囲まれている。

してみると、渡るところ、渡り、渡ったところなどがヲ・ヲシと呼ばれ、カは土地・場所を表す接尾語であるらしい。そうしたところはワタ・ワダとも呼ばれて、黛弘道に海人族の活動したところに多い地名として取り上げられている。[12] ヲ・ヲシ（ヲス）はワ・ワシ（ワス）に通じ、ワタシ（渡）・ワタ（海）・ハシ（橋・間）・ハス（走）にもつながっているだろうと想像される。これらは順次確かめてゆく。

「神武前紀」戊午《つちのえうま》年五月の条にある、五瀬命《いつせのみこと》が矢傷を負って雄叫びをした茅渟《ちぬ》の雄水門《をのみなと》は、河内南部や泉州方面から阿波や淡路へ渡る湊であったろう。ところが、「神武記」では五瀬命は紀国の男之水門で雄叫びを上げて崩御する。この男之水門を茅渟の雄水門に当てる考えもあるが、和歌山市東部の竈山《かまやま》に葬られたとあるので、男之水門はそこから遠からぬところだろう。紀ノ川にかつて和歌川と同じように紀三井寺と和歌浦の間に流れていたこともあるというので、そのあたりが男之水門であろう。和歌山市南部の雑賀崎《さいがざき》に至る地区にある、高津志山や秋葉山はかつては海部《あま》郡の島であった。それが紀ノ川の土砂が堆積してできた砂洲が完全に陸地化したのは万葉時代のころだろう。[13] 神亀元年（七二四）十月聖武は高津志山添いに玉津《たまつ》嶋頓宮《しまのかりみや》を造った。砂洲の西側はサヒカ浦（万⑥九一七・⑦一一九四）で、東側は和歌浦（万⑥九一九・⑦一二一九・⑫三一七五）である。和歌浦・和歌山のワカはヲカと同じで、ワカは渡った先の雑賀地区のことであろう。

北海道南部の半島を渡島《をしま》という。津軽海峡を挟んで青森県と向き合うところである。明治二年には半島南部が渡島国になった。「斉明紀」四年二月と六年三月の条に渡嶋がある。ワタリノシマと訓んでいるが、おそらくヲシマが正しいだろう。渡島はかつては多く能代以北や津軽の地に比定されていたが、[14] 飯田武郷や村尾次郎や瀧川政次郎はそれを北海道内に考えた。[15] 渡島はアイヌ語であるともいうが、瀧川は渡島を船で渡らなければ行けない陸地の意にとっている。私見では函館市にある砂洲で結ばれた函館山がヲシマと呼ばれることがあって、やがて北海道南部の半島の名になったと思う。ヲシマとは南部津軽の方俗でそのように呼んでいたらしい。[16] 平成四年青森市南西部の三内丸山では、縄文前期から中期にかけての大規模な集落遺跡が発掘された。森浩一によれば、三内丸山遺跡を特徴づける円筒式土器は北海道渡島半島以北にまでも広く分布し、津軽海峡を挟んで共通の文化圏を作っていたという。また、縄文後期の十腰内土器の分布圏も同じ範囲であると説く。[17] 縄文時代以降でも、両者の交通は盛んになりこそすれ、継続的に行われてきたと考えてよいだろう。従ってヲシマは日本語であろう。

ところが、「持統紀」十年三月の条に「越の度嶋の蝦夷《えみし》」の語がある。この度嶋には「越の」がついているので、理解に苦しむところである。先人は「越の」を誤入として渡島半島であるとみたり、越の範囲を津軽半島にまで広げてみたりしている。吉田東伍は、津軽とともに北海道の渡島も越国に属していると考えている。[18] しかし、男鹿は実際にはヲガシマでもあるので、度嶋と表記した可能性も想定できるだろうし、強いていうなら「越の」は「度」の説明ではないかとも考えられる。吉田説でよいと思うが、今は断定は控えたい。

福井県三国町の雄島は橋で渡れる。石川県輪島市は元輪島崎村から始まっているが、輪島崎の命名は輪島港の西側の、先端が島山のようになった岬によっている。輪島も渡島も命名原理は同一である。鹿児島県肝属郡《きもつきぐん》佐田町の佐田岬は南に長く延びているが、岬のすぐ先に大輪島がある。大輪島の「大」は接頭語、輪島は渡島の意だろう。また、「景行紀」四十年の条や「景行記」には尾津・尾津浜がある。

（伊吹の山の神に祟られたヤマトタケルは、）爰《ここ》に宮簀媛《みやずひめ》が家には入らずして、便《すで》に伊勢に移りて、尾津《をつ》に到りたまふ。昔に日本武尊《やまとたける》、東《あづま》に向《い》でましし歳に、尾津浜《をつのはま》に停まりて進食《みをし》す。（景行紀四十年是歳）

尾張に　直に向へる　尾津の崎なる　一つ松　あせを（記二九）（景行記）

右にある尾津は、（尾張に）渡る津、あるいは渡りの津であるはずである。

『尾張国熱田太神宮縁起』の割注に「海部、是尾張氏の別姓也」とあるが、尾張氏は海人族の有力な一派である。森浩一によると、尾張氏は水運に優れた海人であるという。[*19]従うべき見解である。尾張氏のヲはワと通じ、ハリは開拓の意であろう。古くから尾張は山の尾が張り出したところとする考えもあるが、承伏しかねる。倭人の海人が開拓したところ、即ち尾張が氏族名になったのである。それは尾張国（愛知県西部）に始まった名ではない。

『後撰集』や『源氏物語』に次の歌がある。

鈴鹿山　伊勢をのあまの　捨て衣　しほなれたりと　人や見るらん（恋③七一九）

うきめ刈る　いせをのあまを　思ひやれ　藻汐垂るてふ　須磨の浦にて（源氏・須磨）

これらの歌にあるように、伊勢の海人はしばしば「伊勢をの海人」として詠われている。谷川士清《ことすが》はこのヲを助詞とし、本居宣長は雄の意とした。宣長は男海人、すなわち海士《あま》を考えていたようである。喜田貞吉は、伊勢の海人は漁業ばかりでなく、運搬業や行商を主とする者も多かったという。[20]このヲはワタシ・ワタリであるが、ワタの人・海人・倭・倭人と考えてよいだろう。

さて、『摂津国風土記』逸文に雄伴《をともの》郡《こほり》夢野と雄伴郡波比具利《はひぐり》岡がある。『法隆寺伽藍縁起并《ならびに》流記《るき》資材帳』には摂津国雄伴郡宇治郷がある。また、『住吉大社神代記』は菟原《うはらの》郡《こほり》の元の名を雄伴国とする。雄伴郡も菟原郡もともに明治になって武庫《むこ》郡に合併されるが、今の須磨から神戸市中央部を通り、芦屋市にかけての地域に当たる。雄伴のヲはワタシ・ワタリの意であろうから、雄伴は水運に係わる友部にちなむ名であろう。

広島県尾道は、向島《むかいしま》との間の狭い水道を挟んで、海岸沿いに市街地を持つ。吉田東伍は、尾道は海涯の地ではなはだ狭く、山足に添い往来するから山の尾の道の意であろうという。[21]これに従う地名辞書は多いが、おそらく見当はずれである。それは渡しへの道であるか、水運にかなった船の道の意であろう。

『万葉集』にヲツメという語がある。

墨の江の　小集楽《をつめ》に出でて　うつつにも　おの妻すらも　鏡と見つも（⑯三八〇八）

『仙覚抄』以来小集楽をヲツメと訓んでいる。また、ヲツメをヲヅメと訓むものもある。鴻巣盛廣の『万葉集全釈』はヲヅメを橋のたもととし、ヲを接頭語としている。[22]それ以来、この『全釈』に従うものが多いが、このヲは渡しの意であり、渡しのすぐ側がヲヅメではないのか。渡しや橋のたもとには男女が集って野遊びをしたらしい。

ヲの語源を尋ねると、それは緒と同じで、緒は結んだり繋いだり、弓や楽器に張り渡す弦の用途に用いる。また、アサ（麻）やカラムシ（苧）をヲといい、アサやカラムシの繊維で作った糸をヲともいう。ヲ（緒）はつないだり、結んだり、伸ばして張り渡したりするものである。同じヲは転じて長く連なるもの、たとえば獣の尾や山の尾（根）にもなる。この節の始めに提示したことに限ると、陸地と陸繋島の間の砂洲もヲといい、陸繋島をヲシマ・ワジマといったらしい。一方、ヲはワ（倭）と通音である。ワタ（海）という古語があるが、ヲはヲハリやイセヲのように、海人族のなかでも特に海を渡るのに長けた部族の名にもなる。弥生時代に中国沿岸から間接・直接に渡来したものは倭人と呼ばれ、彼らが国を興したときにはワという国名にもなった。

第三節　アヲとアホ・アフ・オフ・オホシ

大野晋によれば、一語の言葉は必ずしも安定していないという。聞き手にとって聞きづらいこともある。そのために前後に言葉を追加することがある。[*23] ヲも例外ではなく、ヲの前にアを添えると、アヲになる。青・碧のアヲである。

〔補〕古語としてのアヲは、青・碧が示しているような色の濃いブルーではない。淡くて薄い色といったほうがよい。荻生徂徠《をぎふそらい》の『南留別志《なるべし》』に「青はあはきなり」とある。アヲウマ（白馬・青馬）・アヲサギ（青鷺）・アヲニキテ（青和幣）などからもわかるように、淡い灰色か、あいまいな灰色である。むしろ白色に近いとさえいえる。カラムシ（苧）を刈り取り、上下の不要部分を切り落とし、葉をしごいて取る。そのカラムシを流水に漬けてから、皮をはいで束ねる。再び流水につけて、青汁を洗い流す。それからその皮の外皮をこそげ落とし、柔らかい靭皮だけにする。それをアヲソと呼ぶ。[*24] アヲソのソはアサの古名である。だから、アヲとは晒したカラムシの繊維、あるいはその色である。

ところが、必ずしも色に関係しないアヲがある。『万葉集』に天武が崩御したときの持統の歌がある。

燃ゆる火も　取りて裹《つつ》みて　風炉《ふろ》には入る　澄むと云はずや　面《おも》知る男《を》雲（②一六〇）
北山に　たなびく雲の　青雲の　星離れゆき　月を離れて（②一六一）

一六〇番は難読の歌で、「風炉」は福路となっている。蒸し風呂のことではなく、風炉だろうと考えた。炎や煙りを立てて燃えていた火を取って、暖を取るための風炉に移したので、回りの空気が澄むように、夜空もきれいに澄んで、月の面近くを渡り雲が移ってゆくのがよく見えるという意であろう。末句は「面智男雲《おもしるをぐも》」となっているが、その訓みに難渋して未だに全く歌詞が定まらない。一六一番では、北山に立った雲がたなびいていたが、渡り雲となって星や月から離れていくと詠っている。古代では「たなびく雲」は横に薄く棚引いた雲ではなく、立体的に厚く層をなした雲である。それが風に吹かれたのか、渡り雲の青雲になったのである。一六〇番のヲ雲と一六一番の青雲は同様のもので、渡る雲と解釈した。これは漢語の青雲の語義や用法とも異なっている。

ワタシ・ワタリのヲもアを添え、アヲになることがある。アヲは青海・碧海のような熟語として用いられているが、青海・碧海は渡海・航海の意で、渡海を得意とする海人族、いいかえれば航海族である。あるいは渡る海を指すこともある。

「神代紀」五段第十一では、月夜見尊《つくよみのみこと》が保食神《うけもちのかみ》を殺したとき、体の各部位から五穀が生じてくる。それをアマテラスは喜んで、次のようにいう。

是の物は、顕見蒼生《うつしきあをひとくさ》の、食《くら》ひて活くべきものなり。

顕見蒼生にはウツシキアヲヒトクサと訓むように注がある。「神代記」は「蒼生」を「青人草」と表現する。ウツシキは現在生きているの意とする。ことによると、「内国に住む」ということかもしれない。『古事記伝』では、アヲは草がいや益々に生い茂りはびこるとしている。それ以来、草木が茂るのにたとえた解釈とするのが精一杯であった。従って、アヲヒトクサを人民と訳してそれ以上に踏み込めなかった。しかし、アヲヒトクサは倭人種の意であったものが、次第に人民・庶民の意味に変わってきたと理解すべきである。

これまでに説いたところのヲ・アヲであるが、アホ・アフ（逢・相）・オホ（シ）（凡・大・多）・オフ（シ）（凡）・オシ（忍・押・排）などにも変化している。ワからはアハ（淡・粟）にも変化するが、これも同じである。

こうしたことを端的に表しているのが「顕宗前紀」（清寧五年正月）の条にある飯豊青皇女《いひとよのあをのひめみこ》である。

①（諱第《かばねついでのふみ》には市辺押磐皇子《いちのべのおしはのみこ》の子に）其の四《よたり》を飯豊女王《いひとよのひめみこ》と曰《まう》す。亦の名は、忍海部女王《おしぬみべのひめみこ》。（顕宗前紀）

②天皇《すめらみこと》の姉《いろね》飯豊青皇女《いひとよのあをのひめみこ》、忍海角刺宮《おしぬみのつのさしのみや》に臨朝秉政《みかどまつりごと》したまふ。自ら忍海飯豊青尊《おしぬみのいひとよのあをのみこと》と称《なの》りたまふ。（顕宗前紀・清寧五年正月）

③（履中皇妃の黒媛が）青海皇女《あをみのひめみこ》一《ある》に曰はく、飯豊皇女といふ。を生めり。（履中紀元年七月）

④是に日継知らす王《みこ》を問ふに市辺忍歯別王《いちのべのおしはわけのきみ》の妹《いろも》、忍海郎女《おしぬみのいらつめ》、亦の名は飯豊王《いひとよのみこ》、葛城の忍海《おしぬみ》の高木角刺宮《たかぎのつのさしのみや》に坐しましき。（清寧記）

①の飯豊は飫豊の変化である。「飫」の字は往々にして「飯」に変わっている。たとえば、「国造本紀」に穂国《ほのくにの》造《みやつこ》がいるが、穂国は三河の古名である。穂は二字化して宝飫《ほお》と表記された。それは宝飯《ほい》として三河国の郡名になった。大和国十市《とをち》郡飫富《おふ》も上総国望陀《まうた》郡飫富も、『和名抄』では飯富に変じた。同様に飯豊はもとは飫豊で、オフ・オホと訓んでいたろう。谷川健一も飯豊をオウと訓んだに違いないとしている[*25]。その飯豊が引用文ではイヒトヨと訓読みにされている。忍海部は忍海の名にちなんだ御名代部《みなしろべ》であるが、ここでは「部」は雑工《ざふく》の品《しなしなの》部《とものを》として忍海部が有名になってから追加されたものである。忍海の「忍」はオシであるが、オフシ・オホシの

フ・ホが略されたものである。②の飯豊青の「青」はアフ・オフと同じとしてよい。アフ・オフはアフシ・オフシにも変化した。アヲは海を渡るということだから、青海や忍海とほぼ同じ意である。③では「青」は青海となっている。②では自称を忍海飯豊青と三種の名の結合となっているが、伝承の途上で変化したものが、別の漢字に移され、飯豊では「飫」が「飯」に変わった上に訓読みになったのである。だから、もとは三種とも同じ名であった。門脇禎二や小林敏雄は、青海郎女と忍海郎女（飯豊郎女）とは別人格であろうとするが、[*26] 誤りである。これは先学に異を唱えることになるが、やむを得ない。

④に葛城忍海高木角刺宮とあるように、忍海は大和国葛城郡にある地名である。『古事記伝』はオシヌミはオシノウミの縮約形であるという。この忍海はオシノミとも訓まれることがある。ここは忍海郡となったこともある。また、「崇神紀」元年二月の条に崇神妃の尾張大海媛《をはりのおほしあまひめ》がおり、「崇神記」ではこれを尾張連の祖意富阿麻比売《おほあまひめ》とする。ここにある大海も意富阿麻も忍海と同類の語であり、忍海という地名は葛城郡に盤踞していた尾張氏が持ち込んだのである。尾張氏は海部であり、航海に長けていた。ただし、忍海・凡海にも尾張氏系と安曇氏系がある。

凡海連《おほしあまのむらじ》（海神綿積命《わたのかみわたつみのみこと》の男、）穂高見命《ほたかみのみこと》の後《すゑ》なり。（右京神別下）

凡海連　安曇宿禰《あづみのすくね》と同じき祖《おや》。綿積命の六世孫《むつぎのひこ》、小栲梨命《をたくなしのみこと》の後なり。（摂津国神別）

凡海連　火明命《ほのあかりのみこと》の後なり。（未定雑姓・右京）

右は『姓氏録』[*27]による。火明命は尾張氏の祖神である。凡海は大海に作ることもある。栗田寛の『職官考』に次のようにある。

凡海連。亦安曇氏の族にして、海人《あま》を掌るもの也。姓氏録摂津神別に、凡海連、安曇宿禰同祖、綿積命《わたつみの》六世孫小栲梨命之後也とみえ、同国住吉《すみよし》郡大海《おほわたつみ》神社とあるは、其祖神なるべし。凡と大と相通せる。大海を氏に負ふときは、海人の長なりし事明かなり。

栗田は凡海を大海の意とし、凡海連を海人の長と考えている。これは『古事記伝』が凡河内の凡は、大河内の大の意であるとしているのに同じである。しかし、大は宛字で、凡すなわち大の意は成り立たないから、凡海が必ずしも海人の宰領を意味するものではないだろう。凡海連は漁業も行ったかも知れないが、主として水運によって人や物資を輸送するのに長けた氏族であったろう。

また、青海は碧海と作ることもある。『和名抄』には、参河国碧海《あをみ》郡碧海郷・遠江国長上《ながのかみ》郡碧海郷・越後国蒲原郡青海郷がある。『姓氏録』には、

青海首《あをうみのおびと》　椎根津彦命《しひねつひこのみこと》の後《すゑ》なり。（右京神別下）

とある。「神武前紀」によれば、椎根津彦は瀬戸内海の海導者で、別名はウツヒコである。「神武記」ではウヅビコ・ウヅヒコとする。彼は東征するイワレヒコを内国まで案内をした。「神武紀」二年二月の条では倭国《やまとのくにの》造《みやつこ》に任じられている。ただし、この時点では葛城地方はヤマトの国に含まれていない。

ところで、京都府与謝郡伊根町・長崎県松浦市の青島は地先の小島である。宮崎県宮崎市の青島は砂洲を渡って訪れることができる。この青島は伊能忠敬の『大日本沿海輿地《よち》全図』大図では粟島となっている。富山県氷見市の阿尾《あを》（万⑱四〇九三）は地先の小島が陸続きになったところである。阿尾は阿遠とも青とも書かれてきた。しかし、愛媛県大洲市の青島は沖合の小島である。

仲松弥秀《やしゅう》によれば、南島でも地先の小島をアフ・アウ・アホ・アヲと呼ぶところがある。そこは古代の葬所となっていたと推定される、あるいはニライカナイの神が来臨される島であるという。[28] 後生への渡りの島は、理想郷に棲む神が渡り来る島でもあるらしい。谷川健一はもっとも精力的に青の島を追求してきたが、青の島はかつてニライカナイと同じであり、神と祖霊はまだ区別がなく、祖霊はその島から子孫の村を訪れてきたという。[29]谷川は青を死者の世界の標示語とする考えが強い。外間守善は、アフは「神のまします聖なる場所」、または「オボツ・カグラやニライ・カナイに通じる中継ぎの場所」とし、「聖なる」という意味の敬称辞であるとしている。[30] 中西進は、アヲ・アオ・アワ・アハ・アブはいずれも太陽信仰を持ち、冥界の出入り口に当たる祖霊の鎮まる場所とする。[31] しかし、私見では渡りや海上来臨の場所を示すアフ・アウ・アホ・アヲの意味領域の一部が変化して、死にかかわる地名にもなったのだろうと思う。

『南島歌謡大成』I沖縄篇より引用する。下段はその訳である。[32]

青たれてもへて　　あお（聖域）に垂れて萌えて
しけたれてもたへて　　しけ（聖域）に垂れて盛って
（柴差の時あむがなし屋敷の庭にて、みせぜる〈伊平屋島〉―ミセセル九）

おう遊びみせん　　おう遊びなさる
わたやしびみせん　　渡り遊びなさる
（国おもり〈粟国島〉―ウムイ三二三）

最初の歌謡のシケは再生する場所の意で、神の来臨するところである。アオ（青）は渡り来るところである。やはりそこに神が来臨する。後の歌謡のオウはアフ・アウ・アホ・アヲと同じである。このオウは対句にあるワタリ（渡）と同意の別語である。口誦伝承による歌謡には繰り返しの対句が多いといわれているが、[33] 南島歌謡の対句はほとんどが繰り返しや言い直しである。なお、ミセセルは呪詞、ウムイは祭祀歌謡の意である。

次に宮古島と石垣島の中間にある多良間島の島立て・国立ての神謡である「与那覇《よなは》せど豊見親のにーり」の一部を紹介する。このニーリは名高い神への呪禱的歌謡である。『南島歌謡大成』Ⅲにより対句の番号と訳詞も添えて引用する。[34]

八にいら島　下りていゆ　　ニイラ島（後生）に下りていき
　あらう島　下りていゆ　　アラウ島（後生）に下りていき
九にいら天太《てだ》　う前《まい》ん　　ニイラ太陽御前に
　あらう天太　御前ん　　アラウ太陽御前に
三三にいら大道《うぷんつ》んゆ　　ニイラ大道に
　あらう大道んゆ　　アラウ大道に
三四青綱《あうづな》ゆ　ぱいばいら　　青綱を張ってやるから
　ま苧《ぶ》綱ゆ　ぱいばいら　　真苧綱を張ってやるから
三五うりたどり　帰《かい》りよ　　それを辿って帰れよ
　糸たどり　戻りよ　　糸を伝って帰れよ

ニイラはニライのことである。また、アラウは中間にラが加わっているが、アフ・アウ・アホ・アヲと同じである。アラウ島はアフ島・オウ島・青島のことで、渡った先の島である。九番でテダを太陽と訳しているけれども、これは誤りで月のことである。アラウはヲ（苧・緒）の関連語であるので、三四・三五連では青綱・真苧綱・糸などが連想されて、神である豊見親の帰還を待っている。

アフなどが渡るの意であることは『琴歌譜』の「あふして振《ぶり》」の例からもわかる。

あふして拾《ひり》ひ　たくさはぬものを　旨《うま》らに食《を》せ　叔母が君　熟《うま》らに睡《ね》や（一〇）

「あふして」は語義が未詳とされるものであるが、[*35]渡っての意である。「あふして拾ひ」は「（干潟などを）渡り歩いて拾い集め」の意である。「たくさはぬもの」も意味不明とされている語である。かりに「たぐいのないもの」とでも訳しておくか。

何気なく遣っているオホのつく言葉、たとえば大晦日は通常も晦日ではない年末のものであるが、年越しの意もあるだろう。大歳・大祓などの大も、大小の大であるよりは、渡し・渡り・越しの意と考えたほうが正しいだろう。だから、年越し・名越し（夏越し）などともいい替え得る。

なお、渡るの意味のアフ・オホ（シ）・オフ（シ）・オシは大・太・多などの文字で表されることがある。また凡・淡・忍・押・排などの文字を用いることもある。しかし、逆に大小の大、太細の太、多少の多を凡・淡・忍・押・排などで表すことはなかった。『古事記伝』は忍や押を大の意と考えているが、誤りである。

第四節　オシハ（押歯）とサキクサ（三枝）

この節ではやや横道にそれるが、前節引用文のついでにオシについて述べる。いわば間奏曲である。

前節①の市辺押磐皇子の押磐はつながり渡っている磐であり、前節④の市辺忍歯別王の忍歯は一続きにつながり渡った歯である。ここではその忍歯をとりあげる。忍歯は「反正前紀」の瑞歯とも関連があるだろう。反正は

瑞歯別天皇というが、

（瑞歯別《みつはわけ》）天皇、初め淡路宮に生れませり。生《あ》れましながら歯《みは》、一骨《ひとつほね》の如し。

とあるのと類似したものである。「反正記」では天皇は水歯別命《みづはわけのみこと》という名であるが、

御歯の長さ一寸《ひとき》、広さ二分《ふたきだ》、上下等しく斉《とと》ひて、既に珠を貫《ぬ》けるが如し。

とあり、「顕宗《けんぞう》記」には、顕宗の父王《ちちみこ》市辺《いちのべの》忍歯《おしは》別王《わけのみこ》の御骨《みかばね》を土を掘って求めようとしたが、老媼《おみな》のいうには、

（その御骨の判別は）其の御歯を以ちて知るべし。御歯は三枝《さきくさ》の如き押歯《おしは》に坐しき。

とある。忍歯と押歯は同じである。『和名抄』に「齵（於《お》曾《そ》歯《は》）は歯重なり生える也」とある。『古事記伝』は『和名抄』と『冠辞考』を引いて、忍歯・押歯は重なった歯あるいは八重歯と解釈している。それ以来この説は踏襲されてきたが、残念ながらそうした形状の歯ではない。「反正前紀」や「反正記」にあるように、つながり渡った歯と解釈すべきである。

ところで、「顕宗記」で御歯にたとえられたサキクサは、ヒノキ（奥義抄・万葉代匠記）・ヤマユリ（冠辞考・塩尻）・ジンチョウゲ（万葉集古義）・ミツマタ（古義・神楽催馬楽入綾）などに当てられてきたが、いずれも正しくない。また、サキクサを不明とする書も多い。それでは次の事例をご覧いただきたい。

①夕星《ゆふつづ》の　夕《ゆふべ》になれば　いざ寝よと　手を携《たづさ》はり　父母も　上は勿離《なさか》り　三枝《さきくさ》の　中にを寝むと　愛《うるは》しく　其《し》が語らへば（万⑩九〇四）

②春されば　まづ三枝《さきくさ》の　幸《さき》くあらば　後《のち》にもあはむ　な恋ひそ　吾妹《わぎも》（万⑩一八九五）

③このとのは　むべもとみけり　さきぐさの　みつばよつ葉に　とのづくりせり（古今集・仮名序）

④三枝部連《さきくさべのむらじ》。（中略）顕宗《けんぞう》天皇の御世に、諸氏《うぢうぢ》の人等《ども》を喚集《めしつど》へて、饗醮《みあへ》を賜へり。時に三茎《みつぐき》の草、宮廷《みやのには》に生ひたるを採りて奉献《たてまつ》れり。仍《よ》りて姓を三枝部造《さきくさべのみやつこ》と負ひき。（姓氏録・左京神別下）

理解を容易にするために、私見を先に示す。サキクサはアケビ（木通・通草）である。③の「いはひうた」から説明する。この歌の異伝は催馬楽三七番にもある。ムベ（郁子）であるが、トキハアケビのことである。すなわちアケビ科の常緑植物で、往事果実をツトに入れて朝廷に献上した。三つ葉四つ葉とは、アケビ類は一本の葉柄から三つ・四つ・五つなどの小葉が出る。ムベは数葉、アケビは五つ葉が多い。ミツバアケビは三つ葉である。②は春になると通常のアケビは早々に蔓や葉を出し、その若芽を食用に供することができる。「サキクサのサキくあらば」はアケビの果実が熟すと縦に裂けることにもかけている。「後にもあはむ」は分かれた蔓が伸びてまた逢うこともあるのをいう。①では上からつり下がった長楕円形の果実をたとえに詠っている。父母が娘の両側に添い寝するように、少し垂れ下がった果実は裂けた果皮が両側から覆い、果皮のなかに白い果肉が横たわっている。④は饗宴の時であるから奉ったサキクサは食べられるものに違いない。するとアケビは適格である。

私はマサキノカヅラもアケビであると考えている。ということは、ニシキギ科の常緑の蔓性灌木などとする説を否定することになる。

⑤妹が手を　我に巻かしめ　我が手をば　妹に巻かしめ　まさき蔓《づら》　たたき交《あざ》はり（紀九六）

⑥深山には　霰《あられ》降るらし　戸山なる　真拆《まさき》の葛《かづら》　色づきにけり　色づきにけり（神楽歌一）

⑤はアケビの蔓を軽くたたいて、籠などに組み上げる。その蔓細工のように二人は手を相手の体に絡めているのである。⑥は「色づきにけり」とあるのを通説では紅葉したと解釈してきた。しかし、里近い端山に多いアケビの長楕円形の果実も秋になると紫色に色づいて裂ける。私見では、「色づきにけり」は蔓からぶら下がった紫色に色づいているアケビの果実を指している。

「神代紀」七段本文には、アメノウズメが「天香山の真坂樹を以て鬘《かづら》とし」て神がかりするが、この真坂樹は頭に巻きづらいから、『古事記伝』がいうように伝承に乱れがあると思われる。「神代記」では「天の真拆を縵《かづら》として」や『古語拾遺』の「真辟《まさき》の葛を以て蘰と為し」のほうが正しいだろう。マサキは果実が裂けるアケビを指している。

そこで前節④の忍歯に戻るが、「顕宗記」ではそれが三枝のような押歯であった。アケビの果実は裂けると両側の果皮の奥に一本の細長い白い果肉がある。押歯は八重歯のようなものではなく、開いた口の中に一渡りに連なる一つの骨のような歯の形容にふさわしい形をしている。

第五節　アハ（淡）・アフミ（淡海）

『紀』や『万葉集』から淡海とそれに関わることを引用する。

①（武内宿禰が精鋭を出して、忍熊《おしくま》命の兵を山背《やましろ》より近江方面に追い、）適《たまたま》逢坂《あふさか》に遇ひて破りつ。故、其の処を号《なづ》けて逢坂と曰ふ。（神功紀元年三月）

②（村国連《むらくにのむらじ》）男依《をより》等、即ち粟津岡《あはづのをか》の下《もと》に軍《いくさだち》す。（中略）男依等、近江《あふみ》の将《いくさのきみ》犬養連《いぬかひのむらじ》五《い》十君《きみ》及び谷直鹽《たにのあたひしほ》手《て》を粟津市《あはづのいち》に斬る。（天武紀元年七月）

③天離《あまざか》る　夷《ひな》にはあれど　石走《いはばし》る　淡海《あふみ》の国の　ささなみの　大津《おほつ》の宮に（万①二九）

④相坂《あふさか》を　打出でて見れば　淡海の海　白木綿花《しらゆふばな》に　浪立ち渡る（万⑬三二三八）

⑤大《おほ》の浦の　其の長浜に　寄する浪　寛《ゆた》けく君を　思ふこの頃（万⑧一六一五）

先ず①であるが、京都市山科区から県境の逢坂山を越え、逢坂を下ると、大津に出る。さらに琵琶湖の南西岸を瀬田川方向に行くと、大津市膳所《ぜぜ》に粟津がある。これが②にある粟津で、瀬田川の入り口付近にある。④の相坂は①の逢坂のことである。琵琶湖は③④のように淡海と呼ばれる。⑤の大の浦は遠江国にあった湖である。遠江は、近つ淡海の近江に対比して、遠つ淡海、すなわち遠江にある地名といわれている。

　そこで引用した逢坂《あふさか》・大津《おほつ》・粟津《あはづ》・淡海《あふみ》について解説する。逢坂は逢坂山から大津・粟津方面に至る坂であり、峠を越える坂である。大和国城下郡の忍坂《おしさか》も同じだろう。忍坂は『和名抄』にはオサカの訓みがある。粟津は宇治川を瀬田へ渡る津のことである。大津は、天智の近江宮があったから大津というのではなく、アハヅ（粟津）の音転ではないか。アハヅは渡る津である。これらの地名にある「逢・大・粟・淡」のなかで、井手至は「大」の意を元とし、吉田金彦は「逢」を元とする。[*36] これらには賛成できない。それらは越す、あるいは渡る意である。私見ではアフミ・アハウミ（淡海）は舟で渡る海（湖）の意味となる。淡海とあっても、淡水の海の意ではなかろうと考える。

　この「淡＝渡」を確認するために、③の「石《いは》走る淡海の国」に注目したい。

磐《いは》走る　淡海の国の　衣手《ころもで》の　田上山《たなかみやま》の　真木さく　檜《ひ》のつまでを（万①五〇）

青《あを》みづら　依網《よさみ》の原に　人も逢はぬかも　石走る　淡海《あふみ》県《あがた》の　物語せむ（万⑦一二八七）

枕詞「石（磐）走る」は枕詞「石橋《いはばし》の」にも関連づけられている。神谷保朗によれば、「浅き川には飛び石を並べおきて、その石を踏みて渡りければなり」とある。[*37] 川に並んだ飛び石をバランスを取りながら走り渡るのである。しかし、これまで「石走る」は岩の上を流れ下ると考えていたので、枕詞として滝や垂水にはつながっても、淡海へのかかりかたはすっきりとはしなかった。今私見のように淡海が渡る海の意であるならば、これは「石走る」に支障なく結びつく。（ただし、淡海は淡い色の湖とする二重の語彙を持つ可能性がある。）

こうしたことが分かってくると、出雲国の意宇郡《おうのこほり》のオウも、現在の松江市を考えれば想像がつくように、島根半島への渡りの地に与えられた地名であることが判明する。古代では遠江国も、浜名郡鷲津港から内水の潟湖や堀川を舟で通って、天竜川の氾濫原近くに行くことができたろう。国府のあった磐田市見付の南にあった大の浦も、西は天竜川につながり、東は袋井市方面にまで渡り行くことができたろう。内山真龍の『遠江風土記伝』（一七八九―一七九九年）に「淡海は磐田の海なり」とある。琵琶湖の舟運についてはいうに及ばない。

〔補〕⑤の大の浦は遠江国の国府である磐田市の南部にあった飫宝《おほ》という浦であるという。『枕草子』には「おほの浦」、『東関紀行』には「今の浦」とある。もちろん、通俗的には遠江は浜名湖と理解されている。（もっとも『枕草子』の「おほの浦」は伊勢・志摩であるという説もある。）

天竜川は幾たびも流路を変えてきた。縄文海進後、しばらくは天竜川の河口付近は潟湖で、太田川の河口付近から袋井市にかけて水域が広がっていたらしい。そこが大の浦である。もちろん天竜川の氾濫原の西側から、浜松市の南部の馬込川（旧天竜川）河口や、その西の堀留川をつないで、佐鳴湖や細江に通じ、さらに浜名湖に至ることができたはずである。浜名湖西岸の湖西市鷲津は「ワシ（渡）＋ツ（津）」であろう。

太田川の東の掛川市大須賀から浜名湖西部の浜名郡新居町にかけて、南側の遠州灘沿いには海岸砂丘が発達している。天竜川で流されてきた砂が堆積して、幾筋かの砂洲を形成し、砂洲の間は池や湿地になっていた。古くは水路として利用できたろう。外洋側は大きな砂丘になったのであるが、かつて砂洲や砂丘はところどころで外海と通じ、海水が流入することもあったらしい。大の浦の東にある西貝塚遺跡や浜松市の佐鳴湖東北の蜆塚遺跡は、今から三、四千年前の縄文時代の貝塚であるが、堆積する貝の主体は汽水に棲むヤマトシジミである。すると、大の浦や佐鳴湖はかなり内陸に入っているが、その昔は汽水であった。その南につながる水域は、汽水かもっと塩が濃かったはずである。

浜名湖細江の東奥には伊場遺跡があり、伊場は敷智《ふち》郡の郡衙があったところとされている。そこは細江から大溝に通じる津の機能を持っていた要衝と見られている。それが海退や堆積によって、今は内陸部になっている。海退によって浜名湖も内陸に閉じこめられた。近時では一四九八年に大津波によって、今切の砂洲が破壊されて開口し、浜名湖は汽水湖になったとされている。しかし、それ以前にも汽水の時代はあったのである。

なぜ⑤について〔補〕で執拗に述べたかというと、淡海とは淡水の海と理解されてきて、それを疑う人がないからである。もちろん、近つ淡海の琵琶湖は昔も今も淡水である。ところが、どうも日本で真水を淡水といい始めたのはそれほど古いことではないらしい。マミズ・サミズとて古い用例はないだろう。中国とても同じで、「淡水の交」をさらっとした「君子の交」の意に使用するが、近世以前では淡水を真水の意に使用したことはなかったろう。彼我ともに「淡」には「混じりけのない」という意味はなかったのである。すると淡海の「淡」は訓仮名で、アハの訓を借りているだけである。そして、アハウミがアフミに縮まったのではないかと推量される。それは淡路の「淡」が淡水を意味しないのと同じである。

第六節　淡洲（淡島）・淡路島

国生み神話では、「神代紀」四段第一・第六・第九に淡洲《あはのしま》が、「神代記」に淡島《あはしま》がある。

①（イザナキ・イザナミは結婚して）先づ蛭児《ひるこ》を生む。便《すなは》ち葦船《あしのふね》に載せて流《ながしや》りてき。次に淡洲を生む。此亦《これまた》児《こ》の数には充《い》れず。（神代紀四段第一）

②（二神は結婚して）先づ淡路洲《あはぢのしま》・淡洲を以て胞《え》として、大日本豊秋津洲《おほやまととよあきつしま》を生む。（四段第六）

③淡路洲を以て胞《え》として、大日本豊秋津洲を生む。次に淡洲。（四段第九）

④（女神先唱して）生める子は、水蛭子《ひるこ》。此の子は葦船《あしぶね》に入れて流し去《う》てき。次に淡島《あはしま》を生みき。是《こ》も亦子の例《たぐひ》には入れざりき。（神代記）

淡洲は②③から淡路島の近くであると予想はされるが、まだはっきりしない。そこで他の例を掲げる。

⑤（スクナヒコナは）亦曰はく、淡嶋《あはのしま》に至りて、粟茎《あはがら》に縁《のぼ》りしかば、弾かれ渡りまして常世郷《とこよのくに》に至りましきといふ。（神代紀八段第六）

⑥相見《あふみ》の郡。郡家《こほりのみやけ》の西北《いぬゐ》のかたに餘戸《あまりべ》の里あり。粟嶋《あはしま》あり。少日子命《すくなひこのみこと》、粟を蒔きたまひしに、莠実《みの》りて離々《ほた》りき。即ち、粟に載りて、常世の国に弾かれ渡りましき。故《かれ》、粟嶋と云ふ。（伯耆国風土記逸文）

⑦おしてるや　難波の埼よ　出で立ちて　わが国みれば　淡島《あはしま》　おのころ島　檳榔《あぢまさ》の　島も見ゆ　さけつ島見ゆ（記五三）（仁徳記）

⑧武庫《むこ》の浦を　こぎみる小舟《をぶね》　粟嶋を　そがひに見つつ　ともしき小舟（万③三五八）

⑨天離《あまさか》る　夷《ひな》の国辺に　直《ただ》向ふ　淡路を過ぎ　粟嶋を　背《そがひ》に見つつ（万④五〇九）

⑩粟嶋に　こぎ渡らむと　思へども　明石の門浪《となみ》　いまださわなり（万⑦一二〇七）

⑪百伝《もも》ふ　八十《やそ》の島廻《み》を　こぎ来れど　粟の小嶋は　見れど飽かぬかも（万⑨一七一一）

⑤⑥にある、スクナヒコ（ナ）が粟に弾かれて常世に渡ったという淡嶋（粟嶋）は、鳥取県米子市北西部の彦名にあった島である。かつては砂洲の先にあったであろうが、今は夜見ヶ浜の砂洲に取り囲まれてしまった。これは国生み神話の淡洲とは関係がない。⑥では渡ったからアハ島といったとある。すなわち、渡りがアハである。

⑦にはいろいろな説がある。鈴木重胤は和歌山市加太の先の友ヶ島（元海部郡加太村）を考えた[*38]。加太は南海道で粟路・阿波へ渡る津に当たる。しかし、淡洲は友ヶ島四島のいずれでもないだろう。仙覚は香川県三豊市詫間町の沖にある粟島に注目した。この粟島は四つの花崗岩の島が砂洲でつながっている。典型的な渡り島であるが、国生み神話や「仁徳記」歌謡の淡洲には妥当でない。難波からは必ずしも望めなくてもよいが、⑧⑩の歌に関連する武庫や明石からも見えない。なお念のためにいい添えるが、⑦の「おしてる」は月が「渡り照らす」意である。

『万葉集』の⑧⑨⑩はおそらく国生み神話の淡洲を詠っていると思われる。⑪は「粟の小嶋」で必ずしも淡洲・粟嶋と同一とはいいきれないが、柿本人麻呂の作であるので明石から播磨海岸辺りの詠歌と考えられる。⑧⑨⑩の粟嶋について私見をいえば、淡路島の津名郡岩屋町の岩屋港内にある絵島《ゑしま》である。絵島は小さい岬状の地先にある小島で、今は橋が架けられて陸続きのようになっている。オノゴロ島に比定されたこともある。その南には大和島《やまとしま》がある。昔大絵島ともいったそうであるが、今は岩屋港の南の埋め立て地に取り囲まれている。吉田東伍の『大日本地名辞書』は⑧⑩⑪を挙げて、淡洲は絵島・大和島に当たるという[*39]。谷川士清は『日本書紀通證』巻三で三原郡の海中にある大倭島を挙げているが、これは三原郡ではなくて津名郡の大和島、すなわち大絵島ではないか。吉田の説、あるいは士清の説にも従ってよいと考える。

「神武前紀」戊午年四月の条にある、神武軍がナガスネヒコに敗れた河内の孔舎衛《くさゑ》は、「クサカ＋ヱ」の縮言で、日下の渡しの意だろう。「雄略紀」十三年の条によれば、河内国志紀郡道明寺村国府の大和川と石川の合流点あたりに餌香《ゑか》という市があった。「顕宗前紀」には、室寿《むろほき》の頌詞がある。

牡鹿《さをじか》の角　挙《ささ》げて　旨酒《うまさけ》　餌香《ゑか》の市に　直《あたひ》以て買はぬ（清寧二年十一月）

このヱカは、ヲカ・ワカと同じで、ここでは渡りの場所・渡河点の意である。八尾のヲも旧大和川の渡り場所のことだろう。このヱカがヲカ・ワカであるのと同様に、ヱシマ（絵島）はヲシマ（渡島）・ワジマ（輪島）と同じはずである。だから、ヱシマはアハシマともいい替え得る。

このように国生み神話の淡洲を淡路島に付属する小島であると決められると、『万葉集』にある周防国玖珂郡麻里布《まりふ》浦（現山口県岩国市）へ舟航したとき、多分難波からの航路で詠んだだろう歌が思い出される。

粟嶋の　逢はじと思ふ　妹にあれや　安寝《やすい》も寝ずて　吾が恋ひ渡る（万⑮三六三三）

この歌では、粟嶋のある淡路《あはぢ》が、「逢はじ」とかけられて詠われているのである。安らかに眠られないほど恋している妹には逆にもう逢うまい、と苦しい心根を詠っている。それなのに粟嶋を「あわぢ」と関係のない岩国市付近の海上や四国の他所に想定するとすれば、*40 歌は半ば死んでしまう。

特に淡洲のようにシマを「洲」で表しているところにも注目すべきだろう。砂洲で渡るようなところが国生みの初期のシマとしてふさわしいだろう。淡路島は「神代記」に淡道之穂之狭別嶋《あはぢのほのさわけのしま》とある。『古事記伝』は淡路島の名義を「阿波国へ渡る海道《うみつぢ》にある島なる由なり」とするが、「穂之狭」は「意未だ思ひ得ず」とする。「穂」はおそらくヲと通音であり、ヲの海人が再生発展する元となったところである。狭別のサは新生の意であろう。

淡路は「渡り道」の意で、結果的に「阿波への道」をも意味したようである。

第七節　阿波と枕詞「しながどり」

「神代記」の国生み神話には、淡道之穂之狭別嶋を生んだ後、

次に伊予之二名島《ふたなのしま》を生みき。此の島は、身一つにして面《おも》四つ有り。面毎に名有り。故、伊予国は愛比売《えひめ》と謂ひ、讃岐国は飯依比古《いひよりひこ》と謂ひ、粟国は大宜都比売《おほげつひめ》と謂ひ、土左国は建依別《たけよりわけ》と謂ふ。

とある。ここでは阿波国を粟国とし、別名を大宜都比売としている。大宜都比売は『紀』にはない御食《みけ》つ神であるが、「神代記」ではこの他にも三回も現れる。

①神々の生成の段では、イザナキ・イザナミは多くの神々を生むが、そのなかに大宜都比売神がいる。
②五穀の起原の段では、スサノヲは大気都比売に食物を請うが、オホゲツヒメが鼻・口・尻から取り出して奉ったので、スサノヲは怒って殺してしまう。するとオホゲツヒメの体の部位から蚕や五穀が生り出る。カミムスヒがこれらを取り、種とした。
③大年神の神裔の段では、羽山戸神が大気都比売神を娶り、九神を生んでいる。

このようにオホゲツヒメは『記』の撰録者がお気に入りの神であるが、どうも複数のオホゲツヒメがいたらしい。特に阿波国の別名のオホゲツヒメは、語呂合わせのアハ（粟）に付会した名である。阿波国には名神大社の大麻

比古神社（板野郡）、同じく忌部神社（麻植《をゑ》郡）、大社の天石門別八倉比売神社（名方郡）がある。これらの神社はオホゲツヒメとは関係がない。式内社ではないが、名東《みようどう》郡上八万《かみはちまん》村（現在徳島市南西部の鮎喰川中流域）の一宮神社に大宜都比売命が阿波女命・八倉比売命とともに祀られているだけである。いわゆる諸国一宮に、阿波国で該当しているのは大麻比古神社であり、祭神は猿田彦神である。

　すると、阿波の語源は『記』にある穀物の粟ではなく、それとは別に考えなくてはならない。徳島県を東流する吉野川の下流域は氾濫原で、古代には土砂の堆積はまだ少なかったらしい。また旧吉野川は現在よりもかなり西北側を鳴門市方向に流れていた。鳴門市東部の岡崎・里浦地区は陸続きのように見えるが、実は東は紀伊水道、北は小鳴門海峡、西は撫養《むや》川、南は旧吉野川の河口で限られており、島になっている。島の北部は岡崎といい、岡崎城がある。海峡は撫養港となっている。南部は河口に面した湊で、粟津と呼ぶ。ここが河内・和泉・紀伊・淡路の各国から渡航してくる場合の玄関口であったろう。また、阿波の命名の元になったところであると推定する。岡崎のヲカも渡ったところの意であることは第二節で述べた。

　そこで、アハが「渡り」に関係することを枕詞シナガドリ・シナガドルから証明する。ただし、この枕詞の安房や猪名《ゐな》への係り方は未詳とされている。

　　水長鳥《しながどり》　安房に継ぎたる　梓弓　周淮《すゑ》の珠名《たまな》は　胸別の　広き吾妹《わぎも》　腰細の　すがる娘子《をとめ》の（万⑨一七三八）

この歌にあるシナガドリは通常、息長く水に潜る水鳥のカイツブリと理解されているが、当たらないだろう。カイツブリは留鳥であり、渡りはしない。私見を述べると、冬季渡りで飛来する水鳥のなかで、海底（湖底）に潜って貝などを主食とするキンクロハジロ・スズガモ・ビロードキンクロ・クロガモなどの仲間が相当するだろう。息長く水に潜るし、黒色のものが多い。少なくとも胸より上は黒色である。そこでこれらの水鳥をまとめてシナガドリといったらしい。この想定が正しいとシナガドリは「渡り鳥」と結びついて詠われたことになる。だから、シナガドリが安房の枕詞となっている。なお歌にある周淮は安房国の隣の上総国にある郡名で、珠名はヲトメの名である。

枕詞シナガドリについては、さらに次のような歌が『万葉集』や『神楽歌』にある。

し長鳥　猪名の浦みを　漕ぎ来れば　夕霧立ちぬ　宿は無くして（万⑦一一四〇）
大海に　嵐な吹きそ　し長鳥　猪名の湊に　舟泊《は》つるまで（万⑦一一八九）
し長鳥《どる》　や　猪名の湊に　あいそ　入る船の　楫《かぢ》よくまかせ　船傾《かたぶ》くな　船傾くな（神楽歌三九）

これらの歌ではシナガドリは海にいて生活し、枕詞としては猪名にかかっている。さきほど示した「渡り鳥」という解釈ならば、これらの歌でも通用する。猪名は元の摂津国川辺郡、今の兵庫県東部の尼崎市や伊丹市辺りである。北部から猪名川が流下するが、淀川の分流の神崎川に合流して大阪湾に注ぐ。土砂が堆積する以前の古代には、武庫《むこ》の入海が猪名川の下流域に湾入して、軍船なども集結する湊であった。難波崎や高瀬（守口市）の渡しからの水上往来も盛んであったろうし、また西海と結ぶ瀬戸内海航路の要津でもあった。西から輸送されてきた船荷はここで川船に積み替えられて、淀川上流や難波内海の各地に運ばれた。

このようにヰナは渡し・渡りの意で、ヰはヲ・ワ・ヱと通じている。また、ヰナベ（猪名部・為奈部）は渡し部であり、また船匠・船大工などの木工技術者の伴造氏族でもあるらしい。彼らは渡海や輸送のための船を建造するのである。

以上でシナガドリが渡り鳥であり、アハ・ヰナという渡りを意味する地名の枕詞になっていたことが証明できたであろう。

第八節　オホヤマツミ

今度は『伊予国風土記』の逸文を掲げる。

乎知《をち》の郡。御嶋。坐《いま》す神の御名は大山積《おほやまつみ》の神。一名《またのな》は和多志《わたし》の大神なり。是の神は、難波の高津の宮に御宇《あめのしたしろ》しめしし天皇《すめらみこと》の御世に顕《あらは》れましき。此の神、百済の国より度《わた》り来まして、津の国の御嶋に坐しき。

これは瀬戸内海の大三島に鎮座する大山積神社に関する伝承である。大山積神の別名がワタシ（度）の大神であるというのであるが、山の神がワタシの大神というのでは合点が行かない向きもあろう。このワタシの大神に対し、秋本吉郎は「航海・渡海の神」と解し、小島瓔禮《よしゆき》は「渡来した神の意」とする。[*41] 海人族は山から巨木を切り出して船を造るので、山の神を敬い祀っていたのだろう。山から船霊さまを迎えてきて、船に移す習俗も日本の各地にある。韓半島多島海付近の堂山祭でも、船主は山上の山の神祭に船の旗を持って行って堂の廻りに立て、その旗を持ち帰って船に立て、供物を捧げて祭をするという。[*42]

「応神紀」五年十月の条に、伊豆の国に船を造ることを科したが、その船は軽く浮かび馳せるように速く進んだので、枯野《からの》と名づけたとある。三十一年八月の条では、枯野を官船《みやけのふね》としていたが、朽ちて使用に耐えなくなったともある。伊豆国の一宮は三島市の三嶋大社で、大山祇命《おほやまつみ》を祭神とする。三島（嶋）という地には優れた船匠がいて、官船や軍船を供給していたらしい。韓半島に出征する船には守護神としてオオヤマツミが祀られていて同道し、また百済から無事津の国の御嶋に帰国した。そしてオホヤマツミは仁徳朝に大三島にも勧請されたのである。もしかすると、百済から進んだ造船技術が津の国御嶋にもたらされ、また大三島にも伝えられたかも知れない。それはともかく、オホヤマツミのオホは単なる美称ではなくして、ワタシの意である可能性が高い。大三島の大にもその可能性があるが、そのあたりの瀬戸内では大きな島でもある。（なお、私は百済自体が中国の江南から渡来してきた「海渡らい」の種族が建国した国名であると考えている。このことは第十一節で述べる。）

「神代紀」九段では、天降ったニニギが薩摩の阿多《あた》でオホヤマツミの女（カム）アタカシツヒメ、亦の名コノハナサクヤヒメを娶る。ヒメから海幸・山幸の職能の異なる神が生まれてくる。これはオホヤマツミの持つ山海の二面性による。山で舟木を伐り、刳って舟を造る。また、「山あて」といって、目立つ山の方角や、山々の重なり具合などによって、航行する位置や漁場を確認した。あるいは山から塩を焼く薪を持ってきたり、海岸近くの山に緑を温存して魚を岸に寄せるようなことも関係があったろう。だから、海人族は山に親しみを持ち、山の神を信仰していたのである。

薩摩のアタは阿多隼人の居住地である。「神代記」には「火照命《ほでりのみこと》、此は隼人阿多君の祖」とあり、火照命は「神代紀」九段第三・五・七では火明命《ほのあかりのみこと》である。ただし、九段本文では、火闌降命《ほのすそりのみこと》が隼人などの始祖となっている。ご存じのように火明命は尾張氏の始祖である。もちろん隼人族も、尾張氏・津守氏・丹波氏などの尾張族も海人系である。

海人族にとってのヤマツミの霊格は、里山と田を往復して豊作をもたらす山の神とは多少性格を異にする。猟師や木こりの山の神とも違う面があるだろう。ヤマツミはどちらかというと、木の精ククノチに近い性格もあるだろう。「神代紀」五段第六ではヤマツミはククノチとともに生まれてくる。「祝詞」大殿祭《おほとのほかひ》に屋船ククノチがいるが、酒を醸すためのフネに刳られた木槽についた木の精である。

第九節　凡直《おほしあたひ》（大直）について

奈良朝のころ凡・大・大押などがついた国造を見かける。それは主として山陽道や南海道に分布し、姓は直である。それらを次に掲げる。なお、似通った氏族も参考までに示す。

氏姓名	国名	氏族名	主要出典名
淡路凡直《あはぢのおほしあたひ》	淡路	淡路国造家（神魂《かむむすひ》尊裔）	延喜式大嘗祭
粟凡直《あはのおほしあたひ》	阿波	粟国造家（粟忌部氏族）	続紀神護景雲元年
讃岐《さぬき》凡直《おほしあたひ》（紗抜大押《さぬきおほし》直）	讃岐	讃岐国造家（景行帝裔）	続紀延暦十年
伊予《いよ》凡直《おほしあたひ》（伊予大直）	伊予	伊予国造家（多臣族）	続紀天平神護二年
土佐《とさ》凡直《おほしあたひ》	土佐	都佐国造家（三島溝杭《みぞくひ》命裔）	続紀神護景雲元年
紀《き》大直《おほあたひ》	紀伊	紀伊国造族（神魂尊裔）	（姓氏家系辞書）
安芸《あき》凡直《おほしあたひ》	安芸	安芸国造族	三代実録貞観元年
周防《すはう》凡直《おほしあたひ》	周防	凡河内氏族（天津彦根命裔）	続紀宝亀十年
長門《ながと》凡直《おほしあたひ》	長門		出土木簡
（参考）			
陸奥国《みちのくのくに》大国造《おほしくにのみやつこ》	陸前	丸子氏族	続紀神護景雲元年
大和直（倭太《やまとのおほ》氏）	大和	大倭国造家（椎根津彦《しひねつひこ》裔）	神武紀・国造本紀
凡河内直《おほしかふちのあたひ》（凡川内《おほしかふち》直）	河内	凡河内国造族（天津彦根命裔）	神代紀
凡 連《おほしのむらじ》（尾張連等の祖）	尾張	尾張国造家（天火明《あめのほのあかり》裔）	継体紀
葛野《かどの》大連	山城	物部氏族	（姓氏家系辞書）

太田亮によれば、一国一国造の地は数県に分かれていて、各県には県主がおり、それらを支配する国造がいたらしいとする。一国数国造の地は、小国造を押し統べる大国造がいて、大直や凡直といっていたとした。[43] 石母田正は、大国造を小国造と区別するのは「成務記」の、

大国《おほくに》小国《をくに》の国造を定め賜ひ、亦国国の堺、及《また》大県《おほあがた》小県《をあがた》の県主《あがたぬし》を定め賜ひき。

とある「大国小国」に反映しているという。[44] とくに凡国造の「凡」は統括の意味であろうとする。八木充は、「凡」字には「大」字に通じる語義を持ち、「凡」は「あまねく・おしなべて」の意で、凡直国造は直を姓とし、小国造を含んだ広範囲を管轄する国造とみるとしている。[45] これを二次的国造制の成立とみなしている。「成務記」にある大国小国は、「成務紀」五年九月の条には、

諸国に令《のりごと》して、国郡《くにこほり》に造長《みやつこおさ》を立て、県邑《あがたむら》に稲置《いなき》を置《た》つ。

とあるのみで、大国小国の記述はない。このために『古事記伝』は「ただ国々ということを文《あや》にいったのみで、後世の大国・上国・中国・下国などの区分けをいうのとは異なる」としている。大国・上国・中国・下国は『養老律令』職員令《しきゐんりやう》にそれぞれの官と定員の規定があり、『続紀』天平六年正月の条に国の大小による官稲《くわんたう》の量の貸し出し基準がある。また『延喜式』民部式上には全国の国別等級が見られる。しかし、『記』の擁護者である宣長ですら「成務記」の大国小国はこれらと異なるとし、その実体を否定しているのである。

岡田精司は、「応神紀」二十二年の淡路三原の海人、「仁徳前紀」の淡路の海人や、「履中前紀」の淡路野島の海人の働きを引いて、水主《かこ》として海上輸送に従っただけでなく、水軍としての役割も兼ねていたという。[46] こうし

た性格は凡直・大直などの国々ももっていただろう。吉田晶《あきら》は、「凡」は直姓の国造にのみ関係するのではなく、各地の海部の統率や海運の統括などを行っていた氏族にも用いられたとする。[*47] しかし、七世紀の凡直については上記の八木などの説をも認めたので、中途半端な結論になってしまった。

すでに高橋六二が、海人族出身の多氏の「多」は「太・大・意富・飫富・於保」などと用いられて漢字の意味とは無関係であるが、同様に凡直・大直などの「凡・大」は凡海・大海などともあるように海人族を指す姓氏語であるといっている。[*48] 大和岩雄は、九州のオホ氏系は海洋的性格を持つという。[*49] 私見では「凡・大・太・押・栗・淡・忍・排」などオホシ・オホ・オシ・アフ・アハなどと訓むものは、「渡し・渡り」の意であった。

白川静によれば、「凡」は盤や舟の形であり、字の初義はオホヨソの意ではなくて、舟に乗せて運ぶこと、舟で移動することであるという。[*50] すると「凡」は正訓字である。凡直・大直などの国造は、水運の権利義務をも持った地方の行政（祭祀）の長と理解してよいのではないかと思われる。

たとえば和銅五年（七一二）五月には、国司の巡行や遷代《せんたい》の方法が定められたが、海路を取る場合は陸道夫《りくだうふ》に準じて水手《かこ》の数を利用できた。神亀三年（七二六）八月には、山陽・南海・西海へ官人が赴任をするときは海路を取り、航路添いの諸国は伝符《でんふ》の剋数《こくすう》通りの水手や食料を供給することが定められた。寄港する港津を管轄する諸国は駅馬・伝馬に替えて海路の賦役に当たったのである。霊亀元年（七一五）五月には、庸を海路で委託輸送し、漂失したり湿損したりすることを戒めている。また、天平勝宝八年（七五六）十月には、山陽・南海の舂米《つきよね》は海路を取りて漕ぎ送れとあるので、国司は水運の便宜も備えていたらしい。

こうしたことからすると、凡直・大直の国造は小国造を統括する大国造の意味ではなくして、官人や正税の海路輸送をする責務を負った国造と考えることができるだろう。その反面には、塩・流通などで交易の権益をもっていただろう。

参考として掲げた氏族も海運に長じていたとしてよいだろう。陸奥国大国造も沿岸や北上川の水運権を与えら

れた国造と理解してよい。『続紀』神護景雲元年（七六七）十二月に、

正四位上道嶋《みちしま》宿禰嶋足《しまたり》を陸奥国《みちのおく》大国造《おおしくにのみやつこ》。従五位上道嶋宿禰三山《みやま》を国造《くにのみやつこ》。

に任じている。『新古典大系本』は大国造にダイコクザウの訓みをつけているが、オホシクニノミヤツコとすべきであろう。大をオホシとしないと意味が違ってくる。宝亀七年（七七六）七月の条では、安房・上総・下総・常陸に船五十隻を建造させ、陸奥国に置いて不虞に備えさせているし、同十一年（七八〇）二月では陸奥国に船路を取って残賊を打ち払うよう命じている。なお、道嶋宿禰嶋足は丸子《まりこ》連の裔であるが、大伴氏族とされてはいても血縁はなかったらしい。[*51] マリコはワニコの転である。マリコは河川の渡し場に多い地名であり、川渡しに従事した子部の名にちなむものだろう。ワニ・ワは渡しに関係していた。

この陸奥国大国造もそうであるが、通説のように凡直・大直の国造を小国造たちを統括する上位の国造と規定しては、あまりにも地域に偏りがあるし、小国造が見あたらないところもあって不自然でもある。そこで新しい視点を提示した次第である。

第十節　オホヤマト（大倭・大和・大日本）

上代の文献別に見るヤマトの用字は第六章第八節で取り上げるが、ここではオホをヤマトにかぶせて使用したオホヤマトについて考える。

①大日本《おほやまと》日本、此をば耶麻騰と云ふ。下皆此に效《なら》へ。豊秋津洲《とよあきつしま》（神代紀四－本・一・六・七）、大倭豊秋津嶋《おほやまととよあきづしま》（神代記）

②大日本《おほやまと》彦《ひこ》耜友《すきとも》天皇《すめらみこと》（懿徳紀）、大倭《おほやまと》日子《ひこ》鉏友《すきとも》（懿徳記）

③日本足彦国押人《やまとたらしひこくにおしひと》天皇（孝安紀）、大倭帯《たらし》日子国押人命（孝安記）

④大日本《おほやまと》根子彦太瓊《ねこひこふとに》天皇（孝霊紀）、大倭根子日子賦斗邇《ふとに》命（孝霊記）

⑤大日本《おほやまと》根子彦国牽《ねこひこくにくる》天皇（孝元紀）、大倭根子日子国玖琉《くにくる》命（孝元記）

⑥倭国香媛《やまとのくにか》（孝霊紀）、意富夜麻登玖邇阿礼《おほやまとくにあれ》比売命（孝霊記）

⑦西の方に吾二人を除《お》きて、建《たけ》く強き人無し。然るに大倭国《おほやまとのくに》に、吾二人に益《まさ》りて建き男《を》は坐しけり（景行記）

⑧大倭国造《おほやまとのくにのみやつこ》吾子籠宿禰《あごこのすくね》（雄略紀二年十月）

⑨（任那にて毛野臣《けなのおみ》が）又吉備韓子《きびのからこ》那多利《なたり》・斯布利《しふり》を殺し、大日本《おほやまと》の人、蕃女《となりのくにのめ》を娶りて生めるを韓子《からこ》とす。（継体紀二十四年九月）

⑩（雄略が葛城山で猟をしたとき）使いを遣りて問ひて曰《のたま》はく、「大倭の国に、朕《われ》の如き人有らんや」（中略、問答の後）天皇《すめらみこと》、勅《の》りて答ふ。「朕は、是れ大倭《おほやまと》根子《ねこ》稚武《わかたける》天皇なり」（釈日本紀十二所引の多氏古事記）

⑪（持統に）諡《おくりな》をたてまつりて、大倭《おほやまと》根子《ねこ》天之広野《あまのひろの》日女《ひめ》尊と曰す。（続紀大宝三年十二月）

⑫大日本《おほやまと》　久邇《くに》の京は　打ち靡く　春さりぬれば　山辺は　花咲きをり（万③四七五）号けて、大養徳恭仁大宮《やまとくにのおほみや》とす。（続紀天平十三年十一月）

⑬乃ち大穴持命の申給く、「皇御孫命《すめみまのみこと》の静まり坐《ま》さむ大倭《おほやまと》の国と申して、己《おのれ》命の和魂《にきみたま》を八咫《やた》の鏡に取り託《つ》けて、倭の大物主櫛瓺玉《くしみかたま》命と名《みな》を称《たた》へて、（下略）」（出雲国造神賀詞）

⑭磐余《いはれ》尊、日向自《よ》り発たして、倭国に赴向《いでま》し、東を征ちたまふ時、大倭国《おほやまとのくに》於《に》て漁夫《あま》を見そなはし（中略）椎根津彦命を以て大倭国造《やまとのくにのみやつこ》に為す。即ち大和直《やまとのあたひ》の祖なり。（国造本紀）

⑮畿内国　大和於保夜万止

大和国城下郡大和於保夜末止（和名抄）

①では大日本の日本にヤマトの訓みを与えているから、大日本はオホヤマトと訓んだはずである。秋津洲はもとは大和の葛城地方にあった地名であるから、ここでのオホヤマトは大和盆地を指すとしてよいだろう。ただし、オホヤマトに葛城地方は含まれていなかったから、オホヤマトとトヨアキツシマを併せ呼んだのである。②④⑤および『記』の③⑥の初期の天皇や皇妃の名前につけられたオホヤマトも、①のそれと同様またはすこし広い地域を指していたろう。なお、孝昭・孝安の宮は葛城にあった。

⑦は熊襲に対するオホヤマトであるので、オホヤマトの領域は九州北部にまで及んでいる可能性があるが、『古事記伝』は畿内《うちつくに》の倭をいうとする。⑧のアゴコは他では倭値吾子籠とあるので、『新古典全集・日本書紀』の頭注には大倭をヤマトと訓むことも可能とする。[*52] ⑨は支配の及んだ日本全体を指している。この文の前には「日本人《やまとのひと》と任那の人と、頻に児を息《う》める」とある。⑩は『多氏古事記』の逸文であるが、「雄略記」の大長谷若《おほはつせわか》武《たける》天皇が大倭根子稚武天皇になっている。「雄略紀」では大泊瀬幼武天皇である。大倭根子はオホヤマトネコであるから、文中の「大倭の国」もオホヤマトの国と訓むべきであろう。しかし、現在の『記』を見ると、「倭の国」となっており、大を欠いている。しかも、「大倭根子稚武天皇」はない。すると、狭義のオホヤマトはヤマトに変わる傾向があるらしい。なお、「雄略紀」四年二月の条は、葛城山の射猟《かり》の物語であるが、「雄略記」では葛城山に登り幸《い》でますときとあり、猟の物語は別にある。

⑪は、日本全体を指しているかも知れないが、初期の天皇にあったオホヤマトネコの称号を借りてきている。⑭は『改造社本』によってカナをつけたが、倭と大倭があるので、訓みに区別があったろう。しかし、訓みにやや不安が残る。⑮は大和国一国の名であるが、オホヤマトと訓ませている。城下郡《しきのしも》の大和もオホヤマトと訓んでいるが、これが狭義のヤマトの一部に当たる。⑫の歌にあるオオヤマトはクニ（久邇）にかかる枕詞的に用いている。しかし、正式には『続紀』にあるようにヤマトクニの大宮のようになっていた。（しかし、大養徳をオホヤマ

トと訓みなすものも多い。）

『大言海』には大和の大は美称とあるように、一般的にはオホヤマトのオホも美称・称辞ととって、オホに格別の意味を与えてこなかった。あるいは、『続紀』和銅六年（七一三）五月の条に、

畿内と七道との諸国《くにぐに》の郡《こほり》・郷《さと》の名は、好き字を着けしむ。

とあるように、地名を字義のよい二字で表記することになったために大和の大は付加されたものであると思われてきた。しかし、オホ・大はもとはそうしたものではなく、渡来してきた海人族、すなわち倭人が邑建て・国建てした地域に与えた名であったのである。

⑬の桜井市三輪付近のオホヤマトについて検討する。「仁徳紀」三十年九月の条にはこうある。

つぎねふ　山代川を　宮泝《のぼ》り　我が泝れば　青によし　奈良を過ぎ　を建て　大和を過ぎ　我が見が欲し国は　葛城高宮《かつらぎたかみや》　我家《わぎへ》のあたり（紀五四・記五八）

このなかのヤマトは狭義のもので、桜井市の纏向《まきむく》周辺である。また、天理市の柳本やその北の萱生《かよう》古墳群や大《おほ》倭《やまと》神社のあたりを含めることもあったろう。「を建て」は通説にある小楯ではなく、渡来した海人族である倭人が打ち建てたヤマトを表していて、「を建てやまと」はオホヤマトといい替えられる。これはごく初期のヤマトで、直木孝次郎のいう狭義のヤマトに当たる。その オホヤマトがあるときは大和国一国の名にもなったのである。（なお、伊達宗泰は、大倭神社の東に広がる萱生古墳群をオホヤマト古墳群とし、纏向・柳本の古墳群を含むそれらの周辺をオホヤマト古墳集団と呼んでいる。*53 このオホヤマト古墳群は考古学の論文に使用されているが、こ

のオホヤマトはもっとも新しい概念である。）

椎根津彦は神武によって倭国造に任じられたが、その後裔は⑧のように大倭国造と書かれている。彼らは海運にも長じ、「仁徳紀」六十二年五月の条では遠江国大井川に流れてきた大樹で船を建造している。そうしたためだろう、韓半島にも派遣されている。大和神社は大国魂神、すなわちオホアナムチの荒魂を祀っているが、倭国造氏が代々祭祀に当たっている。また、『万葉集』⑤八九四番では、大国霊《おほくにみたま》が遣唐使の船を空から見守っていることが詠われている。大国霊の大国はワ（ヲ）の国、または渡りの民の国であろう。すなわち大国の大は大小の大には関係がない可能性が高い。

以下は参考までに記すが、崇神朝の初めのころ疫病が猖獗《しょうけつ》し、半数近くの人々が死亡し、逃れて流離するものも多かった。「崇神紀」七年二月の条によると、大和国の域内にいます大三輪の大物主神が告げていうには、茅《ち》渟県陶邑《ぬのあがたすゑむら》のオホタタネコに大物主神を祀らせば疫病は治まるとのことであった。そこでオホタタネコを探し求めて祀らせると、お告げのように疫病は治まり、国内はようやく静になったという。

オホタタネコはオホモノヌシと陶津耳《すゑつみみ》の女の間に生まれた子である。「出雲国造神賀詞」では、オホモノヌシクシミカタマ（大物主櫛𤭖玉）とあるように、神霊の依り代として𤭖を用いていた。これは土間に据える土師器《はじき》であり、酒を醸したり穀物を貯蔵したりもする。現在ではオホタタネコの出自を「崇神紀」に従って和泉の陶邑としているが、高温で焼く陶器の製造は崇神朝より遅れるので妥当ではない。おそらく、三輪の神祭りや酒の醸造に据え器を用いたので、陶邑が紛れ込んだのだろう。（クシミカタマのミカは𤭖であり、また糸状・電光状のものでもあり、両義に用いられている。ただし、糸状・電光状のものの比重が高いと考える。）「崇神記」では、オホタタネコは河内の美努《みの》村に住んでいたとある。美努村は柏原市大県《おおがた》に近い旧大和川の辺にあった。『続紀』養老四年（七二〇）十一月の条では大県はかつてオホカタという郡名であったが、大きいどころか非常に小さい郡である。おそらくこの大は渡し・舟運または倭にかかわる名であったろう。タタネコはオホ氏に属し、オホ氏は大和川の水運に関与していただろう。

　目を大和に転じると、三輪山の真西に多《おほ》という集落があり、大和川の支流の飛鳥川と寺川の間に位置する。しかも、多（または太）神社は飛鳥川の辺に鎮座する。多は多（太）氏の居住地で、必ずしもオホタタネコにかかわるとは思わないが、大和川や飛鳥川などの水運、あるいは飛鳥川の渡しに関連した名であろう。すると大三輪の大も大小とは関係がなく、ワ・ヲ（倭）の三輪の意である。

　『姓氏録』和泉国神別に「末使主《すゑのおみ》。天津彦根命の子、彦稲勝命の後《すゑ》なり」とある。末は陶と通じるだろうが、末使主は天津彦根命の子であるから、凡河内氏族となる。オホタタネコの出雲族、右記の多氏、この凡河内氏族は非常に近しい関係にある、とは大和岩雄の説くところである。[*54] 大和の中枢でオオモノヌシを祀る大神《おほみわ》神社、大国魂を祀る大和《おほやまと》神社、名神大社であった多（太）神社、これらにはいずれもオホがついている。これは大和朝廷が占拠する以前から祀られてきたという。多神社の祭神の神八井耳《かむやゐみみ》は、神武の亡くなった後、弟の神渟名川《かむぬなかは》に天位を譲り、もっぱら神祇の奉典を掌るのである。ここには大和岩雄が暗に予測していることであるが、オホアナムチの国譲りと同じ事態があったのではないか。すなわち、カムヤヰミミは神武以前にうしはいていた地霊の祭祀に携わっていた事実に結びつく可能性を秘めている。大和岩雄は大倭国造を大和への進駐者と考えているが、淡路・明石から畿内中枢にかけて盤踞していただろうから、大和にとって必ずしも外来者と考えなくてもよさそうである。

　大倭・大和の大、オホヤマトのオホは、凡河内・大河内の凡・大、そして和泉の和に当たるだろう。オホはワ・ヲに通じることはすでに度々述べてきたことである。『魏志』倭人伝に、

　　国々に市あり。有無を交易し、大倭をしてこれを監せしむ。

とある。この文中にある大倭は、倭人中の大人であるとか、大倭という官名であるといわれているが、これは大和に王権を樹立したオホと呼ばれる倭人であるとしてよいだろう。この大倭は倭国側の用字であったろう。『後漢書』倭伝には、

国、皆王を称し、世世統を伝ふ。其の大倭王は、邪馬台国に居る。

とある。『後漢書』は『魏志』よりも後の書物で、典拠は『魏志』にある。そのころにはオホヤマトに王権は樹立されていて、大倭の表記もなされていたと考える。そこは纏向を中心とした狭義の大和である。

このことから必然的に邪馬台国畿内説になることは明瞭である。なお、拙著『古代日本の月信仰と再生思想』においても、『魏志』東夷伝倭人の条にある九州地方の国々の副官ヒナモリと、『紀』や『万葉集』のヒナサカル・シナザカル・アマザカルヒナの用例からも、邪馬台国が畿内であることを証明した。[*55] 参照願いたい。

第十一節　倭の淵源を探る

倭は中国がわが国を呼んだ名である。韓半島でも倭を用いていた。しかし、倭は元来は種族名であって、国名ではなかったはずである。この章の初めに引用したが、『漢書』地理志には、

楽浪の海中に倭人有り。分かれて百余国を為し、歳時を以て来たり献見すと云ふ。

とある。『魏志』でも倭人伝であって、倭国伝ではない。

七世紀ころのわが国では自国を倭《わ》と呼ばれることを嫌ったという。『旧唐書』日本伝に次のようにある。

日本国は、倭国の別種なり。其の国、日辺に在るを以ての故に、日本を以て名と為す。或いは曰はく、「倭国自ら其の名の雅やかならざるを悪《にく》み、改めて日本と為す」と。或いは云ふ、「日本、旧《もと》小国なれども、倭国の地を併せたり」と。其の人、入朝する者、多く自ら矜大《きようだい》、実を以て対《こた》へず。故に中国焉《これ》を疑ふ。

ワ（倭）はワタ（海・渡）だろうし、ヲと通じている。古代日本ではワはむしろより以上にヲとして展開していることが分かってきた。たとえば、上述のようにヲシマ（渡島）は渡り島、すなわち陸繫島を指すことが多い。平安末期の『伊呂波字類抄』には済にヲの訓みがある。『説文解字』に「渡は済也」、あるいは「越は度也」とあるように、済は渡（度）りと同じである。また越にはヲチの訓みもある。

海岸や湖岸地方にあるヲカは、必ずしも岡・丘の意ではなく、渡るところ・渡ったところでもあった。ヲ・ワはさらにアヲ・アハ・アフ・アホ・オフ（シ）・オホ（シ）・オシなどに変化していることが判明した。これらに青・碧・淡・粟・逢・相・大・太・多・凡・押・忍・排・臨などの文字が当てられている。だから、凡以外の多くは漢字の持つ語義とはほとんど関係がない。（来臨・光臨・降臨などの用法からすれば、臨に多少渡るの意があるか。）それらを我々が通常用いる青・淡・粟・大・押などの意に解釈することは誤りである。

『隋書』倭国伝には「倭王あり。姓は阿毎《あま》、字は多利思比孤《たりしひこ》、阿輩雞弥《あはけみ》と号す」とあり、阿輩雞弥には大君とする説と天君とする説がある。[56] 三木太郎は、同倭国伝にはアメを阿毎で表記しており、アメを阿輩雞弥のように阿輩とするには一貫性を欠くので、天君であるという説はなりたたないとしている。[57] 阿輩雞弥は大君の訓みの訛伝であるかもしれないが、これも恐らく誤っている。なぜなら後文で小徳《しようとく》阿輩台が隋使を迎えているが、山尾幸久は阿輩台を粟田と訓んでいる。[58] この粟田某は、「皇極紀」元年（六四二）十二月の条で、舒明への偲びごとを申し述べた小徳粟田臣細目《ほそめ》の父祖か同族縁者であろう。『隋書』の阿輩雞弥と阿輩台の阿輩は同じ音アハである。だから、阿輩雞弥はアハキミであり、それは倭王の訓読みである可能性が高い。従ってそれはオホキミ（大王）ではない。

もちろん、倭をワと訓むのは音である。しかし、ある意味では、ワは渡りを文化に持つ民のワに当てた音仮名である。ワという種族は遠く韓半島を経て、あるいは直接にも中国大陸につながっている。和歌森太郎は、

> 海を活躍の舞台とする人たちにとって国境はなく、少なくとも朝鮮半島の西南海岸と日本列島の西南部沿岸の海の活躍者は相互に変わりはない。全く同じ集団が中国の東シナ海沿岸から日本列島周辺海域にいた、その海人集団こそが倭そのものである。

という趣旨のことを述べている。[*59]

『後漢書』鮮卑伝によれば、鮮卑は光和元年（一七五）に遼西を寇《おか》したが、糧食不足で困っていた。檀石槐《だんせっかい》が一巡してみると、烏侯の秦水に多くの魚がいることを見つけた。そこで、倭人が善く網で魚を捕ると聞いて、東に倭人国を撃ち、千余家を得て秦水の辺に移し、魚を捕らせて糧食の助けにしたとある。すると倭人国の位置は明確ではないが、倭人は渤海・黄海沿岸地域から韓半島の海岸地方に居住していたことになる。そうした地を井上秀雄や金関丈夫は倭人のふるさとと考えている。[*60]

春秋の時代に長江の南にある浙江の地に越の国が、その北の江蘇に呉が興った。呉の先祖の太伯は周から出たといわれているが、それは多分伝説で、呉越は同じ種族であったろう。呉越は互いに覇を競った。前四七三年呉は越によって滅ぼされた。越王勾践《こうせん》（－前四六五年）は長江・淮河をわたり、山東方面にかけて版図を広げた。前四六八年越は山東半島のつけ根の琅邪《ろうや》に都を置いた。しかし、その後国威は奮わず、前三三四年越は楚によって

滅ぼされた。呉越の滅亡は韓半島や日本へ多くの移住者を出したに違いない。

呉越の民の移住は発展期にも断続的にあったろうが、主な移住の時期は次のように考えられている。[*61]

①前四七三年、呉が越によって滅ぼされたとき。
②前三七九年、越が山東より江蘇へ撤退したとき。
③前三三四年、越が楚によって滅亡したとき。
④前一三八－前一一一年、漢によって越人が江淮の地へ強制移住させられたとき。

これら時期のいずれもが呉越の民の移住に大なり小なり関係があったろう。春秋戦国時代の呉越の滅亡や、漢代の強制的施策によって、あるいはその後の漢民族の膨張によって、海外移住に身を託した難民も多かったはずである。彼らは断続的に韓半島経由で、あるいは直接日本に渡ってきた。

古代越はいろいろに呼ばれていたが、甌越《おうえつ》（浙江）・閩越《びんえつ》（福建）・南越（広東）・駱越《らくえつ》（安南）・揚越（江西）・山越（湖南・四川・貴州・雲南・広東・江西）などの百越の中で、特に浙江からその北東へかけての越勢力を于《う》越《えつ》・於越《をえつ》といった。于や於は発語とされているが、ややこしいことに于越で呉と越を意味することがある。また、于越は干越に誤記され、干越はそのままでも通用するからさらにややこしい。現在越人は山越が有名であるが、もともとは沿岸や河川湖沼、あるいはデルタの水郷地帯に住む、商業航海民・漁民・半漁半農民も多かったと考えられる。また、唐・唐土をモロコシと呼んできたが、これは諸越の訓読であるという。すると、春秋戦国以来、韓半島の人々と越の諸族とに交流が盛んで、渡来するものも多かったからであろう。倭も同じ立場であったろう。

『後漢書』東夷伝には山東・江蘇あたりにいた九夷のなかに于夷があるが、于夷も同系の民であろう。先ほど『後漢書』鮮卑伝を引用したが、『魏書』にも同様の文があり、倭人は汗人に、倭人国は汗国となっている。汗人・汗国の汗は汙のあやまりだろう。また汙のさんずい氵は水人に与えた飾りであろうから、于の音に意味があり、倭に通じることになる。

福永光司は、越人と倭人を次のように比較し、生活習俗や思想信仰に類似し共通するものがあるといっている。たとえば、

①夏后少康の子、会稽に封ぜられ、断髪文身、以て蛟竜の害を避く。今倭の水人、好んで沈没して魚蛤《ぎょこう》を捕らえ、文身し亦以て大魚・水禽を厭《はら》ふ。（魏志倭人伝）
越人は断髪文身す。（荘子）

②皆徒跣す。（魏志倭人伝）
越人は跣行す。（韓非子）

などをあげる。すなわち、短く切った髪・入れ墨・はだしなどが両者に通じているという。その他倭人伝の禾稲・蚕桑縑緜《けんめん》（絹とわた）・予樟《よしょう》（くすのき）・竹篠も越と一致するという。そして、「倭人は百越の一種なり」とする。[*62] おそらくこうした帰結で正しいだろう。なお、夏后は禹が建国した夏の君主のことである。

B・カールグレンによれば、呉は中国ではuであるが、古代ではnguoである。[*63] uoの発音にngの鼻音がつけ加わったもので、いわばヲにちかい。越（ヱツ・ヲツ・ヲチ）にはしばしば粤の字も遣う。『説文解字』には上述のように「越は度也」とあり、この度は渡と同意である。また、「粤は于也」とも、「于は於也」ともある。別に「於は、古文に烏也」とある。於は烏の鳴き声に似ているというのだが、日本ではカーと聞こえても、烏字の音はヲであるから、中国では始めのk音が消えて、uoのように聞こえたのだろう。すると、呉・越・粤・于・於・烏は同音であったということになる。呉も越の支族である。薫楚平は「倭と越は一つの民族を記した二つの

文字である」といっている。[*64]

実は『三国遺事』巻一に、新羅国第八代阿達羅《あたるら》王の時代に延烏郎《えんうらう》・細烏女《さいうじょ》が日本に渡ってきて、王になったとする伝承がある。延烏郎・細烏女の名にある烏は上記の uo で、日本流に書けばヲである。延烏郎・細烏女は倭人である可能性がある。

こうした呉・越・粤・于・於・烏の音のヲは日本にもたらされて、ヲから通音のワになったに違いない。ヲには緒の義もあり、渡るの義もある。ヲと通音のワには輪の義もある。緒を繰り返し輪状に巻いてかせにすることもあるし、管に巻き取ることもあるが、ヲ（渡）には反復して渡り返す意を含んでいる。神武以前に大和周辺に侵入した物部氏は北九州や瀬戸内に多くの支族を持つ。伊予の越智氏も同族である。越智は二字化しているが、元は越のことだろう。[*65] 越は漢音ではヱツで、呉音ではヲチである。越は通常コシ・コス・コユルと訓むが、『名義抄』にはワタルの訓みもある。

竹村卓二は、百越の一つ過山ヤオ族を「山渡《わた》らい」と表現している。焼畑農業・山林資源の利用など移動性が高く、水田耕作を導入していても渡らい性を保持しているという。[*66] 焼畑をしながらでも、営々と土地を拓き、棚田を作ってきたが、地域外へも頻繁に移動するという。[*67] これは焼畑の休耕や初期水田の休耕に表れているように、可耕地を巡って回る移動性につながっている。[*68] こうした移動性は我が国の弥生時代などでも各地で見られるところであって、集落遺跡の大半がごく短期間の居住で、集落群の変化や再編が見られるという。[*69] そのころは定住的な農耕社会でも人々の移動は頻繁に行われていたらしい。こうした民族の移動性は、持統以前の宮都が御世毎に遷移を繰り返していることからも明白である。渡らい性・移動性は倭人の古い文化であったのである。

韓半島の百済も、クダラの語義は不明であるが、そうした名の一つではないか。済は渡しで、越に通じる。クダラは百済と書くが、百済ならば「海渡らい・水渡らい」で、百越と対をなすものだろう。もっとも、『三国史記』百済本紀によると、朱蒙を祖とする扶余族が南下し、海を渡って百済国を建国した。初め十臣が助けたので十済と号したが、百姓が従うに及んで百済と国号を改めたという。『隋書』百済伝にも「初め百家を以て海を済る。因って百済と号す」とある。しかし、ツングース系北方民族がたまたま海を渡ったからとて、氵偏の済を国名にするとは考えられない。『三国志』韓伝には馬韓五十二カ国中に伯済国がある。伯済の伯は百と通じる。『北史』東夷伝には「百済の国、蓋し馬韓に属す」とある。今西龍は、「百済は扶余種の一部族が、南下して、馬韓伯済国に入りて建てし国なり」としている。[*70] さらに、新しい国を建てたからといって、新国名を作出するようなことはなく、その土地の名を襲用するのが例であるから、王家だけが変わったのであるという。[*71] 百済のもとやベースは中国沿岸からの渡来者の多い国であったろう。

宮本常一は、渡ってきた倭人は刳舟も使ったろうが、筏舟が多かったと考えている。倭人は海岸沿いに移動し、吃水の浅い舟で河川をも遡った。[*72] 筏舟は中国・ベトナム・台湾・韓国などで現在も使われているが、長崎県対馬市北部の佐護湊や福井県丹生郡越前町にもまだ残っている。[*73] 宮本はまた別のところで、半島側にも日本側にも倭人が住んでいて、渡来者の渡航を助けたともいう。[*74] そのようなことももちろんあっただろう。松本信広は、舟を二艘以上つなぎ合わせた舫《ほう》、すなわちモヤイ舟に注目しているが、古代人はモヤイ（舫）で重心を安定させ、荒海を乗り切ったとした。[*75] この見解のほうが主であったようである。漁撈手段は移動・交通手段でもあったが、もちろん倭人は次第に定住もした。

ところが、七世紀の後半になると、先進の漢民族に対し、百越の一つの倭ではおもしろくない。また、ヲ（緒・渡）・ワ（輪）にあった言霊的要素も希薄になると、ワ（倭）の国号を疎ましく思い、嫌うようにもなる。遣唐使たちは、中国側に日本への改号の理由や、背景にあるそうした意味変化・心象変化を上手に説明ができなかったようである。

第十二節　おわりに

日本国内ではワ（倭）はヲとしても多く通用していた。ヱ・ヰにもなっている。そのワ・ヲなどは渡し・渡りの意であった。また、ワ・ヲなどはハ行に遡る可能性がある。一方、ワ・ヲは一字の語であるから安定せず、聞きづらくもある。アヲ・アハ・アフ（シ）・アホ（シ）・オフ（シ）・オホ（シ）・オシなどに変化して展開していた。文字としては青・碧・淡・粟・逢・相・大・太・多・凡・押・排・忍などで表されていた。論じてきたことをまとめると次のようになる。

発音　ワ・ヲ・ヱ・ヰ・アヲ・アハ・アフ・オフ・オフシ・オホ・オホシ・オシ
表記　和・倭・輪・尾・小・渡・絵・餌・猪・青・碧・淡・粟・相・大・太・多・凡・忍・押・排・臨
語義　渡し・渡り・度・済・越・凡（舟で渡す意）[*76]・（倭・倭人〈の居住地〉）

倭は音字であるが、あまりにも一般に遣われているので、便宜的に括弧して語義の部にも入れた。たとえばオホ・オホシに大・太・多・押などが遣われていても、漢字の語義にとらわれてはならない。

これらの語は二つのグループに分けられる。まず川や海の渡場・渡し、あるいは渡ったところを指す場合が多い。次に越・倭・和・百済のように民族名・大地域名・国名となっている場合や、大和・大倭・大河内・凡河内・忍海部・碧海・尾張のように氏族やその居住地を指すことがある。

大倭・大和の大、凡河内・大河内の凡・大、和泉の和は何故つけられているのか、そうした疑問を掲げてこの章を始めた。それらの象徴的な語は、倭人が邑建て・国建てしたことを表現していることが分かってきた。稔りの少ない邪馬台国論争には巻き込まれたくないが、倭国の中心は大・凡・和のつくウチツクニ（畿内）であり、そのまた中心がヤマト国であった。もちろん、倭国も時代によっては移動をしたり、広域化したりした。

さらに倭人の原郷は中国南部の呉越にあり、ヲの音が呉・越の音と通じていた。多くの倭人は、呉越の興亡や楚や漢民族の圧迫などで、弥生のころから韓半島を経て、あるいは直接に渡来してきたことを推定した。

註

＊1　吉田孝『大系日本の歴史』三　古代国家の歩み　小学館　一九九二年（元版一九八五年）一七ページ
＊2　金関文夫『お月さまいくつ』法政大学出版局　一九八〇年　二〇九ページ
＊3　坂本太郎「伝教大師と大日本の国号」『日本古代史叢考』吉川弘文館　一九八三年　二八七ページ
＊4　直木孝次郎「〈やまと〉の範囲について」『飛鳥奈良時代の研究』塙書房　一九七五年　四八八－五〇九ページ
＊5　和田萃『大系日本の歴史』二　古墳時代　小学館　一九八八年　七二－七三ページ
＊6　伊達宗泰『「おほやまと」の古墳集団』　学生社　一九九九年　一二一－一二三ページ
＊7　坂本太郎「魏志倭人伝雑考」『日本古代史の基礎的研究』東京大学出版会　一九六四年　四九二－四九四ページ
＊8　吉田東伍『大日本地名辞書』上方　冨山房　一九〇〇年　三四八・三五九ページ
＊9　柳田国男「雪国の春」『定本柳田国男集』二　筑摩書房　一九六八年　一二〇ページ
＊10　松尾俊郎『日本の地名』　新人物往来社　一九七六年　二四七ページ
＊11　森浩一「考古学から地域を考える」『日本の古代』二　列島の地域文化　中央公論社　一九八六年　三二－三三ページ
＊12　黛弘道『古代学入門』　筑摩書房　一九八三年　五六－八四ページ
＊13　日下雅義「紀ノ川下流域平野の開発に関する基礎的研究」『人文地理』一六－四　一九六四年四月　三四－四一ページ、大野左千夫「狭日鹿の海村」『万葉集の考古学』　筑摩書房　一九八四年　二一一－二一六ページ
＊14　吉田東伍『大日本地名辞書』奥羽　冨山房　一九〇二年　四六八九ページ、津田左右吉『津田左右吉全集』二　日本古典

の研究下　岩波書店　一九六三年　二八五ページ、　井上光貞『日本の歴史』三　飛鳥の朝廷　小学館　一九七四年　三六二ページ

＊15　飯田武郷『日本書紀通釈』　日本書紀通釈刊行会　一九四〇年　三三二九ページ、　村尾次郎「渡島と日高見国」『芸林』五－三　一九五四年六月　二－二三ページ、　瀧川政次郎「斉明朝における東北経略補考」『史学雑誌』六七－二　一九五八年二月　五八－八〇ページ

＊16　『日本歴史地名大系』一　北海道の地名　平凡社　二〇〇三年　一四七ページ

＊17　森浩一『地域学のすすめ』　岩波書店　二〇〇二年　七七－八〇ページ

＊18　吉田東伍『大日本地名辞書』北海道他　冨山房　一九〇二年　三－四ページ

＊19　森浩一「海と陸のあいだの前方後円墳」『日本の古代』五　前方後円墳の世紀　中央公論社　一九八六年　二九〇－二九一ページ

＊20　喜田貞吉「伊勢人考」『喜田貞吉著作集』八　民族史の研究　平凡社　一九八四年　二六五－二七六ページ

＊21　吉田東伍『大日本地名辞書』　冨山房　一九〇〇年　一〇九七ページ

＊22　鴻巣盛廣『万葉集全釈』五　広文堂書店　一九三四年　三六ページ

＊23　大野晋『古典文法質問箱』　角川書店　一九九八年　五五ページ

＊24　新潟県教育委員会「越後縮の紡織習俗」『紡織習俗』Ⅰ　文化庁文化財保護部　一九七五年　一一〇－一一三ページ

＊25　谷川健一「女帝と斎宮」『民俗文化』六　一九九四年三月　二八七ページ

＊26　門脇禎二『葛城と古代国家』　教育社　一九八四年　一六一－一六五ページ、　小林敏雄『古代王権と県・県主制の研究』吉川弘文館　一九九四年　二五一－二六六ページ

＊27　栗田寛『職官考』　山一書房　一九四四年　一七七ページ

＊28　仲松弥秀『神と村』　伝統と現代社　一九七五年　八四－八七ページ

＊29　谷川健一『常世論』　平凡社　一九八三年　一四九ページ

＊30　外間守善『日本語の世界』九　沖縄の言葉　中央公論社　一九八一年　一九九ページ

＊31　中西進「日本神話の世界」『中西進著作集』三　四季社　二〇〇七年　一五－一七ページ

＊32　外間守善・玉城政美『南島歌謡大成』Ⅰ　沖縄篇上　角川書店　一九八〇年　四六六ページ

＊33　池田源太『伝承文化論考』角川書店　一九六三年　二八〇－二八一ページ、土橋寛『古代歌謡全注釈』日本書紀編　角川書店　一九七六年　三六九－三七〇ページ
＊34　外間守善・新里幸昭『南島歌謡大成』Ⅲ　宮古篇　角川書店　一九七八年　一六三－一六五ページ
＊35　武田祐吉『記紀歌謡集全講』明治書院　一九五六年　三七六ページ、小西甚一「雑歌」『古代歌謡集』岩波書店　一九五七年　四六六ページ、高木市之助『上代歌謡集』朝日新聞社　一九六七年　三三九ページ、『日本国語大辞典』一　小学館　一九七二年　三七五ページ、田中裕恵「琴歌譜注釈稿（二）」『甲南国文』四四　一九九七年三月　五〇ページ
＊36　井手至「語源研究のために」『言語』七－一　一九七八年　三〇ページ、吉田金彦『京都滋賀古代地名を歩く』京都新聞社　一九八七年　一七二－一七七ページ
＊37　神谷保朗『旋頭歌評釈』明治書院　一九〇二年　八九ページ
＊38　鈴木重胤『日本書紀伝』一　会通社　一九一〇年　三九四ページ
＊39　吉田東伍『大日本地名辞書』上方　冨山房　一九〇〇年　七六六－七六七ページ
＊40　高木市之助他『万葉集』四　岩波書店　一九六二年　七〇－七一ページ、澤瀉久孝『万葉集注釈』一五　一九六五年　六四－六八ページ
＊41　秋本吉郎校注『風土記』岩波書店　一九五八年　四九七ページ、小島瓔禮校注『風土記』角川書店　一九七〇年　二七四ページ
＊42　牧田茂『海の民俗学』岩崎美術社　一九六六年　一九〇－一九七ページ
＊43　太田亮『日本上代に於ける社会組織の研究』磯部甲陽堂　一九二九年　八四三－八四四ページ
＊44　石母田正『日本の古代国家』岩波書店　一九七一年　三六六－三六九ページ
＊45　八木充「凡直国造と屯倉」『古代の地方史』二　山陰・山陽・南海編　朝倉書店　一九七七年　八〇－八二ページ
＊46　岡田精司『古代王権の祭祀と神話』塙書房　一九七〇年　二一三ページ
＊47　吉田晶『日本古代国家成立史論』東京大学出版会　一九七三年　二七六－二七八ページ
＊48　高橋六二「古事記の成立をめぐって」『國學院雑誌』六五－七　一九六四年七月　三八－三九ページ
＊49　大和岩雄『日本古代試論』大和書房　一九七四年　六四ページ
＊50　白川静『説文新義』一三　白鶴美術館　一九七二年　二一二－二一五ページ、『漢字の世界』二　平凡社　一九七六年　二

〇九ページ、『字統』 平凡社 一九八四年 八〇八ページ
*51 太田亮 『日本古代史新研究』 磯部甲陽堂 一九二八年 一九一–一九四ページ
*52 小島憲之他校注 『日本書紀』中 小学館 一九九六年 一五五ページ
*53 伊達宗泰 『「おほやまと」古墳集団』 学生社 一九九九年 三三–三六ページ
*54 大和岩雄 『日本古代試論』 大和書房 一九七四年 二一一–二一三ページ
*55 拙著 『古代日本の月信仰と再生思想』 作品社 二〇〇八年 八八–九二ページ
*56 荒木敏夫 『日本古代王権の研究』 吉川弘文館 二〇〇六年 五四・六九ページ
*57 三木太郎 『倭人伝の用語の研究』 多賀出版 一九八四年 二二三ページ
*58 山尾幸久 「近江大津宮と志賀漢人」『東アジアの古代文化』七六 一九九三年七月 一八ページ
*59 和歌森太郎 「原・日本人」『日本史探訪』一 日本人の原像 角川書店 一九八三年 六五–六六ページ
*60 井上秀雄 『倭・倭人・倭国』 人文書院 一九九一年 八四–八六ページ、 金関丈夫 『お月さまいくつ』 法政大学出版局 一九八〇年 二〇六–三〇ページ
*61 藤間生太 『日本民族の形成』 岩波書店 一九五一年 二三三ページ
*62 福永光司 『「馬」の文化と「船」の文化』 人文書院 一九九六年 二八三–二八五ページ
*63 **B.Karlgren**『Analytic Dictionary of Chinese and Sino-Japanese』Cheng-Wen Publishing Co., Taipei 一九七〇年 三六三ページ
*64 薫楚平 「倭のルーツ――越」『日中文化研究』二 一九九一年十月 二三ページ
*65 森造一 「古代における日本と江南」『日中文化研究』二 一九九一年一〇月 四〇ページ
*66 竹村卓二 『ヤオ族の歴史と文化』 弘文堂 一九八一年 六三ページ
*67 西谷大 「定住的水田と移動的水田」『弥生時代はどう変わるか』 学生社 二〇〇七年 七四ページ
*68 佐藤洋一郎 「シンポジウム」『弥生のはじまりと東アジア』 国立歴史民俗博物館 二〇〇六年 二〇三ページ
*69 安藤弘道 「〈移住〉・〈移動〉と社会の変化」『弥生時代の考古学』八 集落からよむ弥生社会 同成社 二〇〇八年 二五八ページ
*70 今西龍 『朝鮮史の栞』 国書刊行会 一九七〇年 九一–九二ページ
*71 今西龍 『百済史研究』 国書刊行会 一九七〇年（原本 一九三四年） 六七–六八ページ

＊72　宮本常一「海から来た人びと」『日本の海洋民』未来社　一九七四年　一〇－一三ページ
＊73　永留久恵『海人たちの足跡』白水社　一九九六年　二二五ページ、坂本育男「福井県丹生郡越前町の筏」『東北の民族海と川と人』慶友社　一九八八年　一三一－一三七ページ、森本孝『舟と港のある風景』農村漁村文化協会　二〇〇六年　二六八－二七三ページ
＊74　宮本常一「海洋民と床生活」『民衆の生活と文化』未来社　一九七八年　一五－一六ページ
＊75　松本信広『日本の神話』至文堂　一九六六年　五五－五六ページ
＊76　白川静『説文新義』一三　白鶴美術館　一九七二年　一一二－一一五ページ、『漢字の世界』二　平凡社　一九七六年　二〇九ページ、『字統』平凡社　一九八四年　八〇八ページ

第六章　内国《うちつくに》（ウツクニ）は国名の一つ

第一節　はじめに

　天孫族の移住の対象となった葦原中国《あしはらのなかつくに》は、天上の高天原と、地下の黄泉国または根の国の中間にある国で、日本の別名であったとするのが通説である。あるいは少し具体的にして、九州と対峙する本州と四国辺りとする。本州とはいっても、もちろん東北の蝦夷の住む地域は除外されている。たとえば、松岡静雄や安本美典は、葦原中国をさらに突き詰めて出雲国を中心にした山陰地方に想定する。[*1]

　しかし、『日本書紀』をひもとけばすぐ分かるが、葦原中国は必ずしも山陰地方に収まるものではない。たとえば、「神代紀」六段第三に宗像の三女神が下る「葦原中国の宇佐島」は九州の東部であろう。また「神武前紀」戊午《つちのえうま》年六月の条で、神武軍が中洲《うちつくに》（またはウチクニ）に侵攻できずに熊野で難渋しているとき、アマテラスは「夫れ葦原中国は猶さやげなり」とのたまっている。すると九州東部も紀伊半島も葦原中国の範囲内に違いない。

　一方、「神武前紀」戊午年四月の条では、神武軍が河内から胆駒山を越えて侵攻しようとしたところは中洲と表記されており、ウチツクニ（ウチクニ）と訓まれている。この中洲は葦原中国と同じであろうか。どうも指している内容が異なっているらしい。葦原中国にはいろいろな要素があって、なかなか一筋縄では捉えられない。それはそれとして、葦原中国はしばしば論文に取り上げられても、ウチツクニが問題視されることはほとんどなかった。ウチツクニは、これまで葦原中国と同様に考えられていたのか、葦原中国の都周辺と考えられていたのか、あるいはいわゆる畿内と理解されていたのだろうか。ともかく古代日本を論じる場合、中洲もしっかり押さえ直しておく必要があるようである。

ところで、『古事記』には神武建国の詳しい記述がありながら、なぜか中洲の語はない。『記』の撰録者が中洲をウチツクニとする伝来の訓みを不審に思ったからであろうか。実はウチツクニに関わる中洲以外の、内国・畿内などの表記も『記』にはないのである。いずれにせよ、ウチツクニは等閑に付されてきたのは、論者が往々にして『記』を中心に論述を展開するからでもあろう。

第二節　中洲と内国

「神武前紀」には中洲が三回出てくる。すなわち、東征した神武軍が畿内に攻め入ろうとする下りであるが、

①（神武軍が河内国の草香邑から）更に東《ひむがしのかた》胆駒山《いこまのやま》を踰《こ》えて、中洲《うちつくに》に入らむと欲《おもほ》す。（戊午年《つちのえうまのとし》四月）

とある。しかし、ナガスネヒコとの戦いに敗れて、紀伊半島を迂回して熊野に到る。そこで神武軍は神の毒気に当たり、ことごとく萎えてしまう。

②（神武軍は毒気《あしきいき》から醒めて）既にして皇師《みいくさ》、中洲《うちつくに》に趣《おもむ》かむとす。（戊午年六月）

神武は大和（奈良）盆地を平定し、後に都を開くに当たり詔を下していう。

③辺《ほとり》の土《くに》未だ清《しづま》らず、余《のこ》りの妖《わざはひ》尚梗《あ》れたりと雖も、中洲之地《うちつくに》、復風塵《さわぎ》無し。（己未年《つちのとひつじ》三月）

ここにあげた「中洲」や「中洲之地」は、通常いずれもウチツクニと訓んでいる。『日本書紀私記』丙本ではウチクニの訓みを与えている。

これは『旧事紀』の天孫・皇孫・天皇の各本紀でも、同様の場面で中洲や中洲之地もウチツクニ（一部でナカツクニ）と訓み慣わしている。『伊勢国風土記』逸文には神倭磐余彦天皇《かむやまといはれひこ》（神武）が東の州《くに》を伐ちたまいしときのこととして、紀伊国の熊野の村から、

時に、金《こがね》の烏の導きの随《まにま》に中州《うちつくに》に入りて、菟田《うだ》の下県《しもつあがた》に到りき。

とある。『姓氏録』山城国神別の鴨県主の条にも、

神日本磐余彦天皇《かむやまといはれひこのすめらみこと》 諡《おくりな》は神武。中洲《うちつくに》に向《いでま》さんとする時に、山の中嶮絶《さが》しくして、跋《ふ》み渉《ゆ》かむに路を失ふ。是に、神魂命《かみむすひのみこと》の孫《ひこ》、鴨建津之身命《かもたけつのみのみこと》、大きなる烏と化如《な》りて、翔《と》び飛《かけ》り導き奉りて、遂に中洲に達《とほりいた》る。

とある。こうした「中洲」もウチツクニまたはウチクニと訓むべきものだろう。

それではウチツクニは葦原中国の都の周辺、言葉を換えれば畿内の意味だろうか。また、中洲を、中外の中として、ナカツクニと訓み慣わしてこなかったところにも注視する必要がある。ウチツクニは（葦原の）中国とも同意ではないようである。ナカツクニは中央の国、中心をなす国の意であろうが、ウチは生け垣・瑞垣・堀で囲まれたところになぞらえられる。幾重にも八重垣で囲まれたウチはより神聖な理想郷となる。ウチツクニはたと

えば周囲を柴立てや榜示《ぼうじ》や山並みなどで囲まれた地域である。あるいは従属する国々に囲まれたところである。ウチツクニの名にはそうした人々の希求が託されていた。

それでは、『紀』などのウチツクニが指し示す地域はどこであろうか。例文からすればウチツクニは大和盆地ととることができる。しかし、神武軍が始めに上陸した河内国草香邑はナガスネヒコの勢力圏であったろう。ナガスネヒコとの戦いに敗れた神武軍は茅渟《ちぬ》、後の和泉国沿いを船で南下転進する。神武の兄のイツセは戦いで受けた矢傷がもとで死亡する。そして神武軍は紀伊半島を東に大きく迂回することになる。すると、ウチツクニの中心は大和盆地にあるだろうが、旧河内国もその範囲内に入れて考えるべきかも知れない。

ヤマトは一般に奈良盆地とその周辺をいう。狭義にはヤマトは桜井市から天理市南部にかけての地域である。直木孝次郎や和田萃によれば、そこは磯城郡・十市郡を中心とする地域で、山辺郡南部と高市郡北部を含む。[*2]伊達宗泰は、それは主に初瀬川と寺川の流域に当たるという。[*3]そうしたヤマトに対し倭・和・大倭・大和などの表記を当てる。やがて広域化して奈良平野周辺をヤマトと呼ぶようになる。さらに日本の皇威の及んだ広域の本州・四国・九州の大部分をもヤマトというようになる。後に主に広義のヤマトに日本の文字を当てるようになるが、ヒノモトとは訓んでいない。

河内国から分離したイヅミ国は、なぜか和を泉に添えて、和泉国と表記している。和は衍字である。河内国の前身は凡河内であるが、オホシ・オフシ（凡）はワ（倭）・ヲ（渡・緒）の転訛であると第五章で説いた。オホシカハチ・オフシカフチ（凡河内）は後には大河内とも書かれるようになる。大倭・大和・大日本をオホヤマトと訓むことがあるが、これは広狭三様ともに用いられている。このオホ（大）は古くは大河内のオホ（大）、凡河内のオホシ（凡）と同じとしなければならないだろう。すなわち、大倭・大和・大河内の「大」は、常識に背くことになるが、大小の「大」、あるいは美称ではないのである。

ところで、「仁徳紀」三年と「仁徳記」に「を建て大和を過ぎ」（紀五四・記五六）という歌謡がある。そこの枕詞「を建て」を小楯とし大和を囲む山並みのたとえとしているが、山並みに小さい楯はそぐわない。ヲはワに通じると述べたが、ここも倭人が邑建て・国建てをしたヤマトの意だろう。

宣長は『国号考』で、ヤマトの語源として真淵の山門《やまと》説の他に山処・山つ秀《ほ》（富《ほ》）・山内の三説をあげ、四説のうちどれを選ぶかは後人の判断に委ねた。しかし、山門のトや甲類であるが、ヤマトのトは乙類であるので、山門説は成り立たない。私見によれば、ヤマウチ（山内）が縮まってヤマトになったと考えている。たとえば、垣内がカイトになるようにウチはトに容易に変化する。しかも大和は河内と対をなしている。すると、神武侵攻時のウチツクニは倭国の都周辺、河内も含めた地域を意味する可能性が高い。

大槻文彦の『大言海』はウチツクニを次の三様に解釈している。

（1）天皇の都したまう国。大和国。
（2）畿内。
（3）日本。外国《とつくに》に対して云う。

この見方は大筋では正しい。『大言海』の解釈をなぞることになるかもしれないが、ウチツクニを理解するために、『紀』の類例を追加しよう。崇神の詔《みことのり》に次のようにある。

④今反《そむ》けりし者悉《ふつく》に誅《つみ》に伏す。畿内《うちつくに》は事無し。唯し海外《わたのほか》の荒ぶる俗《ひとども》のみ、騒動《とよ》くこと未だ止まず。夫れ四道《よつのみち》の将軍《いくさのきみたち》等、今急《たちまち》に発《まか》れ。（崇神記十年十月）

この詔ではワタノホカ（海外）となっているけれども、『古典大系本』の頭注には四道将軍は陸路を征くのであるから、朝廷に服さない「列島内の畿外の地であろう。海の外ではない」とする。さらに頭注は、ウチツクニへ中国風に畿内の文字を用いているが、「朝廷の支配領域を指す」とする。すると、大和国・山城国・旧河内国の畿内三国を指すようであるが、それよりやや広い可能性もある。（ただし、旧河内国は後に河内国・摂津国となり、さらに和泉国が分割された。従って大和国を入れた畿内は、「持統紀」六年四月の条には四畿内《よつのうちつくに》とあり、のちに五畿内となった。）

景行の詔には、

⑤其《か》の、神山の傍《ほと》りに置《はべ》らしむる蝦夷《えみし》は、是本より獣《あや》しき心有りて、中国《うちつくに》に住ましめ難し。故《かれ》、其の情《こころ》の願の随《まにま》に、邦畿之外《とつくに》に班《はべ》らしめよ。（景行紀五十一年八月）

とある。ここでは播磨・讃岐・伊予・安芸・阿波に蝦夷を移しているから、ウチツクニについては都に近い大和国周辺を畿内と考えてよさそうである。さらに成務の詔を引く。

⑥黎元《おほみたから》、蠢爾《むくめくむしのごとく》にして、野《あら》き心を悛《あらた》めず。是国郡《くにこほり》に君長《ひとごのかみ》無く、県邑《あがたむら》に首梁《おびと》無ければなり。今より以後《のち》、国郡に長《をさ》を立て、県邑に首《かみ》を置かむ。即ち当国《あたれるくに》の幹了《をさをさ》しき者《ひと》を取りて、其の国郡の首長《ひとごのかみ》に任《ま》けよ。これ、中区《うちつくに》の蕃屏《かくし》と為らむ。（成務紀四年二月）

『古典大系本』の頭注は「中区の蕃屏」を「王城の地を垣根となって護るもの」とする。しかし、ウチツクニは王が直轄する地域あるいはいわゆる畿内としてよいだろう。そのウチツクニを取り囲むように蕃屏の国々があることになる。

仁徳の詔には次のようにある。

⑦即ち知りぬ、五穀《いつのたなつもののみの》登らずして、百姓《おほみたから》窮乏《せまりとも》しからむと。邦畿之内《うちつくに》すら、尚給《つ》がざる者有《こと》り。況《いはむ》や畿外《とつ》諸国《くにぐに》をや。（仁徳紀四年二月）

この場合も⑥と同じようにウチツクニは畿内としてよいだろう。次は、継体の詔である。

⑧日本邕邕《やまとのくにやはら》ぎて、名天下《あめのした》に擅《ほしきまま》なり。秋津《あきつしま》は赫赫《さかり》にして、誉王畿《ほまれうちつくに》に重し。（継体紀七年十二月）

ここにあるウチツクニ（王畿）は、いわゆる畿内というよりも、王化の及んだ国内全体と考えた方がよい。いわば広義のヤマトノクニ（日本）やアキツシマ（秋津）のいい直しだろう。こうしたウチツクニの使用を見ると、単に外と対をなすウチ（内）の要素を越えて、固有名詞的な使われ方をし始めている感じがする。すなわち、畿外・四方国《よものくに》・外国《とつくに》に対してだけとするのでは、ウチツクニは説明しきれていないし、把握も充分とはいえないだろう。

次は「欽明紀」に引用された、百済の聖明王が仏像や教典を献じたときの表《ふみ》にあるものである。ただし、引用文中の畿内の語が百済の表のままであるかは疑問がある。

⑨百済の王臣明《こきしやつかれみん》、謹みて陪臣《はべるまへつきみ》怒唎斯致契《ぬりしちけい》を遣《まだ》して、帝国《みかど》に伝え奉りて、畿内《うちつくに》に流通《あまねくかよは》さむ。仏の「我が法《のり》は東《ひむがし》に流《つたは》らむ」と記《のたま》へるを果すなり。（欽明紀十三年十月）

ここにあるウチツクニ（畿内）は、『古典大系本』の頭注にあるように、[4]ミカド（の国）に等しく、王化した日本全域と考えるべきだろう。従っていわゆる畿内ではない。ただし、『新古典全集本』は畿内をクヌチと訓む。この場合も日本国内の意となる。

⑩時に、新羅、中国《みかど》に仕えず。（雄略紀七年是歳）

⑪新羅国、背き誕《いつは》りて、苞苴《みつき》入《たてまつ》らざること、今までに八年《やとせ》なり。而るを大きに中国《みかど》の心を懼《おそ》りたてまつりて、好《よしみ》を高麗《こま》に脩《をさ》む。（雄略紀八年二月）

これらの中国は日本と捉えてよい。なお、『古典全書本』や『新古典全集本』は中国をナカツクニと訓んでいる。[5]しかし、中国をウチツクニと訓んでもよいだろう。中国をミカドと訓んでいる例が「雄略紀」七年是歳の条にもあるが、これもウチツクニと同様と考えてよい。あるいはウチツクニの王としてよい。

ウチツクニは中洲と表記されることが多かったが、やがて畿内・邦畿・王畿・中区・中国などとも表されるようになった。その範囲も畿内からさらに王化の行き届いた日本全体をも意味するようになった。これは日本の周囲の加羅諸国・百済（・新羅）や隼人・蝦夷が、やや後に多禰《たね》・掖玖《やく》・阿麻弥《あまみ》などの南島も、蕃屏となってきたことによる。こうした地域を服従させたころからは、ウチツクニは広義のヤマト（日本）の別名となったはずである。

坂本太郎によれば、『紀』の編集者は畿内全体を一つの国と見ていて、大和・山城といった国の概念が必ずしも明確ではないという。[6]大津透は、中国の畿内制とは異なって、日本では畿内は独自のものに名づけられていることとし、「しかしこれだけ多様な表記をしながら全てウチツクニと読むことは、逆にウチツクニが存在していることを示しているのではなかろうか」としている。[7]大津は「大化を遡るかなり前からウチツクニとその外という区別が存在していた」と書く。西本昌弘は、ウチツクニの多様な表記は『紀』編集者の文飾としながらも、大化前代にウチツクニが存在していたことを想定できるとしている。[8]

「神武紀」三十一年一月、神武は腋上《わきがみ》の嗛間丘《ほほまのをか》に登り、国見をして国褒めの賞詞を宣《のたま》わったが、それに続けて、

⑫復大己貴《おほあなむち》大神、目《なづ》けて曰《のたま》はく、「玉牆《たまがき》の内国《うちくに》」とのたまひき。

とある。内国をウチクニと訓むのは『日本書紀私記』甲本や『穂《ほの》久《く》邇《に》本』などで、最近は通常ウチツクニと訓んでいる。あに図らんや、オホアナムチ（大己貴）が支配した国がウチツクニであった。ウチツクニは秋津島や大和の国と同格の国名として、国褒めに用いられているのである。秋津島も奈良県葛城地方の一地名であったのが、日本全体を指すようにもなる。

オホアナムチは、「神代紀」八段第六・九段本文・「神代記」では顕国玉神《うつしくにたまのかみ》とも呼ばれているが、もっとも後からオホアナムチに与えられた神名である。顕国とは高天原や黄泉国に対する現世の国の意であるとされている。しかし、それだけではない。ウツシのシは強意の副助詞であるとすれば、ウツシクニはウツクニ（内国）・ウチツクニとも重なっているはずである。ということは、オホアナムチはウツクニ・ウチツクニの国魂でもある。「崇神紀」八年十二月の条の歌謡に「ヤマト成す大物主」（紀一五）とあるが、「神代紀」八段第六では大物主はオホアナムチの別名であるとされている。田中卓は「大物主、即ち大己貴こそはヤマトの国の最初の開拓者であり、統括者であるという伝えが、畿内地方には濃厚に残っている」という。[9]こうしたことは、ちょうど穂積臣の遠祖である「開化紀」の鬱色雄《うつしこを》（「孝元紀」では内色許男）や妹の「孝元紀」の鬱色謎《うつしこめ》（「孝元記」では内色許売）のウツも同じであろう。なお、シコヲ・シコメはしばしば蘇る不死身の男女の意である。

本居宣長は『国号考』のなかで、

かの青牆山《あをかきやま》ごもれるとあると、玉牆内国《たまがきのうつくに》とあるのを思ひあわせて、山内国《やまうつのくに》と名づくべきを覚るべし。玉牆内国とは、玉牆を造りめぐらしたる如くに、山の周《めぐ》れる内なる国といふ意なればなり。

と述べている。飯田武郷は、ウチツクニのウチは中央の義ではなく内の意であるとし、天子の都するところを親しみていう名前であるという。また、内物部《うちのもののべ》・内兵《うちのいくさ》などの内と同じであるとし、後世の畿内の始めでもあるという。[*10] 喜田貞吉はこのウチツクニを大和平野のこととしている。[*11]『古典大系本』の頭注は、「玉牆の内国」を「美しい垣（のような山々）に取りかこまれている国」としている。池田末規や前田晴久なども同様で、青垣山に囲繞された奈良盆地であるという。[*12]

ウチツクニは始めは大和を中心とした地域であったかも知れない。しかし、おそらくは旧河内国を含めていただろう。山背国も範囲内だったろう。

「孝徳紀」大化二年正月の大化改新の詔第二条にこうある。

⑬凡そ畿内《うちつくに》は、東《ひむがし》は名墾《なばり》の横河《よこかは》より以来《このかた》、南は紀《き》伊の兄山《せのやま》より以来、西は赤石《あかし》の櫛淵《くしふち》より以来、北は近江《あふみ》の狭狭波《ささなみ》の合坂山《あふさかやま》より以来を、畿内国《うちつくに》とす。

この規定のウチツクニは、国名というのではなく、律令支配制度で畿内・畿外を対とした場合のウチツクニである。大和・山城・河内・摂津の四畿内、和泉が河内から分離された後は五畿内であるが、名墾の横河・紀伊の兄山・赤石の櫛淵・近江の狭狭波の合坂山は四畿内の境界の少し外側に位置している。（⑬の凡条にある畿内の規定し直しはいろいろの問題を含んでいるので、第七節でもう一度俎上に乗せる。）

確かに④⑤⑥⑦のように畿内と畿外を区別対比してウチックニを遣う場合もある。しかし、畿内・畿外に囚われない側面では、ヤマトが通常の大和だけでなく、広義の日本全体を指すことがあるように、ウチックニも⑧⑨のように国威の発展に連れてその領域は拡大したのである。大化前代にはいわゆる畿内よりも広い範囲の、王権の及んだ日本全域を指すようになっていたのである。

第三節　内宮家

この節では『紀』などにあるウチックニを他の局面から追求してみよう。ウチックニは誰にでも分かっているようで、実はなかなかの難物である。

古代日本は韓半島南部に強い影響力を持っていたり、任那を経営したりしていたが、その証拠の一つが半島に置いた宮家である。しかも、単なる宮家ではない。『紀』には「内宮家」の語が六カ所で七度も遣われている。

①（新羅が日本国に降参したことを知った高麗・百済の二王は勝ち得ぬことを知り）「今より以後《のち》は、永く西蕃《にしのとなり》と称《い》ひつつ、朝貢《みつきたてまつること》絶たじ」とまうす。故《かれ》、因りて、内宮家屯倉《うちつみやけ》を定む。（神功前紀、仲哀九年十月）

②（新羅の王《こきし》が）「臣《やつこ》、今より以後《のち》、日本国《やまとのくに》に所居《ま》します神の御子に、内宮家《うちつみやけ》として、絶ゆること無く朝《みつき》貢《たてまつ》らむ」とまうす。（同九年十二月一云）

③（任那の王《こきし》が）「夫《そ》れ海表《わたのほか》の諸蕃《となりのくに》、胎中天皇《ほむたのみかど》の、内宮家を置きたまひしより、本土《もとつくに》を棄てずして、因りて其の地《ところ》を封《よさ》せること、良《まこと》に以有《ゆゑ》り。（下略）」（継体二十三年四月）

④（詔に）「我が先考天皇《さきのすめらみこと》の世《みよ》に属《あた》りて、新羅、内宮家の国を滅せり。（欽明二十三年に）任那、新羅の為に滅さる。故《かれ》、新羅、我が内宮家を滅せりと云ふ。（下略）」（敏達十二年七月）

⑤（中臣連国曰《くにまう》さく）「任那《みまな》は是元《はじめ》より我が内宮家なり。今新羅人伐《う》ちて有《え》つ。（下略）」（推古三十一年是歳）

⑥（詔に）「（前略）始め、我が遠皇祖《とほつみおや》の世《みよ》に、百済国を以て、内宮家としたまふこと、譬《たと》へば三絞《みせ》の綱の如し。中間《なかごろ》、任那国を以て、百済に属《つ》け賜ふ。（下略）」（孝徳大化元年七月）

これらの条にある内宮家・内宮家屯倉はウチツミヤケと訓む。ウチツミヤケは大和や畿内にあるのではない、韓半島の任那や百済などを指しているのである。内国の、すなわちわが国の屯倉の意味である。内宮家は『住吉大社神代記』（平安初期成立か）や『高良玉垂宮縁起《かうらたまだれのみや》』（鎌倉後期または南北朝前期成立）にもある。谷川士清《ことすが》の『日本書紀通證』（一七四八年成立）は「内は親しみ睦み賜ふ称なり」といい、河村益根・秀根の『書紀集解《しふげ》』（一七八五年自序）は「けだし外を以て外と為さざる故に内と称す」とする。[*13] 折口信夫は説に揺らめきがあるが、内は外宮家の外の誤りともする。弥永貞三は、内は一種の美称であって、本体は宮家であるとする。[*14] 山尾幸久は、国内の宮家の観念を韓半島にまで拡張したもので、韓半島に倭王のミヤケが実在したわけではないとする。[*15] これらはいずれも正しくはないだろう。

内宮家の理解には次の二例が参考になる。

⑦（高麗《こま》の王《こきし》曰はく）「寡人《おのれ》聞く、百済国は日本国《やまとのくに》の宮家《みやけ》として、由来遠久《ありくることひさ》し。又其の王《こきし》、入《まゐ》りて天皇《すめらみこと》に仕《つかへ》す。四隣《よも》の共に識る所なり。」（雄略紀二十年冬）

⑧故是を以ちて新羅国は御馬甘《みまかひ》と定め、百済国は渡《わたり》の屯倉と定めたまひき。（仲哀記）

⑦では「日本国の宮家」と「内宮家」は同じである。『古事記伝』は⑧の「渡の屯倉」に真淵がワタノミヤケと訓んだのを受けて、その訓みを採用している。これは海を渡り行く彼方にある宮家の意としている。最近ではワ

タリノミヤケと訓んでいるが、意味内容に変わりはない。それは「欽明紀」五年二月の「海西《わたのにし》の諸国《くにぐに》の宮家」、十四年八月の「海表《わたのほか》の諸《もろもろ》の弥移居《みやけ》」、十五年十二月の「海北《わたのきた》の弥移居」と同様に扱って、海を渡った先の宮家と解して疑いを入れない。とすると、⑧は「日本国の宮家」や「内宮家」とは少しニュアンスの異なる規定の仕方である。もし「渡の屯倉」を「ヲノミヤケ」と訓めば、「日本国の宮家」や「内宮家」と同じになる。前章で論じたが、ヲはワ（倭）に通じる。対外的には自国のことをヤマト・ウチ・ヲ（ワ）などをつけて表していたのである。

ミヤケとは、行政する官舎や、穀物を納める公の倉庫をいうが、朝廷の農業経営地を指すこともあり、直轄地を意味することもある。後には私的な荘園などでも倉をそう呼んでいる。しかし、これまで内宮家の内を無視したり軽んじたりして、あまり注意を払って来なかったのは問題である。もちろん日本国や胎中天皇などの用字が神功や継体のような古い時代からあったわけではない。後世の観念による文飾もある。また、半島南部の日本の勢力圏や版図を不愉快に思ったり、古代王権を過小評価したい思惑もあったりする。そうした考えには反するが、内宮家にはそれなりの意味が持たせてあったろう。

第四節　内臣

ウチ（ツ）クニ・ウツクニは、特に蕃屏の国に対しての、日本国の一名である。しかし、上述の諸例だけでは、まだ説明や証拠としては不足があると考える方があるかもしれない。それでは、次の内臣の例はどうであろうか。

①内臣《うちのおみ》名を闕《もら》せり。を遣《まだ》して、百済に使《つかひ》せしむ。（欽明紀十四年六月）

②（百済の表《ふみ》に）「去年《いにしとし》、臣等《やつこら》、議《はかりこと》を同《ひと》つにして、内臣徳率次酒《とくそちししゅ》・任那の大夫等《まへつきみら》を遣《まだ》して、海表《わたのほか》の諸《もろもろ》

の弥移居《みやけ》の事を奏《まう》さしむ。（下略）」（同十四年八月）

③百済、中部《ちうほう》木刕《もくら》施徳《せとく》文次《もんし》・前部《ぜんほう》施徳《せとく》曰佐《をさ》分屋《ぶんをく》等を筑紫に遣して、内臣・佐伯連等に諮《まう》して曰《まう》さく、「徳率次酒・杆率《かんそち》塞敦《そくとん》等、去年《いにしとし》の閏月四日《のちのつきよかのひ》を以て到来《いた》りしに云ひしく、『臣等《まへつきみたち》、臣等は内臣を謂ふぞ。来年《こむとし》の正月《むつき》を以て到らむ』といひき。（略）」（略）是に、内臣、勅《みことのり》を奉《うけたまは》りて答報《かへりこと》して曰はく、「即ち助《たすけ》の軍《いくさ》の数一千《ちたり》・馬一百匹《ももぎ》・船四十隻《よそふな》を遣《や》らしめむ」といふ。（同十五年正月）

④内臣、舟師《ふないくさ》を率《ゐ》て、百済に詣《いた》る。（同十五年五月）

⑤（百済が奉った表に）「（上略）天皇の遣《つかは》せる有至臣《うちのおみ》、軍《いくさ》を帥《ひき》ゐて、六月《みなづき》を以て至来《まうけ》り。（中略）有至臣が将《ゐ》て来《きた》る所の民《おほみたから》竹斯《つくし》物部莫奇委沙奇《まがわさか》、能く火箭《ひのや》を射る。（中略）」（別に）「若し、但斯羅《ただしらき》のみならば、有至臣が将《ゐてきた》る所の軍士《いくさびと》をもても足りぬべし。（下略）」（同十五年十二月）

上例に出てくる内臣・有至臣はすべて百済の記録をもとにして「欽明紀」に書かれたものである。それは名前が欠けていたり、朝鮮風の音表記になっているので、それと推察できる。内臣は、韓半島にいるものもあれば、渡海するためかどうかは不明であるが、筑紫にいるものもある。②の内臣徳率次酒については、『新古典全集本』の頭注は日系の百済官僚の一人とする。[*16] しかし、内臣徳率次酒は通常一名のことであるとされているが、もしかすると内臣は、①のように名を欠いていて、徳率次酒とは別人であるかもしれない。内臣は中国古代の宮中親近の臣に与えた称には似ていないようであるし、朝廷の内務を司る任務を負っているとも考えられない。それどころか、多く現地に派遣されている内国の総帥的な臣であるように見受けられる。これは「欽明紀」にある、

（天皇の詔《みことのり》として）「日本《やまと》の臣《まへつきみ》と任那の執事《つかさ》と、新羅に就《ゆ》きて、天皇《すめらみこと》の勅《みことのり》を聴《うけたまは》れ」とのたまひき。（欽明紀五年二月）

の「日本の臣」と同じではないか。内臣・有至臣は百済の記録にあったものであり、同じことを日本側は「日本の臣」とも表現したのであろう。すなわち、ウチ（内・有至）は大和・日本と同じように国名である。

このほかにも性格の異なる内臣がいた。「孝元記」に「味師内宿禰《うましうちのすくね》、此は山代の内臣《うちのおみ》の祖なり」とあるが、この内臣も内国の臣と考えてよかろう。味師内宿禰の母違いの兄に建内宿禰《たけうちのすくね》がいる。建内宿禰は数代に亘る寵臣ではあるが、二人の名前にある内は内国を指しているだろう。ただし、ウチは全国を指すものではない。これは、神武を出迎え後に倭国造になったウツヒコ（神武前紀）、先に述べたウツシコオ（開化紀・孝元記）やウツシコメ（孝元紀・孝元記）、「景行紀」三年の紀直《きのあたひ》の遠祖のウチヒコ（建内宿禰の父、孝元記ではウヅヒコ）などにあるウツ・ウチも内国にちなんで名づけられていると考えられる。また、内物部《うちのもののべ》も初期のころの内国に居住していた物部氏と判断してよかろう。建内宿禰や内物部の内は内廷に近似する臣にたいするものであるともされてきたが、新しい概念で考えてみる必要がある。

さらに『紀』に次のような例がある。

⑥大錦冠《だいきむのかうぶり》を以て、中臣鎌子連《なかとみのむらじのかまこ》に授けて、内臣《うちつおみ》とす。（孝徳前紀）

⑦是の日（十月一日）に、中臣内臣《うちつまへつきみ》、沙門智祥《ほふしちじやう》を遣《つかは》して、物を郭務悰《くわくむそう》に賜ふ。戊寅《つちのえとらのひ》（四日）に、郭務悰等に饗《あへ》賜ふ。（天智紀三年十月）

⑧中臣内臣、沙門法辨《ほふべん》・秦筆《じんひち》を使《つかは》して、新羅の上臣大角干庾信《まかりだろだいかくかんゆしん》に船一隻《ひとつ》を賜ひて、（金）東厳《とうごむ》等に付《さづ》く。（同七年九月）

『古典大系本』は⑦⑧の内臣をウチツマヘツキミと訓んでいる。なお、『日本書紀通証』『日本書紀新講』『新古典全集本』では⑥⑦⑧とも内臣をウチノオミと訓む。これら三条は藤原鎌足に関する記事である。中臣鎌子に内臣を授けた日、阿部内麻呂臣を左大臣に、蘇我山田石川麻呂を右大臣に任じている。「天智紀」八年の条では鎌子は藤原内大臣《ふじはらのうちつまへつきみ》と書かれている。ウチツマヘツキミは『古典大系本』の訓みであるが、今述べた三書ではウチノオホオミである。

岩崎小弥太は、太政官の長官である左大臣・右大臣と異なり、「鎌子が任ぜられた内臣と官は後の令制には見えないもので、従って多くの疑問に包まれている」と述べている。[*17] 養老五年（七二一）十月藤原房前が、宝亀二年（七七一）三月藤原良継が、宝亀九年（七七八）三月藤原魚名が内臣《ないしん》になっている。山本信吉は、これらのことを考え合わせても、「鎌足が何故内臣という特殊な地位についたのか、大化前代の内臣が明らかでないため、その理由は分からない」と書く。[*18] 門脇禎二などは、「改新」政権の中で与えられたという内臣という官職も歴史的事実ではないと考える、とまでいっている。[*19] 二宮正彦は、「内臣・内大臣は言うまでもなく、令制には見られない特殊な臨時の官であり、皇位継承や、あるいは政治情勢に応じて任用される補政的地位・職掌を持ったものと考えられる」とし、「大化前代に内臣が存在したとは考えられない」ので、「内臣は鎌足を以て嚆矢とすべきであろう」とする。[*20]

鎌足（鎌子）のことは「皇極紀」三年正月の神祇伯に任命しようとする記事から、「孝徳前紀」の蘇我臣入鹿を誅殺する謀《はかりごと》の前後、あるいは「天智紀」八年に薨《みま》かる前後に述べられている。しかし、⑥の内臣に任じられてからの職責上の活躍としては、⑦⑧にあるように唐や新羅からの使者に対して、船や物を贈与したり、饗宴をしたりしていることだけである。孝徳・斉明・天智の時代に朝貢者に物や饗を賜うことはあったが、⑦⑧の例以外には授与や饗応の担当責任者が『紀』に記録されたことはない。してみると、鎌足は内臣・内大臣とされてはいるが、現今になぞらえれば内務大臣的というよりは、いわば外務大臣的でもある。これは「内」を海外の蕃屏などがある時代の概念で考えないと、正しくは理解できないことだろう。

ただ『続紀』時代の内臣は多少職掌が異なるようである。元正が藤原朝臣房前《ふささき》に与えた勅と、光仁が良継《よしつぐ》を内臣に任じた時の勅には、

汝《なむち》卿房前、内臣《うちのおみ》と作《な》りて内外を計会《はから》ひ、勅に准《なずら》へて施行し、帝《みかど》の業《わざ》を補翼《たす》けて、永く国家を寧《やす》みすべし。
（養老五年十月）

正三位藤原朝臣良継を内臣《ないしん》とす。（中略）内臣の職掌・官位・禄賜《ろくし》・職分雑物《しきぶんざふもち》は、皆大納言に同じくすべし。但し食封《じきふ》は一千戸を賜ふ。（宝亀二年三月）

とある。ただし、『新古典大系本』は宝亀二年（七七二）の内臣をナイシンと訓んでいる。

これまでの多くの論考は内国の概念がない漠とした状態のまま、内臣の名称のよってきたるところを考えようとして来た。問題の所在が明らかになれば、解明される事柄も一つ二つには留まらないだろう。以下新たな視点から内国の周辺を取り上げる。

第五節　貴国

「神功紀」や「応神紀」のなかに『百済記』からの引用と思われる「貴国」がしばしば現れる。神功摂政四十六年に五回、五十一年に一回、五十二年に二回、六十二年に二回、応神三年に一回、八年に一回、二十五年に一回の計十三回である。少し例を挙げてみる。

①卓淳《とくじゅん》の王《こきし》末錦旱岐《まきむかんき》、斯摩宿禰《しまのすくね》に告げて曰はく、「甲子《きのえね》の年の七月《ふみづき》の中《なかのとをか》に、百済人《くだらびと》久氏《くてい》・弥州流《みつる》・莫古《まくこ》

の三人《みたり》、我が土《くに》に到りて曰く、『百済の王《こきし》、東《ひむがし》の方に日本《やまと》の貴国有ることを聞きて、臣等《おのら》を遣《まだ》して、其の貴国に朝《まう》でしむ。（略）』（略）」（神功四十六年三月、この条に貴国はさらに二回ある）

②（百済の王の父子が曰わく）「貴国の鴻恩《みうつくしび》、天地《あめつち》より重し。（中略）永《ひたぶる》に西蕃《にしのとなり》と為りて終《つひ》に貳心《そむくこころ》無けむ」（神功五十一年即年《そのとし》）

③（百済王が孫枕流王《うまとむるわう》に語る）「今我が通ふ所の、海《わた》の東《ひむがし》の貴国は、是天《あめ》の啓《ひら》きたまふ所なり。（下略）」（神功五十二年九月）

④百済記《くだらき》に云はく、壬生年《みづのえうまのとし》に、新羅、貴国に奉《つかへまつ》らず。貴国、沙至比跪《さちひこ》を遣《つかは》して討たしむ。（神功六十二年）

⑤是年、百済の辰斯王《しんしわう》立ちて、貴国の天皇《すめらみこと》のために失礼《みやな》し。（応神三年是年）

⑥百済記に云はく、木満致《もくまんち》は、是木羅斤資《もくらこんし》、新羅を討ちし時に、其の国の婦《をみな》を娶《ま》きて、生む所なり。（中略）我が国（百済）に来入《まうきい》りて、貴国に往還《かよ》ふ。（応神二十五年）

これらの例文にある貴国を従来カシコキクニと訓んでいる。なお、『新古典全集本』ではキコクと訓みをつけている。多くの人は貴国を大和朝廷が自国を高めるために勝手に文飾した語と理解して、『紀』を貶めこそすれ、あまり重視して来なかった。なお、①に「日本《やまと》の」とあるが、神功期には日本の用字はなかったはずで、後の追加文字であるらしい。

たとえば、伴信友は『中外経緯伝草稿』のなかで、貴国は皇国を崇めて称したものという。多くの先学も貴国を敬語という。とくに津田左右吉が、『紀』の修史家が『百済記』を改竄し潤色して貴国と書いた、と決めつけたのが災いした。[*21] 池内宏も、これは「倭」とか「倭国」としたのを、書紀の編者がその文を転載するときに、貴国と書き改めたものであろうとした。[*22] その後、貴は添加である、潤色を施した、原型にはなかった、倭国への提出用史書であるから貴国としたなどの説をなすものが多い。そうしたなかで栗原朋信は、貴国は傾斜関係の用語で、君臣関係の用語ではないとしている。[*23] 三品彰英は二人称的の用法といっている。[*24] 三品は、貴国は典拠とした『百済記』の用語がそのまま襲用されて、『紀』中に持ち込まれたものと推定してよいとし、津田の潤色説を否定している。今西龍は、⑤の「貴国の天皇」などは正しく百済の原史料の語句が残ったものであるとしている。[*25] 西田長男も貴国は百済の史料にあったもので、書紀の編者の潤色でないことは明らかであるという。[*26] 韓国の金廷鶴ですら、「日本を貴国といい、百済を我と表現していることからみても、百済記は百済人によって書かれた史書であることが明らかである」といっている。[*27] 私も貴国は『紀』編集者の造語ではないと考える。

津田左右吉は、百済人が自国の史籍に日本を貴国と書くことはないはずであると書いているが、[*28] 貴国が敬語的用法であるとすれば、そのとおりかも知れない。しかし、貴国が日本を指す固有名詞であるとすれば、百済が自国の記録に貴国と書いても何ら不思議ではないし、自国を卑下したことにもならない。貴国が用いられているのは『紀』ばかりではない。『続紀』延暦九年の条に、百済王近肖古王《きんせうこわう》（在位三四六－三七五年）の記事がある。

⑦降りて近肖古王に及びて、遥かに聖化を慕ひて、始めて貴国に聘《むか》ひき。（延暦九年七月）

『新古典大系本』はこの貴国をミクニと訓んでいる。[*29] また、『姓氏録』左京皇別下の吉田連の条にも半島がらみで貴国が出てくる。こうした例から貴国をカシコキクニやキコクやミクニと訓むのは果たして正しいかどうかを疑ってみる必要がある。

貴国の貴はタカ・タカシ・タフトブ・タフトシなどと訓むばかりでなく、ウツ・ウヅとも訓める。貴国をカシコキクニと訓まずに、たとえばウツクニと訓み、わが国を指す固有名詞とすれば、全ては無理なくスムースに理解できる。ウツクニはウチ（ツ）クニである。すると、貴国は『紀』の編者の潤色でも造語でもないし、敬語でもなかったことになる。すなわち、貴国はヤマトと同様のわが国の国名であり、内国の別表記になる。

〔補〕「神代記」によると、黄泉の国から逃げ帰ったイザナキは、筑紫の橘の小戸で禊ぎをして、多くの神を生み出した。その後、左目を洗うとアマテラス、右目を洗うとツクヨミ、鼻を洗うとスサノヲが生まれ出てくる。イザナキは、

吾は子生み生みて、生みの終《はて》に三はしらの貴子《うづのみこ》を得つ。

とのたまう。貴子に対するウヅノミコは『古事記伝』が「神代紀」に倣って施した訓みというが、通常はタフトキ(ミ)コと訓んでいる。ただ、「神代紀」五段第一の一書によれば、

(イザナキは)「吾、御寓《あめのしたしろ》すべき珍《うつ》の子《みこ》を生まむと欲《おも》ふ。」(中略)珍、此をば于図《うつ》と云ふ。

とあり、イザナキは白銅鏡《ますみのかがみ》を以てオホヒルメ(アマテラス)とツクユミを生みだし、続けてスサノヲを生む。しかし、「神代記」ではウヅでも、「神代紀」では于図はウツである。『紀』では通常図をツと訓むので、正式にはウツである。飯田武郷の『日本書紀通釈』[30]は珍子をウツノミコと訓む。ところが、『古典大系・紀』の頭注は、何故か『万葉集』に従ってウヅとしているが、『万葉集』には図を仮名として用いた例は見あたらない。『万葉集』で図を用いたのは⑤七九四番右文の「何ぞ図《はか》らむ」とある一字のみである。ただし、『万葉集』⑥九七三番に「天皇朕《すめらわ》が宇頭の御手以《も》ち」のなかに宇頭がある。『万葉集』では頭はツ・ヅ両用であるので、必ずしもウヅの訓みに固執することもなかろう。

『記』では図は仮名としては用いないが、ウヅは『記』の他のヅに引きずられた訓である。たとえば『記』では豆をヅと訓む。『紀』には図は六回がツと訓み、他に四回はトと訓んでいる。ヅと濁音で訓む例はない。念のためにツの訓注の例を表示する。なお、于図は除く。

瑞（弥図《みつ》）　神代紀四段第一
天主葛（阿摩能与佐図羅《あまのよさつら》）　神代紀五段第一
顕斎（于図詩怡破毗《うつしいはひ》）　神武前紀戊午年九月
秀真国（袍図莽勾迩《ほつまくに》）　神武紀三十一年四月
吾夫（阿我図摩《あがつま》）　仁賢紀六年是秋

たとえば、『紀』では瑞穂はミツホであるが、『記』では水穂であり、ミヅホと訓む。『紀』のウツ（珍）を、『記』はウヅノミコ（貴子・神代記）・ウヅビコ（宇豆毘古・神武記）・ウヅヒコ（宇豆比古・孝元記）などウヅと訓んでいるが、それは後の撰録であるからである。なお、「孝元記」のウヅビコは木国造《きのくにのみやつこ》の祖《おや》で、その妹の子が建内宿禰であるので、ウツビコと訓む本もある。

繰り返すが、宣長は「神代記」の貴子はウヅノミコと訓み、「神武紀」の珍彦を多くウヅビコと訓む。宣長は「大殿祭祝詞」の「皇《すめら》我が宇都の御子皇御孫《すめみま》」の語句や、梁の『玉篇』（五四三年編）は珍字に貴也と注を付けていることにも注意を払っている。「祝詞」の宇都を、真淵の『祝詞考』や重胤の『祝詞講義』はウツと訓む。しかし、宣長に引きずられてか、あるいは後の変化を重んじてか、次田潤・武田祐吉・青木紀元はそれをウヅと訓む。[*31]それは日和見的な訓みで、誤りであることは明らかである。

珍彦《うつひこ》は東征する神武軍を舟で出迎えたが、後に倭の国造に任命される。『国史大系・紀』や『日本書紀通釈』はウツヒコと訓む。ただし、「神武紀」二年二月の条に割り注があり、珍彦に于砮毗故の訓注がある。毗は『紀』ではヒと訓む。古代では地名を負った名が多いが、珍彦のウツも出身地ウチツクニのウチと通音であろう。彼は神武軍のウチツクニへの侵攻に協力し、しかもウチツクニを熟知していたことから、倭の国造に選ばれたのである。

第六節　ウチ（ツ）国の傍証

ところで、貴子は前節で述べたようにウツノミコと訓むが、渡会延佳《わたらいのぶよし》の『鼇頭古事記《ごうとう》』（一六八七年刊）はタフトキミコとし、『前田本』はタツトキミコの訓みをつける。最近の注釈本の多くはタフトキミコと訓む。ウツノミコがタフトキミコとなったように、貴国もウツクニが後にカシコキクニになったのではないか。

この貴国＝ウツクニの仮説を裏付けるために、二三の例を挙げる。「雄略紀」に、

（新羅に対し）王師《みいくさ》を以て薄《せめ》め伐ちて、天罰をも龔《つつ》しみ行へ。（雄略九年三月）

とある。ここにある天罰を『古典大系本』はアマツツミと訓んでいるが、『寛文版本』や『前田本』はウチツツミと送り仮名を付けている。神田喜一郎は、ウチツツミなる語は本来存在せざりしものとしている。[*32] 確かに天をウチと訓むことは不自然であるが、日本がウチツクニであるならば、行文上ウチツクニの罰を新羅に与えるとっても決しておかしくはない。従って古くからウチツツミの訓みがあったと認めてもよいだろう。

『三国遺事』紀異第一に次のような話がある。

新羅の第八代阿達羅《あたるら》王の四年（一五七年）に、東海のほとりに延烏郎《えんうらう》と細烏女《さいうじょ》が住んでいた。ある日延烏郎が海で藻を採っていると、岩が彼を乗せて日本へ運んでいってしまった。（日本）国の人は「これはただならぬ人である」といい、彼は立って王となる。細烏女は夫が帰らぬのをいぶかって海へ行くと、岩が前のように彼女を運んでいった。その国の人は驚き、王にこのことを奏献した。彼女は王と会い、立って貴妃とな

った。このとき新羅では月日に光がなくなってしまった。日を計るものが「それは月日の精が日本に去ってしまったからである」と王に奏上した。王は使いを派遣して二人を探させた。延烏郎は使いに「私がこの国に来たのは天のなせる業で、何をいまさら帰られようか。しかし、私の妃が織った細綃《さいしょう》（絹織物）があるので、それで天を祭ったらよかろう」と綃を賜った。使者が帰りそのことを奏上したので、その言に従って天を祭ると、月日は元のように明るくなった。その綃を御倉に蔵し、国宝にした。その倉を貴妃倉と名づけ、天を祭ったところを迎日（tori）県または都祈野と名づけた。

この物語の年代と新羅からの移住の問題は別に譲るが、日本に渡って后となった延烏女が貴妃であり、彼女が織った綃を保管したところが貴妃倉とあるのは、単なる偶然であろうか。新羅が妃を敬って貴を添加したのでもないだろう。渡った先の日本に貴国の別名があり、貴国の妃になったから貴妃と名づけたのであろう。三品は、これは単なる伝説ではなく、実際新羅に貴妃倉なるものがあって、王妃の織った聖布が蔵されており、こうした伝説が語られていたとした。[*33] 延烏郎・細烏女の烏はウまたはヲで、ワ（倭）に通じるだろう。二人は多分倭人である。

かくして貴国はウツクニ・ウチツクニの漢字表記としてよいだろう。

なお、平安時代のことであるが、貴国の用例を以下に掲げる。

①『平安古文』古文書編一〇　渤海国中台省牒安　咸和十一年（八四一承和八年）
応差入覲《にふきん》　貴国使政堂省左允賀福延并行従人壱佰伍□（下略）
（上略）謹差政堂省左允賀延令覲貴国者（下略）

②『続日本後紀』　嘉祥二年（八四九）　渤海客使の条

応レ差二入覲貴国使永寧県丞王文矩幷行従一百人一

③『三代実録』　元慶元年（八七七）　渤海客使の条

使楊成規被レ差入二覲貴国一（中略）従レ風漂流。着二貴国岸一（中略）応レ差入二貴国一（下略）

これらは九世紀に渤海使が来朝したとき、携えてきた牒または国書にあった文面の一部である。応差人は派遣に応じた者、覲はまみえる、入覲は参内して天子にまみえることの意である。差は使い・派遣の意である。その中にはしばしば貴国の文字がある。角林文雄は、②の「入覲貴国使」が慣用句として用いられていることに注目し、百済三書の中に日本・貴国・天朝が国号のように遣われていることに不審を抱いている。*34 これは、前節⑦『続紀』延暦九年七月の条にある、百済王の上表中の「貴国（に聘《むか》ひき）」と同根であるかもしれない。ただわが国向けの書中にあるので、貴国が敬語的表現である可能性が若干残る。なお、聘は訪れのことである。

「神功紀」六十六年の条にこうある。

是年、晋の武帝の泰初二年なり。晋の起居の注に云はく、武帝の泰初二年の十月に、（貴の）倭の女王、訳を重ねて貢献せしむといふ。

これは、『晋書』「武帝紀」の「泰始二年十一月己卯、倭人来たりて方物を献ず」や、同「倭人伝」の「泰始の初め、使を遣はし、通訳を重ねて入貢す」の記事に該当する。年号と月にわずかの差はあるが、そう考えてよいだろう。神功六十六年は西暦二六六年であり、ちょうど泰始二年に当たる。「神功紀」の条文はほとんど二運、すなわち百二十年引き下げないと実年代とは合致しないが、ともかく、この条文はそのままの年代に挿入されている。ただし、女王とあるのは卑弥呼ではなくして、台与《とよ》である。

さて、この「倭女王」は、『北野本』や『卜部兼方本』では「貴倭女王」となっている。大野晋は、『北野本』「神功紀」は古本に属し、ことに優れた本文をもち、『紀』の本文校訂上重要な資料であると考証している。[*35]古田武彦は、やはり『北野本』の「貴倭女王」が古形を保っているとした。しかし、どうしたことか、「貴倭」を「倭貴」の誤りとし、それを福岡と佐賀の県境にある基山・基肆城近辺に当てはめた。[*36]こうしたこざかしき原文改訂は古田がもっとも嫌ったところであり、この変更もやはりいただけない。もちろん、大和朝廷が「貴倭」の表現を意図的に添加したもので、原型と見ることはできないという説もある。[*37]「貴倭」の貴はすでに論じ来たった貴国の貴、あるいは内国の内に相当すると推定される。ただし、この貴は後に日本で書き添えた可能性がある。

これまでの検討で、貴国は大和朝廷の造作の言葉でもなければ、わが国と百済などとの上下関係の言葉でもないことがわかった。貴国も、内宮家・内臣の内も内国を表すことが理解できたであろう。

念のためにつけ加えるが、国名は一つに限られることは必ずしもない。中国でも固有の国名の他に、自国の称として夏華・中華・中国などはいつも使用してきた。従ってヤマト（倭・和・大倭・大和）のほかに葦原中国・葦原瑞穂国・秋津州・敷島国などがあった。だから、ウチ（ウツ）クニ（内国・貴国）が使われても、何ら異とするには当たらない。また、それが特に対外的に蕃屏をなす国々に用いられても少しも不自然ではない。鮎貝房之進は、『百済記』が日本を貴国と称したことは、中国を支那と称したのと同様であるとしている。[*38]ご存知のように、ワ（倭）はどちらかというと古く中国大陸や韓半島で用いられた他称であった。

第七節　内国の意義と畿内制

第二節でも述べたが、標縄・柴刺し・生け垣などで囲まれたところは聖なるところであるという信仰が古代日本にはあった。もっとも一般的な小地名は垣内で、カキツ・カイツ・カイトなどと音韻が変化している。そこは垣で囲まれた区画であるが、垣を欠く場合もある。居住区であったり、地縁でつながる集落であったりする。いってみれば小部落・小村落である。カキツ・カイツ・カイトなどに当てられた漢字は数十に及ぶだろうが、もとは垣に囲まれたところが聖なる理想郷と考えられていたから、かくも普遍的な地名となったのである。

神社でも山陵でもそうであるが、複数の垣・堀・堤などによって囲まれていることが多い。たとえば伊勢の皇太神宮は瑞垣・蕃垣《ばんがき》・内玉垣・外玉垣・板垣で五重に囲まれた中に正殿と東西の宝殿がある。ただし、豊受太神宮には蕃垣がない。堺市堺区大仙町にある大仙古墳は仁徳陵といわれているが、三重の堤と三重の水濠に取り囲まれた中に前方後円墳がある。幾重にも囲まれた内側はもっとも神聖な場所である。柿本人麻呂は殯宮を常宮と詠っているが（万②一九六・一九九）、墳墓の内も常宮として神ながら鎮まりますところであったろう。

弥生時代の前期末に出現し、中期に盛行する環濠集落や、中期後半に現れた高地性集落は、一重の環濠だけでなく、複数の環濠に取りまかれたものも多い。たとえば、滋賀県守山市の下之郷遺跡は弥生中期の環濠集落であるが、三重から九重の環濠が廻っていた。国々の間に戦乱が続くとき、環濠や周堤や柵で防衛された内ほど安全であった。

スサノヲがクシイナダヒメを娶るために造った須賀の宮は八重垣が取り囲んでいた。八重は多数を表している。

八雲立つ　出雲八重垣　妻籠みに　八重垣作る　その八重垣を（記一）

『記紀』に大和を歌った歌謡がある。

大和は　国の真秀《まほ》らま　畳なづく　青垣山　籠もれる　大和しうるはし（紀二二）
大和は　国の真秀ろば　畳なづく　青垣　山籠もれる　大和しうるはし（記三〇）

ここでは『記紀』の歌謡の異同を云々するために取り上げるのではない。多くの解説本は「畳なづく青垣（山）」を「重なり合ってくっついている青垣のような山」と解釈しているが、「幾重にも重なった青垣のような山並み」というようには必ずしも理解はしていないようである。幾重にも重なる垣の中に籠もることが聖性を高めているはずである。『万葉集』には次の歌がある。

　　吉野川　たぎつ河内に　高殿を　高知りまして　登り立ち　国見をせせば　畳なはる　青垣山（①三八）

この歌でも「重畳した青垣のような山に囲まれた」としているが、単なる一重の垣山のように理解していたと思われる。吉野の高殿は川にも囲まれ、重畳した複数の青垣のような山並みに囲まれたと理解しないと、吉野の宮の仙境感は深まらない。

　内国は、四方の国あるいは畿外の諸国によって幾重にも囲まれ、護られていた。内国が広義の日本を指すようになってからは、海外の蕃屏をなす国々によって囲まれた、聖なる国なのである。そうした理想郷を国名として対外的にも用いたかったに違いない。

　ところが、天智二年（六六三）八月、百済国の救援再興に行っていた日本軍は白村江《はくすきのえ》で唐軍と船戦をして大敗を喫してしまった。ウチツクニは日本のおおよそ全体を指すようになっていたが、この無惨な敗北の結果、韓半島に内宮家としていた蕃屏の国々をほぼ失うこととなった。その結果、海の向こうの影響下に置いていたトックニ（外国）のほとんどを失ってしまったから、大和朝廷はウチツクニの概念変更を迫られることとなる。それが第二節の⑬で引用した「孝徳紀」大化二年（六四六）正月の改新詔第二条である。改めて畿内は、東は名墾の横河、南は紀伊の兄山、西は明石の櫛淵、北は近江の狭狭波の合坂山、これら四地点以内と定められたのである。

注意が必要なのは、大化が白村江の大敗以前だということである。大化改新の詔は津田左右吉によって天智の近江令の移行であるとされた。[*39] しかし、天智は六年（六六七）三月に近江宮に遷都をしているので、京師が畿内の北境の合坂山より北に出てしまう。従って、改新詔の畿内制は天智十年（六七一）に施行された近江令の移行ではない。また、畿内の規定は四方の境界からみて大和国に京師があるときの規定であるとされている。たまたま孝徳も難波の長柄豊碕宮にいたので、大化時代の規定でもないことになる。改新詔の畿内制は孝徳の難波宮を中心として設定されているとの説もあるが、[*40] 南が紀伊の兄山となっていることから、成立しないと考える。

井上光貞や八木充は改新詔を養老令の条文と逐一比較をして、類似の条文や用語を指摘している。[*41] その過程で改新詔を浄御原令の転載を主に、大宝令による修飾で成り立つと想定した。畿内制の条文は養老令にないことから、井上は浄御原令や大宝令にもなかったことが予測され、形式的に令文に似た形を整えて改新詔の凡条とした とする。この見方は、畿内制が海外の蕃屏をなす国々をほぼ失った条件下で生じた規定であることを、不幸にも理解していなかったことに起因する。参考までに記すが、養老令には畿内は大和国・摂津国・河内国・山背国となっている。和泉国は天平宝宇元年（七五七）に河内国から分れている。

ここで新しい畿内制の成立を具体的に指摘したい。『紀』にある次の文を見ていただきたい。

①勅《みことのり》すらく、「諸王《おほきみたち》・諸臣《おみたち》の給はれる封戸《へひと》の税《おほちから》は、以西《にしのかた》の国を除《や》めて、相易へて、以東《ひがしのかた》の国に給へ。又外国《とつくに》の人、進仕《つか》へまつらむと欲ふ者は、臣・連・伴造《とものみやつこ》の子、及び国造《くにのみやつこ》の子をば聴《ゆる》せ。（下略）」（天武紀五年四月）

②詔《のたま》して曰はく「朕《われ》、今より更律令《またのりのふみ》を定め、法式《のり》を改めむと欲《おも》ふ。故《かれ》、倶《とも》に是の事を修めよ。然も頓《にはか》に是のみを務《まつりごと》に就《な》さば、公事《おほやけわざ》闕《か》くこと有らむ。人を分けて行ふべし」（天武紀十年二月）

③庚戌《かのえいぬのひ》（二十九日）に、諸司《つかさつかさ》に令《のりのふみ》一部《ひととも》二十二巻《はたちあまりふたまき》班《わか》ち給ふ。（持統紀三年六月）

①の詔勅の中程に「外国の人」とあるが、この外国は海外の国ではなく、畿内に対する畿外の意味で遣われている。これは天武五年（六七六）には朝廷内ではすでに新しい畿内制が採られていることを物語っている。『紀』のなかで「外国」が遣われたのは、他には「持統紀」十一年（六九七）七月の条だけである。七月七日罪人に恩赦を与えたが、「又外国《とつくにびと》は、稲、人ごとに二十束《はたつか》」を与えている。ここでは外国をトックニビトと訓ませている。このトツクニも同様に畿外の意で用いている。養老令でも外国は「考課令」の条文に京官・畿内の対として用いられている。『続紀』でも同じで、外国は六回遣われているが、いずれも京畿に対する畿外七道諸国の意に用いられている。

上田正昭は第二節⑬の畿内制の規定を四至畿内制ととらえ、「持統紀」六年四月の条の四畿内が示す倭（大和）・山背・摂津・河内の国境により区画された畿内とは異なると捉える。そして四至畿内制を天武朝の制定と考えている。[*42] ただし私見によれば前述のようであるが、畿内制が多数の条令のなかに組み込まれたのは、おそらく天武十年（六八一）②の浄御原令を制定する勅によってであろうし、まとまった形として諸国に配布されたのは持統三年（六八九）③の浄御原令の送達によってであろう。

もうつけ加えるまでもないが、改新詔にある（少なくとも）畿内制に関する凡条は、浄御原令の転載であったことになる。また、『続紀』文武三年（六九九）の条によれば、

多褹《たね》・夜久《やく》・菴美《あまみ》・度感《とかむ》らの人、朝宰《ちょうさい》に従ひて来たりて方物《くにつもの》を貢《たてまつ》る。（中略）その度感嶋、中国に通ふこと是に始まる。（文武三年七月）

ここにある中国はいわゆる内国のことで、度感嶋とは徳之島である。「中国に通ふ」などと南島をまだ辺島扱い

をしている。延暦《えんりやく》九年（七九〇）の条では陸奥国の遠田公押人《とほたのきみおしひと》が、

「己《おのれ》、既に濁れる俗《ならひ》を洗ひて、更に清化を欽《ねが》ふ。志、内民《うちのたみ》に同じくして、風《のり》、華土《くわど》を仰ぐ。然れども猶未だ田夷《たえみし》の姓を免れず、永く子孫に恥を貽《のこ》す（下略）」（延暦九年五月）

といい、夷の姓を改めて欲しいと願い出ている。内民とは内国の民のことである。また、内国を華土とも表現している。このことからも明らかなように、我が国の内国・中国偏重の思想は持統朝で消えてしまったわけではない。

第八節　国号「日本」の成立

ここでウチツクニの概念変更と時期が明らかになったので、それらにからめて国号「日本」の成立を考えてみたい。

まず、上代文献にヤマトがどのように表記されているのかを概観してみる。

日本書紀　倭・日本・大倭・大和・東・大日本・大国・日本倭《やまと》

（倭・日本が大部分で、大倭が多少ある。万葉仮名表記は省いた。日本倭は「孝徳紀」大化二年二月の天皇名中にある。オホヤマトとしての用字は大日本・大倭がある。日本をヒノモトと訓むことは一度もない。東《やまと》は西《かふち》の対として用いている。）

古事記　倭・和

（大多数が倭で、皇女名中に和が一つある。万葉仮名表記は省いた。オホヤマトの用字は大倭であるが、万葉仮名表記もある。）

常陸風土記　倭

播磨風土記　倭・大倭

風土記逸文　大倭・倭・大和

（他に万葉仮名表記が一例ある。）

万葉集　倭・山跡・日本・山常

（倭二十回・山跡十六回・日本十五回である。他に万葉仮名表記が九回ある。大日本をオホヤマトと訓む例が一回ある。）

これらの国名の訓みはヤマトである。

それでは、日本という国号が用いられ始めたのはいつであろうか。推古朝・大化改新期・斉明朝・天智朝・文武朝など多くの説が出されている。大和岩雄がこれらの説の子細を日本国号始用説として上手に整理している。それによれば以下のようになる。*43

推古朝説　矢田部公望・卜部兼方・新井白石・村瀬栲亭・津阪東洋・星野恒（・梅原猛）

孝徳朝説　本居宣長・飯田武郷・木村正辞・内田銀蔵（・橋本増吉・岩井大慧）・坂本太郎・森克巳・高橋富雄

斉明朝説　岩崎小彌太

天智朝説　北畠親房・石母田正・江上波夫・岡田英弘・市村其三郎・山尾幸久

七世紀後半説　上田正昭・田村圓澄（・大和岩雄）
八世紀初頭説　（文武朝説）三品彰英・西嶋定生・村尾次郎（・神野志隆光）
（元明朝説）椿仲輔・川住鍜三郎・喜田貞吉

大和岩雄自身は七世紀後半説であるので、括弧内に追加してある。神野志隆光も追加をした。[*44] 特に戦後は改号の時期を繰り下げる傾向がある。

ここで『紀』から関連の条と『万葉集』の歌を引用する。

①対馬国司守忍海《つしまのくにのみこともちのかみおしぬみ》大国言《まう》さく「銀《しろがね》始めて当国《このくに》に出でたり」とまうす。（中略）凡《おほよ》そ銀の倭国《やまとのくに》に有ることは、初めて此の時に出づ。（天武紀三年三月）

②（新羅の前例と異なる応対に対し、貢物を受け取らず、不誠実な来朝を諭す勅のなかに）「新羅、元来奏《もとよりまう》して云《まう》さく、『我が国は、日本《やまと》の遠つ皇祖《みおや》の代《みよ》より、舳《へ》を並べて檝《かぢ》を干さず、奉仕《つかへまつ》れる国なり』とまうす。（中略）『日本の遠つ皇祖の代より、清白《あきらけ》き心を以て仕へ奉《まつ》れり』とまうす。（下略）」（持統紀三年五月）

③（石上大臣従駕作歌）吾妹子《わぎもこ》を　いざみの山を　高みかも　日本《やまと》の見えぬ　国遠みかも（①四四）

④（藤原宮御井歌）埴安《はにやす》の　堤の上に　あり立たし　見《め》したまへば　日本《やまと》の　青香山《あをかぐやま》は　日の経《たて》の　大御門に

（①五二）

①にある倭国は日本全体を指しているが、この倭国が『紀』で広義のヤマトを指す最後の用例である。東野治之は、天武三年（六七四）にはまだ国号日本は成立していないとする。[*45] その通りだろう。この後は倭国は大和一国を指す意味でしか遣われていない。ただし、「天武紀」十二年（六八三）正月の詔に明神御《あきつみかみと》大八洲《おほやしましらす》倭《やまと》根《ね》子天皇《このすめらみこと》

とあるが、そこに日本全体を指す倭がある。こうした天皇の呼び方は養老令の公式令《くうじきりやう》に天皇の表し方の五例が挙げられていて、そこに明神御大八洲天皇がある。『続紀』宣命第三・四詔では現神《あきつみかみと》八洲御宇《おほやしまぐにしらしめす》倭《やまと》根《ね》子《こ》天皇《すめら》が詔旨《みことらま》で始まっている。倭根子は詔書では定型的な用字で、ヤマトが倭から日本に変わった後も遣われている。ちなみにヤマトネコは、『紀』では孝霊・孝元・開化・清寧の国風名に対しては日本根子を遣っているが、『記』では倭根子である。『続紀』では元明・元正に日本根子を用い、天智・持統・文武に倭根子が遣われている。

②は持統からの勅に引用されている新羅の過去の奏上中にある日本であるので、必ずしも適当な例ではないが、天武三年以降で日本を用いた唯一の文である。まだ日本に小中華的な態度が残っていることが勅によく出ている。少なくともこの時点では内国・貴国・倭国などの国名が遣われていないことは分かるだろう。日本に対する送り仮名ヤマトはもちろん新羅のものではなく、わが国での通常の訓みである。前節③で示したが、持統三年（六八九）六月には浄御原令を諸国に頒布している。

③は『万葉集』でヤマトに日本を用いたもっとも古い歌で、石上朝臣麻呂が持統六年（六九二）に詠んだものである。④は次に古い歌で、人麻呂の歌ではないかともいわれたものである。持統八年（六九四）に詠まれている。これらの日本の表記は『万葉集』の編者による用字とも考えられない。もし仮にそうだとすると、日本の国号の始用を八世紀初頭に想定する説は成り立たない。

大和岩雄は、国号日本を天武・持統の治世、すなわち六七二年から六九七年の間に始めて用いたとしている。[*46]これは上記のように天武四年から持統三年、すなわち六七五年から六八九年の間に絞り込まれたことになる。さらに踏み込んでいえば、畿内制が定められたのは、当節①と前節①の間、すなわち天武四、五年（六七五、六七六）ごろであろうから、国号日本の開始も同時期としてよいだろう。

しかし、国内的には日本をヒノモトと訓んだのではなく、やはり相変わらずヤマトと訓み慣わしていたらしい。『紀』のヤマトに対する日本の表記はこの時の改号を借りたのである。

このことを中国の史書で確認しておきたい。『旧唐書』倭国伝・日本伝と『新唐書』日本伝の関係部分を読み下して抜き出す。ただし、年号には西暦と日本の年号を添えて比較しやすくしてある。

①貞観五年（六三一舒明三年）、使ひを遣はして、方物を献ぜしむ。（中略）二十二年（六四八大化四年）に至り、又新羅に附して表を奉り、以て起居を通ず。（旧唐書倭国伝）

②冬十月、日本国使を遣はして、方物を貢ぐ。（旧唐書本紀即天皇后長安二年〈七〇二大宝二年〉）

③日本国は、倭国の別種也。其の国、日辺に在るを以ての故に、日本を以て名と為す。或ひは曰く、「倭国自ら其の名の雅やかならざるを悪《にく》み、改めて日本と為す」と。或ひは云ふ「日本、旧《ふる》くは小国なれども、倭国の地を併せたり」と。其の人、朝に入る者、多くは自ら大を矜《ほこ》り、実を以て対《こた》へず、故に中国は焉《これ》を疑ふ。（中略）長安三年（七〇三大宝三年）、其の大臣の朝臣真人《まひと》、来たりて方物を貢す。（旧唐書日本伝）

④太宗の貞観五年（六三一舒明三年）、使者を遣はして入朝せしむ。（中略）久しくして、更めて新羅の使者に附して書を上《たてまつ》る。永徽《えいき》の初め（六五〇以降白雉二以降）、其の王孝徳即位し、改元して白雉《はくち》と曰ひ、虎《こ》魄《はく》の大きさ斗の如く、瑪瑙《めのう》の五升の器の若《ごと》きを献ず。（中略、斉明）死して天智立つ。明年（六六二天智元年）、使者蝦夷《えぞ》人と偕《とも》に朝す。（中略）天智死して、子《ママ》の天武立つ。死して子《まま》の総持《ママ》立つ。（中略）咸亨《かんこう》元年（六七〇天智九年）使ひを遣はして、高麗を平らげしことを賀す。後稍《やうや》く夏の音を習ひ、倭の名を悪《にく》みて更めて日本と号す。使者自ら言ふ、「国、日の出づる所に近ければ、以て名を為す」と。或ひは云ふ、「日本は小国にして、倭の并《あは》す所と為る。故に其の号を冒す」と。使者は情を以てせず、故に焉《これ》を疑ふ。（中略）長安元年（七〇一大宝元年）、其の王文武立ち、改元して太宝と曰ふ。朝臣真人粟田を遣はして方物を貢せしむ。（新唐書日本伝）

『旧唐書』は十一世紀初頭に成立したが、史料不足の欠陥があったので、改めて宋代に編纂し直され、『新唐書』が一〇六〇年に成立した。引用の部分でもかなり差があるが、『新唐書』にも記述に乱れがある。両書から判断すると、国号日本の成立は咸亨元年（六七〇天智九年）から長安二年（七〇二大宝二年）の間であることが分かる。『新唐書』には長安元年に粟田真人が朝貢したとしているが、実は元年には粟田等の遣唐使は渡海に失敗していた。翌二年改めて渡海を試み、無事唐土に渡ることができた。②では長安二年に日本国の使いが国の産物を貢いでいる。また、『懐風藻』にこの時唐に遣学した僧弁正が詠んだ「唐に在りて本郷《もとつくに》を憶ふ」と題する五言絶句がある。

日辺《にっぺん》日本を瞻《み》　雲裏雲端《うんりうんたん》を望む　遠遊遠国《ゑんいうゑんごく》に労《いたつ》き　長恨《ちやうこん》長安に苦しぶ（二七）

この漢詩に日本が詠われていることからして、すでに大宝初めには確実に国号日本は成立していた。漢詩の出始めの「日辺」のような語句は、③のように『旧唐書』日本伝にもある。これは偶然ではない可能性が高い。とすると、国号日本を初めて唐朝に伝えたのは粟田等であったことになるだろう。粟田は慶雲元年（七〇四）七月に帰国しているが、日本国の使として唐に至ったいきさつが『続紀』に記載されている。だから、③のように長安三年でなく、②のように長安二年としてよい。

『新唐書』にある咸亨元年（六七〇）の時には、まだ国号日本は成立していなかったようである。何故なら「後稍く夏の音を習ひ」とあるので、中国の音はそれ以前から習っていたとは思うが、いずれにせよ日本の成立はその時より多少年代が下るものと推量される。すると先ほどの六七五－六八九年の間、あるいはさらに突き詰めた六七五、六七六年ごろという想定とは齟齬がない。

わが国が倭の名を嫌い、日の出るところに近いから日本に改めたとするのはよいとしよう。しかし、『旧唐書』

は日本は元小国であったけれども、倭国の地を併合したといい、『新唐書』は倭は小国の日本を併合し、その号の日本を冒したという。これではまるで反対である。この部分に対する明解な判断が必要であるが、まだ自信の持てる成案を得ていない。「雄略紀」以降に大和を東で、河内を西で表す例が散見する。たとえば、東漢直掬《やまとのあやのあたひつか》や西漢《かふちのあやの》手《て》伎《ひと》歓因《くわんいん》知利《ちり》である。一方、東を日本《ひのもと》と考える発想があったので、「日本の」が大和の枕詞として歌われるようになる。『万葉集』に高橋虫麿のものと思われる富士山を詠んだ長歌がある。養老年中（七一七－七二四）の作とされている。

　日本《ひのもと》の　大和の国の　鎮《しづめ》とも　います神かも　宝とも　なれる山かも　駿河なる　富士の高嶺は（③三一九）

また、『続日本後紀』嘉祥二年（八四九）三月の条の長歌にも、

　日本の　大和の国を　神ろきの　すくなびこなが　葦菅を　植ゑ生やしつつ

と詠われている。これらの長歌にある大和はかなり広義のヤマトである。「仁徳紀」三十年九月の条に、

　青丹よし　奈良を過ぎ　を建て　大和を過ぎ（紀五四・記五八）

とある。この歌謡にある「を建て」は倭人が邑建て・国建てをしたという意味である。それが狭義のヤマトであったが、のちにヤマトは広域化し、わが国の名ともなった。

第九節　大和と邪馬台国

本居宣長は『国号考』のなかで大和の語源説を四つあげている。第二節でも少し言及したが、箇条書きにすれば、次のようである。

①山門　　四方みな山門より出入りするから。
②山処　　山の処である。ヤマトを山跡とも書いた。
③山つ富（ホ）　ヤマツホがちぢまってヤマトになった。
④山内　　ヤマウチ・ヤマウツがヤマトになった。

①は宣長の師である賀茂真淵の説であるが、②③④は宣長自身の説である。宣長は、これら四説のうちから心のよるものを選んでくれと、後の人に結論を預けてしまった。このなかで①の真淵説をとる人が多いが、山門のト（門）は甲類であり、邪馬台のト（台）は乙類であるので、ヤマトが邪馬台国と関係があるとする場合は①の採用は許されぬ。しかも、『古事記』はヤマトを夜麻登と表記しており、登は乙類のトであるので、やはり①は遠慮しなくてはならない。

②や③に比べても、④はあまり旗色が好くないが、私は④の山内をとる。その理由を次に述べる。

『元興寺伽藍縁起』に引用された推古四年（五九六年）の『露盤銘』には、大和を山東、河内を山西と書いている。これからすると、生駒山地や金剛山地の東と西を対偶的に考える習慣があったと予測できる。両者を東西の内国とするのである。『古語拾遺』に、東西《やまとかふち》の文氏《ふみのうぢ》をして、其の簿《しるすふみ》を勘《かむが》へ録《しる》さしむ。

とあるが、東西をヤマト・カフチと訓んでいる。してみると、大和はヤマウチであり、河内はカハウチでなければ、収まりのよい対を構成しない。そして、人口に膾炙した合い言葉は、なんといっても山と川である。折口信夫によると、「玉牆《たまがき》の内国」は狭く「山々に取りまかれている国」であり、そこに川が流れていると「河内」であるという。[*47]ウチツクニの二地域の名がそれぞれ縮まって、ヤマト・カフチになったはずである。

新井白石は『古史通或問』で、学友の損軒先生の説として、ヤマトは「山外之義也」とし、「山外は河内に対し云ひしなり」とあるのを紹介し、それに賛同している。ヤマト＝山外説は受け入れられないが、ヤマトをカフチの対として見なすことはさすがである。古代地名には双分的な命名が多いので、合理的な白石はそうした考えに引かれたのだろう。古代中国の省名でも、古代日本の国名・郡名でも双分的な地名は多い。この場合もそれに当たる。これら両国を合わせ、あるいは周辺一帯をウチツクニと呼んでいたことが浮かび上がってくる。

『魏志』倭人伝の邪馬台国は、ウチツクニのヤマトに中心がある。邪馬台は『隋書』では邪靡堆、『北史』では邪摩堆となっている。堆の上古音はtuər、中古音はtuəiであるので、語頭のtuを利用した可能性が高い。植村清二は、台も堆もtuiというような音であるとしている。[*48]それはともかく、ヤマウチ・ヤマウツがヤマチ・ヤマツとなり、さらにヤマトとなったとするのは音韻的にも不自然ではないだろう。たとえば、奈良県に普遍的な小地名の垣内の訓みはカイトに変化することが多い。このように語末の内はトに転ずることがあるのである。

繰り返すまでもないが、ウチツクニは神武軍の東征によって征服される以前から存在した。ヤマトはウチツクニの一部を指す地名で、ウチツクニを前提としている。青木周平は、『古事記』には畿内の用字もウチツクニの訓みもないが、ウチツクニに代わる語をそこに求めるとすると、やはりヤマトしかないといっている。[*49]

『晋書』武帝紀泰始二年（二六六）の条に、「倭人来たりて、方物を献ず」とある。中国と通交をもっていた邪馬台国は二六六年ころか、それからあまり経たないころ、『記紀』にあるように神武軍によって征服されたとしてよいだろう。

第十節　おわりに

葦原中国は天孫族の移住の目的地となった国である。しかし、神武軍が侵攻した葦原中国は中洲《うちつくに》と呼ばれる地域であった。すなわち、ウチツクニの名はオホアナムチの命名に始まっていた。ウチツクニは畿内を指す意味だけではなく、朝廷の支配領域の発展とともにカバーする地域は広がった。すなわち、わが国を指す固有名詞・国号としても遣われていたことを論じた。特にウチツクニは対外的に用いられ、貴国で表記されることもあった。鎌足が任命された内臣も主として対外的な職掌であった。

我が国での貴国の訓みはウツクニである。内国はウツクニ・ウチ（ツ）クニであるが、ウツは次第にウチとして用いられるようになったらしい。

大化改新詔第二条にあった畿内制も韓半島にあった蕃屏の国々を失った結果の新概念であること、それは大化時代の決定ではなく、天武四、五年（六七五、六七六）ころの制定であることを突き止めた。また、その時期にウチツクニや倭国から日本国に変更されたことを論じた。ウチツクニは国名ではなくなり、再び畿内を意味することになる。やがて四方の境界で定められた畿内の規定が変わって、養老令などにあるように大和・摂津・河内・山背の四方国となり、後に河内から和泉が分離して五大国となる。内国はそうした後の行政区画の畿内とも異なることを示し得たと思う。

これらのことは、『記』主『紀』従の研究スタンスからでは決して導き出されないことである。『記』には畿内・ウチツクニの語はないことを付記しておきたい。

註

＊1　松岡静雄『新編日本古語辞典』刀江書院　一九三七年　一四ページ、安本美典『邪馬台国への道』筑摩書房　一九六七年　九七ページ

＊2　直木孝次郎『飛鳥奈良時代の研究』塙書房　一九七五年　四八八－五〇九ページ、和田萃『大系日本の歴史』二　古墳の時代　小学館　一九八八年　七二－七三ページ

＊3　伊達宗泰『「おほやまと」の古墳集団』学生社　一九九九年　一二－一三ページ

＊4　坂本太郎他『日本書紀』下　岩波書店　一九六五年　一〇一ページ

＊5　武田祐吉校注『日本書紀』三　朝日新聞社　一九五四年　一六〇・一六四ページ、小島憲之他『日本書紀』二　小学館　一九九六年　一七一・一七五ページ

＊6　坂本太郎「大化改新の信憑性の問題について」『歴史地理』八三　一九五二年　九ページ

＊7　大津透「律令国家と畿内」『日本書紀研究』一三　塙書房　一九八五年　五六ページ

＊8　西本昌弘「畿内制の基礎的考察」『史学雑誌』九三－一　一九八四年一月　五七ページ

＊9　田中卓『日本国家の成立』国民会館　一九九二年　一七ページ

＊10　飯田武郷『日本書紀通釈』二　大鐙閣　一九〇二年　一〇九五ページ

＊11　喜田貞吉『喜田貞吉著作集』四　歴史地理研究　平凡社　一九八二年　五七ページ

＊12　池田末規『日本地名伝承論』平凡社　一九七七年　二五ページ、前田晴久「古代国家の境界祭祀とその地域性」下『続日本紀研究』二一六　一九八一年八月　二九ページ

＊13　折口信夫「風土記の古代生活」『折口信夫全集』八　中央公論社　一九六六年　一八〇ページ

＊14　弥永貞三「〈弥移居〉・〈宮家〉考」『名古屋大学文学部研究論集（史学）』三五　一九六四年　一五－一六ページ

＊15　山尾幸久「任那に関する一試論」『古代東アジア史論集』下　吉川弘文館　一九七八年　二一二・二二九ページ

*16　西宮一民他『日本書紀』二　小学館　一九九六年　四二〇ページ
*17　岩崎小弥太「孝徳紀の大臣及び内臣に就いて」『国史学』五八　一九五二年九月　五ページ
*18　山本信吉「内臣考」『國學院雑誌』六二-九　一九六一年九月　八一ページ
*19　門脇禎二『「大化改新」史論』下　思文閣出版　一九九一年　二七六ページ
*20　二宮正彦「内臣・内大臣考」『続日本紀研究』九-一　一九六二年一月　一二ページ
*21　津田左右吉『津田左右吉全集』二　日本古典研究下　岩波書店　一九六三年　二一三ページ
*22　池内宏『日本上代史の一研究』　中央公論美術出版　一九七〇年　三六ページ
*23　栗原朋信『上代日本対外関係の研究』　吉川弘文館　一九七八年　二六八ページ
*24　三品彰英『日本書紀朝鮮関係記事考証』上　吉川弘文館　一九六二年　一二一-一二三ページ
*25　今西龍『百済史研究』　国書刊行会　一九七〇年　九五ページ
*26　西田長男『日本古典の史的研究』　理想社　一九五六年　一八二ページ
*27　金廷鶴『百済と倭国』　六興出版　一九八一年　一四一-一四二ページ
*28　津田左右吉『津田左右吉全集』二　日本古典研究下　岩波書店　一九六三年　二一三ページ
*29　青木和夫他『続日本紀』五　岩波書店　一九九八年　四六九ページ
*30　大野晋他『日本書紀』上　岩波書店　一九六七年　八八ページ
*31　次田潤『祝詞新講』　明治書院　一九二七年　二一六ページ、武田祐吉「祝詞」『古事記・祝詞』　岩波書店　一九五八年　四一七ページ、青木紀元『祝詞全評釈』　右文書院　二〇〇〇年　八二・二一六ページ
*32　神田喜一郎『日本書紀古訓攷證』　協進社　一九四九年　四七-四八ページ
*33　三品彰英『三品彰英論文集』二　建国神話の諸問題　平凡社　一九七一年　一五八ページ、「古事記と朝鮮」『古事記大成』五　神話民俗篇　平凡社　一九五八年　一〇二ページ
*34　角林文雄『日本古代の政治と経済』　吉川弘文館　一九八九年　三〇五ページ
*35　大野晋「解説」『日本書紀』上　岩波書店　一九六七年　二八ページ
*36　古田武彦『失われた九州王朝』　朝日新聞社　一九七三年　二七四-二七六ページ
*37　川口勝康「瑞刃刀と大王号の成立」『古代史論叢』上　吉川弘文館　一九七八年　一三九ページ

＊38 鮎貝房之進『日本書紀朝鮮地名考』 国書刊行会 一九七一年（原本一九三七年） 二三四－二三五ページ
＊39 津田左右吉『津田左右吉全集』三 日本上代史の研究 岩波書店 一九六三年 一九三ページ
＊40 原秀三郎「日本列島の未開と文明」『講座日本歴史』一 原始・古代Ⅰ 東京大学出版会 一九八四年 三三ページ、鬼頭清明「王畿論」『アジアのなかの日本』Ⅳ 地域と民族 東京大学出版会 一九九二年 二一九ページ
＊41 井上光貞『日本古代国家の研究』 岩波書店 一九六五年 四一四ページ以下、「律令体制の成立」『岩波講座 日本歴史』古代三 岩波書店 一九六二年 一二ページ、八木充『律令国家成立過程の研究』 塙書房 一九六八年 三二五－三四八ページ
＊42 上田正昭『上田正昭著作集』六 人権文化と創造 角川書店 一九九九年 二六八－二七三ページ
＊43 大和岩雄『「日本」国はいつできたか』 六興出版 一九八五年 三六ページ
＊44 神野志隆光『「日本」とは何か』 講談社 二〇〇五年 一九ページ
＊45 東野治之『遣唐使と正倉院』 岩波書店 一九九二年 一〇三ページ
＊46 大和岩雄『「日本」国はいつできたか』 六興出版 一九八五年 三七ページ
＊47 折口信夫「日本紀」『折口信夫全集』ノート編八 中央公論社 一九七一年 四八六－四八七ページ
＊48 藤堂明保編『学研漢和大辞典』 学習研究社 一九七八年 二七八ページ、植村清二『神武天皇』 中央公論社 一九九〇年 一五六ページ
＊49 青木周平「倭建命伝承と空間意識」『國學院雑誌』八八－六 一九七六年 四九ページ

第七章　新嘗の原義とヲシモノ（酒）

第一節　新嘗の訓義

昭和二十六年（一九五二）にひなめ研究会が発足し、以来三笠宮・柳田国男を中心に多くの歴史学者・民俗学者・民族学者・言語学者などが、新嘗について多方面から研究を重ねてきた。その後も新嘗について多くの論考が発表されていて、これ以上新嘗論を深めることは不可能のようである。しかし、論究している新嘗自体の理解・解釈に欠陥があるように思われてならない。

たとえば『紀』の新嘗にしてからが、ざっとあげても次のような訓みが施されている。

ニハナミ・ニハナヒ・ニハナイ・ニハナエ・ニハノアヒ・ニハヒ
ニヒナヘ・ニヒナメ
オホニヘ・オニヘ・オホヘ

などである。オホニヘ・オニヘ・オホヘは大嘗の訓みを代用しているから、しばらく除外すると、頻度からしてニハナヒとニヒナヘが主流といえる。ニハナミは『日本書紀私記』甲本の訓みである。『記』では「雄略記」の歌謡に二回「爾比那閇」があり、ニヒナヘと訓まれている。また、『常陸国風土記』筑波郡の段では、「新粟」「初甞」をニヒナへと訓んでいる。『万葉集』にはニフナミ（⑭三四六〇）があるが、東国方言のものである。また、⑭三三八六番にニヘスの語があり、ニヒナメの夜葛飾早稲を神に捧げて祭っている。

　新嘗の訓みを略述したが、代表的な見解を紹介しておく必要がある。

『日本書紀私記』乙本には、「当新甞時」をニイノアヒ（尓以乃安比）スルトキ、またはニハナヒ（尓巴奈比）キコ（シメ）スノトキと訓んでいる。『釈日本紀』はこの乙本を引いたのか、ニハを饗嘗、ナヒを之会とし、新穀の饗《うたげ》の会と考えていたようである。宣長は『古事記伝』で新嘗の嘗は古代中国の秋祭りの名である嘗を借りたもので、新嘗を「新《には》之饗《あへ》」の縮言であるとした。『大言海』は、ニヒナメを「新饗《にひのあへ》の約転。口に嘗《な》むる意と思ひ紛ふべからず。嘗《しやう》は支那の秋祭の名なるを借れるなり」とする。『岩波古語』にも「ニヒ（新穀）ノ（助詞）アヘ（饗）の約。新穀を差しあげる神事の意」とある。能登半島には、稲の収穫のあと田の神を家に迎える、アヘノコトと呼ぶ行事がある。田の神に新穀を供するので、アヘは饗であると考えられている。理由はあとで述べるが、私はこれらの説に与さない。辞書もナム（嘗）を舌で味わう・ねぶるとのみ解しているのは不満である。

　また、新嘗を「新穀を食べる祭」の義とするものも多い。[*1] 折口信夫はナメルに食べるの意味はないと否定している。[*2]『時代別国語』は、ニヒナヘ・ニハナヒのニヒ・ニハは、大嘗《おほにへ》・贄《にへ》のニへとともに、新稲をあらわす語であったと想定している。ナヒ・ナヘは動詞語尾のナフの名詞形とるわけである。この説ではニハナヒ・ニヒナへが変じてニヒナメになったとする。『小学館古語』も同説であると見受けられる。しかし、ニフナミのミは乙類であり、動詞語尾のナフは通常四段活用であるので、連用形ナヒのヒは甲類となる。ニヒナヒ・ニハナヒの語末のヒは甲乙不明であるが、この説によると甲類のヒとなり、齟齬を来す可能性がある。しかも新嘗・大嘗とあっても、嘗は中国の習俗名の借用と考えるのだろうか。

　西宮一民は、ニヒニヘ（新贄）の意と考え、それがニヒナへとなり、さらにニヒナメとなったと考える。[*3] すなわちナヘはニヘ（贄）の変化とするわけである。それにしても、それならば新贄・大贄などの表記がないのが不思議である。

以上は新嘗に対する多くの解釈のごく一部である。種々の訓みがあるように、語義の解釈もいろいろで、収拾がつかないありさまである。どうもニヒナメの根本の理解に欠陥が潜んでいて、それが災いしているのだろう。

第二節　「神武前紀」の事例とナメ

私見を述べる前に、「神武前紀」戊午《つちのえうま》年の事例を引用する。

九月五日の条によると、大和の菟田《うだ》に侵攻した神武に、八十梟師《やそたける》や兄磯城《えしき》が敵対していた。神武は天神のお告げに従って、天香山《あまのかぐやま》の土で天平瓮《あまのひらか》や厳瓮《いつへ》を作り、天神地祇《あまつやしろくにつやしろ》を祭り、また厳呪詛《いつのかしり》をして、虜《あた》を平伏させることを願った。さらに、神武はタカミムスヒのよりましとなり、祭りを行なうことにした。道臣命《みちのおみのみこと》への詔に、

①今高皇産霊尊《たかみむすひのみこと》を以て、朕《われ》親《みづか》ら顕斎《うつしいはひ》を作《な》さむ。汝《いまし》を用《も》て斎主《いはひのうし》とし、授くるに厳媛《いつひめ》の号《な》を以てせむ。其の置ける埴瓮《はにへ》を名《なづ》けて、厳瓮《いつへ》とす。又火の名をば厳香来雷《いつのかぐつち》とす。水の名をば厳罔象女《いつのみつはのめ》とす。粮《をもの》の名をば厳稲魂女《いつのうかのめ》とす。薪の名をば厳山雷《いつのやまつち》とす。草の名をば厳野椎《いつののづち》とす。

とある。十月朔日の条には次のようにある。

②天皇、其の厳瓮《いつへ》の粮《をもの》を嘗《な》めたまひ、兵《いくさ》を勒《ととの》へて出でたまふ。

その後、八十梟師を国見丘に破り斬り、さらに多くの虜《あた》（賊）を殲滅しようとして、道臣命に命じる。

③「汝《いまし》、大久米部《おほくめら》を帥《ひき》ゐて、大室《おほむろ》を忍坂邑《おしさかのむら》に作りて、盛《さかり》に宴饗《とよのあかり》を設《ま》けて、虜《あた》を誘《おこつ》りて取れ。」（中略）「酒酣《たけなは》の後に、吾は起《た》ちて歌はむ。汝等《なむたち》、吾が歌の声を聞きて、則ち一時《もろとも》に虜を刺せ」といふ。已《すで》にして坐定《ゐしづま》りて酒行《も》る。

虜ははかりごとと知らずに酒に酔い、皇軍に殺されてしまう。

②③はは十月朔日の条にあるが、もちろん一日の出来事ではない。②と③のあいだには、八十梟師を破り、大室を設ける時間が流れている。しかし、十月朔日はやや早いが新嘗の時期に相当する。肥後和男は、これはニヒナメの起源を説明する神話とはいいきれないが、古代のニヒナメのありさまを伝える重要な伝承であると位置づける。*4 すると九月五日の条の祭は神嘗祭に相当するものか。

①の「粮」の訓みは②に習ってヲモノとしたが、ヲシモノでもよい。『古典全書本』や『新古典全集本』はヲシモノと訓んでいる。『日本書紀私記』丙本『寛文版本』『日本書紀通釈』『古典大系本』はクラヒモノとしている。

②の「粮」の訓みヲモノは『釈日本紀』『寛文版本』『日本書紀通證』『通釈』によっている。『古典全書本』や『新古典全集本』はヲシモノと訓んでいる。『古典大系本』はオモノである。『伊勢本』はクラヒモノである。②の「嘗」は『国史大系本』左訓や『古典全書本』によりナメとしたが、『寛文版本』『日本書紀通釈』『古典大系本』はタテマツリとし、『新古典全集本』はメシとしている。いずれにせよだれもが天皇が「粮」を（タカミムスヒの）神に奉り、神武自身も召し上がったと考えているだろう。しかし、私見はそれと異なっている。

新嘗の「新」は稲（または粟）の新穀と考えてよい。しかし「嘗」は「甞」とも書かれるが、宋の『集韻』や明の『正字通』では「嘗」にも作る。「嘗」の脚は「酉」である。「酉」は酒を入れる壺であるが、酒をも意味する。「嘗」は新穀を嚙み嘗めて、唾液のジアスターゼ酵素を働かせて糖化する。ただ甘くするだけではなく、さらにそれをねかせて、アルコール発酵させ、酒に醸すことを意味する。「嘗」・「甞」でも同じである。

生皮をナメスには、ナメシ剤の溶液につけて、もみあげる。皮からは不要な脂肪やタンパク質が除去され、変性して柔らかくなる。原始的には奥歯で生皮を噛みながら、唾液を混ぜて皮を柔らかくする。これが「唾液ナメシ」である。異常に奥歯がすり減った古代人骨が出土することがあるが、皮ナメシをしていたといわれている。新嘗ではナメの対象が皮から新穀に換わっているだけで、唾液と咀嚼による化学的物理的変化に対しナメというのは共通している。『万葉集』に次の歌がある。

こと放《さ》けば　沖ゆ酒甞《さけなむ》　湊より　辺着《へつ》かふ時に　放《さ》くべきものか（⑦一四〇二）

この歌では遠ざける意の放け・放くが初句と末句にあるが、第二句では「放けなむ」に対し「酒甞」の文字を当てている。それは「酒甞」が熟した言葉であったからであろう。そのほかにも「甞」は助動詞ナムに訓仮名として諸処で遣われている。新穀を嘗めるとは、噛み酒を作ると同じと考えてよい。酒を醸して新嘗祭をするのである。

前漢の『礼記』月令に孟秋には、

農乃ち穀を登《すす》む。天子新を嘗む。先ず寝廟《しんべう》に薦《すす》む。

とある。通常「天子新を嘗む」を「天子は新穀を味わう」と訳している。すると、農民が献上した新穀を祖廟に供える前に、天子が味わってしまって、礼儀上まずいことになるのではないか。私見によれば、実は天子は新穀を嘗めて、酒を仕込んだのである。食べたのではなかった。『礼記』小儀に「未だ嘗せざれば新を食はず」とあるように、まだ新穀を醸して「嘗」という宗廟の秋祭りをしない前は、新穀を食べないはずである。『説文解字』に「八月黍成る。酎酒を為す可し」とある。酎酒をもって「嘗」の秋祭りをしたのだろう。「嘗酎」とは、『大漢和』によれば、天子が宗廟に酎を奉ることである。

唐の李瀚著『蒙求』に『晋書』を引いた「周嵩狼抗《しゅうすうろうこう》」の逸話がある。元帝の中興の時、周嵩は兄の凱《がい》や弟の謨《ぼ》とともに高い地位を得た。そこに次の文がある。

中興時、凱等並列二貴位一、嘗冬至置酒、其母挙レ觴《さかづき》、賜二三子一

早川光三郎は、中程の部分を「嘗《かつ》て冬至に置酒す」と読み下している。[*5] ここでは嘗をカツテとしては、前文ともつながりが悪いし、十分意味が通じない。嘗はナメ（テ）とすべきである。ナメ醸しておいて、一陽来復の冬至に酒盛りをしたのである。

日本でも同じことで、『令義解《りやうのぎげ》』（八三三年完成）職員令《しきゐんりやう》に、

大嘗。謂。新穀を嘗め、以て神祇を祭る也。

とある。荷田春満《かだあづままろ》は『令義解箚記《さつき》』に、

この文の通りでは、義が穏やかでない。新穀をなめて神祇を祭るといったときは、未だ神祇を祭らざるさきに、新穀をまず天子がなめたまうように聞こえて、義がつまびらかでない。

と書いている。その不審はひとえにナメの語義にかかっている。折口信夫は、「新穀を召し上がるのを、新ナメとは言えない。ナメルという事には召し上がる意味はない」としている。「ナメルと食うとは全然違う」ともいう。[*6] そこで私見では、上述のように「嘗む」を醸すことと同じであるとするのである。

祭りに酒が必須のものであることは、すでに我々の常識でもあった。むろん神武が新穀を嘗めたとあるのは建前で、実質は臣下に嘗めさしめたのである。従って、②で嘗め噛まれた新穀は発酵して酒となった後、（祭りや）③の大室でのトヨノアカリに供されたのである。発酵させるためにあらかじめ嘗めておくから、「嘗」にカツテ（以前）の意が生じたのである。

第一節で新嘗の訓みとして古代ではニハナヒ・ニヒナへが多く遣われているのをみた。しかし、ニハナヒ・ニヒナへがもっとも古い訓みかというと、どうもそうではない。新は新穀をさす。ニハナヒのニハはニヒの原型とは思えない。嘗はナメる意だろう。嘗の訓みとしてはナヒ・ナへはすでに崩れている。「神代紀」九段第三では、嘗の一字でもニヒナヘ・ニハナヒ・ニハナイなどと新嘗と同じ訓みを与えている。新嘗の訓みのなかでは、ニヒナメがもととなるだろう。なぜなら、新も嘗も正訓字として選ばれたものと考えられるからである。

ニヘ（贄）は多く神に捧げる食物である。「神武前紀」戊午年八月の条に、阿太の養鸕部《うかひら》の始祖《はじめのおや》である苞苴擔《にへもつ》の子がいる。「神武記」では贄持《にへもつ》となっている。『紀』でニヘモツのニヘに苞苴の文字が選ばれたのは、神への御饌や捧げものをツトに入れて吊り下げたのが一般であったからである。また、首長への献上品もツトに入れ、さらに枝に吊して捧げることが多かった。

第三節　タム酒とタメつもの

「神代記」に次の挿話がある。

又食物《をしもの》を大気津比売《おほげつひめ》神に乞ひき。爾《ここ》に大気都比売、鼻口及《また》尻より、種種《くさぐさ》の味物《ためつもの》を取り出して、種種作り具へて進《たてまつ》る時に、速須佐之男《はやすさのを》命、其の態《しわざ》を立ち伺ひて、穢《けが》汚して奉進《たてまつ》ると為《おも》ひて、乃ち其の大気津比売神を殺しき。

この後オホゲツヒメの体の各所から五穀と蚕が化成してくるので、オホゲツヒメは食物を司る神とされている。神名のなかのゲは、食物の意のウカ・ウケの変化したものである。鼻や尻はともかく、一度食べたものを咀嚼して口から取り出し、さらに作り具えてから提供したとなれば、それは酒である。「神代紀」五段第十一では、保《うけ》食神《もちのかみ》が口から飯《いひ》を出し、饗《あ》え奉ったので、ツクヨミは憤然として、

穢《けがらは》しきかな、鄙《いや》しきかな、寧《いづくに》ぞ口より吐《たぐ》れる物を以て、敢へて我に養《あ》ふべけむ。

といって、ウケモチを撃ち殺した。このウケモチの場合も口かみの酒を供したのだろう。

タメツモノ（味物）とはナメツモノの転訛である。そのタメの原義が忘れられて、タメツモノは酒や食物の総称となり、あるいはおいしい食べ物へと語義が変わってきたのである。タメツモノは特に大嘗会の時、臣下に賜る酒食を指すことが多い。

『丹後国風土記』の逸文に天女の羽衣伝説がある。羽衣を盗られて天に帰ることができなくなった天女は老夫婦と十余年暮らし、「善《よ》く酒を醸《か》み為《つく》り」老夫婦を富ませた。やがて天女は追い出されて、泣く泣く丹波里の哭《なき》木《き》で槻に寄りかかって泣く。槻に寄りかかるのは月から来たことを暗示する。さらにさまよい歩くが、竹野《たかの》郡舟木里の奈具《なぐ》に留まる。最後に天女は「奈具の社《やしろ》に坐《いま》す豊宇賀能売命《とようかのめのみこと》なり」、とあかされている。トヨウカノメ

は伊勢の外宮の豊受神と同神である。『延喜式』の大殿祭の祝詞に、屋船豊宇気姫《やふねとようけひめ》の命を「こは稲の霊《みたま》なり。俗の詞にうかのみたまといふ」とある。トヨウカノメやヤフネトヨウケヒメのトヨは美称である。ヤフネのヤは覆いか美称、フネは槽であり、酒を醸し入れるものである。「神代紀」七段本文でウズメの踏み鳴らした覆槽《うけ》は酒を醸すのに使ったものだろう。中空の容器は、酒を入れる入れないにかかわらず、霊魂の入れ物としてもふさわしい。

前節①の厳稲魂女《いつのうかのめ》も、イツは美称であるので、残りのウカ（ウケ）は共通する。折口信夫は、「ウカはウケで、召食《めしあがり》ものということで、酒の方に近い語である」としている。[*7] ウカ・ウケはワカ（若）の転訛で、酒には若返りの呪能がある。だから、イツノウカノメと名付けられた「粮《をもの》」は、次節で論じるが、当然のことながら酒でなくてはならない。オホゲツヒメがスサノヲに奉ったタメツモノも同じである。

「神代紀」九段第三に次のようにある。

時に神吾田鹿葦津姫《かむあたかしつひめ》、卜定田《うらへた》を以て、号《なづ》けて狭名田《さなだ》と曰ふ。其の田の稲を以て、天甜酒《あめのたむさけ》を醸《か》みて嘗《にひなへ》す。又渟浪田《ぬなた》の稲を用て、飯《いひ》に為《かし》きて嘗《にひなへ》す。

『日本書紀私記』乙本には「醸天甜酒」をアマノタムサケニカミテと訓み下してある。『釈日本紀』は天甜酒の項に、『日本書紀私記』の「美酒也」を引用している。甜酒の「甜」は字義通り穀類を嘗めて糖化し甘くすることだから、タムサケはナムサケ（嘗酒）の転訛としてよい。ここではタムサケの上にアメがつけられているが、アメは月または月のある天界を表していて、[*8] 月は再生の象徴的なものである。この伝承からすれば、山付の棚田の上質米をもって酒を醸し、低地の水はけの悪い湿田の米で飯を炊いている。当たり前だが、新穀をタムサケに醸し、また飯を炊いてから、ニヒナヘをするのである。ただし、この漢文は、

以二其田稲一、醸二天甜酒一嘗之。又用二渟浪田稲一、為レ飯嘗之。

である。其はサナ田を指す。文末の之は、百済風漢文から学んだ助辞として、読んでいない。

『本朝月令《ほんてうげつれい》』（平安中期の有識書）の割注には「醴《こさけ》を甜酒と謂ふ」とある。醴や醴酒《れいしゅ》は、一夜酒または速成の酒であるので、糖化された澱粉が充分にアルコール発酵しておらず、濃くて甘い酒であったろう。

『延喜式』にある践祚《せんそ》大嘗祭の次第をのぞいてみると、天皇即位の年に悠紀《ゆき》・主基《すき》の二国を卜定し、八月上旬二国にそれぞれ稲実《いなのみ》の卜部《うらべ》と禰宜の卜部を派遣する。ついで、抜穂田や斎場の雑色人《ざふしきにん》として造酒児《さかつこ》・御酒波《さかなみ》・篩粉《こふるい》・共作《あひづくり》・多明酒波《ためつさかなみ》・稲実公《いなのみのきみ》・焼灰《はいやき》・採薪《きこり》・歌人・歌女が決められる。九月に入り、卜部は国郡司とともに雑色人を率いて田にのぞみ、抜き穂をする。まず造酒児が抜き、稲実公・御酒波・他の雑色人の順に行う。九月下旬までに都に戻り、斎場の準備をする。斎鍬《いみすき》で地に柱穴を掘るのも、斎斧《いみをの》で山の木を伐るのも、野で萱を刈るのも、まず造酒児が手を下す。御井も二カ所に掘るが、まず造酒児が掘り、次に稲実公が掘る。このように準備を整え、黒酒《くろき》・白酒《しろき》・多明酒《ためつさけ》や御飯《おんいひ》などの御膳《みけ》が支度される。造酒児は各段階で異常に重要視されているが、これは践祚大嘗祭にとって酒がいかに大切かを物語っている。酒は若返り・再生の妙薬であった。

『貞観儀式』による践祚大嘗祭も、造酒児は造酒童女《さかつこ》に、多明酒は大多米酒になるなど、用語に多少の差はあるが、次第の大筋は同様である。践祚大嘗祭では各種の御酒と御飯、それにここでは述べていないが神服《かんみそ》が、非常に重要な役割を担っている。いずれも若返りの呪能を持っている。

造酒児は二国の斎郡の大領・小領の未婚の娘が卜定され、御酒や御飯にする稲穂を抜くなど神聖な役割を果たすことになる。御酒波は、酒を醸す在地の女性である。サカナミのナミは嘗める意であろう。「嘗む」は下二段活用であるが、四段活用の時代があったかどうかはわからない。接尾のナフには四段と下二段の両形があるので、可能性はあると思う。『万葉集』⑭三四六〇番の東国語ニフナミのミは乙類であるが、四段活用があったとしても、ナミのミは甲類である。今のところは、カム（神）にイが関与してカミ（ミは乙類）になったように、ナムにイが関与してナミ（ミは乙類）になったと仮定しておく。

酒をナメルのは酒を醸すと同意であることはすでに検証した。酒波については、すでに鈴木重胤の『祝詞講義』に次のようにある。[*9]

　酒波の波は嘗にて、醸と云と同じ意の古言と聞えたり。

しかし、重胤は独断的解釈があるとしてあまり高く評価されていないので、この説を継ぐものはほとんどなかった。管見では、川出清彦が酒波は酒嘗《なめ》の意で、古代では米を嚙んで発酵させるために専属に奉仕する童女があったとしている。[*10] 次田潤はそれを否定し、波は竝の義で、酒造児の下にいて助手になるものだろうとした。[*11] その後は多くこの説に従う。多明酒は臣下に授けられる酒であるが、多明米《ためつよね》から作られる。その作り手が多明酒波である。それらのタメはナメの転訛である。

『延喜式』陰陽寮の儺祭《なのまつり》の詞に、

　五色《いついろ》の宝物、海山の種種《くさぐさ》の味物《ためつもの》を給ひて、罷《ま》けたまひ移したまふ。

とある。このタメツモノはもう「うまい物」の意に近い。五色の布といろいろの酒食で、疫病をもたらす鬼を追いやるのである。実は「応神記」の天《あめ》の日矛《ひほこ》の条では、日矛がある女が生んだ赤玉をせしめて、その赤玉から変じた美しい嬢子《をとめ》を正妻とした。

爾《ここ》に其の嬢子《をとめ》、常に種種《くさぐさ》の珍味《ためつもの》を設《ま》けて、常に其の夫《ひこぢ》に食はしめき。

とある。これはこの節の冒頭で引用した「神代記」の「種種の味物《ためつもの》」と同様の語句である。しかし、ここではもう「うまい物」の意になっている。タメツモノの訓みはウマシモノなどに改めるべきかもしれない。

『姓氏録』右京神別に、

多米宿禰《ためのすくね》（上略）成務天皇の御世に、大炊寮《おほひのつかさ》に仕へ奉れるに、御飯《みいひ》の香美《かをりうるは》しければ、特《こと》に嘉き名を賜ひき。

とある。この文面だけではタメには酒との関係がなくなっている。

第四節　ヲモノ・ヲシモノ

次に第二節の①②にあったヲモノ・ヲシモノについて考えてみたい。

『大言海』には、「食《を》す」は「居《を》すの義。居るの敬語」とある。語釈はほとんど同じであるが、『時代別古語』『岩波古語』『角川古語』などは、ヲスを尊敬語で、㋐飲む・食うの意、㋑着るの意、㋒統治する・治めるの意であるとしている。『小学館古語』は解説をつけているが、動詞居るまたはその古語の居《う》に尊敬の助動詞スがついたものとする。こうした説は辞書ばかりではない。金田一京助は、ヲスは敬語であるべきで、食うの義ではなく、召し上がるという敬語に相当するよう訳すべきであるとしている。[*12] 三谷栄一もヲスは食べるの敬語で、ヲシモノを作る土地の意もあるとする。[13] 木下正俊は、ヲスを居《を》すとする語源に疑問を持っているが、一般とは逆に統治の意から飲食の意に転義したかもしれないとしている。[14] 木下は多分『記』の食国《をすくに》の例をもっとも古い義と考えているようであるが、『記』への盲信は哀れな結論を導き出す。食国は次節で取り上げる。

先ほどの㋑は㋐からの派生的展開であるが、用例も少なくまだ固まった語義ではない。㋒も㋐からの後事的展開と思われる。従って㋐に絞って『紀』にある事例をあげてみたい。ただし、連用形の名詞化したものを含む。

①（アマテラスとスサノヲが誓約《うけひ》で持ち物を交換して子を生むところで、アマテラスは）先づ所帯《みはか》せる十握《とつか》の劒を食《を》して生《な》す児《みこ》を、瀛津嶋《おきつしま》姫と号《なづ》く。又九握《ここのつか》の劒を食して生す児を、湍津《たぎつ》姫と号く。又八握の劒を食して生す児を、田心《たこり》姫と号く。凡《すべ》て三《みはしら》の女神《ひめ》ます。（中略、スサノヲが頸に懸けた）五百《いほ》箇《つ》の御統《みすまる》の瓊《たま》を以て（中略）濯《ふりすす》ぎて食す。（下略、五柱の男神《ひこ》を生す。）（神代紀六段第一）

②（オホナムチが）出雲国の五十狭狭《いささ》の小汀《をはま》に行到《ゆき》まして、飲食《みをし》せむとす。（神代紀八段第六）

③（ヤマトタケルが信濃の）山の中《うち》に食《みをし》す。（景行紀四十年是歳）

④（ヤマトタケルが胆吹《いぶき》山で）猶失意《なほこころまどひ》せること酔《ゑ》へるが如し。因りて山の下の泉の側《ほとり》に居《ま》して、乃ち其の水を飲《を》して醒めぬ。故、其の泉を号《なづ》けて、居醒泉《ゐさめがゐ》と曰ふ。（景行紀四十年是歳）

⑤此の御酒《みき》は　吾が御酒ならず　神酒《くし》の司《かみ》　常世に坐《いま》す　いはたたす　少御神《すくなみかみ》の　豊寿《とよほ》き　寿《ほ》き廻《もと》ほし
神寿《かむほ》き　寿き狂ほし　奉《まつ》り来《こ》し　御酒そ　あさず飲《を》せ　ささ（紀三二）（神功紀十三年）

これら以外にも多くの例があるが、省略する。次に尊敬語ではないが、ヲスの連用形に起因すると思われる語彙を含む事例をあげる。

⑥（クチという鷹を）酒君《さかのきみ》、則ち韋《をしかは》の緡《を》を以て其の足に著け、小鈴を以て其の尾に著けて、腕《ただむき》の上に居《す》ゑて、天皇に献る。（仁徳紀四十三年九月）

⑦日鷹吉士《ひたかのきし》、高麗《こま》より還りて、工匠須流枳《てひとするき》・奴流枳等《ぬるきら》を献《たてまつ》る。今大倭国《やまとのくに》の山辺郡《やまのへのこほり》の額田邑《ぬかたのむら》の熟皮高麗《かはをしのこま》は、是其の後《のち》なり。（仁賢紀六年是歳）

先に⑥⑦を俎上にあげる。第二節の一部を復習するが、皮を嚙み唾液と混ぜ、余分な脂肪やタンパク質を除いて柔らかい鞣革《じゆうかく》を作ることをナメシといった。また、穀類を嚙み唾液と混ぜ、さらにねかせてアルコール発酵させることをナメといった。⑥の韋は柔皮すなわちナメシ皮を指す文字である。それをヲシカハと訓んでいる。⑦の熟皮はナメシ皮のことであるが、カハヲシの訓みがつけられている。すると、皮をナメスことをヲス・ヲシというように、米をナメたり嚙んだりして酒を醸すことを、ヲス・ヲシといってよいだろう。

第二節の②に「厳瓮《いつへ》の粮を嘗《な》めたまひ」とあったが、粮をヲモノあるいはヲシモノと訓んでいた。これは醸した酒だった。ヲモノのヲはヲシの語幹であるが、すでに名詞化しつつある。ここで引用の①のヲス（食）を検証する。「神代紀」六段第三でもこのヲスは、アマテラスが「劔を食《を》して」と同様に用いられ、三女神を生んでいる。ところが、六段本文ではヲスは次のようになっている。

（アマテラスがスサノヲの十握の劔を三段《みきだ》にして）天真名井《あまのまなゐ》に濯《ふりすす》ぎて、齰然《さがみ》に咀嚼《か》みて、齰然咀嚼、此をば佐我彌爾加武《さがみにかむ》と云ふ。（中略）生るる神を、号けて田心姫と曰す。（以下二女神を生む。）

サガミ（齰然）は繰り返し嚙むことであり、カム（咀嚼）に遣われた咀嚼は食物をよく嚙み砕くことである。してみると、ヲスとは繰り返し繰り返し嚙むことであった。これは口嚙み酒を嚙むとき、耳の前のコメカミが痛くなるほど繰り返し嚙んで、米の澱粉を糖化する。そしてアルコール発酵をさせて、酒になしていた。「神代紀」六段では所持のものを嚙みに嚙んで、物理的化学的変化を呼び起こして、御子を生んでいた。なお、「神代記」のウケヒでは、齰然咀嚼のような難読文字をさけて、佐賀美邇迦美《さがみにかみ》となっている。

第二節③に続くところであるが、「神武前紀」戊午年十一月七日神武は兄磯城《えしき》・弟磯城《おとしき》を攻めるのに先立ち、両者を呼びにヤタカラスを遣はす。兄磯城は応じなかったが、弟磯城は同意して、

「善きかな、烏、汝《いまし》が若此《かく》なく」といひて、即ち葉盤《ひらで》八枚《やつ》を作《な》して、食《をしもの》を盛りて饗《あ》ふ。

とある。ここでは「食」を、『古典全書本』や『新古典全集本』はヲシモノと訓んでいる。『寛文版本』『日本書紀通釈』『古典大系本』ではクラヒモノの訓みが与えられている。「食」は「粮」と同じであろうから、ヲモノまたはヲシモノに統一したほうがよいだろう。そのころの酒はかゆ状であったろうから、右文のように葉で作ったヒラデにも盛ることができたと思われる。かゆ酒とヒラデについては中尾佐助の「東アジアの農耕とムギ」とその後の討論を参照されたい。*15

さて②の飲食《みをし》は、敬称をとればヲシである。ヲシは飲食の食よりも飲に比重があり、④では飲は水をのむことである。しかし、飲《をし》も酒をさす時代があったはずであり、⑤ではヲセ（飲）は酒を飲むことであるから、それがわかる。だが、③では変化して、食をミヲシとしている。④のヱヘル（酔）はヱフの再活用で、ヲ・ヲシの関連語である。ヰサメガヰ（居醒泉）の訓は『熱田本』『古典大系本』による。『古事記伝』『日本書紀通釈』はヰサメノシミズとする。『古典大系本』の頭注は、「坐っていて気がついた清水の意」とする。*16『古典全集本』は「ヰ（坐）てサメ（醒）た泉」とする。*17しかし、語頭のヰは、酒のヲか、ヱヒ（酔）か、それらに関連する語である。すなわち、居は訓仮名であって、正訓字ではない。すでに述べたが、『大言海』はヲスを「居《を》スの義。居るの敬

語」とする。金田一京助も、ヲスを「居る」の敬語形の「居す《を》」であり、「おはします」がこの語の原義であるという。[*18] ヲスの原意は「居る」であるとの考えは、すでに定説化しているが、賛成できない。

化学的に、あるいは物理的に変化して生み出すことがヲスであり、化成したものがヲ・ワである。ヰ（井）も土中から生まれ出るもの、すなわちワク（涌・沸）ものである。『時代別国語』は、ワクは「内から外へふき出る。発生する」としている。これらはいずれも同類の言葉であると思わせる。（第五章第二節ではヲ・ヲシは渡り・渡しであったが、飛び越えるような飛躍の意が隠れているようである。）

『古事記伝』には、ヲスは「もと物を食《くふ》ことなり」とあるが、普通に食べることではなかったようである。繰り返すが、神を祭るに先立ち、穀物を酒に醸すために口にして嚙むことがヲスの原義であった。「皮を嚙む」意のヲスは尊敬語ではなかったが、神祭りの聖なる酒を嚙むことが多かったから、ヲスは尊敬語的になったのだろう。従って、ヲスが酒を「飲む」意となり、食事を「食べる・召す」の意味となったのは後のことである。それがさらに「統治する・治める」の意味に発展するのは時代がずっと下ってからのことのはずである。従って辞書類のヲス（食）の項は大幅に改訂する必要があるだろう。

第五節　ヲス（食）国

『紀』にない言葉で、『記』『万葉集』『続日本紀』宣命『霊異記』『延喜式』祝詞などにある言葉にヲスクニ（食国）がある。

①月読《つくよみ》命に詔《の》りたまひしく、「汝命《いまし》は夜の食国《をすくに》を知らせ。」と事依さしき。（神代記）

②大雀命《おほさざきのみこと》は食国の政《まつりごと》を執りて白《まう》し賜へ。宇遅能和紀郎子《うぢのわきのいらつこ》は天津日継《あまつひつぎ》を知らしめせ。（応神記）

③（文武が）此の食国天下《あめのした》を調へ賜ひ平げ賜ひ、天下の公民《おほみたから》を恵《うつくし》び賜ひ（続紀文武元年八月宣命一）
④此の食国天下の政事《まつりごと》は、平けく長く在《あ》らむとなも念《おもほ》し坐《いま》す。（中略）改《かは》るましじき常の法《のり》と立て賜へる食国の法《のり》も、傾《かたぶ》く事無く動く事無く渡り去《ゆ》かむと（続紀元明慶雲四年七月宣命三）
⑤欽明天皇、是れ磯城嶋《しきしま》の金刺《かなざし》の宮に国食《くにを》し天皇、天国押開広庭《あめくにおしはるきひろには》の命ぞ。（霊異記上第二）
敏達天皇、是れ磐余《いはれ》の訳語田《をさだ》の宮に国食《くにを》し渟名倉太玉敷《ぬなくらふとたましき》の命ぞ。（霊異記上第三）
⑥天降りたまひし食国《をすくに》天の下と、天つ日嗣《ひつぎ》知らしめす皇御孫《すめみま》の命の御殿《みあらか》を（延喜式祝詞大殿祭）

ヲスクニを遣ったいくつかの文例をサンプルとしてかかげた。『記』には①②のように二カ所に用例がある。②の「食国の政」は『続紀』の時代に盛んに遣われている。『続紀』の宣命には三十四回食国が用いられているが、そのうち「食国の政」「食国天下の政」「食国天下の政事」が九回もある。そのうちの一例として④を引用した。④の後半にある「食国の法」は天智の定めたとされる「不改常典《かはるまじきつねののり》」の法といわれるものを指すらしい。ただし、「天智紀」十年正月の条には、

冠位《かうぶりくらゐ》・法度《のり》の事を施行《のたまひおこな》ひたまふ。（中略）法度《のり》・冠位の名は、具《つぶさ》に新しき律令《のりのふみ》に載せたり。

とのみあるが、「食国の法」などの言葉はない。『霊異記』から引用した⑤では、天皇の統治をいう「天下しろしめしし」に代わって、「国食しし」が遣われている。⑥ではオスクニは天下と等号で結ばれている。

『万葉集』では十回食国が出てくる。

やすみしし　我が大君　高照らす　日の皇子　荒たへの　藤原が上に　食国を　めしたまはむと（万①五〇）

行宮《かりみや》に　あもりいまして　天の下　治め給ひ　食国を　定め給ふと（②一九九）
名柄《ながら》の宮に　真木柱　太高しきて　食国を　治め賜はば（万⑥九二八）
やすみしし　吾が大君の　御食国《をすくに》は　大和もここも　同じとぞ思ふ（⑥九五六）
食国の　遠の朝廷《みかど》に　汝等《いまし》が　かくまかりなば（⑥九七三）
皇神《すめろき》の　食国なれば　命持ち　立ち別れなば　後《おく》れたる（⑰四〇〇六）
大君の　命かしこみ　食国の　事執り持ちて　若草の（⑰四〇〇八）
朕《わ》が御代に　顕《あらは》してあれば　食国は　栄えむものと　神ながら（⑱四〇九四）
八十伴のをを　撫で給ひ　ととのへ給ひ　食国の　四方の人をも（⑲四二五四）

『万葉集』②一六七番では食国が本歌ではなく、一云にあるので略す。最初の二首は、柿本人麻呂の歌（とされるもの）である。五〇番の藤原宮の役民作歌は持統七年（六九三）、一九九番の高市皇子殯宮の歌は持統十年（六九六）に詠まれている。九二八番は金村の歌で神亀二年（七二五）、九五六番は大伴旅人の歌で神亀五年（七二八）、九七三番は天平四年（七三二）の歌である。案外、食国を初めて用いたのは人麻呂で、人麻呂の食国にはまだ新嘗の神酒を醸す由岐《ゆき》・主基《すき》の国というニュアンスが感じられる。これは⑤の「国食しし天皇」の用法と似通っている。ところが次第に統治する国の意に変わってくる。『記』にある①②ではもう統治する国の意で遣っている。

ヲスクニの語義は、佐々木信綱のいう「天皇の統治なさる国。天皇の聞こしめす国の意で、天下というに同じ」が妥当なところとされている。[*19] 岡田精司は、狭義のヲスクニは稲米によって服属儀礼を行う国を意味し、それが拡大されて天皇の支配領域全体を指すことになったと説く。[*20] それを具体的に説明すれば、新嘗祭（大嘗祭）で国々から献上された米で国から連れてきた造酒児や御酒波が酒を醸し、天皇はその酒を飲んだことからだろう。

第二節①にあったように、そうした酒を飲むことは、国々のイツノウカノメすなわち稲魂を取り込むことであるから、国々を統治する意味に発展したのである。ヲスの「統治する」という意は転義どころか全くの派生義である。これは、各地の王が地域ごとに所有していた銅鐸を取り集め、稲の稔りを願う祭祀権を掌握することで、統治を完成させたことに似ている。これらを眺めるとわかるが、時代が降ると食国は古義を失って、統治するの意に一人歩きをしている。食国を例にとっても『記』は『紀』よりまったく新しい。

欽明の和風諡号はアメクニオシハルキヒロニハであるが、岡田精司はその号にあるクニオシ（国押）をクニヲシ（国食）と関連づけている。クニオシは孝安・清寧・安閑・宣化の和風名にも含まれている。岡田はこのクニオシをニヒナメ＝クニヲシ儀礼の反映とするが、[*21] 誤りである。クニオシのオシは、オシテル（押照・臨照）のオシと同じで、「渡る」ということだろう。クニオシは国を渡り通して治めることである。渡る月が国を照らすような立場に天皇をなぞらえている。オス・オシ（押）については第五章を参照願いたい。オシとヲシは遡れば語源は同じでも、後の展開が異なり、意味内容に差が出てきている。

ヲスの関連の言葉を瞥見してみよう。

⑦時に神、毒気《あしきいき》を吐きて、人物《ひと》咸《ことごとく》に瘁《を》えぬ。（神武前紀戊午年六月）

⑧新墾《にひはり》の　十握稲《とつかしね》を、浅甕《あさらけ》に　醸《か》める酒《おほみき》、美《うまら》に　飲喫《をやら》ふるかわ。（顕宗前紀白髪二年十月室寿《むろほき》の頌詞《しようし》）

⑨我が黎民《おほみたから》を毒《をや》し害《やぶ》り、我が郡県《くにこほり》を誅《ほろぼ》し残《そこな》ふ。（欽明紀二十三年六月）

⑦のヲユ・ヲエ（瘁）は、『古典大系本』の頭注には、「力を失い気力を失うこと」とある。酔い萎えることだろう。⑧の「美《うまら》に飲喫《をやら》ふるかわ」は、もとは「美飲喫哉」とあり、「これをばウマラニヲヤラフルカワと云う」と訓注があるものである。それを『古典大系本』は「美《うまら》にを飲喫《やら》ふるかわ」としている。『時代別国語』も「ウ

マラニ、ヲヤラフルと切って、飲遣《をしやらふる》の意とする説があるが、ヲを感動助詞として、ヤラフルとすべきである。ヤラフは遣ると同根であろう」としている。これらには賛成できない。⑨のヲヤス（毒）は他動詞であるが、『古典大系本』は「毒して感覚を失わせる意」とし、『時代別国語』は「衰弱させる」と解釈する。とすれば、ヲユと似たヲヤルという自動詞があったと仮定し、その再活用がヲヤラフルであるとすることはできないか。

「仁徳紀」五十五年の条では、

田道《たぢ》が墓を掘る。則ち大蛇《をろち》有りて、目を発瞋《いから》して墓より出でて咋《く》ふ。蝦夷《えみし》、悉《ことごとく》に蛇《をろち》の毒《あしきいき》を被《かうぶ》りて、多《さは》に死亡《し》ぬ。

とある。この文にある「被蛇毒」に対し『北野神社本』所引の私記にはヲロチニヲヤサレテとある。『日本書紀通釈』や『古典大系本』はこの古訓をさけ、「蛇《をろち》の毒《あしきいき》を被《かうぶ》りて」と読み下している。[*22]『新古典全集本』は「蛇毒《をろちのあしきけ》を被《かがふ》りて」とする。できれば、古訓ヲロチニヲヤサレテを復活させたいものである。

⑩（スサノヲ）毒酒《あしきさけ》を醸《か》みて飲ましむ。蛇《をろち》酔《ゑ》ひて睡《ねぶ》る。（神代紀八段第三）

⑪天皇、是《こ》の献りし大御酒《おほみき》に宇羅宜《うらげ》て、御歌曰《よ》みしたまひ（応神記）

⑫大嘗《おほにへ》に坐《いま》して豊明《とよのあかり》為《し》たまひし時、大御酒に宇良宜《うらげ》て、大御寝《おほみね》したまひき。（履中記）

⑩のヱフ（酔）も酒にかかわる語である。⑪⑫にあるウラゲの終止形はウラグである。ウラグは「楽しくなる・気持ちがよくなる」ということである。ウラグのウはワ行のウで、ヲ・ヲスの関連語であろう。

⑬云何《いかに》ぞ天鈿女命《あまのうずめ》如此《かく》嘘楽《ゑら》くや。（神代紀七段本文）

⑭（ウズメが）汝命《いまし》に益して貴き神坐《いま》す。故《かれ》歓喜《ゑら》咲ぎ楽《あそ》ぶぞ（神代記）

『古典大系本』の頭注は⑬のヱラクに「歓喜して楽しみ笑う」とする。これは⑭の「歓喜咲楽」の援用のようである。「歓喜咲楽」をヨロコビワラヒアソブ（古典大系本・新古典全集本）とかヨロコビワラヒヱラグ（思想大系本）と訓むものもある。なお「景行記」では楽をヱラグと濁って訓んでいる。ヱラクはヱム（笑）に関係するかもしれないが、ウラグと同系としてもよいだろう。ウラグやヲユ・ヲヤス・ヲヤラフルは、いずれも、酒の呪力を主とした生理化学的変化を表現しているだろう。

第六節　うまさけ三輪

ヲ・ヲシが酒に関わることをさらに実証するために節を新たにする。

①（高橋邑の）活日《いくひ》自ら神酒《みわ》を挙《ささ》げて、天皇に献《たてまつ》る。仍《よ》りて歌《うたよみ》して曰はく

此の神酒《みき》は　我が神酒ならず　倭成《やまと》す　大物主の　醸《か》みし神酒　幾久《いくひさ》　幾久（紀一五）

如此《かく》歌《うたよみ》して、神宮《かみのみや》に宴《とよのあかり》す。即ち宴竟《をは》りて、諸大夫等《まへつきみたち》歌《うたよみ》して曰はく、

味酒《うまさけ》　三輪の殿の　朝戸《あさと》にも　出でて行かな　三輪の殿門《とのと》を（紀一六）（崇神紀八年十二月）

②（前節⑧の少し後に）旨酒《うまさけ》　餌香《ゑか》の市に　直《あたひ》以て買はぬ（顕宗前紀）

③春日《はるひ》　春日《かすが》を過ぎ　妻ごもる　小佐保《をさほ》を過ぎ（武烈前紀紀四九）

④味酒《うまさけ》　三輪の山　青丹《あをに》よし　奈良の山の　山のまに（万①一七）

⑤斎串《いぐし》立て　神酒《みわ》坐《す》ゑ奉る　神主《かむぬし》の　髻華《うず》の玉かげ　見ればともしき（万⑬三二二九）

⑥こと酒を　押垂《おした》れ小野ゆ　出づる水を　ぬるくは出でず（万⑯三八七五）

①の紀歌謡一六と④ではウマサケが三輪にかかっている。三輪はもちろん奈良県桜井市の三輪神社、あるいはその地である。しかし、①の始めと⑤では神酒と書いて、ミワと訓んでいる。『和名抄』神酒の項に「日本紀私記に神酒と云う。和語はミワと云う」とあり、平安期の歌学書『八雲御抄《やくもみしょう》』には「みわすゑまつるとは、神に酒をまゐらする也。わとは酒字也」とある。『万葉代匠記』にも「みわは神に奉る酒なり」とある。この場合はミは美称の接頭語であり、ワが酒をさす。だから、厳密にいえばウマサケはワにかかる。ところが、通常このワがヲ・ヲシなどと関連するとは考えていない。ただ赤土や陶土の紐を輪にして積み重ねて瓶を作り、そのなかに酒を醸し入れるから、輪が酒を意味するようになったとする。しかし、回りくどい説明の割には、すっきりとは腑に落ちない。橘守部の『雅言考』はミワは酒器の名であったものが、酒のことになったとしている。折口信夫の『万葉集辞典』も「みわ【酒甕】酒を醸す壺。其壺の儘、地に掘りすゑて、神に献じることもある。ミワは元、酒のことであるらしい」としている。[*23]これらの説では、もとは御酒を入れる瓶であるらしい。たしかに瓺和《みかわ》（出雲国造神賀詞）や埴輪（垂仁紀三十二年）のように語尾にワのつく言葉はある。赤土や陶土の輪が瓶の意味に発展するまではよい。それが酒の意となり、飲み物・食べ物となり、果ては統治にまでも展開するものだろうか。単に紐の緒のような蛇神オホモノヌシに、三輪・神酒《みわ》とゴロが合うので、酒の神としての側面が生じたのだろう。①の始めの歌は高橋邑の活日が大神《おほみわ》の掌酒《さかびと》となり、自らが神酒《みわ》を崇神に捧げたときの歌である。

「出雲国造神賀詞」のミカワは難解の語であるが、次のように用いられている。

⑦いつの真屋に麁草《あらくさ》をいつの席《むしろ》と苅り敷きて、いつへ黒益し、天の瓺和《みかわ》に斎《い》み籠りて、しづ宮に忌《いは》ひ静め

仕へまつりて、

賀茂真淵の『祝詞考』（一七六八年成立）は、瓺和に対し「瓺は酒を醸す器なり。和は借字にて回なり。回はそのほとりをいふ」とする。次田潤の『祝詞新講』は、ミカワのワは面輪のワと同じで、丸いものを表す接尾語的なものであろうかとしている。[*24] それらと違って青木紀元は、ミカワのワを酒とし、瓺《みか》に酒を醸すために斎み籠もるとしたらどうかと提案している。[*25] これが穏当な理解であろう。ミカワはミカに入った酒である。

②のウマサケは枕詞ではないが、ヱカに関連づけられている。ヱはワ・ヲ（酒）の転訛したものである。カは場所を指す。ヱはさらにヱフ（酔）・ヱラク（宣命三八・四六詔）・ヱラヱラニ（万⑲四二六六）などの語にもなっている。『釈日本紀』（鎌倉末期成立）引用の『日本書紀私記』には、「旨酒餌香市」を述義して、「高麗人が餌香の市に来住して、旨酒を醸した。時の人は競って高価を支払って買い飲んだ。だからこのようにいう」とある。ただし、ヱカは現在の大阪府藤井寺市付近で、大和川と石川の合流点である。そこが渡河地点であり、市もあったらしい。酒のワ・ヲ・ヱは渡し・渡りのワ・ヲ・ヱに通じる。

③では枕詞「妻ごもる」が小佐保にどのようにかかるのか不詳とされるものである。これを理解するには次の歌が参考になる。

⑧鳰鳥《にほどり》の　葛飾早稲《かつしかわせ》を　にへすとも　そのかなしきを　外《と》に立てめやも（万⑭三三八六）
⑨誰ぞ此の　屋の戸押《お》そぶる　新嘗《にふなみ》に　吾が背を遣《や》りて　いはふ此の戸を（万⑭三四六〇）

妻が屋に籠もり酒を醸して、新嘗の祭りをしている。その時は愛しい夫も戸外に出しているのである。新嘗の妻籠もりには酒が必須であるから、「妻ごもる」はヲサホのヲ（酒）にかかるのである。

⑥の「こと酒」は「琴酒」と表記されている。「神功前紀」では皇后は琴を弾かせて神を降ろしているが、ここでは訓仮名である。「こと酒」のコトは事八日やコトノマチのコトで、神事をさす。あるいはコトヨサスやコトマツリでは、コトはもう神と解釈してもよいくらいである。「こと酒」のコトはそうしたコトだろう。「押垂れ」は旧訓で、近頃はオシタリと訓んでいる。それで「押垂小野《おしたりをの》」を地名とする説が盛行しているが、藤原範兼の『和歌童蒙抄』（十二世紀中頃）にあるように「酒は垂れしぼるもの故」押し搾って清酒にしたのである。上田秋成の『冠辞考続貂《ぞくてう》』（一七九六年成立）は「押垂」を「食《を》し足りる」とかけている言葉とする。この場合でもそうだが、「こと酒押垂れ」が小野のヲを修飾する序詞となる。

第七節　ワサ・ワセ（早・早稲）

前節の⑧の「早稲をにへす」とは早稲の米を醸した酒や炊いた御食を神に供えることで、新嘗の習俗を歌ったものといわれている。『令義解《りやうのぎげ》』田令《でんりやう》には、稲の「早晩は、九月を早と為し、十一月を晩と成す也」とある。たとえば『皇太神宮儀式帳』によれば、九月中旬宇治の御田で抜穂の稲を刈り、白酒黒酒《しろきくろき》を醸し、大御饌《おほみけ》とともに神に供えて神嘗祭を執り行う。この九月中旬では通常早稲でなければまだ稔っていない。第三節で述べたが、貞観や延喜の時代の践祚大嘗祭の折に、悠紀・主基二国で抜穂をするのは九月中旬ころで、九月下旬には都の斎場に戻ることになっていた。やはり早稲を利用して、大嘗祭の酒や神饌を支度している。

『常陸国風土記』筑波郡の段であるが、神祖《みおや》の尊が駿河の福慈《ふじ》の岳に到り、宿を請うたところ、福慈の神は、

①新粟《わせ》の新嘗《にひなへ》して、家内諱忌《やうちものいみ》せり。今日の間《ほど》は、冀《ねが》はくは許し堪《あ》へじ

と答えた。ここでは新粟をワセと訓んでいるが、これは平田篤胤が『古史伝』（一八二五年成立）で、新粟をワセと訓むべしとしたからである。粟でも早く稔ったものを酒に醸し、神に供えたのだろう。大井川上流の静岡市葵区井川では焼畑で作るワセの粟をサカアワと呼んで、諏訪神社のヤマメ祭に用いている。[*26] 神祖の尊はフジ山を恨んで、四季雪を降らせ霜を置き、人々には登らせず、「飲食《をしもの》な奠《まつ》りそ」とのたまわったとある。一方筑波の神は新粟嘗《にひなへ》していたが、神祖の尊に飲食《をしもの》を提供する。「崇神紀」四十八年正月の条に、活目尊《いくめのみこと》（後の垂仁）が夢見を語るなかに、「御諸山から縄を四方に延べて粟を食《は》む雀を追う」とある。この粟田は祭祀用の神田であるとの見方すらある。[*27]

『万葉集』でも新嘗や神祭りに早稲を用いることは読みとれる。

②石上《いそのかみ》　布留《ふる》の早田《わさだ》を　秀《ひ》でずとも　縄だに延へて　守《も》りつゝ居らむ。（⑦一三五三）
③吾が蒔ける　早田の穂立《ほだち》　造りたる　蘰《かづら》ぞ見つつ　偲ばせ吾が背（⑧一六二四）
④佐保川の　水をせき上げて　植ゑし田を　刈れる早飯《わさいい》は　ひとりなるべし（⑧一六三五）
⑤をとめらに　行《なめ》あひの速稲《わせ》を　刈る時に　なりにけらしも　萩の花咲く（⑩二一一七）

②は奈良県天理市布留に鎮座する石上神宮の祭事に供するための田で、早稲を作ってある。③は早稲の抜穂で作った蘰をして、祭りに参加したのである。④のワサイイは早稲を炊いたイイである。新嘗の祭りのためにワサイイを供え、独り斎み籠もったのである。⑤の「行《なめ》あひ」は「行相」の訓みで、従来はユキアヒと訓んでいたものである。しかし、『常陸国風土記』の行方《なめかた》や行細《なめくはし》のように、「行」をナメと訓むべきである。そう訓むと、乙女等が嘗め合って醸す早稲を刈ると理解されるのである。

古代のワセの用法をみると、複合語の語頭に立つときはワサになっている。しかも、新嘗や神事に関わる場面で遣われていることが多い。とすると、ワサ・ワセは酒の意のワや酒を醸すヲスや、さらにハス（馳・渡）の類語ではないかと思われてくる。これは田植歌の詞章でもそうである。[*28]

酒に作ろうこいすみ酒の米をば　酒を作ろうこい白早稲の米をば（新庄上ミ田屋本田植歌集）
酒に作ろうや小泉わせの米で　酒に作ろうややなぎの下の清水で（上佐屋本田植歌草紙）

早稲の米で神祭の酒を醸したのである。

ところで、中古・中世の歌集にヲシネ・オシネを詠んだ歌が時々ある。当時ヲ・オの仮名遣いには混乱があるので、判断に苦慮するが、オシネは主として晩稲を指している。ところが、判断が難しいヲシネがあって、小稲とも食《を》し稲の約ともいわれている。もし小稲とすると稲幹の長いモチ種に対し、四、五寸短いウルチ種を指すのか。そうではなくて、これまでの論述の応用であるが、ヲシネは酒造用の稲ではないのか。

かつしかの　わさ田のをしね　こきたれて　なきもたゆれど　つきぬなみだか（歌枕名寄五五四〇）
かつしかの　ささ田のおしね　こきたれて　なきもたらじと　つきぬ涙か（散木集九八九）
しら露の　おくてのをしね　打靡《うちなび》き　田中のゐどに　秋風ぞふく（続古今四六〇）
かたをかの　もりのこ葉も　いろづきぬ　わさ田のをしね　いまやからまし（新勅撰二九七）

これらのヲシネは、早稲や晩稲とともに詠み込まれているのだから、一概に晩稲と解釈するわけにはゆかない。始めの『歌枕名寄』のヲシネは『散木集』（一一二八年頃成立）ではオシネになっているが、ヲシネのことか。また三首目はおくてだからオシネとするか。問題を提起して教導を待つものである。

⑤のワセには速稲の文字が遣われているが、速く動くことや走ることをワシルという。他動詞はワシスである。ワシルはハシルと同じである。ハシルの他動詞はハス（馳・駆）である。ハスは下二段であるから連用形はハセである。ハシル・ワシル的転換をすれば、ハセはワセである。このような変化には他にワツカ・ハツカがある。かってハ行がF音であったころは、W音に変わりやすかったと思われる。

上に引用した「崇神紀」四十八年の条には、ハム（食）の語があった。ハムは食べる・飲む・ついばむの意である。（クチバシ〈嘴〉のハシや古代のピンセット状のハシ〈箸〉はハサム〈挟〉・ハム〈食〉・カム〈噛〉などと関連がある。もしハス〈食〉という動詞があったとすれば、ハシはその連用形が名詞化したものである。）もしハムが、カム・ナムと同じように単に食べるだけでなく、酒を醸すために噛むことであるならば、どうだろう。ハム・ハシの語根はハであるが、ハは歯でもある。このハがハシル・ワシル的転換をすればワとなり、それが酒を意味しても不自然ではない。問題の用語ヲ・ヲスもワの変化したものになる。

恐らく早く稔った稲や粟をハミ（食）て酒を醸したことから、一方は酒に関連する語彙群となり、他方は早・速・走る・渡すなどの語群となったのであろう。『万葉集』に次の歌がある。

はしたての　熊来《くまき》酒屋に　ま罵《ぬ》らる奴《やつこ》　わし　誘《さす》ひ立て　率《ゐ》て来なましを　ま罵らる奴　わし（⑯三八七九）

この歌にあるワシは、酒を勧める言葉とも、あるいははやし立てる言葉とも、上述のことから理解できるだろう。このワシは半島から渡来したともいわれているが、日本語になっている背景も想像されることである。

村山七郎は、ワ（酒）を南島語素の単語とし、台湾のパイワン系諸語に対応形が見られるという。[*29] そのような関連があるかも知れないが、取りあえずはまず日本語内で理解をすべきものだろう。もっとも、渡り・渡しの意のワ・ヲも酒のワや飲むのヲスに関係のある語であった。ワ・ヲはある種の化学変化も意味していたのであろう。

第八節　おわりに

ニヒナメ（新嘗）のナメを酒を醸すために新米を噛むことと理解した。ニヒナメでは、新穀を嘗めて酒を醸し、収穫を感謝する祭をしたのである。タメツ酒のタメもナメの変化であり、多米物は原義は嘗めた酒であった。ヲ・ヲシは酒を噛んで醸すことであったが、酒を飲むこと、食べることになり、統治する意味をも併せ持つようになった。またヲはワとも通音であることを説いた。また、従来のヲス（食）の解釈は全く誤っていることも述べた。

これらのことにより祭の、特に新嘗祭の根底に触れることができたと思う。新穀を酒に醸し、飯に炊いて、神を祭り、また直会で酒（や飯）を頂いて若返りを図ったのである。

また、酒にかかわるヲ・ヲシ・ワなどは、早稲のワセ、走るのワシル、渡る・渡す意のヲ・ヲシ・ワにもつながっていることを推定した。また、酒にかかわるヲ・ヲシ・ワなどは渡りの意のワ・ヲ・ヲシにも、ワセ（早稲）やワシル（走る）にもつながっていた。

註

＊1　森本治吉「にふなみ」『国文学　解釈と鑑賞』三〇三　一九六一年二月　二一二ページ
＊2　折口信夫「大嘗祭の本義」『折口信夫全集』三　中央公論社　一九六六年　一八〇ページ
＊3　西宮一民「新嘗・大嘗・神嘗・相嘗の訓義」『上代祭祀と言語』　桜楓社　一九九〇年　二一六－二二四ページ
＊4　肥後和男「古代伝承と新嘗」『新嘗の研究』一　東アジアの農耕儀礼　学生社　一九七八年　一七一－一七三ページ
＊5　早川光三郎『蒙求』上　明治書院　一九七三年　一六三ページ

＊6　折口信夫「大嘗祭の本義」『折口信夫全集』三　中央公論社　一九六六年　一八〇ページ、「新嘗と東歌」『折口信夫全集』一六　一九六七年　二八四ページ

＊7　折口信夫「大嘗祭の本義」『折口信夫全集』三　中央公論社　一九六六年　二一七ページ

＊8　拙著『古代日本の月信仰と再生思想』作品社　二〇〇八年　二三三―二三五ページ

＊9　鈴木重胤『祝詞講義』下　國學院大學出版部　一九一〇年　六四〇ページ

＊10　川出清彦「大嘗祭における稲のお取扱いについて」『新嘗の研究』二　稲と祭儀　学生社　一九七八年（元第三集　一九六七年）　一八ページ

＊11　次田潤『祝詞新講』明治書院　一九二七年　五四九ページ

＊12　金田一京助「食すの考」『金田一京助全集』三　国語学Ⅱ　三省堂　一九九二年　三二四ページ

＊13　三谷榮一『古典文学と民俗』岩崎美術社　一九六九年　一三九ページ、『古事記成立の研究』有精堂　一九八〇年　三三二ページ

＊14　木下正俊「上代敬語動詞成立考」『万葉』一九　一九五六年四月　一六―一九ページ

＊15　中尾佐助「東アジアの農耕とムギ」『日本農耕文化の源流』日本放送出版協会　一九八三年　一二九―一三四・一五九―一六〇ページ

＊16　坂本太郎他『日本書紀』上　岩波書店　一九六七年　三〇九ページ

＊17　小島憲之他『日本書紀』①　小学館　一九九四年　三八二ページ

＊18　金田一京助「食すの考」『金田一京助全集』三　国語学Ⅱ　三省堂　一九九二年　三二三―三二九ページ

＊19　佐々木信綱『万葉集事典』平凡社　一九五六年　四三六ページ

＊20　岡田精司『古代王権の祭祀と神話』塙書房　一九七〇年　四四ページ

＊21　岡田精司　同前　四七―四九ページ

＊22　飯田武郷『日本書紀通釈』三　日本書紀通釈刊行会　一九四〇年　二一八一ページ、井上光貞他『日本書紀』上　岩波書店　一九六九年　四一二ページ

＊23　折口信夫「万葉集辞典」『折口信夫全集』六　中央公論社　一九五六年　三五七ページ

＊24　次田潤『祝詞新講』明治書院　一九二七年　四七〇ページ

＊25　青木紀元『祝詞古伝承の研究』　国書刊行会　一九八五年　二〇六－二一二ページ
＊26　繁原幸子「雑穀と狩猟の村―井川の民俗」　二〇〇八年　（三河民俗談話会講演用プリント）
＊27　廣野卓『食の万葉集』　中央公論社　一九九八年　六七ページ
＊28　渡邊昭五『田植歌謡と儀礼の研究』増補版　三弥井書店　一九七三年　六三七－六三八ページ
＊29　村山七郎『日本語の研究方法』　弘文堂　一九七四年　二五一－二五二ページ

第八章　ツミ・ツチ・ツツという霊格

第一節　ワタツミ・ヤマツミの表記

まず、ツミという神霊が何であるかを論ずる前に、ワタツミやヤマツミが上代文献にどのように表記をされているか、多少の例文を掲げる。

①（イザナキノ尊の吹き払う息から）又、生めりし海神等《わたつみのかみたち》を、少童命《わたつみのみこと》と号《まう》す。山神等《やまのかみたち》を山祇《やまつみ》と号す。（神代紀五段第六）少童、此をば和多都美《わたつみ》と云ふ。（五段第七）

②（イザナキが）又、海《わた》の底に沈《かづ》き濯《すす》ぐ。因りて生める神を、号《なづ》けて底津少童命《そこつわたつみのみこと》と曰《まう》す。次に底筒男命《そこつつのをのみこと》。又、潮《しほ》の中に潜《かづ》き濯ぐ。因りて生める神を、号けて中津少童命《なかつわたつみのみこと》と曰す。次に中筒男命。又、潮の上に浮き濯ぐ。因りて生める神を、号けて表津少童命《うはつわたつみのみこと》と曰す。次に表筒男命《うはつつをのみこと》。（中略）其の底筒男命・中筒男命・表筒男命は、是即ち住吉《すみのえ》大神なり。底津少童命・中津少童命・表津少童命は、是阿曇連《あづみのむらじ》達《ら》が所祭《いつきまつ》る神なり。（神代紀五段第六）

③（イザナキがカグツチを三段《みきだ》に斬る。）其の一段《ひときだ》は是雷神《いかづちのかみ》と為る。一段は是大山祇神《おほやまつみのかみ》と為る。一段は是高靇《たかおかみ》と為る。（神代紀五段第七）

④（イザナキ・イザナミ両神が国を生み、さらに神を生む。）次に海の神、名は大綿津見神《おほわたつみのかみ》を生み、（中略）

次に山の神、名は大山津見神《おほやまつみのかみ》を生み、次に野の神、名は鹿屋野比売神《かやのひめのかみ》を生みき。亦の名を野椎神《のづちのかみ》と謂ふ。

（神代記）

⑤海若《わたつみ》の　沖に持ち行きて　放つとも　うれむぞこれが　よみかへりなむ（万③三二七）

これらを含め、ワタツミ・ヤマツミの表記を一覧表にすると、次のようになる。

日本書紀	古事記	風土記	万葉集	新撰姓氏録	延喜式神名	先代旧事紀
少童命	綿津見神	海若	海若八	綿積命	和多都美…	少童命
海童	綿津見大神	和多都弥豊玉比売神	和多都美八	（神綿積豊玉彦）	和多都美豊玉比売	海神
海神	海神	海神	海神四			海童
海神豊玉彦			渡津海一			海
海			綿津海一			
			ほか二			
	大綿津見神					大綿津見神
底津少童命	底津綿津見神					底津少童神
中津少童命	中津綿津見神					中津少童神
表津少童命	上津綿津見神					表津少童神
山祇			山神			山祇（神）
大山祇（神）	大山津見神	山積神			山積	大山祇（神）
						大山津見神
	淤縢《おど》山津見神					瀬勝《せかつ》山津見神
中山祇						中山祇

	奥山津見神				奥山祇 奥山津見神
闇《くら》山祇	闇山津見神				闇山祇 闇山津見神
麓《は》山祇	羽山津見神				麓山祇 羽山祇 羽山津見神
正勝《まさか》山祇	正鹿《まさか》山津見				正勝山祇 正鹿山津見神
䨄《しぎ》山祇	志芸《しぎ》山津見神				䨄山祇 志芸山津見神
	原山津見神				原山祇 原山津見神
	戸山津見神				戸山祇 戸山津見神

注　『万葉集』の神名の数字は使用回数である。

なお、ワタツミに「海」とのみ書かれたものは海洋を表している場合が多いので、ここでは討議の対象外とする。

第二節　霊格はツミかミか

右の表を一見してわかることであるが、『記』のヤマツミはいろいろな神名に変化をしていて、より発展をした段階の採録であることがわかる。さらに『紀』の「命」が『記』では「神」とされているのはさらに発展した段階の呼称であるといわれている。[*1]『旧事紀』のヤマツミは『記紀』の神々を取り込んで、一段と発展している。

『万葉集』の「渡津海・綿津海」は次の歌にある。

渡津海《わたつみ》の　豊旗雲に　入日さし　今夜《こよひ》の月夜　まさやかにこそ（①一五）
綿津海《わたつみ》の　手に巻かしたる　珠たすき　かけてしのひつ　大和島根を（③三六六）

これらの二例のワタツミはワタツウミが縮まったものであるが、『古事記伝』で「海の海」となって正しからず、「いよゝ後のひがごとなり」とされたものである。『万葉集』にはワタツミの用例は、右表のように海若・和多都美・海神などと表記されている。これらを原義、あるいはそれに類する表記とすると、右歌の二例では原義が理解されなくなっていたとするより、「渡る（べき）海」のことで、神名ではないだろう。いずれにせよ、特例である。『万葉集』にはその他にワタノソコ（底）が十例ある。なお、『旧事紀』の底津少童（命）にはソコツワタツウミの訓みもある。また、旺文社の『古語辞典』『標準国語辞典』はワタツミをワタツウミの略とする。これをヤマツミに適用した場合、ヤマツウミとなり、自家撞着を来す。なお、旺文社の『古語辞典』はヤマツミをヤマツカミの略とする。

ワタツミは、『紀』で少童・海童・海神、『出雲国風土記』で海若、『姓氏録』で綿積、『旧事紀』では少童命・

海童・海神と表記されている。『姓氏録』の綿積は借訓である。あるいは万葉仮名を遣って、『山城国風土記』逸文では和多都弥とし、「神名帳」では和多都美と表記している。ところが、『記』はワタツミを綿津見と書き表す。『記』では「津」は連体助詞ツとして、ノと同様に遣われている。この「津」は『旧事紀』の大綿津見にも使用例がある。『紀』『記』『旧事紀』でワタツミを修飾している表津《うはつ》・中津・底津・上津などの「津」も連体助詞ツとしてよい。

上表にはあげていないが、「神代記」ではイザナキがヨモツヒラ坂でイザナミ軍に投げつけた桃には意富加牟《おほかむ》豆美《づみ》命の名が与えられている。オホカムヅミのヅミは、ツミ・ヅミ（たとえばガマヅミ）やそれから変化したグミのように、果実を表すので、『記』の撰録者は「豆」を遣い、「津」や「都」を遣ってはいない。『記』では豆は濁音のヅである。

ヤマツミについては、『紀』では山祇とあり、『旧事紀』の過半が山祇となっている。『伊予国風土記』逸文や「神名帳」では山積である。山積の「積」は借訓であろう。一方、『記』のすべてと『旧事紀』の半ば近くは山津見と表記する。山津見の「津」は連体助詞ツで、ノと同様に用いられていると考えてよいだろう。

もしワタツミのワタの語義を不問にすれば、ワタツミ・ヤマツミに対する考えは二分される。一方はツを助詞とし、語末のミを霊格を表す言葉とする。他方はツミが霊格を表すとする。次に手元にある資料から両者を区分して列記する。

①「ミ」が霊格を表すとするもの。（ツミのツを助詞とするもの）

大言海・新編古語・万葉集辞典（折口信夫）・広辞苑・時代別国語・岩波古語・国語大辞典・小学館古語・大辞林・古事記事典（尾畑喜一郎）・角川古語など（以上辞典類）

冠詞考・古事記伝・日本書紀伝・日本書紀通釈・万葉集講義・日本の神道（津田左右吉）・日本書紀新講

（飯田季治）・古事記現代考（植木直一郎）・古典全書古事記・日本神話の研究（松村武雄）・古典大系万葉集・万葉集注釈（澤瀉久孝）・古事記全註釈（倉野憲司）・古典大系日本書紀・古事記全講（尾崎暢殃）古典全集万葉集・「むろづみ」考（滝川政次郎）・古事記をよむ（中西進）・日本神話の基礎的研究（青木紀元）・神名の釈義（西宮一民）・思想大系古事記・記紀神話解釈の一つのこころみ（溝口睦子）・日本神話における火の神（大久間喜一郎）・日本文学伝承論（池田彌三郎）・古事記をよむ（中西進）・新古典全集古事記・『日本書紀』神代巻全注釈（角林文雄）など

②「ツミ」が霊格を表すとするもの。

東雅・南留別志・倭訓栞・神名の語源辞典（志賀剛）など（以上辞典類）

日本書紀神代講述鈔（出口延佳）・日韓の開闢説／東亜文化史研究（内藤湖南）・古事記新講（次田潤）・日本上代に於ける社会組織の研究（太田亮）・日本神話研究（肥後和男）・日本宗教思想史の研究（西田長男）・東アジアの王権神話（大林太良）・神武天皇考（宮井義雄）・古代日本人の意識（芝烝《すすむ》）など

かつてツミとしてとらえられることが多かった霊格も、『記』が重要視されるようになり、また『記』などの用字の研究がなされるようになって、次第にミを霊格として考えるようになってきた。特に国語学者・国文学者にその傾向が強く、現在では霊格ミはもうほとんど定説となっているといえる。たしかに、『記』では津は百七十回用いられているが、

津島・白肩津・楯津・蓼津・相津・焼津・尾津・御津・墨江之津

のような固有名詞を除くと、訓仮名ツとして遣ったものばかりである。しかも、その多くは連体助詞ツとして遣

っている。それでも、歴史学者・神話学者のなかには一語のツミとして理解しているものもある。最近の辞書類では、『新潮国語辞典』がワタツミの「ミは神の意というが疑わしい」としている。[*2] どうもワタツミをワタツウミかワタツカミの略と考えていたらしく、結局ミを海と解釈しているらしい。

しかし、すでに述べたように『記』が命を神と表し、神名の変化形も豊かに展開していることから考えても、『記』の撰録は序文にある七一二年よりかなり下るのではないか。だから撰録者にはワタツミ・ヤマツミの語構成や原義がわからなくなっていたのではないか。そのためだろう、『記』の神名とその表記は『紀』などに遠く、『旧事紀』にもっとも近い。（もちろん『旧事紀』は『記紀』や『古語拾遺』を取り込んでいるし、神々も総合的網羅的である。後追いの特徴が図らずも現れてしまったのだろう。これは『古事記』の神々とても同じことで、『紀』の本伝・異伝やその他をかなり総合的に撰録している。）

第三節　ツミという霊格とその周辺

前節で述べた『記』の「助詞ツ＋霊格ミ」が妥当であるかどうか、ツミの語義や周辺を順次掘り下げて、因って来たところとその広がりを探ってみよう。

①『山城国風土記』の逸文に、カムヤマトイワレヒコ（神武）の御前に立った、賀《か》茂《も》建《たけ》角《つの》身《み》命が大和から山城の賀茂に移ってからの出来事を記した条がある。この命は『姓氏録』山城国神別では鴨建津之身命・鴨建津身命と表記されている。賀茂建角身のミ（身）は乙類であり、ワタツミ・ヤマツミの語末のミは甲類である。しかし、『旧事紀』地祇本紀に大鴨積《おほかもつみ》命が崇神朝に賀茂君の姓《かばね》を賜るとあるが、オオカモツミはカモタケツノミなどと同一神または同系譜のはなはだ近縁の神であるとされている。[*3] このオオカモツミのツミと同じことで、通常のツミがツノミに訛伝したり、甲類のミが乙類のミに変化したのであろう。ツミの中間にノが挿入されているが、ツノ

ミのツもノも助詞であり、助詞が連結しているということはあり得ない。

②カムヤマトイワレヒコが大和に進入しようとしたとき、抵抗して激しく戦った男がいる。「神武紀」によれば鵄邑《とびのむら》（今は鳥見《とみ》）の長髄彦《ながすねひこ》、「神武記」によれば登美能那賀須泥毘古《とみのながすねびこ》または登美毘古《とみびこ》という。さらに「神武記」を引用すれば、

邇芸速日《にぎはやひ》命、登美毘古が妹《いも》、登美夜毘売《とみやびめ》を娶《めと》りて生める子、宇摩志麻遅《うましまぢ》命。此は、物部連、穂積臣、婇臣《うねめのおみ》の祖《おや》なり。

とある。トミビコ・トミヤビメのトミは大和の地名に由来する。それではトミという地名は何を指すのか。トミのトは乙類、ミは甲類であり、富のトミはトもミも甲類なので語義を異にする。しかし、トミは穂積のツミとは通音であるだろう。ツは乙類のトにあまり無理なく変化する。もしツミのツが助詞であるとすると、トミやツミが語頭に立つことはまことに不自然である。また、ホヅミのヅは助詞ツの濁音化したものではない。

③「神代記」によれば、オホナムチの御子の一人に建御名方神がいる。タケミナカタは天孫系のタケミカヅチに敗れて、信濃国の諏訪に逃れる。『延喜式』神名帳によれば、同国諏訪郡に南方刀美《みなかたとみ》神社二座と水内郡に健《たけ》御名方富命《みなかたとみのみこと》彦神別《ひこかみわけ》神社がある。彦神別は諏訪神の健御名方富の御子神であるといわれている。[*4]『記』のタケミナカタは『延喜式』では（タケ）ミナカタトミである。神名の末尾のトミに「富」の字が使われているが、『延喜式』ではもうトやミの甲乙の別はなくなっている。このトミもおそらくツミの訛ったものであろう。

④『記紀』によると、オホアナムチの別の御子に事代主命（神）がいる。『記』ではコトシロヌシは八重言（事）代主神となっているところがある。ヤヘコトシロヌシは、「地祇本紀」になると都味波《つみは》八重事代主神となっている。『姓氏録』和泉国神別では積羽《つみは》八重事代主命、『延喜式』神名帳では鴨都波《かもつみは》八重事代主命である。カモツミ

ハは御所《ごせ》市の地元ではカモツバと訓んでいるそうだが、ツミハが縮まってツハ・ツバになったらしい。[5] 鴨都波八重事代主命神社は『延喜式』では葛木鴨社とか鴨神社とも略称されている。『姓氏録』大和国神別に、

賀茂朝臣《かものあそみ》　大神朝臣《おほみわのあそみ》と同じき祖《おや》。大国主神の後《すゑ》なり。大田田禰古《おほたたねこ》命の孫《ひこ》、大賀茂都美《おほかもつみ》命賀茂神社を斎《いつ》き奉りき。

大賀茂都美命は『旧事紀』の大鴨積命のことである。ツミハの語義が不明であるとして、水の精霊ミツハの誤りとするむきもあるが、それは曲解である。[6] ツミハはオホカモツミのツミと関係があるだろう。（ツミハのミとカモツミのミとは甲乙が異なるだろうが、『姓氏録』の時代には甲乙の別はない。）ここでもツミハは神名の語頭に立っている。したがって、ツミハのツは助詞であるはずがない。ツミハについては第一章第三節で検討した。

⑤『出雲国風土記』には都久豆美《つくつみ》命（嶋根郡）・波多都美《はたつみ》命（飯石郡）・伎自麻都美《きじまつみ》命（同）がいる。名義は不詳であるが、ツミを神名の末尾に持つ。

以上の神々はほとんどが国神系であり、あるいは①の山城賀茂の祖神のように、天孫への協力によって天神系に組み込まれたものもある。これらの神のツミのツも助詞とするには無理がある。

第四節　ツミの語義とその霊格性

それではツミとは何であるか。弥生時代からほんの百年ほど前まで、ほとんどの家庭で女性は糸を紡ぎ、その糸で布を織ってきた。弥生時代の住居跡から、なかに穴のあいた四、五センチの円盤状の石や土器がしばしば出土する。糸を紡ぐのに使う弾み車で、ツム車とか紡錘車といわれている。穴には細い棒が通されていたはずであ

る。棒の上端近くには小さなへこみがあり、抽き出した繊維を掛け、弾み車を回して、撚りを加えるために使われる。片撚りを掛けた糸はそのまま織り糸として使われるが、二、三本合わせて反対の撚りを加えると、安定した撚糸となり、強い布を織ったり、縫い糸・網糸などとして使うことができる。

ツムギ（紡・紬・続）した、すなわち紡いで棒に巻かれた糸は、ツム、ツミと呼ばれる。それは両端とも紡錘状をしていたり、上端が円錐形になった巻き貝状を呈していたりする。このツム・ツミはもちろんツム（摘・採）に発する。親指に人差し指などを押しつけ摘んで、靭皮繊維を細く裂き、長く繋いで糸を績んだのである。親指の先にあるのがツマ・ツメ（爪）であり、ツマ（端）である。親指と人差し指を合わせた形や状態が、ツマ（妻・夫）であり、ツマ（褄）であり、建物の側面の合掌ツマである。

こうした糸の呪能に関係のある言葉は転用されて、周辺のいろいろな分野に展開する。便宜的に分類し、羅列する。

①ツム（摘）・ツメ（爪）・ツマ（妻・褄・端）。

②ツム・ツミ（紡錘・錘）　糸巻きの心棒。錘はツムを吊すようにして糸を紡ぎ出したからだろう。それをツムグ（紡）という。ツムギ（紬）は真綿状にした短繊維や玉繭から紡いだ紬糸で織った絹布。ツム（積・績）は糸が積み重なった状態からだろう。

③ツムジ（旋毛・旋風）　頭頂の渦巻き状に毛の生えた所。渦巻き状に回転する強風。

④ツム・ツムリ・ツブリ（頭）、カブ・クブ（頭）、コブ（瘤）、カブラ（蕪・鏑）。

⑤ツミ・ツブ・ツボ・ツビ（螺）　巻き貝。神の申し子はしばしば小さなツブである。それは古い神格の姿・形でもある。

⑥ツホ・ツフ・ツボ（壺）　紡錘状に粘土のひもを積み上げて、焼成した土器。上に口がついて、貯蔵に適

する。ツボミ（蕾）は紡錘状の花芽。
⑦ツミ・ヅミ・グミ　小さい果実、またはそのなる木。
⑧ツブ（粒）　小さくて丸いもの。ツビは女陰。転じて尻。
⑨ツブラ（円）、ツバラ（曲・委曲）、ツブサ（具・曲）。
⑩ツム・ツミ（舶）　上代の大型船。トモ（舳・艫）、トモ（鞆）。
⑪トモ（友・朋・伴・共）、トモヱ（巴）。
⑫ツミ（錘）　上端が紡錘形をした大鈴・鐸。ツミは第一章で詳述した。
⑬ツムクリ（独楽）・ドングリ（団栗）　柳田国男によれば、ツムの棒に糸を巻いたツムクリが変化して、ドングリになったという。[*7] ただし、ドングリは橡《とち》クリの転とも。
⑭タム（曲）・ツム（詰）、タバ・タバネ（束）、トビ・トベ（束ねて笠状にかぶせた藁）、トビサ（占有の藁をしばったもの）、タボ（髱）、タブサ（髻）。
⑮ツツム（包）、タブ（袋）、トミ・トビ・トビトビ（富）、タマフ・タブ（賜・給）。
⑯タマ（玉・珠）　糸を巻けば玉になる。さらに巻けば大きくもなり、分けて小玉を作ることも可能。もちろん石などの球形のものもタマである。
⑰タマ（魂・霊）　糸や木綿に憑いた霊格である。糸や糸玉に対する信仰から、同じタマをもちいる。成長したり、分割できると考えられていたことは、糸玉の性質と同様である。
⑱ツバ（鍔・鐔）　剣や刀の鍔であるが、もとは錘み車だろう。ほかに穂を摘むツミハ（摘み刃）もあったか。ツバサ（翼）・ツバメ（燕）・トビ（飛・鳶）。ツミ（雀鷹・雀鷂）

⑮であるが、『倭訓栞』にはツトの項に苞苴は「裹《つつ》むの義なるべし。よて万葉集に裹の字をつととよめり」と

ある。ツツム（包）に対しては、『大言海』には「詰め詰むの略」とある。（ツム〈詰〉は⑭にあげてある。）『岩波古語』はツツミ（包・裹）の「ツツはツト（苞）と同根」とする。『国語大辞典』もツトの項で同様の語源をつける。トミ・トビは「神武紀」では地名として出てくる。なお、⑱のツミは小型の鷹である。

霊格としてのツミは、紡錘形に巻かれた糸や巻貝に起因すると考えている。糸には呪能があり、糸を結んで神を招く習俗は東アジアから東南アジアに広く見受けられる。糸を結べば玉ができる。巻けば糸玉は大きくなるし、分割も可能である。神から授けられる小さ子は、昔話「田螺息子」のようにしばしば巻き貝の形を取る。それは霊魂の形である。時には、『常陸国風土記』那珂郡の段にあるように、瓶のなかにとぐろを巻く蛇である。また、⑤でも述べたが、古い神格、あるいは国神《くにつかみ》は、しばしば巻き貝や蛇の姿をとる。こうした神格は、糸が巻かれ、延ばされ、結ばれ、編まれ、織られ、仕立てられるように、ある時ある場合は変幻自在に巻き貝や蛇や辰や、あるいは鹿・雷・小童などとして顕現する。詳しく検討しなければならないが、ツミ信仰はタマに対する信仰と比較的近い観念の産物であるだろう。

こうしてみると、ツミは「連体助詞ツ＋ミ」とするより、ツミと一語で理解するほうがよいだろう。しかも、「某＋ヅミ」となっている神名が多いのである。山口佳紀によれば、「某」という名詞に連体助詞ツが接続した場合、ツが濁音化してヅとなることはあまりないという。[*8] オノヅカラのような例もあるから皆無ということではないが、こうしたツミがヅミに変化している状態を考えれば、ツミを一語として捉えたほうがよいと愚考する。ところが、ほとんどの国語学者・国文学者がこのことに一顧も払わない。これは偏に『古事記』の誤った「津見」という用字によるのだろう。失礼であるが識者碩学といえども、和銅五年（七一二年）に編纂されたと書かれている『記』の序文に、惑わされることがあるのだろう。『記』が撰録編纂されたのは、ツミの原意がわからなくなった、かなり後の時代であるはずである。

第五節　霊格はツチかチか

ツミに似た霊格にツチ・ツツ・タチがある。まず始めにツチを検討する。こんどはツチのつく神々がどのように書き表されているか、第一節に習って表にしてみよう。

日本書紀	古事記	風土記	新撰姓氏録	延喜式	先代旧事紀
国狭槌尊 （国狭立尊）	天之狭土神 国之狭土神				天之狭土神 国之狭土神 国狭槌尊
野槌（者《かみ》）	野椎神			野蛟神社	野槌神
軻遇突知《かぐつち》（命） （磐筒男《いはつつを》神） （磐筒女神）	火之迦具土神	軻遇槌			軻遇突智（命） 迦具突智 （磐筒男・同女）
（磐土《いはつつ》命） （底土《そこつつ》命） （赤土《あかつつ》命）					（磐土命） （底土命） （赤土命）
武甕槌《たけみかづち》神 武甕雷神	武甕槌命 武御雷神 建御雷之男神			健雷命 健御賀豆智命	武甕槌神 武甕雷神 武甕雷男神 武甕槌之男神
雷神《いかづち》	雷神	火雷神	天雷神	（各種）雷神社	雷神

（各種）雷	（各種）雷				（各種）雷
山雷者					
脚摩乳《あしなづち》	足名椎《あしなづち》	脚摩乳			脚摩乳
手摩乳《てなづち》	手名椎	手摩乳			手摩乳
脚摩手摩					
建葉槌命《たけはづち》					
（塩土老翁《しほつつのをぢ》）	塩椎神《しほつち》				（塩土老翁）
（塩筒老翁）					

注1　『紀』の磐土命・底土命・赤土命・塩土老翁のなかの土は、『国史大系本』『古典大系本』はツツと訓んでいる。ただし、『日本書紀通釈』『日本書紀新講』『新古典全集本』はツチと訓む。『古典全書本』もツチであるが、塩土はシホツツと訓む。表ではツツ・タチの神に括弧がつけてある。

注2　土神（紀）・大土神・土之御祖神（記）などは省いた。

注3　ツツのつく底・中・表の筒男命は表には加えていない。

ツチのつく神名を一覧表にしたが、ツチの表記には、ツミの表記で『記』が「連体助詞ツ＋名詞ミ」としたような、顕著な差は見られない。ただアシナヅチ・テナヅチに対しては、『紀』などは『記』と違ってツチが分断されたような文字遣いをしている。

上記のなかでカグツチのツチは陶土や焼き物用のツチに起因する。第九・十節で述べるが、ツチをツツと訓むものは筒状の焼き物に与えた訓みである。そうしたものを除外すると、神名のツチの解釈は大きく二つに分類される。第二節のツミに習って、同様に手元の資料から主なものを拾い上げてみる。もちろん完璧なリストではない。

①「チ」が霊格を表すとするもの（ツチのツを助詞とするもの）

大言海・広辞苑・時代別国語・岩波古語・国語大辞典・小学館古語・古事記事典・大辞林・万葉集辞典（武蔵野書院）・上代文学研究辞典・角川古語など（以上辞典類）

古事記伝・日本書紀伝・古語拾遺講義稜威男健（栗田寛）・古事記新講（次田潤）・日鮮同祖論（金澤庄三郎）・日本書紀新講（飯田季治）・言葉の樹（武田祐吉）・古事記現代考（植木直一郎）・古事記及び日本書紀の新研究（津田左右吉）・原始信仰の研究（肥後和男）・古典大系日本書紀・日本神話の基礎的研究（青木紀元）・神剣考（高崎正秀）・日本神話（上田正昭）・神名の釈義（西宮一民）・古事記全註釈（倉野憲司）・記紀神話解釈の一つのこころみ（溝口睦子）・日本神話における火の神（大久間喜一郎）・思想大系古事記・シヅ（賤）遡源（山口佳紀）・日本古代の呪禱と説話（土橋寛）・新古事記物語（中村啓信）・新古典全集古事記・埋もれた神話（犬飼公之）・縄文の地霊（西宮紘）・『日本書紀』神代巻全注釈（角林文雄）など

②「ツチ」が霊格を表すとするもの

東雅・南留別志・倭訓栞・神道大辞典など（以上辞典類）

石上漫録（本居宣長）・日本書紀神代講述鈔（出口延佳）・日本書紀通釈・日本上代史研究（白鳥庫吉）・語源叢談（新村出）・妖怪談義（柳田国男）・若水の話（折口信夫）・古事記説話群の研究（武田祐吉）・日本宗教思想史の研究（西田長男）・古事記全講（尾崎暢殃）・日本神話の研究（松本信広）・日本神話の原像（吉村貞司）・日本の鬼（近藤喜博）・日本民俗学（中山太郎）・古代日本人の意識（芝蒸）・神話と史実（田中卓）・日本神話の原像（吉村貞司）・古代海人の世界（谷川健一）など

ご覧のように、ツチのツを助詞とし、チを霊格と考えるものが国語・国文学者に多い。一方、ツチを霊格とするものは明治以前や民俗学者・神道学者に多い。こうした傾向はツミ・ミの霊格の関係と非常に類似している。

ところが、『記』はツミに対し「津見」の字を当てたが、ツチに対しては「津＋チ」のような文字遣いをしていない。だからであろう、宣長は『石上漫録』では「ツチは即ち神也」としているが、畢生の大作『古事記伝』ではツを助辞とし、チを尊称としている。また、新村出はツチを一語と考えて、神威を示す語としていたが、『広辞苑』は、新村出編と銘打ちながらも、ツを助詞とし、チを霊格としている。[*9] これらの変化は『記』のツミの用字に引かれたのであろう。判断の揺れがあるものの、最近ではツチを霊格とするのではなく、チを霊格と考えるのが主流をしめている。だが、チが主流になるなかで、松村武雄はチとツチの出自や様態には考究し残されているところがあるので、あながちに「助詞ツ＋チ」と断定するにはまだ早すぎると述べている。[*10] これは神話学サイドから国語・国文学サイドへの警鐘である。

私は『記』のツミ・ツチに対するこうした用字の不徹底さに疑問を抱くべきであったと考える。『記』の撰録者がツチに椎・槌などを用いていることは、ツチを霊格と考えていたはずである。今主流をなす「助詞ツ＋チ」とする解釈は『記』の用字を無視した訓みとなる。ツチは「助詞ツ＋チ」ではなく、ツチであるべきだと考えているが、これから具体例を順次俎上にのせ、実体を明らかにして行きたい。

第六節　ミカヅチ・イカヅチを例にして

古代文献の多くはイカヅチに対して「雷」を用いている。イカヅチはイカツチとの訓みもある。ところが、タケミカヅチに対しては、『紀』では武甕槌・武甕雷と表記し、『延喜式』「崇神遷却《たたりがみをうつしやる》」の祝詞では健雷とする。武甕雷では雷をヅチと訓み、後者の健雷では雷をミカヅチと訓んでいることになる。

「崇神記」では、疫病を流行させた大物主大神の祟りを除くために、オホタタネコを探し求める。オホタタネコは、僕《あ》は大物主大神、陶津耳命《すゑつみみのみこと》の女《むすめ》、活玉依毘売《いくたまよりびめ》を娶《めと》りて生みし子、名は櫛御方命《くしみかたのみこと》の子、飯肩巣見命《いひかたすみのみこと》の子、建甕槌命《たけみかづちのみこと》の子にして、僕《あれ》は意富多々泥古《おほたたねこ》ぞ。

とある。『記』ではタケミカヅチを「崇神記」では建甕槌と表記しながら、「神代記」では武御雷と書き表す。また別に建御雷之男の表記もある。タケミカヅチといっても、「崇神記」の建甕槌はオホモノヌシの末裔であるが、「神代記」の武御雷は、アマテラスから指示を受けて、高天の原から葦原中国の平定に降下した武神である。この表記差に『記』の撰録者が目論んだ意図が露呈している。尊崇すべき神名に含まれるミは御で書き表して、後の読者にそれを知らしめているのが、『記』の用字癖なのである。漢字の訓読みからすると、武御雷はタケミイカヅチと訓むべきであるが、そうではなくて何故かタケミカヅチである。これは『万葉集』でサヲジカをしばしば左小牡鹿・棹牡鹿と表記するのと同じであろうか。表記はそうでも、サヲジカではない。こうした表記は『紀』に比べると新しい。

『古事記伝』はこのミカヅチのミカをイカと通音であるとし、イカシ（厳）の意であるとする。ところが『古事記伝』の校閲をした大野晋はこれを否定し、ミカはミイカの音韻縮約を起こしたものと説く。*11『古典大系・日本書紀』上の頭注にもミイカ説が述べてある。イカはもちろん厳の意であるとしている。*12 ミイカは、ミイツが新しい言葉であったように、新しい造語である。ミイカは、単に撰録者が犯した用字の誤りを認めないために、苦肉の策で考え出されたものだろう。しかももとのイカですら、形容詞イカシ（厳）の語幹である。もし語幹イカに連体助詞ツがついたとしたら、助詞ツはヅに変化したりするものだろうか。だから、こうした語構成「ミカ＋ヅ（助詞）＋チ（神霊）」を考えることは不自然ではないのか。

〔補〕ミカヅチ・イカヅチのミカ・イカを理解するため、類似の言葉を取り上げ、その意味するところを検証してみる。まず、ミカシホ・イカシホから検討する。

①みかしほ　播磨速待《はやまち》　岩壊《いはくだ》す　畏《かしこ》くとも　吾《あれ》養はむ（紀四五）（仁徳紀十六年七月）

②（大汝《おほなむち》が子のホノアカリに船を破られて、）謂《の》りたまひしく、「悪《さがな》き子を遁《のが》れむと為《し》て、返りて波風に遇ひ、太《いた》く辛苦《たしな》められつるかも」とのりたまひき。この所以《ゆゑ》に、号《なづ》けて瞋塩《いかしほ》といひ、苦《たしなみ》の斉《わたり》といふ。（播磨国風土記餝《しか》磨《ま》郡伊和里）

①のミカシホには、三日の潮とする説や、厳潮とする説などがあるが、賛成しかねる。武田祐吉はミカシホに「潮流の早いことを意味し、はりまの語を引き出す」としている。[*13] ミチ（道）・ムタ（共）・マタ（俣）・イチ（市）・イト（糸）などの線状のものを表す言葉があるが、そうした言葉のタ行語尾がカ行に変化して、ミカ・イカになったものである。たとえば、イカ（烏賊）は多数の線状の長い足により命名されている。イクツ（幾つ）であるならば、漢字の幾は複数の糸と戈または装置からなりたつ。イクツのイクはイトにかかわる疑問詞で、ツはイトやものを数えるときの助数詞である。数についての機微は第三章を参照されたい。

だから、ミカシホ・イカシホは潮道・潮路の意味で、線状をなした速い流れの潮である。ただし、ハリマ（播磨〈紀〉針間〈記〉のハリ（針）も線状のものであるが、①ではミカシホは枕詞として、ハリマだけでなく、播磨（国造）速待の速にもかかったのである。②では流れの速い潮道に苦しんいる。山口佳紀が「古代日本語における語頭子音の脱落」で説いたところであるが、ミカのm音が脱落してイカになったとすべきで、イカの語頭にミまたはm音がついてミイカ・ミカになったとすべきではないだろう。[*14] もっとも、私はミチ（道）は「接頭辞ミ＋チ」という通説を否定して、チ（道）はミチのミが脱落したものと考えている。詳しくは第三章第四節〔補〕を参照願いたい。このミチ→イチ→チの変化は、残念ながら山口論文には取り上げられていない。なお、『新古典全集本』は②の瞋塩を諸本と異なって、酷塩《からしほ》と校訂し直しているが、[*15] 恐らく改悪であろう。

さらに、ミカ・イカの理解を深めるために、ミカホシを取り上げる。

③（フツヌシ・タケミカヅチがいう。）天に悪しき神有り。名を天津甕星《あまつみかほし》と曰ふ。亦の名は天香香背男《あめのかかせを》。請ふ。先ず此の神を誅《つみな》ひて、然《しか》して後に下りて葦原中国を撥《はら》はむ。（神代紀九段第二）

ミカホシ（甕星）とは解釈に苦しむ語であるらしく、松岡静雄は天の燦めく星とし、[16]『神道大辞典』は厳星とする。[17]『古典全書本』は「大きな星の義で、金星という」とし、[18]『古典大系本』の頭注は「神威ある大きな星の意」とし、あるものは疑問符をつけながら語義を述べている。「大きな星」とするのは、『釈日本紀』述義七に引用してある説の流用であって、さして根拠のあるものではなかろう。そこにはこうある。

星辰　私記に曰く。師説に大星をミカホシと謂ふ。今俗に、大蜂をミカハチと為し、大栗をミカクリと為すの類なり。

大蜂は尻に大きな針を持つ。ミカクリは針状のイガのあるクリであり、イガグリのことだろう。ミカホシのミカが線状のものであるとするならば、ミカホシは光芒を引く星、すなわち帚星または彗星と呼ばれるものに違いない。彗星の尾が輝いて見えるから、別名カカセヲのほのめきを表す名カカにも合致する。すでに肥後和男が「天津甕星は箒星などであろうか」と断定はしていないが、予測をしている。[19]彗星は突然現れる得体の知れない星であったから、戦争・疫病・旱魃・飢饉などの予兆として恐れられてきた。だから、そうした不吉な名を持つ悪神は、前もって退治すべきものであったのだろう。彗星のもっとも古い記録としては「舒明紀」六年八月と七年三月の条であるが、次いで十一年正月二十五日の条には、

長き星、西北《いぬゐのすみ》に見ゆ。時に旻師《みんし》が曰はく、「彗星《ははきぼし》なり。見れば飢《いひうゑ》す」といふ。

とある。「天武紀」五・十・十三年にも彗星の記録がある。『続紀』元正養老二年十一月十二日の条にも「彗星月を守る」と記載がある。彗星が月に接近したことらしい。

『常陸国風土記』那珂郡茨城里の条に、杯《つき》・瓫《ひらか》・甕へと器を大きく変えながら、急速に成長する蛇を飼う説話がある。このことから、ミカヅチのミカを甕と取る見解もあるが、多分誤っている。[*20]「出雲国造神賀詞」に大三輪の神を倭の大物主櫛瓺玉命《おほものぬしくしみかたまのみこと》がある。大物主の異名であるが、櫛瓺玉の「櫛」は宛字で、クシという訓を借りている。本来はクシ（奇）の義であろう。すると、次の「瓺」も借訓である可能性がある。もしそうならば、上述のような糸状を表すミカであるだろう。オホモノヌシは「崇神紀」十年九月の条では蛇神であり、「雄略紀」七年七月の条では蛇神が雷に変態していて、少子部連蜾蠃《すがる》に捉えられる。これは正しくその条件に当てはまる。

そこで、先ほどのミカヅチ・イカヅチに返るが、この場合もミカ・イカは線状のものを表しているとしてよい。漢字でも「雷」の下部の「田」は糸巻きまたは線状のものによる区画である。「電」の下部は『説文解字』では申とあり、「神」の旁の申と同じで、糸巻きから糸が伸び出しているさまである。ミカヅチ・イカヅチのミカ・イカも同じで、虚空を走る線状の稲妻であろう。「神代紀」五段第六でタケミカヅチの祖である甕速日神《みかはやひのかみ》は雷神と考えられている。その名にある甕は宛字で、線状に走る稲妻だろう。

さて、これからが問題であるミカヅチ・イカヅチのツチ・ヅチの検討である。結論めいたことから書くことをお許し願いたい。

第五節で掲げたツチのつく神名の一覧表を見るとわかるが、『紀』では国狭槌・野槌・武甕槌・武葉槌の神々で語末のツチに槌を用いている。『記』では武甕槌は『紀』と同じであるが、野椎《つち》・塩椎でツチに椎を遣っている。これは堅木の椎で槌をつくることがしばしばあったからである。（もっとも漢語としての椎は槌が主要な意である。）『美濃国風土記』逸文では火の神カグツチを軻遇槌としている。これらのツチを表す槌・椎は案外正訓字であろう。

槌には横槌のほうが新しく、槌としては先が太くなった棒のほうが古来からのものだろう。『記紀』には頭《かぶ》槌《つち》・頭椎の語がある。「景行紀」十二年十月の条では、椿で作った槌を兵に与え、土蜘蛛を襲い殺している。槌は道具として広く使われていた。杭や釘を打つにも槌が必要である。脱穀したり莢から実を取り出したり、縄やわらじ用の藁を柔らかくするにも槌を用いた。布をしなやかにするにも砧《きぬた》で打った。鉄鋌や鍬の刃先も金槌で打ち、鋭い刀剣も大槌小槌で打ち出した。また、新作の大刀や、槌で打ち延ばした金銀で刀剣を飾れば、打出の大刀と称した。槌でたたけば音も生じる。だから、槌に呪能や神性を感じていたろう。『御伽草子』の昔話一寸法師では打出の小槌は振れば何でも望むものを思いのままに出せるものであった。槌にはこうした呪能が備わっていた。それがもともとの霊格ツチであって、「助詞ツ＋霊格チ」の語構成ではない。（すでに『古事記伝』はツミとツチとは同意としている。しかし、ツミ・ツチのツを助辞とし、チはモチ〈持〉の縮言としてしまっている。）

たとえば、ツチノコ・ツト・ツトヘビなどの語頭のツが付属語の助詞であるはずがない。してみると、ツチのツも助詞ではないはずである。ミカヅチ・イカヅチ以外のツチのつく神名についても同様である。ただし、海童などに近いツツのつく神霊については第八節で検討する。

第七節　タチのつく神

次はタチを含む神々である。第五節の一覧表に掲げたツチのつく神名では、国狭槌の異名である国狭立だけで、ほかのタチのつく神名は表から省略してある。ここでは「神代紀」第一段と「神代記」冒頭を中心に簡単に顧みることにする。天地開闢のなかで生まれ出てくる神々を、順を追って記述する。

本文　（葦牙《あしかび》）↓国常立尊《くにのとこたちのみこと》↓国狭槌尊《くにのさづちのみこと》↓豊斟渟尊《とよくむののみこと》
第一　国常立尊（国底立尊《くにのそこたちのみこと》）↓国狭槌尊（国狭立尊《くにのさだちのみこと》）↓豊国主尊《とよくにぬしのみこと》（豊組野尊《とよくむののみこと》など）
第二　（葦牙）↓可美葦牙彦舅尊《うましあしかびひこぢのみこと》↓国常立尊↓国狭槌尊↓葉木国《はこくに》
第三　可美葦牙彦舅尊↓国底立尊
第四　国常立尊↓国狭槌尊
第四別伝　（高天原《たかまのはら》）↓天御中主尊《あまのみなかぬしのみこと》↓高皇産霊尊《たかみむすひのみこと》↓神皇産霊尊《かむみむすひのみこと》
第五　（葦牙）↓国常立尊
第六　（葦牙）↓天常立尊↓可美葦牙彦舅尊↓国常立尊
記　（高天原《たかあまのはら》）↓天御中主神↓高御産巣日神《たかみむすひのかみ》↓神産巣日神《かむむすひのかみ》↓（葦牙）↓宇摩志阿斯訶備比古遅神《うましあしかびひこじのかみ》↓天之常立神（以上別天《ことあま》つ神）↓国常立尊↓豊雲野神（以上神世七代の始め）

以上列記した神々のなかで、タチのつく神を整理すると次のようになる。参考までに『旧事紀』のタチ神も掲げる。

『紀』　国常立尊（一段本文・第一・第二・第四・第五・二段第二・三段本文）・国底立尊（一段第一・第三）・天常立尊（一段第六）
『記』　天之常立神（神代記第二節別天五柱の神のうち）・国之常立神（第三節神世七代のうち）
『旧事紀』　神代本紀　天常立命（天祖と共に生る神代系紀《かみよのふみひとつぎ》一代天御中主尊の亦名）・国常立命（二代）・天神立《あまのかむたちの》命《みこと》（七代に続く子孫）・天忍立命《あまのおしたちのみこと》（同じく）

「神代紀」一段本文・第一・第四・第五の伝承を見ると、草創のころ混沌として鶏の子のようなものから、次第に天地が凝り始め、漂えるなかから始めて葦牙のような神、すなわち国常立が化成する。第三では葦牙が可美葦牙彦舅尊に昇格し、国常立は次代となる。国狭槌尊は「神代紀」一段本文・第一・第二・第四にあり、その別名の国狭立尊は「神代紀」第一にある。国狭立は国常立に続いて化成している。ここでいう国とは地のようなものであろうか。

ところが、第六の異伝では葦牙のごとくして化成したのが天常立であり、次いで可美葦牙彦舅尊、その後に国常立が化成する。これらの神は空に示現している。さらに「神代記」になると、

> 天地《あめつち》初めて発《ひら》けし時、高天原《たかあまのはら》に成れる神の名は、天之御中主神、次に高御産巣日神、次に神産巣日神。

とある。なお、「神代紀」では高天原はタカマノハラであるが、「神代記」ではタカアマノハラと訓むように注がある。これは天原《あまのはら》という成語があり、後に高が接頭語として追加されたことを意味するらしい。しかし、『記』では天地が開けたときまず高天原ができ、天之御中主神が成り、つぎにタカミムスヒ、つぎにカムムスヒ（カミムスヒ）がなる。つぎにウマシアシカビヒコジ、つぎに天之常立が化成する。そこまでが別天《ことあま》の世界で、つづいて神世になってから国之常立が化成する。高天原は天よりたかく、文字通り別天の世界であろう。（「神代紀」一・二・三段までは、一段第四にのみ高天原があり、そこに天御中主尊が生まれている。）

これらの伝承からすれば、「神代紀」本文や第一・二・五が古く、第四や第三が続き、第六は新しい。第六よりかなり下った時代に、「神代記」はまとめられたようである。その時代は『紀』や『万葉集』のころには一般化していなかった高天原が不動の地位を占めるようになっている。『旧事紀』ですら世界は混沌から始まり、後

に高天原を出現させている。私は前著で高天原は月あるいは月のある天界としたが、[*21]『紀』では日神の出る段には高天原はなかった。前著で高天原の高の意味するところを説いたが、『記』の撰録者は高の意を理解していたとは思えない。

『旧事紀』では天常立のつぎに国常立が化成するが、天常立は注記にある亦名で、本文の名は天御中主尊である。天常立を欠く『旧事紀』テキストもある。このことからすれば、国常立が先にあり、後にそこから派生的に天常立が創造されたと考えてよさそうである。

「神代紀」の神名中の国狭槌尊ないし国狭立尊は、「神代記」の劈頭《へきとう》からは消えている。それはイザナキ・イザナミの神々の生成の段に、天之狭土神・国之狭土神として現れる。そこは「神代紀」でいえば、五段四神出生章のうちである。その辺りの処理やサのつく神にはいろいろな問題や展開があるので、前著で詳しく論じた。[*22]

〔補〕さらに不思議なことをつけたすが、「神代紀」にあって「神代記」本文になかった混沌が、『記』序文の冒頭に盛り込まれているのである。

夫《そ》れ、混元既に凝《こ》りて、気象未だ効《あらは》れず、名も無く為《わざ》も無し。誰れか其の形を知らむ。然れども、乾坤《けんこん》初めて分れて、参神造化の首《はじめ》と作《な》り、陰陽斯《ここ》に開けて、二霊群品の祖《おや》と為りき。

なお、参神とはアマノミナカヌシ・タカミムスヒ・カムムスヒであり、二霊とはイザナキ・イザナミである。ここにある混元は、混沌と元気の始めであるということである。乾坤は天地と同じである。混沌は「神代記」の本文になく、「神代紀」一段本文には、

古《いにしへ》に天地《あめつち》天地未だ剖《わか》れず、陰陽《めを》分れざりしとき、渾沌《まろか》れたること鶏子《とりのこ》の如くして、溟涬《ほのか》にして牙《きざし》を含《ふふ》めり。

とある。渾沌は混沌と同じである。「神代紀」一段本文の「陰陽分れざりしとき」は、『記』序文では三神が造化されたあとに「陰陽斯《ここ》に開けて」として遣われている。

『記』の序文は、成立の疑義を含めてしばしば問題化して扱われるところである。もっとも古いとされる『記』に、どうしてなのか、後のものが姿を見せるということがしばしば起こる。これを先代旧辞《さきよのふること》あるいは諸家のもたらす本辞を見たからであるとして、すましておけることだろうか。『記』は旧辞・本辞だけでなく、『紀』にも依存しているのではないか。『紀』の編者は『記』を見ていないのにである。「混元既に凝りて」の既の遣い方は『紀』や『万葉集』の「全く・すっかり」の意ではなく、後代に通用している過去を表す意に用いている。

それはさておき、対象としている神名のなかのタチに矛先をむけよう。『古事記伝』によれば、アメノトコタチ・クニノトコタチのトコは底であるという。タチはツチと通って同じであるという。トコが底であるというのはさておく。宣長は、タチをツチと通わせたのは、『紀』にクニノサヅチの亦名がクニノサダチとしていることである、と理由をあげている。しかし、ツチのツを助辞と考えていたことからすると、タチのタを助辞と考えていたのだろうか。そんなことはないはずである。

柳田国男によれば、雷をヨダチ・カンダチといい、そのタチは、ユウダチ、虹がタツ、月タチ、面影にタツ、竜の和訓のタツなどと同じで、隠れているものが出現することであるという。[*23] また、新村出は、「実はイカヅチのツチは、夕立のタチ等とおなじく、神威を示す語で、ツチもタチも接尾語の一種とみることが出来る」といっている。[*24] ただし、新村はツチを一語の成り立ちと考えているらしい。

西郷信綱は、アメ(マ)ノミナカヌシやクニノトコタチは天地始発の段に後世に加上した純粋な観念神と考えている。[*25]『記』のアメ(マ)ノミナカヌシはその通りだろうが、クニノトコタチを月神のように更新を繰り返す神を表現したと考えれば、必ずしも観念神ではなくなるだろう。大野晋は、トコタチのトコ(常)は「永久に」

の観念によらず、具体的には床の意とするのが妥当であるとしている。[*26] 繰り返し私見を述べると、トコタチは永遠に顕現を繰り返す神、すなわち再生を繰り返す月と似た神格である。あるいは月の再生信仰がこの神の背景にある。トコタチのトコを床や底と解釈せずに、常と文字通りに理解するわけである。

『古典大系・日本書紀』の「補注」は、クニノトコタチのタチを、見えない存在しないものが下から上に姿を現すことであるとしている。そしてタツの例として、煙がタツ、虹がタツ、音がタツ、風がタツ、月がタツなどをあげている。すなわち、タチを一語と考えている。[*27] ところが、同じ『古典大系本』は、クニノサヅチ（国狭槌）のツチを、「神代記」に国狭土とあるので、土の意にとっている。そして、サを神稲と理解し、サヅチを「神稲を植える大切な土」と解する。これは誤りである。実は『記』の撰録者はサの語義が理解できていなかった。[*28] サヅチは繰り返し示現する神霊の意である。一方、『古典大系本』はタケミカヅチのツチは「助詞ツ＋チ」としているので、[*29] クニノサヅチのツチとは異なる取り扱いである。

ミカヅチ・イカヅチは雷である。古代語ではないかも知れないが、雷を指す言葉にカンダチ（神立）・ヨダチ（夕立）がある。してみるとミカヅチ・イカヅチのツチは、カンダチ・ヨダチ・クニノトコタチのタチと通じていると考えたほうがよい。タチは動詞の連用形に通じる。『古典大系本』の「補注」は大野晋が書いたらしいが、狭槌・狭立のツチ・タチはツ・タのuとaとが母音交替したものであるといっている。これはよいとして、ツチのツを助詞とし、「ツ＋チ」のように連語とすると、タチとは語構成が異なることになる。そして、クニノサヅチのツチも土でなく、通常の一語のツチ（槌）とすべきである。

槌に依る霊格ツチが顕現することをタチ（立）と考えてみた。

第八節　ツツ（筒・土）の神

「神代紀」五段第六では、黄泉の国から逃げ帰ったイザナキが筑紫の日向《ひむか》の小戸《をど》の橘の檍原《あはきはら》にきて、海の瀬で禊ぎ祓いを行う。第一節でも引用したが、一部を省略して再度掲げる。

①又、海《わた》の底に沈《かづ》き濯《すす》ぐ。因りて生める神を（中略）底筒男命《そこつつをのみこと》。又、潮《しほ》の中に潜《かづ》き濯ぐ。因りて生める神を（中略）中筒男命。又、潮の上に浮き濯ぐ。因りて生める神を（中略）表筒男命《うはつつをのみこと》。（中略）其の底筒男命・中筒男命・表筒男命は、是即ち住吉《すみのえ》大神なり。

ここで取り上げるのは底筒男命・中筒男命・表筒男命の三神である。「神代記」ではこれら三神は底箇之男《そこつつのを》命・中箇之男命・上《うは》箇之男命となっている。続いて「神代紀」五段第十でイザナキが潮のゆるやかな橘 小戸《たちばなのをど》で払い濯ぎをする場面を引用する。

②故《かれ》、橘 小門《たちばなのをど》に還向《かへ》りたまひて、払ひ濯ぎたまふ。時に、水に入りて、磐土命《いはつつのみこと》を吹き生《な》す。水を出でて、大直日神《おほなほびのかみ》を吹き生す。又入りて、底土命《そこつつのみこと》を吹き生す。出でて、大綾津日神《おほあやつひのかみ》を吹き生す。又入りて、赤土《あかつつの》命《みこと》を吹き生す。出でて、大地海原《おほつちうなはら》の諸《もろもろ》の神《かみたち》を吹き生す。

ここでは海中より外に出て生んだ大直日神などは関係がないので、水中で生んだ磐土命・底土命・赤土命に注目していただきたい。とくに神名中にあるツツ（筒・土）の語義である。

なお、「神代紀」五段第六の①より前では、イザナミが火の神カグツチを生んだとき、焦かれて化去《かむさ》ったので、イザナキは恨み悲しんで、十握《とつか》の劔でカグツチを三段《みきだ》に斬り殺す。その時劔の鋒《さき》よりしたたる血から生まれた神の一つに、

③次に磐筒男《いはつつを》命。一に云はく、磐筒男命及び磐筒女命といふ。

がある。このイハツツヲは、「神代記」では石箇之男《いはつつのを》神となっている。①③ではツツに「筒」を用いているが、②では「土」を遣っている。「神代記」は「箇」である。

これまでツツにはいろいろな説が立てられている。『古事記伝』はツツはツチと通うとしているが、ツツの前のツを助詞としているので、正しい解釈は望むべくもない。主な説を列記する。

A　ツツを星とし、航海には星の知識が大切であるとするもの。[30]大野晋は『古事記伝』にも補注をつけていて、ツツは星の意としているが、[31]星はツヅであってツツではない。古代日本では星の崇拝は薄い。しかも、イザナキが火神カグツチを斬ったとき、したたる血から生まれ出た③の磐筒男命などには適用できない。イハツツなどは航海とは関係がない。ところが、大野はイハツツのツツは粒の古語であるという。ツツはツチ（椎・槌）の変化ではあるかもしれないが、ツツを粒としてよいだろうか。

B　青木紀元は、語頭のツを助詞とし、語尾のツを津とする。[32]しかし、イハツツなどは津とは関係がない。

C　田中卓は、対馬の対馬市豆酘《つつ》の地名によるとする。[33]しかし、豆酘の多久頭魂神社や境内社の高御魂神社の祭神はツツノヲ三神でもシオツツでもない。前者はタクヅタマ、後者はタカミムスヒである。

D　船の帆柱を立てるところに、船霊神を納めるツツという堅木がある。船霊神は女性神であるが、西田長男は帆柱が男性神の船霊神ではないかという。[34]西宮一民も、ツツは船の安全神であるというが、[35]説得力に欠ける。また、イハツツなどには適用できない。

E　折口信夫によると、ツツという語は蛇（＝雷）を意味する古語であるという。[36]

F　忌部正通の著した『日本書紀口訣《くけつ》』（一三六七年成立）は磐土命を表筒男命、底土命を底筒男命、赤土命を中筒男命であるとしている。倉野憲司は、イハ・ソコ・アカはウハ・ソコ・ナカの音韻上の変化であろうという。[*37]

以下にツツが「筒」も「土」も満足する解釈を示す。海の漁業で、たとえば刺網を用いて魚を網に刺したり絡めたりして捕る場合、カラムシ（苧）の繊維は強力があり柔らかいので刺網に適している。網の上綱（アバ綱）にはウキ（浮・浮子《うき》）をつけ、下綱（イハ綱）には錘《おもり》をつける。ウキはアバともいい、錘は沈み・沈子ともいうし、イハともいう。イハは現在ではイワであるが、地方によってはユワ・イヤなどに変化している。

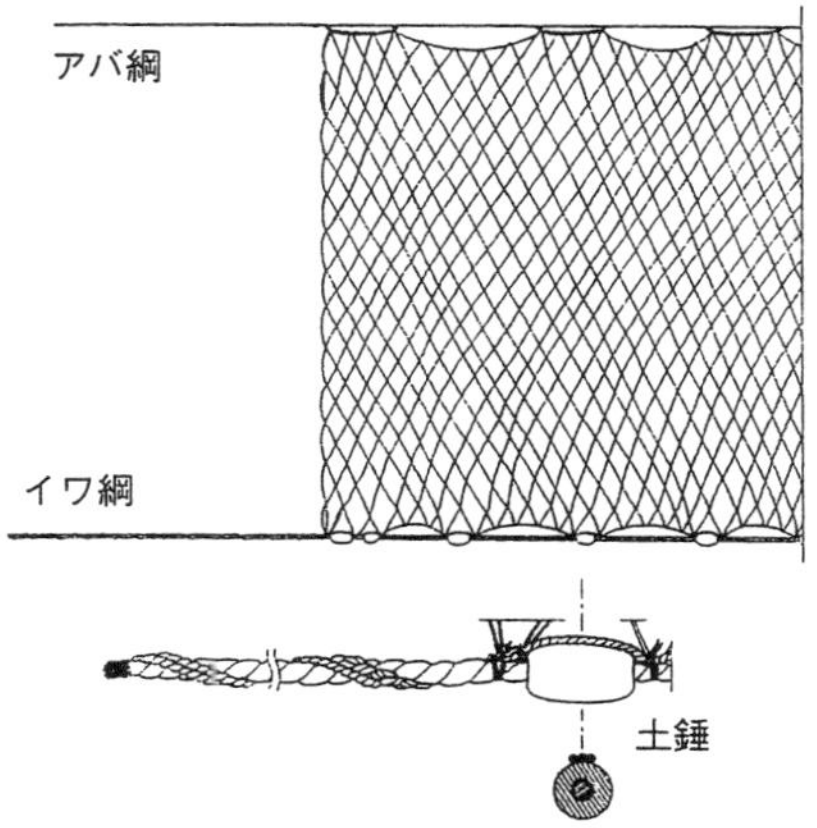

磯建網（底刺網）（神奈川大学日本常民文化研究所編　『民具実測図の方法II—漁具』1989年より）

イハを作る方法は、先ず赤土を練り、丸い棒に巻き付ける。通常は紡錘形や卵状の筒にする。ちくわのような円筒形でもよいが、網が絡まらないように両端は丸くする。棒を抜き取ってから、いくつかを藁束の中に入れ、藁の上部もツト（苞）のように縛る。その藁苞全体に火をつけて焼く。すると筒状の赤土は焼けて、赤茶色の素焼きのイハに生まれ変わる。いわゆる野焼きによる焼成である。棒を抜いてできた穴には下綱を通し、一定間隔を開けて止める。イハ綱は網の下端に固定する。アバ（浮子）は上綱に取りつけ、網の上端に固定する。

海の上層を遊泳する魚を刺して捕るには、刺網のアバの浮力を網やイハなど全体の沈降力より大きくする。すると、刺網は海面から下に垂れ下がる。これが浮き刺網である。底に居着く魚を捕るためには、アバの浮力を網やイハなどの沈降力より少なくする。すると、刺網は海底から立ち上がる。これが底刺網である。中層を泳ぐ魚をねらうには、やや大きなウキから網を下ろして、中層に刺網が張れるようにする。これが中層刺網である。刺網を流れのある潮に張り渡すと、刺網は潮に流される。漁師は網を流しながら、魚が刺さるのを待つ。これを流し刺網という。流し刺網は通常表層か中層の潮流で用いる。しかし、障害物のない海底を底潮で流して、クルマエビなどの底に棲む魚類などを捕ることもある。（海では二重潮・三重潮になっていることはしばしばあるのである。）

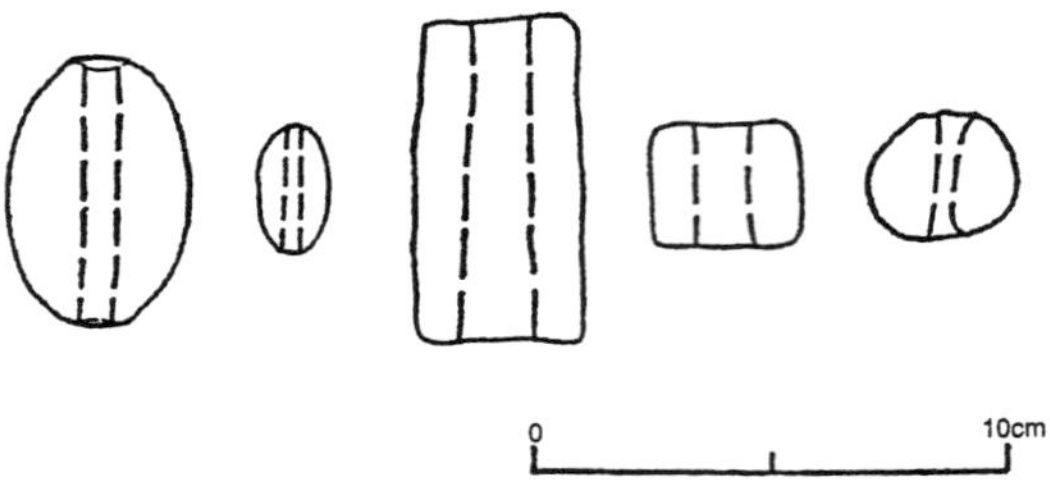

各種の土錘(和田晴吾　「弥生·古墳時代の漁具」『考古学論考』　平凡社1982年より)

考古学の知見によれば、新石器時代の仰韶《ぎょうしょう》文化のころ、黄河下流域から山東省方面で用いられていた筒状の土錘が弥生時代に日本に伝わった。土錘はサイズが自由自在で、量産も可能であったので、縄文式の岩・石の網錘を駆逐したという。[*38] 和田晴吾によれば、弥生時代以降、網漁はもっとも重要な漁法であり、[*39] 筒状土錘は弥生前期には九州から伊勢湾岸に至る地域で用いられ、遠賀川式土器とともに出土するという。[*40]

最近でも漁師が自家でイハを作るときには、上記の製造方法を用いていた。このイハ製造の工程説明によって、赤土命・磐土命の意味を把握できたであろうし、火神の子に磐筒男命・磐筒女命があっても当然であることがわかったろう。また、海の表層・中層・下層の三層の利用形態の説明で、海人族の神である表筒男命・中筒男命・底筒男命が成り立ち得た基盤もわかったろう。なお、筒男三神は大阪市住吉区の住吉大社の祭神である。住吉神社が面する大阪湾で詠まれた網引の歌が『万葉集』にあるので、参考までにあげておく。

大宮の　内まで聞ゆ　網引《あびき》する　網子《あご》ととのふる　海人《あま》の呼び声（③二三八）

吾が衣　人にな着せそ　網引きする　難波壮士《をとこ》の　手には触るとも（④五七七）

住吉の　津守網引の　泛子《うけ》の緒の　うかれか行かむ　恋つつあらずは（⑪二六四六）

三八番の大宮は難波宮のことである。引き網にも上層引き・底引きなどの区別がある。詠われているのは地引き網であるが、上層にいるイワシやサバをかけ声を掛けながら引いてきて、砂浜に引き上げているのである。ただ筒男命は男性神と考えられているが、筒状のイハを通したヲヅナ（苧綱）の神格化である可能性がある。カラムシ（苧）で製造した綱は、引張りや摩擦に強く柔軟性もあるので、漁業用や船舶用に珍重されてきた。ただ、引き網の綱などを考え合わせると、ヲは苧にとらわれず、緒とのみ考えた方がよいかも知れない。玉や管玉を緒・紐に通したミスマル（御統）に霊力があったのならば、管玉状のツツを通したヲ綱にも霊力があっただろう。

ところでウキはアバというと述べたが、アバ（網端）は必ずしもウキだけを指すものではないらしい。『倭訓栞』にはアバの項に「猟（漁）師の語に、網にあるイハをいへり」とあり、『大言海』には「網の錘《おもし》を石《いは》と云ふ。アミイハ・アミハ・アンバ・アバと変転をせしなるべし」としている。しかし、アミイハには関係がなく、アミのハシ、すなわちアミハシの約らしい。千葉県から岩手県の海岸では、アバ・アンバはアンバサマとして海の神・漁の神になっている。[*41] 祠にはあまりなっていないが、女性神と考えられており、船霊様の親神だというところもあるそうである。そのアンバサマは利根川水系の水運業者には航海神になっている。

以上海人族生業の習俗を応用して、ツツという神霊の成り立ちを考えてみたのである。いうまでもないが、霊格ツツは縄文時代には遡り得ない。

第九節　シホツツノヲヂ・シホツチノヲヂ

前節によく似た神にシホツツノヲヂ・シホツチノヲヂがある。『記紀』からそれらの神の用例を掲げる。

①（天孫ホノニニギの尊が日向の高千穂の峯から）国覓《ま》ぎ行去《とほ》りて吾田《あた》の長屋の笠狭《かささ》に到ります。時に彼処《そこ》に一《ひとり》の神有り、名を事勝国勝長狭《ことかつくにかつながさ》と曰ふ。（中略、彼は天孫に国を奉る。）其の事勝国勝神は、是伊奘諾尊《いざなきのみこと》の子《みこ》なり。亦の名は塩土老翁《しほつつのをぢ》。（神代紀九段第四）

②（釣り針をなくしたホホデミの尊が海辺をさまよっていたとき、）時に塩土老翁に逢ふ。老翁《をぢ》問ひて曰《まう》さく、「何の故ぞ此《ここ》に在《ま》しまして愁《うれ》へたまへるや」とまうす。（ホホデミがことの顚末を話すと、無目籠《まなしかたま》を作って海に沈めて海神《わたつみ》の宮へ送ってくれた。）（神代紀十段本文）（十段第一・第三も同様である）

③（弟ホヲリの尊が）愁《うれ》へ吟《さまよ》ひて海浜《うみへた》に在《ま》す。時に塩筒老翁《しほつつのをぢ》に遇ふ。老翁問ひて曰はく、「何の故ぞ、若此《かく》愁へます」といふ。（ホヲリが云々と答えると、老翁は八尋鰐で海神の宮へ送ってくれた。）（神代紀十段第四）

④（ヒコホホデミ〈後のイハレヒコ・神武〉が）抑又《はたまた》、塩土老翁《しほつつのをぢ》に聞きき。曰《い》ひしく、「東《ひむがしのかた》に美《よ》き地《くに》有り。青山四周《よもにめぐ》れり。其の中に亦、天磐船《あまのいはふね》に乗りて飛び降る者有り」といひき。（神武即位前紀）

⑤（弟ホヲリ〈山幸彦〉の命が兄の釣り針をなくし、代替えの千本の釣り針も受け入れられず、）泣き患《うれ》ひて海辺に居ましし時に、塩椎神《しほつちのかみ》来て、問ひて曰ひしく、「何《いか》にぞ虚空津日高《そらつひたか》の泣き患ひたまふ所由《ゆゑ》は」といふ。（ホヲリが経緯を語ると、シホツチはマナシカツマの小舟を造って、ワタツミの宮へ送ってくれた。）（神武記）

ここで注意を払っておいたほうがよいと思われるのが、①②④の塩土の土の訓み方である。もし③に合わせればツツであるが、ツチとするものもある。それらの例をあげると、

ツツ　日本書紀私記甲本・寛文版本・倭訓栞（谷川士清《ことすが》、ただしヅツ）・古典全書本（武田祐吉）・古典大系本・『日本書紀』神代巻全註釈（角林文雄）

ツチ　日本書紀通釈（飯田武郷）・日本書紀新講（飯田季治）・新編古語（松岡静雄）・新古典全集本（日本書紀通釈はヅチか）

ツト　日本書紀私記丙本

もちろん、⑤の塩椎の椎はツチである。土はツツか、ツチか、その当否は後に譲る。

次に、シホツツ・シホツチの老翁に対する語釈を掲げる。

A谷川士清　潮汐のさし引くが如く、人を指導する老人の称也といへり。（倭訓栞）

B松岡静雄　シホ（海潮）のツチ（神霊）という意であるから、一人とは限らない。[*42]

C武田祐吉　塩は海水、土は尊称。海水の神格化。[*43]武田はツチを霊格と考えている。

D倉野憲司　塩は潮の意、椎は威力あるものの尊称。潮路を掌る神の意とする。[*44]

E松村武雄　シホ（潮）ツ（の）チ（霊）とする。つまり海潮の霊である。[*45]

F大野晋　シホに潮、ツは助詞ノ、後のツは霊チの変化したものかとする。[*46]塩椎のシホは潮、ツは助詞のノ、チは父の古称だろうとする。[*47]

G西宮一民　塩椎を「潮流を掌る精霊」とし、「潮＋ツ（連体助詞）＋チ（霊）」の義とする。塩土老翁は潮

路の案内者であり、老翁とあるのは老練性を認めてのこととする。[*48]

これらは『紀』の塩土と『記』の塩椎ではやや異なる解釈をしているニュアンスであるが、大きな差はない。BCDはツチを霊格とみているが、EFGではツチを助詞ツと霊格チ（ツ）と考えている。しかし、いずれも潮汐の霊とすることには変わりはない。

宮城県塩竈市の塩竈神社は陸奥国一宮で、東北鎮護の古社である。本殿の左宮は武甕槌神《たけみかづちのかみ》、右宮は経津主神《ふつぬしのかみ》を祭神とする。ところが、本殿右側の別宮は塩土老翁神を祀っている。末社の御釜社でも塩土老翁神を祭神とし、毎年七月塩竈神社の神官が藻塩焼《もしほやき》神事を行っている。塩竈神社の旧神体は四箇の鉄製の塩釜で、神釜は底が平で、大体径が百三十センチ、深さは十六センチほどである。[*49]『塩竈社縁起』には次のようにある。

> 塩土老翁、始めて此の浦に降り、塩を焼きて以て民に教ふ。故に塩竈浦と称す。御釜、今に在り。別宮の社の人之を掌る。（中略）当社の大祭礼は、七月十日なり。満潮時を以て、御膳を供す。塩土老翁を祭る故なり。

とある。大祭の折には満潮時に御膳を供すとあるのは、かつて満潮を利用して塩田状のところへ海水を引き込んで濃い鹹水《かんすい》を得、藻塩を作っていて、そうした満潮への感謝の気持ちが神事に反映しているのだろう。

塩釜による製塩よりずっと古くは、土器による製塩が行われていた。土器製塩は縄文時代まで遡り、九州から東北地方にまで広がっている。宮城県の塩釜湾・松島湾でも十数カ所の製塩遺跡が見つかり、塩竈神社の境内にもそうした遺跡の一つがあるという。[*50] 近藤義郎によると、土器製塩には大きくは二つの工程がある。まず藻に海水を幾度も掛け、その藻を焼いて濃度の高い鹹水を作る。『万葉集』に「藻塩《もしほ》焼き」（⑥九三五）とあり、また「焼く塩の」（①五）「藻《め》刈り塩焼き」（③二七八）などともある。塩のついた藻を焼くのは、苦塩《にがり》を化学変化させて苦みのない塩を作るためである。[*51] 次に鹹水を土器に入れて焼き、堅塩を作る。土器の上部に隙間があれば、また鹹水を注いで焼く。

製塩土器は薄い素焼きで鉢型をしているが、炉の廻りの砂に突き刺して据えられるように、尖底が延びて筒状の台脚がつく。あるいは、地域によってはゴルフの球座のように尖った脚が伸びる。私はこうした製塩土器がシホツツ（塩筒・塩土）であると考える。ツツに土を用いることがあるのは土製の焼き物だからで、前節で述べたツツ（筒・土）の神と同様である。なお、廣山堯道《ぎょうどう》は、塩筒老翁のツツは液状塩を入れる竹筒を意味し、液状塩をツツに入れて運搬したのではないかと推定している。[*52]

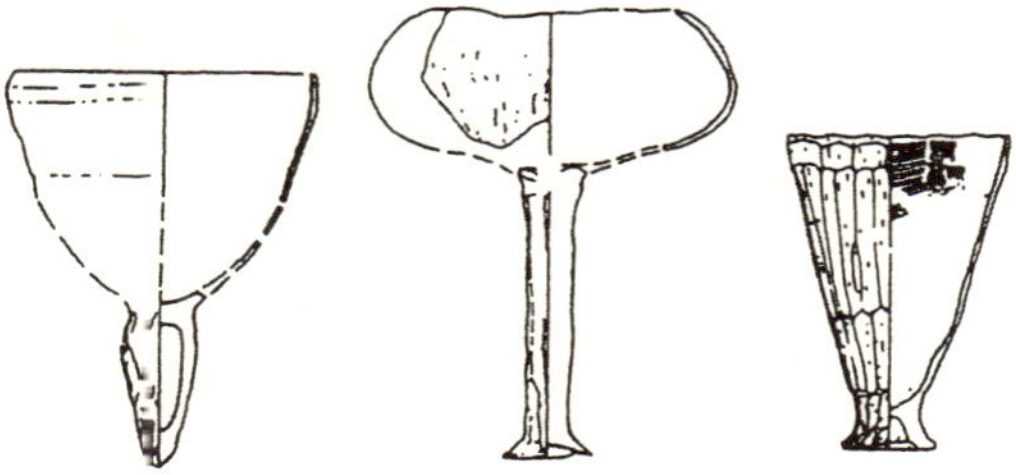

製塩土器（左から知多・九州・備後瀬戸）
（近藤義郎　『製塩土器の研究』　青木書店　1984年より）

シホツツの語義は以上のごとくであるが、『記紀』の条文から読み取れる職能は、潮汐の霊であり、海導神であり、物知り人である。「神代紀」事勝国勝長狭については、平田篤胤が事勝国勝を事に勝れ国に勝れて威勢がよい由の美称であるとしている。角谷文雄は「コトは神の事、また神の言葉で、カツは打ち勝つこと。コトカツで神の事を支配している」としている。[*53] 事勝国勝は神を祭る事に勝れ、国を統治することにも勝れているという意であろう。長狭は未詳とする者が多いが、『古典大系本』の頭注は「長狭のサは神稲の意」とし、[*54]『新古典全集本』は「長い稲の意か」としているが、[*55] これらは正しくはないだろう。シホツツのいた「長屋の笠狭」を縮めた固有名詞かとも思われるが、今確たる成案はない。塩筒老翁は海霊といわれていて、ツツは筒型の製塩土器に関係する霊格でもあるのである。

一方、『記』が塩椎神と表記したのは、土をツツと訓むことが理解できなかったため、ツチの神の一部と同じように、椎の文字を用いたのである。これはツツの神が時代を経て退化した現象で、ツチの神と同化したと考えてよいだろう。

第十節　おわりに

ワタツミ・ヤマツミなどの神名にあるツミは、『記』のように「助詞ツ＋霊格ミ」という連語構成とは考えず、『紀』『風土記』『万葉集』などのように一語のツミを霊格とすべきである。霊格ツミは、紡錘や巻貝や紡錘形のものによる。鐸にもツミの名がある。

クニノサヅチ・ミカヅチ・イカヅチなどの神名にあるツチは、「助詞ツ＋霊格チ」の連語構成とは考えず、一語のツチを霊格とすべきである。霊格ツチよりも、ツを助詞と見誤って霊格チが次第に一般化したのは、『記』の用字「津見」に引かれて同じ見方を援用したものだろう。このツチは槌に由来する。また、海霊のツツも紡錘形・円筒形・卵状の素焼きの錘《おもし》に起因していること、シホツツは素焼きの製塩土器によることもわかった。

そこで残された問題として、霊をあらわすチで終わるとされてきた言葉で、ヲロチ（大蛇）とかククノチ（木霊）などをどう取り扱うかが問われることになるだろう。しかし、ヲロチは山の尾にいるチ（父・爺）、または尾のツチであろう。いわばヤマツミの示現態の一つである。ククノチのチはチ（父）と考えればよいことではないか。「神代紀」五段本文にはククノチを木の祖《おや》とあるので、オヤをチ（父）と置き換えても不当ではないだろう。ただし、「神代紀」五段第六や「神代記」にはククノチは木の神とある。

つけ加えるが、『記』には来歴の疑わしいものが多々あるのである。

註

＊1 原田敏明「古事記の神」『古事記大成』五 神話民俗篇 平凡社 一九六七年 一―三〇ページ

＊2 久松潜一監修『新潮国語辞典』改訂 新潮社 一九六五年 二二五七ページ

＊3 田中卓『田中卓著作集』二 日本国家の成立と諸氏族 国書刊行会 一九六八年 一一八―一一九ページ

＊4 小林計一郎「健御名方富命彦神別神社」『日本の神々』九 白水社 一九八七年 二九七ページ

＊5 木村芳一「鴨都波神社」『日本の神々』四 白水社 一九八五年 四四七―四四九ページ

＊6 志賀剛『神名の語源辞典』 思文閣出版 一九八九年 九〇ページ

＊7 柳田国男「方言覚書」『定本柳田国男集』一八 筑摩書房 一九六九年 二一五ページ

＊8 山口佳紀「シヅ遡源考」『国語語彙史の研究』七 和泉書院 一九八六年 六九―七〇ページ

＊9 新村出「雷の話」『新村出全集』一三 筑摩書房 一九七二年 三八五ページ

＊10 松村武雄「神話学より見た国文学」『日本神話研究』一 学生社 一九七七年 一五（『講座日本文学』 岩波書店 一九五一年 所収）

＊11 大野晋「補注」『本居宣長全集』九 古事記伝 筑摩書房 一九六八年 五四七ページ

＊12 大野晋他『日本書紀』上 岩波書店 一九六七年 九二ページ

＊13 武田祐吉『風土記』 岩波書店 一九三七年 一八三ページ

＊14 山口佳紀「古代日本語における語頭子音の脱落」『国語学』九八 一九七四年九月 一〇ページ

＊15 植垣節也『風土記』 小学館 一九九七年 三四―三五ページ

＊16 松岡静雄『紀記論究』神代篇五 国譲 同文館 一九三一年 一四一ページ、『日本古語大辞典』 刀江書院 一九三七年 八二ページ

＊17 宮地直一・佐伯有義監修『神道大辞典』 平凡社 一九三七年 四四ページ

＊18 武田祐吉『日本書紀』一 朝日新聞社 一九四八年 一四七ページ

＊19 肥後和男『古代史上の天皇と氏族』 弘文堂 一九七七年 七一ページ

＊20 西宮紘『縄文の地霊』 工作舎 一九九二年 一三〇ページ、 千歳竜彦「卜部の系譜」『日本書紀研究』二一 塙書房 一

九九七年　四〇－四三ページ
*21　拙著『古代日本の月信仰と再生思想』　作品社　二〇〇八年　三三九・四〇六ページ
*22　同前　五八－六一ページ
*23　柳田国男「方言覚書」『定本柳田国男集』一八　筑摩書房　一九六九年　一四八－一四九ページ
*24　新村出「雷の話」『新村出全集』一三　筑摩書房　一九七二年　三八五ページ
*25　西郷信綱「古代王権の神話と祭式」下『文学』二八－三　一九六〇年三月　七九ページ
*26　大野晋「記紀の創世神話の構成」『文学』三三－八　一九六五年八月　八九－一〇〇ページ
*27　大野晋他『日本書紀』上　岩波書店　一九六七年　五四五・五四六ページ
*28　拙著『古代日本の月信仰と再生思想』　作品社　二〇〇八年　六二－六四ページ
*29　大野晋他『日本書紀』上　岩波書店　一九六七年　九二ページ
*30　大野晋他　同前　九二・五五七ページ
*31　大野晋「補注」『本居宣長全集』九　古事記伝　筑摩書房　一九六八年　五四八ページ
*32　青木紀元『日本神話の基礎的研究』　風間書房　一九七〇年　一三三ページ
*33　田中卓「神代史に現れたる海神の研究」『田中卓著作集』一　神話と史実　国書刊行会　一九八七年　三一〇－三一一ページ
*34　西田長男『日本神道史研究』八　神社篇上　講談社　一九七八年　一四〇ページ
*35　西宮一民「神名の釈義」『古事記』　新潮社　一九七九年　三五四－三五五ページ
*36　折口信夫「水の女」『折口信夫全集』二　中央公論社　一九六五年　九三ページ、「上代葬儀の精神」『折口信夫全集』二〇　中央公論社　一九六七年　三七〇ページ
*37　倉野憲司『古事記全註釈』二　三省堂　一九七四年　三〇六ページ
*38　木内裕子「中国の海人・水人と日本」『日本の古代』八　海人の伝統　中央公論社　一九八七年　二九四ページ
*39　和田晴吾「弥生・古墳時代の漁具」『考古学論考』小林行雄博士古稀記念論文集　平凡社　一九八二年　三〇六ページ
*40　和田晴吾「土錘・石錘」『弥生文化の研究』五　道具と技術Ⅰ　雄山閣出版　一九八五年　一三七ページ
*41　櫻井勝徳『櫻井勝徳著作集』二　漁民の社会と生活　名著出版　一九八〇年　一四九－一五四ページ
*42　松岡静雄『日本古語大辞典』　刀江書院　一九三七年　六八三－六八四ページ

*43　武田祐吉『日本書紀』一　朝日新聞社　一九四八年　一五七ページ
*44　倉野憲司「古事記」『古事記・祝詞』　岩波書店　一八五八年　一三六ページ
*45　松村武雄『日本神話の研究』三　培風館　一九五五年　七二四-七二五ページ
*46　大野晋他『日本書紀』上　岩波書店　一九五八年　一五八ページ
*47　大野晋「補注」『本居宣長全集』一〇　筑摩書房　一九六八年　五六五ページ
*48　西宮一民「神名の釈義」『古事記』　新潮社　一九七八年　三九八ページ
*49　三崎一夫「塩竈神社」『日本の神々』一二　白水社　一九八四年　八五-九三ページ
*50　近藤義郎『土器製塩の研究』　青木書店　一九八四年　一〇二-一〇四・一六三ページ
*51　廣山堯道『古代日本の塩』　雄山閣　二〇〇三年　四〇ページ
*52　廣山堯道　同前　一六ページ
*53　角谷文雄『「日本書紀」神代巻全注釈』　塙書房　一九九九年　三八二ページ
*54　坂本太郎他『日本書紀』上　岩波書店　一九六七年　一四一ページ
*55　小島憲之他『日本書紀』一　小学館　一九九四年　一二一ページ

第九章　オホアナムチとスクナヒコナ

第一節　はじめに

オホアナムチは出雲土着の神であるとしばしば考えられてきたし、その信仰は出雲人の布教活動によって広まったとされてきた。オホアナムチを理解するためには、多くの別名が伝わっているので、まず始めにこれらを活用するにしくはない。『記紀』や『古後拾遺』では亦名は次のようになっている。

大国主神の亦名《またのな》　大物主神・国作大己貴命《くにつくりおほあなむちのみこと》・葦原醜男《あしはらのしこを》・八千戈神《やちほこのかみ》・大国玉神・顕《うつし》国玉神（神代紀八段第六）

大国主神の亦名　大穴牟遅神《おほあなむぢのかみ》・葦原色許男神《あしはらのしこをのかみ》・八千矛神・宇都志《うつし》国玉神（神代記）

大己貴神　一名大物主神。一名大国主神。一名大国魂神。大和国大三輪神是なり。（古語拾遺）

これらの神名のなかで、主にオホアナムチを取り上げて、語構成を個々に調べてみる。それによって今まで気づかなかった、オホアナムチの神格を提示できるだろう。また、オホアナムチとそのほかの亦名をも取り上げ、関連づけて解釈する。そこでわかったことから、オホアナムチの出身地と国造りの実像を具体的に模索してみる。これは伝承の破片を再構成する危険な作業であるが、あえて挑戦してみたい。

また、オホアナムチに協力して国作りをしたスクナヒコナについても検証する。

第二節　オホアナムチの表記と訓み

まずオホアナムチが上代文献でどのように表記されているか、列記してみる。オホアナムチには多くの呼称があるが、ここではオホアナムチ関連のもののみを取り上げる。

日本書紀　国造大己貴命・大己貴・大己貴神・大己貴命・於褒婀娜武智
古事記　大穴牟遅神
風土記　大己貴命（丹後）・大己貴（尾張・伊豆）・大己貴神（因幡）・大汝命（播磨）・大穴持命（出雲・伊予）・大穴持神（丹後）・大穴六道尊（土佐）
万葉集　大汝・大穴道・於保奈牟知
続日本紀　大穴持神
古語拾遺　大己貴神・於保那武智神
先代旧事紀　大己貴神・大穴牟遅命・大穴遅神
新撰姓氏録　大己貴命・大穴牟遅命・大奈牟智神
文徳《もんとく》実録　大奈母知
三代実録　大己貴神・大穴持神
延喜式祝詞　大穴持命（出雲国造神賀詞）
延喜式神名帳　大穴持像石神社（能登）・（某）大穴持（某）神社（出雲）

「神代紀」八段第一の末尾の訓註によれば「大己貴、此をば於褒婀娜武智《おほあなむち》と云ふ」とある。したがって、『紀』の大己貴は当然オホアナムチと訓むべきである。「神代記」には、大穴牟遅神の牟遅に対し音を用いよとの音読注がある。牟遅の遅は古代ではチでなく、ヂと訓んでいる。すると、オホアナムヂと訓むべきであるようだが、通常はオホナムヂと訓んでいる。オホナムヂと訓むのは、『古事記伝』『古典全書本』『古典大系本』、丸山二郎の『標注訓読古事記』、尾崎知光《さとあきら》の『全注古事記』、西郷信綱の『古事記注釈』などである。オホアナムヂと訓むのは、『古典集成本』『思想大系本』『新古典全集本』、中西進の『古事記をよむ』などである。

『播磨国風土記』や『万葉集』の大汝はオホナムチと訓むようになっている。なぜなら汝は奈良時代まではナムチとチを濁らずに発音していた。[*1] しかし、ナムチのムが撥音便化されてンになるように変わってきて、ナムヂ・ナンヂとなった。[*2]『記』のナムヂはそうした時代の波に影響されたもので、『新撰姓氏録』に大穴牟遅命の表記があるのと同じである。『風土記』や『続日本紀』の大穴持はオホアナモチと訓む。

『古語拾遺』には、大己貴神の註に「古語、於保那武智神」とある。このころになると、オホアナムチがオホナムチに変化している。『記』の大穴牟遅の穴にしても、アナと訓まずにナとするのは、変化して崩れた訓みに従っていることになる。オホアナの重母音を約してオホナといったとしても、[*3]『万葉集』以降ならばいざ知らず、『紀』を古訓に従って訓もうとするならば、オホアナムチと訓むべきであろうし、『記』はオホアナムヂである。

『古事記伝』は、『万葉集』『古語拾遺』『姓氏録』『文徳実録』『三代実録』『延喜式』などのオホナムヂ（チ）をとりあげて、『記』の大穴牟遅にオホナムヂの訓みを与え、『紀』の大己貴の己がオノでなく、アナに借用したのか、ナに用いたのか、まぎらわしく物遠き書きざまであるとけなしている。そして師の真淵に従ってアナのアをつけたりと考え、『紀』の訓みを否定し、オホナムヂとしたのである。これが後進の多くをミスリードした。飯田武郷の『日本書紀通釈』も『古事記伝』に従ったらしく、『紀』の大己貴を訓註はあるけれどもオホナムチと訓むべきであるとしている。ところが、石母田正《いしもだしょう》は、「この神の正しい訓み方が本来オホアナムチであったこと、したがって一般にオホナムチとよばれているのはアが脱落して転化したものであると推測される。オホナムチからオホアナムチに移ることはまずあり得ないからである」と述べている。[4] 従うべきだろう。

第三節　オホアナムチのアナ

オホアナムチの名義の主な説をあげて、検討をしてみたい。ただし、オホアナムチのオホは大小の大や、偉大なという美称と考えられているが、再考が必要であるので、第四節で改めて検討する。

この節で問題とするのは、オホアナムチ・オホアナモチのアナである。アナはオノとも通音である。真淵の『祝詞考』や『古事記伝』以来オホアナムチのアナを論ぜず、オホナモチのナを語構成の要素として説を立てる論者が多い。それは前節で確認したように、正しいとはいえないだろう。

まず、有力な説として、オホナムチのナは地震《なゐ》・名主・名寄帳などのナと同じで地を意味するとして、ナモチを土地持ちとし、偉大な土地の所有者と解釈する。[5] ところが、三谷榮一はナヰという地震の古語に、意味の上から漢語の「地震」を当てただけで、「地」そのものをナと訓むことはないといっている。[6] 賛成である。柳田国男は、ヰは一つ所にとどまっているとき、人では「居」、鳥では「棲」、水では「井」と書き表すといっている。[7] ナヰはナがとどまっていることだろう。そのナはおそらく地底に棲む竜蛇か大ナマズのような巨大生物ではないのか。蛇は各地でナブサと呼び、蛇の一種の虹はニジ・ヌジ・ノジであった。[8] 魚はナであることが明らかである。そうしたナまたはナ行の生物が地底にいて、震動するのが地震であるだろう。また、名主・名寄帳は名にかかわる言葉で、それらを地主・地寄帳と解釈することはこじつけである。

オホナムチをオホナモチと理解して、ナを土地または国土とし、偉大な国土の貴い神とする者も多い。[9] この場合は、高句麗などでナに国土の意味があることを援用することもある。[10] オホアナムチは初めて国を造った神ではあるが、アナに土地・国土の意味がないから、この説も成立しない。

　西宮一民は、『記』の大穴牟遅の「穴」はアナと訓むべきで、もしナであるなら「名・汝・奈」などを遣ったであろうという。[*11] この考えは正しい。西宮はオホアナムチは偉大なる鉄穴・金穴の貴い人とする。さらに、アナを感動詞に由来する代名詞とし、「偉大なるあなた」という神への尊敬の呼びかけが神名となったとする考えも成立するとしている。[*12] 二説併存によりオホアナムチの名義を説いたが、蓋然性が多少高くなっても、両説ともに決定打に欠ける憾みがある。オホアナムチはスクナヒコナとしばしば対になっているが、鉄穴・金穴の貴い人ではスクナヒコナの名義と対にはならない。松岡静雄の『新編古語』はアナを感動詞としている。感動詞アナが代名詞に変化したと強弁しても、感動詞に類するものを神名に取り込むことには無理がある。「神代紀」四段のイザナキ・イザナミ二神の呼びかけ「あなにゑや」や「神代記」の「あなにやしえ」のアナニを通常アナもアナニも感動詞としているが、アナニのニがもとは助詞であるならば、アナも名詞などの体言であったのではないか。この疑問のように、オホアナムチのアナも感動詞やそれに由来する代名詞とすることは不自然に思われる。なお、「神代紀」二段本文には、月神を崇める唱え詞を神名にしたアヤカシコネがある。オホアナムチのアナとこのアヤカシコネのアヤを同等に扱うわけにはいかない。

　それではオホアナムチとは何か。特にその神名中のアナとは何か。『万葉集』に大伴家持が越《こし》で詠んだ歌がある。

射水川《いみづがは》　清き河内《かふち》に　吾《わ》が立ち見れば　あゆの風　いたくし吹けば　みなとには　白波高み（⑰四〇〇六）
東風《あゆのかぜ》　いたく吹くらし　奈呉《なご》の海人《あま》の　釣する小舟《をぶね》　漕ぎ隠る見ゆ（⑰四〇一七）

これらの歌にある「あゆの風」について、四〇一七番に「越の俗語。東風をあゆのかぜと謂ふ」と註がある。アユの風は地形によって所により東風ともなるが、普通は北北東から吹くことが多いという。アユの風はアイの風と呼ばれるようになったらしいが、主に奥州から山陰にかけての日本海側で用いられている。しかし、富山では北風、能登や金沢では西北風を指すように、地域によってかなり差があるらしい。[*13]

日本海側や西日本で、西北から吹く冬の季節風をアナジ（アナシ）・アナゼと呼んでいる。しばしば船を苦しめる悪い風である。多くは西北風であっても、対馬では東北風をさし、熊本県玉名郡では東南風をオシアナというらしい。[*14] オシアナは（季節になると）渡って吹いてくるアナという風と理解してよいだろう。第四節で述べるが、オシは渡りの意である。『国語大辞典』はアナゼのアナは感動詞、セは風の意であるとする。アナジ（アナシ）・アナゼのジ（シ）・ゼは風の意とするのは正しい。これらはアラシのシと同じである。しかし、アナを感動詞とするのはどうだろう。アナはアラシのアラと音韻が通じるし、同じ造語法だろう。アユの風のアユも同類だろう。

柳田国男によれば、おもに若狭より東の日本海側で船頭の恐れる北西の悪い風をタマカゼ・タバカゼと呼ぶところがあり、そうしたところではアナジ・アナゼは使われていないという。[*15] タバカゼのタバはタマの音韻が変化したものである。してみると、アナジ・アナゼのアナはタマカゼのタマと同意であると考えてよい。上井久義によれば、風は古い神霊の具象化したものであるという。[*16]

オホアナムチのアナは上述のタマ（霊・魂）を意味するアナと同じである。すなわちオホアナムチのアナは魂・霊と同じで、アナムチは霊の貴い神の意である。佐々木隆はアナを己としているが、もう一歩踏み込んだ方がよいだろう。[*17]

オホアナムチに葦原醜男と呼ばれ、また大物主神とも呼ばれた。「神代紀」八段第六によると、大三輪の神はオホアナムチの幸魂《さきみたま》奇魂《くしみたま》であるという。大三輪の神は大物主神としてよいだろう。ただし、青木紀元のように三輪の集落神である大物主が元来は出雲のオホアナムチと関係があろうはずがないという。[*18] 大和に入ってきたオホアナムチ信仰に三輪が習合改宗したとするのである。ここのあたりは追々考えて行こう。
オホアナムチとオホモノヌシの神名を比較して表記すると次のようになる。

オホ（大）＋アナ（己）＋ムチ（貴）

オホ（大）＋モノ（物）＋ヌシ（主）

再帰代名詞のアナ（己）は、オノ・オノレ（己）ともなるものだが、語頭のアが脱落すればナ（汝・名）にもなる。アナ・オノの語頭にm音があれば、マナ・モノとなるものである。モノは品物の意でもあるが、ここでは霊・鬼などの畏怖や恐怖を感じる霊的存在である。だから、アナ・オノはマナ・モノの語頭のm音が脱落したものとしてよさそうである。

たとえば、『万葉集』では自然をオノヅカラと訓んでいる。

山辺《やまのべ》の　五十師《いし》の御井は　自然《おのづから》　成れる錦を　張れる山かも（⑬三二三五）

『大言海』はオノヅカラを「己之従《おのづから》の義、其の物事のあるのままよりの意」とする。『岩波古語』は「己《おの》つ柄《がら》の意。ツは連体助詞。カラは生まれつきの意」とし、自然の力、生まれつきの力と理解しているようである。しかし、自然とはいっても天然のままということではない。たとえば、「神代紀」四段のオノゴロシマならば、神霊のなすがままに凝り固まった島の意である。『記紀』によれば万物は神々の意図によって生み出されたものであるはずである。いわばアニミズムに近い神霊観があったとすれば、先ほど述べたがオノヅカラは「神霊のままに」とか「霊のおもむくままに」とでも訳すべきであろう。

オニ（鬼）は『和名抄』に「陰《おん》」の音を訛っていうとする説があり、その後この説を踏襲するものが多い。しかし、アナ・オノ（己）がモノと同じように霊にかかわるものであるならば、あえてオニを「陰」にかこつけて解釈しなくてもよいだろう。『和名抄』以来の通説のようにオニ（鬼）がオン（陰）によるとすれば、オニは奈良時代に遡ることは可能性が薄くなる。アナ・オノが霊を意味するものであるならば、オニも相応の時代まで遡ることができる。七世紀第四四半期の飛鳥時代の玉虫厨子《たまむしのずし》には、すでに須弥座《しゅみざ》右側面の下部に鬼らしき姿のものが描かれている。（なお、それには仏教の影響があるだろうし、厨子の製作も八世紀初頭とする説もある。）

「神代紀」九段本文では、オホアナムチは天孫の使者フツヌシとタケミカヅチに国平《くにむ》けの広矛を渡して八十隈《やそくまで》に隠れる。ところが、九段第二ではオホアナムチは、

躬《み》に瑞《みつ》の八坂瓊《やさかのに》を被《お》ひて、長《とこしへ》に隠れましき。

とある。八坂瓊は大きな玉のことであるか、[*19] あるいは谷川士清《ことすが》が『日本書紀通証』でのべているように、多くの玉を緒に貫いた長い首飾りのミスマルであろうか。国平けの広矛は別名の八千矛神にかかわり、八坂瓊はオホアナムチの名にかかわるだろう。オホアナムチにとって玉はシンボルで、神霊を招き寄せるための、本源の神宝であるといえる。

オホアナムチの御子にアヂスキタカヒコネの神がいる。九段第一に、アヂスキタカヒコネが装い麗しく、二丘《ふたをか》二谷の間に照りわたっているのを歌った歌謡がある。「神代記」では字句に多少の差がある。

天《あめ》なるや　弟織女《おとたなばた》の　頸《うな》がせる　玉の御統《みすまる》の　あな玉はや　み谷二渡《ふたわた》らす　味耜高彦根《あぢすきたかひこね》（紀二）

天なるや　弟織女の　頸がせる　玉の御統　御統に　あな玉はや　み谷二渡らす　阿治志貴《あぢしき》　高日子根の神

そ（記六）

ここで問題になる句は「あな玉はや」である。契沖《けいちゅう》の『厚顔抄《こうがんしょう》』には「玉は穴を穿ちて緒を通す物なれば穴玉と云」とあるが、『古事記伝』はアナダマをアカダマの誤りではなかろうかとする。土橋寛《ゆたか》は、統べくくった玉には穴があけられているので、わざわざ穴玉という必要もないが、特別に穴を意識するのであれば、あな玉は細長い管玉であるという。[*20] そこでアナダマを神霊が宿った玉と解すると、「神代紀」の歌謡は「神霊が宿って玉が光り輝いているように、云々」と素直に理解できる。また、「神代記」のそれは「下げられたミスマルに神霊が宿って、玉が光り輝いているように、云々」と解すればよい。

また、アナガチ（強）も『岩波古語』『小学館古語』は「己勝」の意とするが、自分勝手にするという義の以前に、「神霊の御心を優先して」の原義があったのではないだろうか。

オオアナムチのアナは、さかのぼればタマ（玉・魂・霊）のことであった。西宮一民は二人称のナはアナにさかのぼるといっているが、[*21] もちろんアナはマナにまで遡る。先ほども言及したが、佐々木隆はアナからナになったという変化を否定し、ナからアナへの転訛を想定しているが、[*22] 承認できるものではない。

古代では玉を貴重なものとし、霊魂や神霊を崇拝する習俗があって、それを表す古い言葉にマナ・モノ・アナ・ナがあったらしい。このナもニ・ヌ（瓊）と同じように玉や霊魂を表していただろう。そのうちナやナ＋ムチが二人称として遣われるようになったのである。魂に関わるアナ・オノを自分自身の内奥として再帰代名詞に遣うのも同じことだろう。マナは、オホモノヌシのモノ、オホアナムチのアナに通じるところがある。

霊格を表すアナは、結論的にいえば、マナよりm音が脱落した語であると考えている。マナは遠くポリネシアやミクロネシアのマナに似た言葉であるが、古代文献にその実態を覗いてみたいと思う。マナには、

①マナゴ（愛子）・マナムスメ（愛娘）のように愛《いと》しい・愛らしい意味のもの

②マナ井・マナ鶴・マナ鹿・マナゴ（細砂）のようなほめ言葉とするもの

がある。『万葉集』に次の歌があり、マナという子が詠われている。

あしひきの　山沢人の　人さわに　まなといふ子が　あやにかなしさ（⑭三四六二）

この歌にあるマナは禁止・制止のマナではない。通常は可愛い子と解しているが、武田祐吉は神聖な女子で、多分神事に関係する女であろうとする。[*23] このマナもそうだが、一般にはマナを形状言にとどめて、名詞として考えたがらないようである。（もちろん、この歌のマナは固有名詞ではあるには違いないが。）

しかし、マナ井は霊泉のことだろうし、マナ鶴は霊や稲種を運んでくる鶴であろうし、マナ鹿は神霊の依り代、あるいは稲の生長を促進する霊力のある鹿であろう。またマナゴ（細砂）は小さい霊のような砂であろう。するとマナゴ（愛子）も古意は自分の霊魂を分けた子であったろう。武田祐吉はこれらのマナにもいろいろあり、マナ井・マナ鹿などのマナは神聖の意があるとしている。[*24]

ところが、②についてはマナを「マ＋ナ（助詞）」とする論者が大多数である。たとえばマナ井であるが、アマテラスとスサノヲの誓約《うけひ》の場所にある井は、「神代紀」六段本文では天真名井《あまのまなゐ》となっている。六段第一では天淳名井《あまのぬなゐ》とし、亦名を去来之《いざの》真名井とする。多分大野晋であろう『古典大系本』の補注は、ヌナヰを瓊の井とし、それに接頭語のマをつけてマヌナヰとなり、それがマナヰに変化をしたという。[*25] 土橋寛もニノヰ↓ヌナヰ↓マヌナヰ↓マナヰと音韻変化をしたという。[*26] マヌナヰは全くの造語で、そのような段階はありえない。

たとえばミナ（蜷）という巻き貝がある。それはニナに変化した。ちょうど古語のミラ（韮）がニラに変化したようにである。ミラは地下に球形の鱗茎《りんけい》を結ぶ。ミナはタニシ（田螺）状で、霊魂の形である。いいかえれば、霊の顕在態である。昔話「田螺息子」では、神から子のない爺婆に授けられたタニシは、立派な若者となり爺婆に富をもたらした。また、モノアラガヒ（物洗貝）という淡水産の小さい巻き貝がある。繁殖力は旺盛で、思いもかけぬ身近な溝や水溜まりに生息している。これは霊魂がアラ（顕）われた、すなわち霊魂が顕現した貝の意である。物洗貝の洗は宛字である。通説を支持する人々は、モノ・ミナ・ニナ・ミラ・ニラのモ・ミ・ニを接頭語というのだろうか。また、このミナ・ニナのナが所有の助詞であるはずがない。マナ・モノとて、またアナ・オノとて同じである。

マナヰ・ヌナヰのマナ・ヌナも同じだろう。すなわちマナ・ヌナのナも所有の助詞ではない。マナヰもヌナヰもそのままで魂井または霊泉の意である。ただし、ヌナはマナから段階的に変じたというより、説明上はニナと通音であるとしたほうが抵抗がないだろう。

マナからマが脱落すれば、ナ（名・菜・魚）にもなる。ナ（名）は言霊を負っている。だから古来実名を呼ばれて影響を受けるのを避ける、実名敬避の習俗があった。忌み名は生者の名ばかりでなく、忌避すべき死者の名にも及んだ。中国先史時代の仰韶《ぎょうしょう》文化の彩文土器にはしばしば魚が描かれているが、そうした魚は神または精霊の形象化であるという。わが国でも「推古紀」二十六年是年の条に、雷の神が落ちて、小さい魚《いを》として木の股に挟まれてしまう話がある。この魚は雷のマナであろう。また、マナガツヲはマナとのみでも呼び、高級魚として味噌漬けや刺身にする。

ボラ（鯔）は出世魚で多くの名を持つが、三十センチくらいのものをイナと呼ぶ。また、幼魚をイナと呼ぶ地方もある。ボラの胃には厚い筋肉があり、そろばん玉のような形をしていて、おいしく食べられる。それを俗にイナの臼ともイナのヘソともいう。私はイナはこの玉によって名づけられ、しかもマナ・ミナの語頭にあるm音が脱落してイナになったものと推測している。また、イナをナヨシとも称するが、ナヨシのナは、イナのイが脱落したものであり、玉のことである。

逆にマナからナが脱落すれば、マ（目）となる。マナコ（眼）は「マ（目）＋ナ（助詞）＋コ（子）」の構成と考えられているが、マーメ（目）の対応でのマが必ずしも被覆系になっているわけでもなく、また助詞ナが固定的につく語彙も限られているのだから、遡れば「マナ＋コ」の時代があったのではないか。もしそうならばマナはマよりずっと霊力あるタマの感じが強くなるし、国見などで望み見ることにも強力な呪力マナが与えられる。接頭語のマ（真）も元はマナだろう。

一方脱落したものは、また少し意味領域を変えたりして、復活もしやすい。マ＋ナはマナ（真魚）であり、あるときはカナと対をなすマナ（真名・真字）である。いわば先祖返りである。国語・国文学者はナを重視して、また民族学でもメラネシアの超自然力のマナを援用して、日本に元来マナという名詞があったことを認めない。しかし、マナ（目・愛）の音通した語にモノ（者・物・鬼）がある。『万葉集』を見れば、モノを鬼で表記した例が十一首ある。モノのモが接頭語でないことはいうまでもない。

マナが霊魂を表すことになると、マロ（丸・麻呂）・マル（丸・円）なども霊力のあるものであり、人名や船名につけられたり、動物名にも取り込まれたのであろう。マリ（鞠・毬・椀・鋺）などもマロと同根である。さらに、マシ・マシラ（猿）のマシ、マジナフ（呪）・マジモノ（蠱物）のマジ、マブシ（眩）・マブリ（魂）・マブイ（魂）のマブ、マニマニ（随）・マニ（占・ト）のマニなどが周辺語として考えられてくる。マナブ（学）・マネル（真似）・マネク（招）などもそうである。

第四節　オホアナムチのオホ

この節ではまずオオアナムチのオホを俎上《そじよう》にのせ、オホアナムチの特性の一つである渡《わた》らい性や海洋性の強いことに注目したい。
第九節で述べることを先取りしていうのだが、スクナヒコナのスクナは「小」ではなくて、「若」の意であるという。すると対をなすオホアナムチ・オオクニヌシ・オホクニタマ・オホモノヌシのオホは「大」の意ではない可能性がある。また、偉大であるという美称でもないらしい。これは定説や常識に対する強い問題提起である。オホクニヌシは「神代記」では大いに活躍しているが、「神代紀」では具体的な事績はあまりない。肥後和男は、大国主神というような観念は恐らく神格の高次の発展を示すもので、中央社会の所産であると考えている。[*27]倉野憲司も大国主の名は武力的・政治的な支配力を有する神の意に外ならないとしている。[*28]
すでに第五章で述べたことだが、倭・和で表されているワはヲとしても用いられている。たとえば、大和にかかる枕詞ヲダテは小楯と理解されてきたが、それは誤りである。「仁徳紀」三十年九月の条と「仁徳記」に次の歌謡がある。

あをによし　奈良を過ぎ　を建て　大和を過ぎ（紀五四・記五八）

とある。ここにある大和は纏向《まきむく》周辺の狭義のヤマトであるが、そのヤマトをヲが建てたといっている。このヲはワに通じる。そのヤマトは倭・和・大倭・大和とも表記する。大倭・大和は、時にはオホヤマトと発音することもある。この接頭語的なオホはワ・ヲのことである。
ここで少し復習する。ワ・ヲは一語であまりにも短い単語であるので、会話中に聞き取りにくいこともあり、強めていうときはアヲ・アハ・アフ・アホ・オフ・オホなどに二字化した。ワ・ヲはさらに古くはハ・ホであった可能性があり、「ア＋ハ行」「オ＋ハ行」のようになっている。さらにオフシ・オホシにもなった。語尾のシは強めの意である。またそれらが短縮してオシにも転訛した。こうした関係を結論的に示すと左の通りである。

倭は音字であるが、あまりにも一般に遣われているので、便宜的に語義の部にも入れてある。たとえばオホ・オホシに大・太・多が遣われていても、漢字の語義にとらわれてはならない。

発音　ワ・ヲ・ヱ・ヰ・アヲ・アハ・アフ・アホ・オフ・オフシ・オホ・オホシ・オシ

表記　和・倭・輪・尾・小・渡・絵・餌・猪・青・碧・淡・粟・相・大・太・多・凡・押・排・忍

語義　渡し・渡り・度・済・越・凡（舟で渡す意）・（倭・倭人〈の居住地〉）

これらの語は二つのグループに分けられる。まず、川や海の渡場・渡し、あるいは渡ったところを指す場合が多くある。次に越《ゑつ》・倭・和や百済《くだら》の済のように民族名・大地域名・国名となっている場合や、大和・大倭・大河内・凡河内《おほしかはち》・忍海部《おしぬみべ》・碧海《あをみ》・尾張のように氏族やその居住地を指すことがある。詳しくは第五章で述べたが、古代のオホ（大・多・凡・意富）は渡し・渡り・倭・倭人・渡来の海人族の意であった。用いられた漢字は多く宛字であるが、そのうち凡は正訓字であると別に述べたことがある。白川静によると、凡は盤や舟の形であり、オオヨソとするのは初義ではなく、舟に乗せて運ぶこと、舟で移動することであるという。[*29] 白川によると、盤の初字は般で、舟の水を汲み出すことであったらしい。凡は凡河内・凡直《おほしあたひ》・凡海《おほしあま》・凡氏《おほしうぢ》などとして遣われている。これらは渡し・渡り・水運に関係する氏族ばかりである。

「神代記」によれば、オホアナムヂ（チ）が御大《みほ》の御前《みさき》にいたとき、自分自身の幸魂奇魂というスクナヒコナがカガミの船に乗って渡ってくる。オホアナムヂ（チ）の御子のコトシロヌシは彼の託宣神であるが、御大の前で鳥の遊び・魚取《なと》りをしていた。オホアナムヂ（チ）は稲羽国の気多《けた》の前《さき》では鰐に皮を剝がれた兎を助けるし、また伯伎《ははき》国の手間《てま》で焼かれたときには御祖《みおや》の神が治療に赤貝や蛤《はまぐり》の汁を用いている。また、越の国や筑紫国とも妻娶りによって連携している。オホアナムヂ（チ）が後に隠棲した出雲の多芸志《たぎし》の小浜は宍道湖《しんじこ》から西の海に通じる水道の出口に位置していて、近くの出雲大社の本殿は海峡に向かって建てられていたという。

　これは後のことであるが、『文徳《もんとく》実録』斉衡《さいこう》三年（八五六）十二月には、オホアナムチ・スクナヒコナは常陸国鹿島郡大洗磯前《おほあらいいそざき》に怪しい石として顕現している。出雲大社にも、稲佐浜《いなさのはま》に漂着した大木の寄木《よりき》で社殿を造営した伝承や、旧十月に寄り来るセグロウミヘビをオホアナムチの化身の竜蛇さまとして奉納する祭などがある。[*30]次田真幸《まさき》・松前健《たけし》・松村一男なども述べていることであるが、[*31]オホアナムチは海の世界と深い関係がある。ただし、以上のことはオホアナムチが持つ農業神的な性格を否定するものではない。

　オホアナムチは倭（国）の霊を持つ貴人の意である。オホモノヌシならば、倭（国）の霊である主である。ここでの倭はワでもヤマトでも通じる。

第五節　大国主・大物主・大国玉・顕国玉

　『紀』で大国主神は、「神代紀」八段第一でスサノヲの六世孫とした条と、八段第六で大国主神の亦名を列記したところのみで用いられている。『紀』の記述はオホアナムチの名で展開している。一方、『記』では大国主神は十五回用いられている。そのほかに、スサノヲの娘スセリヒメの歌にも、

八千矛の　神の命や　吾《あ》が大国主　汝《な》こそは　男《を》にいませば　うち廻《み》る　島の埼々《さきざき》（記五）

とあるが、周囲を伐り従えて行く神として八千矛の名を用いるのはよい。ところが、大国主はオホアナムヂ（チ）が後に獲得する出世名であるから、本来ならこの歌謡に謡われるのは矛盾している。実は、アシハラノシコヲがスサノヲの根の堅州国《かたすくに》からスセリビメを背負って黄泉比良坂《よもつひらさか》を過ぎて逃げるとき、スサノヲがアシハラノ

シコヲやヤチホコではなく、オホアナムヂ（チ）に呼びかけていうには、次のようにある。

其の汝《いまし》が持てる生大刀《いくたち》・生弓矢を以ちて、汝が庶兄弟《ままあにおと》をば、坂の御尾《みを》に追ひ伏せ、亦河の瀬に追ひ撥《はら》ひて、おれ、大国主神と為《な》り、亦宇都志国玉神《うつしくにたまのかみ》と為りて、其の我が女須世理毘売《むすめすせりびめ》を嫡妻《むかひめ》と為《し》て、宇迦能山《うかのやま》の山本に、底津石根《そこついはね》に宮柱ふとしり、高天《たかあま》の原に氷椽《ひぎ》たかしりて居れ。是《こ》の奴《やつこ》。（神代記）

スサノヲは、アシハラノシコヲから成長したオホアナムヂ（チ）が、大国主神や宇都志国玉神となるようにと、将来を予見した名として遣っている。その大国主を記五番の歌謡に詠み込むのは実は早すぎる。

『古事記伝』は、大国主神の名義は「天下を伏《まつろ》へて、うしはく神」という意であるとしている。飯田季治は、大国主の大は大八洲《おほやしま》・大日本《おほやまと》などというのと同じで美称、主は主宰する意で、日本国の太守というほどの称であるという。[*32] 石母田正は、大国主のオホを政治的な大ではなく、偉大で神秘な力を持つ神の意とし、主は首長の意と解する。[*33] 西宮一民は、大国主の大国は、小国に対する大国というような意味はまず考えられないから、「偉大な、国土の主人」とする。[*34] そして結果として「日本国土の領主」としての名であるという。

大己貴・大物主の大もそうであるが、大国主・大国玉の大は大小の大ではない。偉大なの意味でもない。大は渡り・渡し・倭・倭人の意である。大国は倭国と同意である。たとえば、松村武雄は、大国主は「オホクニ＋ヌシ」ではなく、「オホ＋クニヌシ」とするが、[*35] その成り立ちを誤ってはならない。このことは前節で述べたように、オホアナムチのオホでも同じである。川崎庸之《つねゆき》は、大国主は特定の神への固有の名とすることはできぬとしているが、[*36] 神武が征服する以前に畿内を中心に広がっていた倭国の主という特定の名である。瀧川政次郎は、大国主・大物主を祖神とする出雲氏・三輪氏はかつて大和の王を世襲する大豪族であったという。[*37]

「崇神紀」七年二月の条に、大物主神が祟りをするので、崇神は祭祀をするけれども験《しるし》がなかった。折口信夫は、大物主は人格を具えていない、目に見えない精霊で、まだ純化していない神であるという。[38] 肥後和男は、原始的な神はモノの状態であったとする。モノはモノノケのモノで、精霊のことである。[39] しかし、八月になって、穂積氏の遠祖オホミナクチなど三人に同じ夢見があって、大物主神は大田田根子《おほたたねこ》に祀らせるとよいことがわかった。オホタタネコは河内の茅渟《ちぬ》県陶邑《すゑのむら》にいたが、「崇神記」では河内の美奴村にいたとある。陶邑は堺市の陶器山付近であるが、美奴村は八尾市上之島町付近で、旧大和川添いである。八尾のヲも渡しの意であるが、オホタタネコの出身地としては美奴村のほうが正しいだろう。オホタタネコのオホタタの語意は渡る満月の意であるが、[40] 倭人は古くは渡り・渡らいを習俗としていた。大物主は三輪山の神であり、三輪のミは美称、ワは渡し・倭（人）・酒の意である。そうした大物主の祭祀に当たるものは渡しや倭（人）に関係があったほうがよいだろう。なお、陶器の利用はやや時代が下がる。

あるいは、大国が渡しの国・場所をさすときもある。たとえば、「垂仁紀」三十四年三月の条では、垂仁は山背の大国で不遅《ふち》の女《むすめ》カニハタトベに遇う。この大国は山城国宇治郡大国郷であるという。そこに大亀がでるのであるから、宇治川や木幡《こはた》池に近いところであろう。そこは木幡の北の大津町あたりか、巨椋池周辺の水郷地帯であったろう。「応神記」に、

木幡の道に　逢はしし嬢子《をとめ》　後手《うしろで》は　を建てろかも（記四二）

とあるが、ヲダテロは倭人が村建てをしたという意である。語末のロは接尾辞である。大国は倭人が村建て・国建てをしたのである。大津は渡しの津である。山背大国魂神命を祀る式内社水主《みぬし》神社は城陽市の木津川右岸の水主にある。宇治川も木津川も淀川に注ぐ。水主神社の水主はカコとも訓める。『播磨国風土記』印南郡に大国の里があるが、加古川河口の右岸にある。その河口にはナビツマ島がある。大国は島への渡しであり、加古川や瀬

戸内海の水運の湊でもある。加古川は緩やかな川で、上流の低い峠を越えると、由良川を経て日本海側に物資を送ることができる。このように大国は倭人が好んでつけた名である。

松岡静雄によれば、大国玉は、大は美称、国玉は国土の霊の意で、国土の開拓者や経営者と称された神に与えられた称号であるとする。[*41] 飯田武郷の『日本書紀通釈』に、大国玉の玉は借字で、魂の義であるとする。[*42] 私見では大国玉は倭国の国魂の意である。大の解釈が通常とは異なり、渡しや倭の意であることは既に述べた。

「出雲国造神賀詞《いづものくにのみやつこのかむよごと》」に大穴持命の言葉として、

己命《おのれみこと》の和魂《にぎみたま》を八咫《やた》の鏡に取り託《つ》けて、倭《やまと》の大物主櫛甕玉命《くしみかたま》と名《みな》を称《たた》へて、大御和《おほみわ》の神奈備《かむなび》に坐《ま》せ

とある。また、『大倭《おほやまと》神社註進状《ちゅうしんじょう》』（群書類従巻十八所収、一一六七年成立という）に、旧記に曰くとして、

大倭神社は大和国山辺郡大倭邑《おほやまとむら》に在り。蓋し出雲杵築《きつき》大社の別宮なり。伝え聞くに、倭大国魂神《やまとおほくにたまのかみ》は、大己貴神の荒魂《あらみたま》なり。和魂《にきみたま》と与に力を合わせ心を一つにして、天下《あまのした》の地《くに》を経営す。大造《おほつくり》の績を建得す。大倭《おほやまと》豊秋津国《とよあきつくに》に在り、国家を守る。因りて以て号けて倭大国魂神と曰す。亦大地主《おほつちぬし》と曰ひ、八尺瓊《やさかに》を以て神躰《しんたい》と為し斎《いつ》き奉る。

とある。秋津はアキツにシマを補って訓むべきかもしれない。この『註進状』は西田長男によって偽書とされたものではあるが、[*43] 古い由来・口碑などを多く収録していて、利用する価値があると見なされるようになった。そこに倭大国魂神はオホアナムチの荒魂とあり、和魂のオホモノヌシと共同して天下の国を統治してきたとある。この倭大国魂神はオホアナムチ・オホモノヌシと習合しているが、倭の国魂として別神扱いにする必要があるか

もしれない。『古事記伝』や瀧川政次郎はそうした立場をとる。*44 なお、『註進状』にある倭大国魂神は「崇神紀」七年八月の条にあり、大地主神は「垂神紀」二十五年三月の条の一云に「大地司《おほつちつかさ》を治らさむ」とあるのによるらしい。これは大和の王であったのが、滑り落ちて地主の神になったと考えられている。

オホアナムチは亦名によって少しずつ神格も異なり、神業《かむわざ》にも差が出ているが、オホアナムチとオホモノヌシを別神とするには及ばないと考える。たとえば、『播磨国風土記』美嚢《みなぎ》郡志深《しじみ》里の条には大物主葦原志許《しこ》とある。オホモノヌシとアシハラノシコヲが一体となった神名である。だから、両者を別神とするわけには行かないだろう。

「崇神紀」六年の条によれば、倭大国魂《やまとのおほくにたま》はアマテラスとともに天皇の大殿のうちに祀られていたが、両神とも勢いが盛んで、天皇は同床にともに住むのに安からずと恐れた。そこで両神を他に憑けて祀らせることとし、倭大国魂神はヌナキノイリヒメにつけて祀らせた。しかし、ヌナキノイリヒメの髪は抜け、体は痩せて祀ることはできなかった。「崇神紀」七年八月の条には、神の諭《さと》しに従って、倭大国魂神をヌナキノイリヒメから離し、倭直《やまとのあたひ》の祖長尾市宿禰《ながをちのすくね》に命じて祀らせることにしたとある。倭直は倭国造であったが、瀬戸内海で神武を難波に無事導いたシヒネツヒコ、亦名珍彦《うつひこ》を始祖とする。倭直族は尾張氏や出雲族とは比較的近い氏族であるらしい。ただし、「神代記」には大国御魂神は大年神の子となっており、なぜか大国主とは直接の関係がない。

顕《うつし》国玉神については、『記紀』で亦名として列記したところ以外では、「神代記」の先に引用したスサノヲのオホアナムヂ（チ）に対する呼びかけにある。この例では、アシハラノシコヲはスサノヲの科した試練を通過して、オホアナムヂ（チ）と呼ばれるようになっている。しかし、まだ実際は出世名であるオホクニヌシにも顕国玉神にもなっていない。スサノヲはそうなることを期待して呼びかけているのである。

「神代紀」九段本文では天稚彦《あめわかひこ》の条に、

此の神（天稚彦）も忠誠《まめ》ならず。来到《きた》りて即ち顕国玉の子女下照姫《むすめしたてるひめ》を娶《めと》りて、因《よ》りて留住《とどま》りて

とある。アメワカヒコは、葦原中国に遣わされたアマノホヒがオホアナムチにこびて、高天原へ復命《かへりこと》をしなかったために、タカミムスヒが改めて遣わした神である。ところが、シタテルヒメは、オホアナムチではなく、顕国玉の娘としてある。アマノホヒやアメワカヒコは出雲のオホアナムチのもとに降ってきたと考えていたが、はたしてそうだったのだろうか。

さて、『古事記伝』は、ウツシ国玉神は根の国から見た顕し国の御魂であり、オホアナムヂ（チ）ではなく、倭《やまとの》大国魂《みたまの》神であるという。松岡静雄は、ウツシは完全を意味する美称で、国土の霊を表すという。[45] 津田左右吉は、ウツシ国はヨミに対する称呼であるとしながらも、ウツシを一つの美称と見ることもできるだろうとしている。[46]『古典全書・日本書紀』は国土の神霊の義とする。[47]『古典全書・古事記』は現実の国土を主宰する神であるとする。[48] こうした解釈をする先学は多い。やや変わっているのは大久間喜一郎で、肉体を持った国土霊であるとする。[49]しかし、私見は異なる。「神武紀」三十一年四月の条に、神武が葛城《かつらぎ》の腋上《わきがみ》にある嗛間丘《ほほまのをか》に登って国見をしたとき、述べた言葉のなかに、

復《また》大己貴大神、目《なづ》けて曰《のたま》はく「玉牆《たまがき》の内国《うちつくに》」とのたまひき。

とある。内国はウチツクニ・ウチクニまたはウツクニであるが、第六章で詳しく述べた。内国は『紀』にあって、『記』にない国名である。内国は秋津洲・浦安国・千足《ちだ》る国・秀真《ほつま》国・日本国《やまとのくに》などとともに称された我が国名の一つである。内国は古くは畿内を中心とした国の名である。

顕国玉のウツシはウツに強意の（副）助詞シをつけたものである。すなわち、顕国玉は内国の国魂の意である。

ウツを重んじるのは、玉垣などで囲まれた内と呼ぶ中心的境域が、神聖で優れたところとする思想である。その顕国玉が「神代紀」九段本文で遣われている。どうも出雲ではなく、大和のできごとのように受け取られる。もちろん、大国主は倭国の首長である。「出雲国造神賀詞《いずものくにのみやつこのかむよごと》」に次のようにある。

乃《すなは》ち大穴持命《おほあなもちのみこと》の申し給はく、「皇御孫《すめみま》の命の静まり坐《ま》さむ大倭《おほやまと》の国」と申して、己《おの》れ命の和魂《にきみたま》を八咫《やた》の鏡に取り託《つ》けて、倭大物主櫛𤭖玉《やまとのおほものぬしくしみかたま》の命と名《みな》を称へて、大御和《おほみわ》の神奈備《かむなび》に坐《ま》せ、己れ命の御子阿遅須伎高孫根《あぢすきたかひこね》の命の御魂《みたま》を葛木《かつらぎ》の鴨の神奈備に坐せ、事代主《ことしろぬし》の命の御魂を宇奈提《うなて》に坐せ、賀夜奈流美《かやなるみ》の命の御魂を飛鳥《あすか》の神奈備に坐せて、皇孫《すめみま》の命の近き守り神と貢《たてまつ》り置きて、八百丹杵築宮《やほにきつきのみや》に静まり坐しき。

『古事記伝』は、「崇神紀」が大物主神をオホアナムチの和魂であるとするのを、古意に違うことであると否定し、『紀』選者の賢しらであるとする。もっとも、『記』は大物主神を大国主神と同神とは見ていない。飯田季治は大国主神から幸魂《さきみたま》・奇魂《くしみたま》が分離して、大物主神として出現したという。そして大国主神と別神ではあるが、もともと大国主神の霊魂であるから、別神にして別神ではないとする。[50] 大物主を解釈すれば、やはり倭の(国)魂の主である。これはオホアナムチが倭の霊の貴人の意であったのと結びつく。オホアナムチのアナを土地や鉄穴などと解していては、他の名との接合ができない。

なお蛇足として記すが、「垂仁記」二十五年の条で大倭直(「崇神紀」では倭直)の祖《おや》ナガヲチが倭大国魂の祭祀に当たったが、ナガヲチの始祖シヒネツヒコはウツヒコといった。ウツヒコは内国の名を負っている。だからこそ、「神武紀」二年二月の条で、神武はウツヒコを倭国造に任じている。なお、「神武記」ではシヒネツヒコはサヲネツヒコであり、ウヅビコである。

第六節　葦原醜男

第一節で『記紀』の大国主神の亦名を列記したが、『紀』で神名に神も命もついていないのは葦原醜男《あしはらのしこを》のみである。アシハラノシコヲはまだ重んじられた高貴な神ではなかったらしい。

『紀』ではアシハラノシコヲは、大国主神の亦名を列記した条以外にはない。『記』では亦名列記の条以外に三カ所で用いている。まず根の堅州国を訪ねたとき、スサノヲと娘のスセリビメは次のように会話をしている。

（スセリビメがスサノヲに）「甚《いと》麗しき神来ましつ」とまをしき。爾《ここ》に其（スサノヲ）の大神出で見て「此は葦原色許男と謂ふぞ」と告《の》りたまひて、即ち喚《よ》び入れて、

とある。アシハラノシコヲに命はついていないが、実は『卜部家系統本』には命がなく、『真福寺系統本』には命がある。その後、『古事記伝』『校定古事記』『岩波文庫本』『大成古事記』『古典大系本』には命がないが、『真福寺本』に準拠するようになった最近では、『国史大系本』『古典全書本』『思想大系本』『新古典全集本』は命をつけている。多分、命はなかったろう。

また、カムムスヒの御祖命《みおやのみこと》がスクナビ（ヒ）コナに、

汝《いまし》、葦原色許男命と兄弟《あにおと》と為りて、其の国を作り堅めよ。

と告げている。ここでは名前に命が添えられている。さらに、「垂仁記」では大神が加えられている。すなわち、

言葉の話せないホムチワケが出雲に到り、河下に青葉を山と飾り立てたのを見て、

是の河下に、青葉の山の如きは、山と見えて山に非ず。若《も》し出雲の石硐《いはくま》の曾宮《そのみや》に坐《ま》す葦原色許男大神を以《も》ちいつく祝《はふり》の大廷《おほには》か。

と声を出して言った。このように『記』ではアシハラノシコヲは呼び捨てであったが、命がつき、大神がついて次第に尊貴性を増している。なお、『播磨国風土記』ではアシハラノシコヲは六回用いられているが、五回はアシハラノシコヲに命がつけられている。『出雲国風土記』にはアシハラノシコヲは見あたらない。

葦原醜男については、葦原と醜男に分けて考えたい。

葦原醜男の葦原については、葦が生えた広原であると考えられてきて、葦原中国・葦原瑞穂《みつほ》国のように熟して遣われてきた。それは豊葦原と瑞穂国を形容することもあったが、美しく豊かに生い茂った葦原と訳したところで、国誉めの言葉としてはどこかしっくりしない思いを抱かせてきた。西宮一民のように悪霊や邪気を払う葦が生えている原と解釈しても、*51 もの足りなさはいうまでもない。これは葦原の解釈に誤りがあるのではないか。葦原の葦は借り文字ではないのか。新井白石の『古史通』読法に、

凡上古の事を記せしものを見るには、その記せし所の文に拘はらずして、其義を語言《ママ》の内に求むべしとは申すなり。

とある。これは語文・用字にとらわれてはならないということだろう。

「神代紀」の冒頭を見ると天地・陰陽がまだ分かれないときに、渾沌のなかにほのかに牙《きざし》を含んでいたという。

まず清んだものから天が定まり、後に重く濁ったものから地が定まる。そして、固まりにくいもののなかから、神聖《かみ》が生まれてくる。それは水の上に浮かび漂う魚のようであった。続けて次のようにある。

> 時に、天地《あめつち》の中に一物《ひとつのもの》生《な》れり。状《かたち》葦牙《あしかび》の如し。便《すなは》ち神と化為《な》る。国常立尊《くにのとこたちのみこと》と号《まう》す。(一段本文)

この異伝は次のようにある。

> 古《いにしへ》に国稚《い》しく地《つち》稚しき時に、譬《たと》へば浮膏《うかべるあぶら》の猶《ごと》くして漂蕩《ただよ》へり。時に国の中に物生《な》れり。状《かたち》葦牙《あしかび》の抽《ぬ》け出でたるが如し。此《これ》に因《よ》りて化生《なりい》づる神有《ま》す。可美葦牙彦舅尊《うましあしかびひこぢのみこと》と号《まう》す。次に国常立尊《くにのとこたちのみこと》。(一段第二)

アシは混沌から初めて生じた霊的な兆しであった。ここではアシは角・牙状をした神霊であるらしい。あるいは角状・勾玉状とでもいえばわかりやすいか。アシが神霊であることは、アラ・アレ・アナ・アヤなどが神霊、またはそうした神霊の顕現であるのと同じである。第三節でアナはタマ(タマ・魂・霊)であると述べたが、アナ・アラ・アシ・アヤは音通で、タマを表していると考えてよい。すなわち、葦原は神霊が浮遊する広がりである。

実はアシの神霊がどのような姿をしているかについては、近藤喜博に説がある。近藤は『北野天神縁起』の一本に「昔し住吉大明神、葦の葉のいか葉に宿をしめて」とあることから、剣先のような葦の葉に神が宿ることがあるといい、また天地開闢神話で空のなかに葦牙のような萌えるものが成りましたとあることから、鋭い稲妻を発する雷童であるとした。[*52] 葦牙は神霊の角であり、霊の顕れた形である。

このことを確かめるために幾つかの例を提示する。

①（スサノヲ）乃ち計《はから》ひて、毒酒《あしきさけ》を醸みて飲ましむ。（神代紀八段第三）
②夫れ葦原中国は、本より荒芒《あら》びたり。磐石《いは》草木に至及《いた》るまでに咸《ことごとく》に能《よ》く強暴《あしか》る。（八段第六）
③然《しか》も彼《そ》の地《くに》に、多《さは》に蛍火の光《かかや》く神、及び蝿声《さばへな》す邪《あ》しき神有り。（九段本文）
④（ヤマトタケル）吉備に到りて穴海《あなのうみ》を渡る。其の処に悪《あら》ぶる（悪《あ》しき）神有り。則ち殺しつ。亦難波に至《かへりいた》る比《ころ》に、柏済《かしはのわたり》の悪《あら》ぶる神を殺しつ。（景行紀二十七年十二月）
⑤唯吉備の穴済の神、及び難波の柏済の神のみ、皆害《やぶ》る心有りて、毒《あ》しき気《いき》を放ちて、路人《みちゆきひと》を苦《くるし》びしむ。（中略）故《かれ》、悉《ふつく》に其の悪しき（悪《あら》ぶる）神を殺して、並びに水陸《みずくが》の径《みち》を開く。（景行紀二十八年二月）
⑥（タケハニヤス）邪《きたな》き（邪《あ》しき・邪《あや》しき）心を起せし表《しるし》にこそあらめ。（崇神記）
⑦吾が其の父王を殺せしを知りなば、還りて邪《きたな》き（邪《あ》しき・邪《あや》しき）心有らむと為るか。（安康記）
⑧天下《あめのした》、（雄略を）誹謗《そし》りて言《まう》さく、「大だ悪しくまします天皇なり」とまうす。（雄略紀二年十月）

①③のアシキは悪いというより、霊力の強いという意味だろうし、②のアシカルも霊力が強暴なということだろう。④⑤では校注者により訓み下し方が異なり、悪神をアシキ神、またはアラブル神としている。⑥⑦では邪心をキタナキ心・アシキ心・アヤシキ心と三様に訓み下している。アラブルのアラは、アラシ（嵐）のアラ、賀茂神のミアレのアレ、アル（生）などにも関係するだろうし、神霊の示現であることもしばしばある。『紀』では神劔をアヤシキツルギ、神光をアヤシキヒカリ、神徳をアヤシキイキホヒ、神策をアヤシキハカリゴトなどと訓んで、神をアヤシと訓む。アシも善悪の悪に係わることもあるが、その以前には神霊の盛んなさまを表していたようである。④－⑦では訓みの定まっていない例をあげて、逆にアシを理解する一助にした。

⑧では雄略は自分の心が賢いと考えて誤って人を殺すことが多かったが、ここに「悪しく」とあるのは、荒々しいとか霊力が盛んなということだろう。飯田武郷の『日本書紀通釈』はアシクの悪は善悪の悪ではなく、荒き

意であるとしている。[*53] このアシクは四年二月の条に、百姓が皆「徳《おむおむ》しく、有《ま》します天皇《すめらみこと》なり」といったことと表裏をなす。葦原のアシもこのアシに通じるだろう。

たとえば、南島のアシアゲは「アシ（神霊）＋アゲ（崇）」であり、神霊を崇めるところの意であった。『おもろさうし』に次のようにある。下段はその訳である。

聞《きこ》ゑあけしのが　　名高いアケシノの神女が祈る
上下《かみしも》鳴響《とよ》む　　国中に鳴り響く
庭あしやげ　げらへて（⑬九七四）　　神庭に神を崇める建物を建てて

アシヤゲはアシアゲの変化であるが、外間守善はアシアゲの語源を「あさ（祖先神）揚げ」であろうとしている。[*54] 枕詞アシヒキノにある表現であるが、アシヒキ乙ならば、「アシ（神霊）＋ヒキ（侏儒）」で、童形をした神霊である。アシヒキ甲ならば、「アシ（神霊）＋ヒキ（引）」で、神霊を招き引くことである。山から童形をした神霊を田に招き引いてきて、豊作をもたらしてもらうのである。枕詞アシヒキノについては第十章第七節で詳しく述べる。

アシと同類の語のアソブは神が出遊する、あるいは舞い廻ることだろう。白川静によれば、遊は神霊の遊行に用いる語であるという。[*55] また、遊は隠れた神が出遊するというのが原義であるともいう。アソビは神の祭式を意味していたらしい。また、守屋俊彦は、葦原とは神の住処で、神がいるから聖なる原でなければならないとする。[*56] すると、里山に多いアシビ（アセビ・アセボ）は、早春に壺形の白い小花を鈴生りに複数垂らす。『万葉集』では、アシビは十首で詠われている。大来皇女《おほくのひめみこ》が謀殺された大津皇子を偲んで詠った和歌を引用する。

磯の上に　生ふる馬酔木《あしび》を　手折らめど　見すべき君が　ありと言はなくに（②一六六）

アシビの語構成は「アシ（神霊）＋ビ（瓮・瓶）」であろう。春に行われる稲の予祝儀礼では、そうした山から穀霊を田に迎えていただろう。

また、葦毛の馬はしばしば神聖視されて、神霊の乗り物、即ち神馬として取り扱われることが多い。鹿毛《かげ》・栗毛・青毛であっても全体に白い毛が混じり、齢を重ねて換毛すると、馬体は次第に白くなる。特に灰色の丸い斑点が連続しているのを連銭葦毛というが、銭の模様を神霊の現れと見なしたのだろう。銭もオアシというのは貴いものであったからか。実はオアシの語源はまだ明らかになってはいなかった。柳田国男はオアシやオテウモク（御鳥目）は本来は神や貴人に対する幣にもなるということらしいとしている。[*57]

アシビ（アセビ・アセボ）の花

ここで一つの提案をするのだが、「景行記」のヤマトタケルの御葬《みはぶり》に歌われた、

浅小竹原《あさじのはら》　腰泥《なづ》む　空は行かず　あしよ行くな（記三五）

の四句目のアシは通常「足」と理解されているけれども、霊魂と解した方がよいと思う。后や御子らが腰を取られて追いかけもできずに難渋しているから、ヤマトタケルの霊魂が鳥になって空を飛んで行かずにいて欲しいと願っているとすれば、霊魂を停めようとする歌意がス

ムーズに理解できるだろう。さもないと、武田祐吉がいうように、「空は行かず、あしよ行くな」は前句を説明しているだけでもの足らないと評されてしまう。[*58]

つぎに醜男について従来の説を述べる。『記伝』にシコは醜と書き、多くは憎みののしりていう言葉であるが、ここでは勇猛さを誉めていったのだという。宣長だけでなく、シコヲに醜の字が用いられているので、醜い男ながら、いかにそれを逸らして解釈するかに腐心している。たとえば肥後和男は、シコヲのシコは醜いという意もあるが、後世の悪《あく》源太義平や悪七兵衛景清の悪と同じで、強さを表現する言葉としている。[*59] なぜなら、この節の初めに引いた「神代記」ではスサノヲの許を訪ねたアシハラノシコヲに一目惚れしたスセリビメは、スサノヲに「甚麗《いと》しき神来ましつ」といっているので、シコヲを醜いと字のごとくには訳したがらない。

拙著『古代日本の月信仰と再生思想』第二章で述べたが、[*60] シラ・シロはサラ・サルと同じように、繰り返す晒《さら》し・再生・新生を表す語であった。同様にシク（敷）は、下に広げるというより、上に重ねる・繰り返す意である。シカ・シキ・シケ・シコにも繰り返しや再生の意がある。ここでは『万葉集』のシコの例を取り上げ、簡単な解釈をつける。

しこのますらを（②一一七）　死線をくぐり抜け度々蘇って忠勤を尽くす立派な男。
しこのしこ草（④七二七・⑫三〇六二）　摘んでも摘んでも伸びてくる草。
しこほととぎす（⑧一五〇七・⑩一九五一）　繰り返し執拗に鳴くホトトギス。
小屋《をや》のしこ屋（⑬三二七〇）　祭事の度毎に立て替える小屋。後で小屋は焼いた。
しこのしこて（⑬三二七〇）　繰り返し差し延べあった手。
しこつ翁（⑰四〇一一）　年を重ねて生き延びてきた翁。
しこの御楯（⑳四三七三）　敵の攻撃を繰り返し防いできた楯。

反対に「神代紀」五段第六の「いなしこめき汚穢《きたな》き国」とは「もう蘇ることのない穢い国」のことで、黄泉《よみ》の国のことである。年を重ねて生き延びると醜くなることがあるから、シコに醜の字を遣ったが、醜にとらわれてはならない。

ここでアシハラノシコヲに戻る。「神代記」によれば、稲羽から伯伎《ははき》に入ったオホアナムヂ（チ）は手間の山本で、八十神たちにイノシシに似た焼け石を抱かされて死ぬ。しかし、カミムスヒが遣わしたキサガヒヒメ・ウムガヒヒメにより麗しき男に蘇る。また、八十神によってくさびを打ち込んだ木の間に挟み込まれ、くさびを抜いて殺されるが、御祖《みおや》によって木の間から助けられて生き返る。オホアナムヂ（チ）はスサノヲの許に到ると、そこでも蛇の室屋に寝かされたり、ムカデと蜂の室に入れられたり、大野で火をかけられて廻《もとほ》し焼きにされる。そうした試練も克服して生き延てきびた。繰り返し蘇る男だから、葦原のシコヲとの名をいただいていたのだろう。従ってアシハラノシコヲとは神霊のただよい幸《さきは》う国の繰り返し蘇る男の意である。

第七節　播磨でのオホアナムチ

オホアナムチの伝承は出雲ばかりでなく、播磨にも色濃く残っている。実は『播磨国風土記』のオホアナムチ（亦名を含む）の記載回数は『出雲国風土記』のそれよりも大幅に多い。しかも、「神代記」によれば、オホアナムチは出雲出自の神ではなく、外来して出雲で国を造った神であり、「天の下造らしし大神」でもある。

オホアナムチは「神代紀」八段本文ではスサノヲの子である。八段第一の或云と八段第二ではスサノヲの六世《むつよの》孫《みま》である。「神代記」でも大国主をスサノヲの六世孫としている。ただし、オホアナムチはスサノヲの婿ではあっても、別系であるだろう。「神代記」ではスサノヲの四世孫にオミヅヌの神が組み込まれているが、『出雲国風土記』では八束水臣津野神《やつかおみづののかみ》となっており、繰り返し国引きをして出雲を広くした神である。しかし、秋本吉郎は、大国主の祖父になっているけれども、大国主とは別系の出雲地方の祖先神的位置にある大神だろうと述べている。[*61] おそらくそうだろう。

そこで『播磨国風土記』のオホアナムチを一覧表にして示す。ただし、一地名・一挿話のなかに複数回記載があっても一回と数えた。

郡名	伊和大神＊	大汝命（神）	葦原志許乎命	出雲国阿菩大神	計
加古 かこ					
印南 いなみ					
餝磨 しかま	一	二			三
揖保 いひぼ	五	二	一	一	九
讃容 さよ	四				四
宍禾 しさは	十一		四		十五
神前 かむさき	二	一			三
託賀 たか	一				一
賀毛 かも		三			三
美嚢 みなぎ			一＊＊		一
計	二十四	八	六	一	三十九

註一　＊大神を含む　＊＊大物主葦原志許という複合的な名である。ただし、井上通泰の『新考』と『岩波文庫本』は命を補っている。
二　逸文に「国堅めましし大神」があり、明石郡のものと思われる。ただし、表には加えていない。

『播磨国風土記』揖保《いひぼ》郡意此《おし》川《かは》の条の出雲の御蔭の大神は表には入れてない。御蔭は月・月光のことであるが、[*62]

月神である大神は枚方の里にいて、道行く人を半ば殺したとある。同郡佐比岡の条の出雲の大神も同じ神であるので表からは除外してある。出雲の佐太《さだ》の大神はサルタヒコともいわれ、ある種の月神であるが、その神とも決めかねる。オホアナムチの御子のシタテルヒメが月神あるいはその巫女神であることからすれば、その父神を月神としてもおかしくはないが、いまは保留する。

　揖保郡上岡里の条にある出雲国の阿菩の大神は通常はオホアナムチとは別神として扱っているが、ここでは表に加えた。阿菩はアボと訓んでいるが、菩は推古遺文や『記』ではホの音であるので、ここでもアホとしたほうがよいだろう。するとワ・ヲ・アヲ・アフ・オホ・オウなどの渡し・倭を意味する語の変化形に近くなる。阿菩の大神はオホアナムチの別表現としてよいだろう。もっともアホの大神どころか、伊和の大神にせよ、アシハラノシコヲにせよ、本来オホアナムチとは関係のない独立神であり、それがオホアナムチまたは大国主に吸収されていったとする見方もある。[*63] しかし、私の立場は異なっている。

　餝磨《しかま》郡の条では、オホアナムチは、自分の子のホノアカリが強引な仕業をするので、船で海上に逃れる。しかし、ホノアカリも船で追いかけてきて波風を起こし、オホアナムチは遂に敗れたとある。ちなみにホノアカリは、海人族の尾張氏や津守氏の祖神とされている。

　しかも、播磨ではアシハラノシコヲとして、いくつかの説話が宍禾《しさは》郡や揖保郡に分布する。その多くはアメノヒボコと国占めを競って闘争をしている。大林太良は、アシハラノシコヲは（成年式を済ませた）青年期の名であるとする。[*64] 青木紀元は、アシハラノシコヲを闘争の神と性格付けをし、信仰上の神ではないとする。[*65] アシハラノシコヲはアメノヒホコなどと、闘争をしながら国占めをしている。石母田正《いしもだしょう》は、播磨国では土地を占拠し、開拓した粗野な族長の面影を伝えているという。[*66] ところが、『出雲国風土記』にはアシハラノシコヲは記載がない。すると、オホアナムチが青年期に活躍したのは主として播磨国であることがわかる。しかも、揖保郡粒丘《いひぼをか》の条で、アメノヒホコはアシハラノシコヲに宿処《やどり》を乞いて、汝《いまし》は国主《くにのあるじ》為《た》り。吾が宿らむ処を得まく欲《おも》ふ。

といっている。国占めや統治は不完全であるが、曲がりなりにも国主とされているのである。高嶋弘志は、オホアナムチは出雲とは何の関係もない神であり、『播磨国風土記』の諸神競合の様相は、『出雲国風土記』に先行する段階の産物とみることができるとしている。*67

表からもわかるが、オホアナムチ（亦名も含む）が主として活躍しているのは、揖保《いひぼ》・讃容《さよ》・宍禾である。宍禾は揖保から分かれた郡であり、両郡とも揖保川の流域である。播磨国の一宮は宍禾郡御方里の伊和坐大名持御魂神社である。今の宍粟《しそう》市一宮にあり、オホアナムチを祭神とする。神社名にある御魂はオホアナムチの荒魂としてよいだろう。『播磨国風土記』では伊和の大神となっている。伊和は接頭語イ＋ワ（倭）であるが、三輪は接頭語ミ＋ワである。宍禾郡伊和村の条には神酒《みわ》の村とも於和《おわ》の村ともいうとあり、オホアナムチはワ（倭・和）の神といってもよいだろう。永藤靖は、このあたりが伊和の大神の本貫であるとしている。*68 揖保川流域の揖保郡・宍禾郡が本国であるとはいえる。揖保はイヒボを訓んでいるが、現在はイボである。私は揖保はイホの漢字化ではなかったかと考えているが、もしこれが正しければ、イホはワ・ヲの変化した一連の語であるだろう。

宍禾郡伊和は『風土記』には石作里《いしつくりのさと》ともある。餝磨郡伊和里の条には、伊和君等の族《やから》が移動してきたとある。ここは姫路市付近で、オホナムチとその子ホノアカリとの葛藤の説話が載っている。その隣の英賀《あが》里には、伊和の大神の御子アガヒコ・アガヒメがいたという。

『播磨国風土記』にはオホアナムチの伝承は多々あるが、賀古郡や印南郡の段には、オホアナムチの説話を欠いている。しかし、『万葉集』を見ると、香具山《かぐやま》と耳成山《みみなしやま》が畝傍山《うねびやま》を得ようと相争った長歌につけた次のような反歌がある。

香具山と　耳成山と　逢ひし時　立ちて見に来し　印南国原（①一四）

この歌を、香具山と耳成山が相争ったとき、（出雲の阿菩の大神が）立って見に来た印南国原よ、と解釈している。それは『播磨国風土記』揖保郡上岡里の条に、

出雲の国の阿菩《あほ》の大神、大倭《やまと》の国の畝火《うねび》・香山《かぐやま》・耳梨《みみなし》、三つの山相闘《あひたたか》ふと聞かして、此《こ》を諫め止《と》めむと欲《おもほ》して、上り来ましし時、此処《ここ》に到りて、乃ち闘ひ止みぬと聞かし、其の乗らせる船を覆《ふ》せて、坐《いま》しき。故《かれ》、神阜《かみをか》と号《なづ》く。

とある。この説話を受けて、揖保郡の説話を印南国原に転用して、上記の歌を印南国原にとどまったと解釈しているのである。阿菩の大神については、諸説があるものの、阿保の名に置き換えることはあっても、憶測を述べても断言は控えている。でも、出雲の大神であるならば、アホ（ボ）はイワ・イボなどと同じで、ホ（ボ）はヲ・ワに通じている。先ほども述べたように、阿菩の大神はオホアナムチとしてよいだろう。

しかし、『風土記』の説話を一四番歌の解釈に応用して、大神が大和三山の争いを諫めに行くのに、印南国原に留まっていたのでは条理が合わない。変わっているのは吉永登や清水克彦などで、苦し紛れに「印南国原」が立って見に来たとするが、[*69] もちろん誤りである。『風土記』によれば、印南には大国の里もあった。これはオオクニヌシの名にも通じる。つまり、『風土記』の説話とは異なるバージョンと考えて、歌は印南国原を立って大和まで仲裁にやってきたと読み解くべきだろう。歌の印南は「立ちていな（去）む」と掛詞にもなっている。

印南国原（の東）には加古川が流下している。往昔には河口が深く湾入して、湾口にナビツマ嶋があった。景

行が妻訪いをしたとき、印南のワキノイラツメが逃げ隠れたところである。嶋の東に粟津がある。粟津の語意は渡しの津である。そのすぐ南が尾上で、オホアナムチなどを祀る尾上神社がある。尾上の意は渡しのほとりである。粟津から加古川を越えた北には大国の里があり、船瀬になっていた。『続紀』延暦《えんりやく》八年十二月と十年十一月に水児船瀬《かこのふなせ》に稲を奉った記事がある。この水児は加古と同じである。印南の大津江もそのあたりだろう。『風土記』には仲哀が皇后と熊襲を討とうとしたとき、御舟を印南の浦に停泊させている。すると大国は渡しの国の意だろう。粟津のアハ、尾上のヲ、大津江のオホも渡しの意である。詳しくは第五章をご覧頂きたい。

『風土記』の大国の里は印南郡であるが、粟津は加古郡である。ただし、植垣節也によれば、当時印南郡は存在せず、印南の浦は加古郡であったという。[*70] 印南国原が加古郡にあったにせよ、この論考には支障はない。

大国には伊保山、別名美保山があり、山の東の生石《おひし》には大石という作り石があった。付近一帯は竜山石と呼ぶ流紋岩質凝灰岩の石切場で、石棺などの石材を切り出したりして、山の原型を留めないほどになっている。[*71] 推古のころ物部守屋などが作り石を加工する以前は、そこか付近にもっと立派な岩屋があったと思われる。またそこに生石《おふしこ》神社があり、オホアナムチとスクナヒコナを祀っている。

『万葉集』に生石村主真人《おひしのすぐりまひと》の歌がある。

大汝《おほなむち》　少彦名《すくなひこな》の　いましけむ　志都《しつ》の石室《いはや》は　幾代経にけむ（③三五五）

ところが、荒木田久老《ひさおゆ》の『万葉考槻之落葉《つきのおちば》』別記などでは、三五五番を播磨国加古郡の石の宝殿とする考えを否定して、歌を詠んだ場所を石見にも近江にも想定している。たしかに、この歌にある志都という地名が生石付近にない。しかし、シツは、しつたまき・しつぬさ・しつおり・しつはたなどと用いられ、こうしたシツ（倭文）は日本古代の筋の入った高度の織物だろうとはされているが、その語源は未だ解明されていない。シツは不明ながら、倭に関わりがある。そのシツの石室は、宣長が『玉勝間』で、生石村主真人が石見《いはみ》で詠んだ歌とは考えられずと石見説を否定している。シツの石室を所在不明とする注釈も多いが、旧説にあるように、ここの印南の地としてよいだろう。宝暦十一年（一七六一）天川友親編の『播磨万宝智恵袋』所載の『播州生石社縁起』の仮名まじり略記を始め諸書はシツの石室を石の宝殿としている。どうも、シツの石室はすでに変形させられた、あるいは度重なる採石によって失われたらしい。

たとえば、宍禾郡石作里《いしつくりのさと》は元は伊和といったとある。また、印南郡（『新古典全集本』では加古郡）大国里伊保山の条に、神功が石作の連大来《むらじおほく》を連れて、讃岐国の羽若《はわか》に石を求めに行かれたとある。石作氏は多く尾張氏に属するが、播磨国は尾張氏の根拠地の一つでもある。高砂市・加古川市・加西市には、古代の採石地が各所にある。[*72] また、『播磨国風土記』には、オホアナムチの子神に石竜《いはたつ》比古・石竜比売（揖保郡）や建石敷《たていはしき》（神前郡）がおり、孫神に大石命《おほいは》（揖保郡）がいる。オホアナムチ・スクナヒコナは、第四節で述べたように常陸国大洗磯前で二つの怪しい石として示現しているし、能登国では像石として祀られている。また、「仲哀記」では、「石《いは》立たす小名御神」（記三九）と謡われている。二神は非常に石に馴染みが深いのである。その意味からも播磨はオホアナムチの母国として適格である。

念のために、オホアナムチのオホに関すると思われる地名を、『播磨国風土記』や『和名抄』の播磨国に見てみると、次のようになる。括弧内の地名は『和名抄』による。

印南《いなみ》郡　大国里（大国郷）・大津江・伊保（実保）山
餝磨《しかま》郡　伊和里（伊和郷）・阿保《あほ》里（英保《あほ》郷）
揖保《いひぼ》郡　揖保里（揖保郷）
宍禾《しさは》（宍粟《しさは》）郡　（伊和郷）・（石保〈作〉郷）（宍禾郡は揖保郡より分かれる）

讃容《さよ》（佐用《さよ》）郡　　邑宝《おほ》里
賀毛《かも》（賀茂）郡　　（大神《おおみわ》郷）

ただ前節で述べたことであるが、この大国の大は大小には関係がなく、渡し・渡り・渡来の海人族・倭などの意である。大国も内海・河川の船だまりとして、ナビツマ嶋への渡しとして、水運・舟運の重要港であった。

第八節　出雲・内国への移動の仮説

岡山県倉敷市の楯築《たてつき》遺跡は両側に突出部をもつ墳丘墓で、弥生後期のものである。播磨国にはこの墳丘墓と同類のものが二基ある。加古川市西条五二号弥生墳丘墓やたつの市揖保川町養久山《やくやま》五号弥生墳丘墓には、墳丘に突出部がついている。[*73] また、高砂市の観音山古墳からは、岡山市北区津島の都月坂《とつきざか》古墳から出土した円筒埴輪と類似のものが出土した。姫路市北方の横山七号墳丘も吉備につながるものらしい。[*74] そのころ播磨の首長層は吉備のそれと同一の葬祭圏内であったと考えられる。

播磨国の一宮は宍粟《しそう》市一宮町の伊和神社であり、大己貴神を主神とし、少彦名神と下照姫を配祀する。『延喜式』では伊和坐大名持御魂神社とあった。そこは揖保川の上流で、因幡に通じる国道二九号線沿いである。「神代記」の出雲神話を読むと、多分八十神たちの主力は吉備から稲羽国八上《やかみ》に侵入したものと思われる。

大国主の兄弟《はらから》に、八十神《やそがみ》坐《いま》しき。（中略）其の八十神、各《おのおの》稲羽の八上比売を婚《よば》はむの心有りて、共に稲羽に行きし時、大穴牟遅神に帒《ふくろ》を負《おは》せ、従者《ともびと》と為て率て往きき。

前節で述べたが、青年期の神アシハラノシコヲは播磨にいたのである。決してアシハラノシコヲの伝承のない出雲や大和ではない。播磨にいたアシハラノシコヲは兄弟と八十神たちの従者として帒《ふくろ》を背負って加わったと推定できる。宍禾郡から国道二九号を北に峠を越えると、そこは稲羽国八上郡であった。吉備からの八十神たちは今の国道五三号を北上し、八上郡でオホアナムチたちと合流したものだろう。あるいはオホアナムチも吉備を経由したか。八上郡曳田《ひきた》郷に八上比売を祀る売沼《めぬま》（八上比売）神社があり、アシハラノシコヲは後に八上比売と結ばれる。八十神一行は気多の前《さき》から伯伎《ははき》国の手間の山本を通り、西行する。アシハラノシコヲは、八十神たちやスサノヲによって厳しい試練を与えられるが、幸い助けを得て克服し、スサノヲの女スセリヒメを娶る。そこでスサノヲの神宝の大刀や弓矢を得て、ヤチホコの神として八十神を追い立て、出雲国で国造りをする。アシハラノシコヲは後にオホアナムチ・オホクニヌシ・オホクニタマ・ウツシクニタマ（・オホモノヌシ）などの新しい呼び名を獲得する。

ただし、田中卓はオホアナムチの本拠は大和の三輪山で、オホアナムチを奉じた出雲氏は神武東征前後に山城・丹波を経て山陰に進み、次第に出雲国に移住したと考えた。[*75] 西郷信綱も、出雲の勢力が大和あたりまで進出してきたとするのは本末転倒で、大国主の子が魂《みたま》を大和のあちこちに鎮めたとするのは、大和土着の神が出雲の大国主神に統合されるに到ったという神話的な表現に過ぎないと述べている。[*76] 大国主神はあちこちの国主たちを収斂《しゅうれん》した典型とするのである。逆に、ヤマト王権が進出する以前に、出雲の勢力が八上を経て播磨に及んだとする見方もある。[*77]

永藤靖は、『播磨国風土記』でのアシハラノシコヲとアメノヒホコとの国占め挿話には中央政府のフィルターがかけられていて、オホナムチの挿話も出雲から来た人々によって請来されたものとする。[*78] 永藤は伊和はイハ（石）と考えているが、そうなると伊和の大神は一地方神となる。しかし、オホアナムチの出身地は播磨ではないのか。オホアナムチは吉備勢力に荷担して山陰にいり、ついに八十神たちを退けて出雲で国作りをした。後に播磨にも戻り、また大和にも行き、倭国を完成させた。大和行きは『万葉集』の①一四番にもあったが、「神代記」にも嫡妻《むかひめ》スセリビメの嫉妬に男神ヤチホコは困り果て、

故《かれ》、其の日子遅《ひこぢ》の神わびて、出雲より倭国《やまとのくに》に上り坐《ま》さむとして、束装《よそ》ひ立ちし時、

とある。ヒコヂは夫のヤチホコを指す。松木直樹は、ヤチホコは大和へ妻問いに出掛けようとしたが、それを諦めたと読むべきであるとしている。[*79] しかし、「神代記」の世界にのみ停っていてはいけないだろう。「出雲国造神賀詞」にも国作らしし大神の和魂や御子神たちを大和の各地に配して、皇孫の守り神としている。また、大和の古い中心地の纏向からは、吉備系の葬祭具が出土している。桜井市纏向石塚古墳からは吉備につながるような弧文円板が出土した。また、纏向の箸中山や天理市の西殿塚・中山大塚などの初期古墳から、直弧文《ちょっこもん》的な渦巻模様のある宮山式や都月坂式の特殊円筒埴輪や特殊壺が発掘されている。[*80] 宮山式は岡山県総社市の宮山弥生墳墓群のものであり、都月坂式は岡山市北区の都月坂一号墳のものである。大和のこれら初期古墳は弥生末期の吉備や播磨の一部にもつながるものと考えられる。特に奥田尚《ひさし》によれば、箸中山古墳周辺から出土した土器は、大和製以外では播磨のものがもっとも多いという。[*81]

「神代記」ではオホアナムチの活動は稲羽・伯伎に始まり、その後は出雲国内に終始している。また、大和国三輪のオホモノヌシはオホアナムチとは別神として扱い、「神代紀」が同神としているのとは大きく異なっている。しかし、纏向遺跡の西南西の桜井市江包・大西あたりにかつて出雲庄があり、現在もヲナンジという小字が残っているという。[*82]

「出雲国造神賀詞」を見ればわかるが、オホアナムチは、おのれの和魂をオホモノヌシとして大三輪に、御子のアヂスキタカヒコネを葛城に、コトシロヌシを雲梯《うなて》に、カヤナルミを飛鳥に配している。実は右に引用したよ

うに、「神代記」にはオホアナムチが「出雲より倭国に上り坐さむ」とするとき、スセリヒメが歌をうたっている。「崇神紀」八年十二月には「大和成す大物主の醸《か》みし御酒」という歌謡がある。オオタタネコが三輪の大神を祭ったとき、神酒を掌る高橋のイクヒが天皇に酒を奉った。

此の神酒《みき》は　我が神酒ならず　大和成す　大物主の　醸《か》みし神酒　幾久《いくひさ》　幾久（紀一五）

「大和成す」とは、すなわちヤマトを成立させた大物主はヤマトの出身ではなく、外来勢力であったと考えてよいだろう。第四節で「仁徳紀」の歌謡「あをによし奈良を過ぎ、を建て大和を過ぎ」（紀五四・記五八）を引いたが、三句目の「を建て」を、ヲすなわちワが建国したと解釈しなおしたのである。オホアナムチは三輪の神であり、伊和の神であるが、ミワ・イワのミとイは接頭語であり、ワは倭を指している。

神酒を醸す歌は他にもあるが、「神功紀」十三年二月の条の歌謡（紀三二）や「仲哀記」の歌謡（記三九）では大物主ではなく、スクナミカミとなっている。スクナミカミはスクナヒコナであるが、「神代紀」八段第六ではスクナヒコナはオホアナムチの幸魂奇魂《さきみたまくしみたま》とされ、ヤマトの三輪山に鎮まっている。『紀』ではオホアナムチと大物主は同一神である。三輪山には奥・中・辺の広大な三磐座がある。スクナヒコナは常世の国から渡ってきたある種のマレビトで、両神は海を渡ってきて、海岸の石や岩に示現することもある。オホアナムチで渡りや倭を意味するのが名前のオホであり、大国主の大国は倭国、あるいは渡りの習俗を持つ人々の国の意でもある。

「垂仁紀」三年三月の条に一云がある。

初め天日槍《あめのひほこ》、艇《はしぶね》に乗りて播磨国に泊りて、宍粟邑《しさはのむら》に在り。時に天皇《すめらみこと》、三輪君が祖《おや》大友主と、倭直《やまとのあたひ》の祖長尾市《ながをち》とを播磨に遣わして、天日槍に問はしむ。

天日槍が播磨国に居住地を得ようとした時、垂仁が三輪君・倭直の後裔をそこに派遣したのは、三輪君も倭直も祖先が播磨と関係があったからに違いない。「神武記」では、倭直の祖サヲネツヒコは、神武東征の時速吸門《はやすひのと》、すなわち明石海峡にいた。（ただし、「神武前紀」では豊後水道にいた。）宍粟邑は揖保郡から分かれた宍禾（宍粟）郡あたりだろう。

「神武紀」三十一年四月の条に、神武が葛城の腋上《わきがみ》の嗛間丘《ほほまのおか》で国見をしたとき、秋津洲を称える頌詞《しょうし》を唱える。その後に繰り返し伝承してきた国褒めの慣用句が列記してある。すでに引用したが、

　復大己貴大神、目《なづ》けて曰はく、「玉牆《たまがき》の内国」とのたまひき。

とある。ニギハヤヒが物部氏を率いて、畿内に侵入する前に、オホアナムチの内つ国は成立していたとしてよいだろう。繰り返し唱えられたそうした頌詞に偽りはないと信じる。

ここで付言したいことがある。畿内に内国が成立しているということは、それを取り巻く藩屏《はんぺい》の国々があるということである。内国の西には播磨国があり、一宮はオホアナムチを祀る伊和神社であった。北は丹波国であり、東は尾張・三河・遠江などであった。各国の一宮と主祭神は次のようである。なお、参考までに国魂神社も掲げる。

丹波　出雲神社（亀山市）　大国主命
尾張　真清田《ますみだ》神社（一宮市）　天火明命《あめのほのあかりのみこと》
　　　尾張大国魂神社（稲沢市）　大国主神荒魂

三河　砥鹿《とが》神社（豊川市一宮町）　大己貴神
遠江　小国《をぐに》神社（周智《すち》郡森町）　大己貴命
　　　淡海国魂神社（磐田市）　大国主命

真清田神社の祭神天火明命は尾張氏の祖神で、吉備・播磨にも大和にも尾張氏の拠点があった。『播磨国風土記』餝磨郡の段では、火明命は大汝命の子であった。『尾張国熱田太神宮縁起』によれば、尾張氏は海部であるとしてある。尾張氏は漁業というより舟運に長じた氏族であった。

砥鹿神社は今は豊川市であるが、宝飯郡一宮町にあった。宝飯はかつては宝飫で、二字化する前は穂である。三河は穂の国と呼ばれていた。穂は借文字で、出雲の御大《みほ》のホもそうであったように、オホ（大）にもなるホは渡しの意であった。稲穂ではない。穂の国を流下する豊川《とよがは》はホノカハであったと思うが、河口近くに湊・渡津《わたつ》などの渡しがあった。渡津は、『枕草子』二十に、

わたりは、しかすがのわたり。こりずまのわたり。水はしのわたり。

と渡しの筆頭にあげられているシカスガと考えてよい。なお、コリズマは未詳、水ハシは越中国にあるという。

遠江《とおとうみ》は、近い淡海の近江と対をなす地名で、遠い淡海とされている。淡海とあっても、淡水湖を意味せず、渡る海の意である。遠江では、大昔浜名湖西岸の鷲津から浜松市伊場《いば》遺跡を経て、麁玉川《あらたまがわ》河口・天竜川河口・大浦《おほのうら》を結ぶ水路を伝わって、舟で国府の磐田まで通行ができただろうと、私は考えている。それが遠江一宮の小国《をぐに》神社の小国のヲにも反映されている。ヲは渡し・渡りであるから、小国は舟で渡り行く国である。磐田市には淡海国魂神社も鎮座する。これらの地域はオホアナムチを奉祭した同盟地域で、緩やかに内国にむすばれてい

たろう。

石母田正は、伊和大神やアシハラシコヲなどは本来オホアナムチとは独立神であるが、オホクニヌシの名の下に吸収されて神話にまとめられたとする。*83 そうしたことがあったかもしれないが、ここでは同じ神として、あるいは同じ神をいただく海人族の流れとして、論を立ててみた。しかし、総合的に見るならば、オホアナムチは、吉備勢力の一端を担う播磨を立って、因伯を経由して出雲で国造りをし、遂に大和をも治めて内国を築き上げたとしてよいだろう。さらにその勢いは東海地方に及んだらしい。もちろん、東海地方の国造りが大和より後であったかどうかは確実なことではない。しかし、こうした伝承はオホアナムチを奉祭する集団の移住が背景となっている傾向もある。

第九節　スクナヒコナの名義と神格

ここで、オホアナムチと対をなすスクナヒコナは、古代文献にどのように書き表されているかを列記してみる。

日本書紀　少彦名命・周玖那弥伽未《すくなみかみ》
古事記　少名昆古那《すくなびこな》神・少名昆古那・須久那美迦微
風土記　少日子根命（播磨）・少日子尼命（播磨）・須久奈比古命（出雲）・少彦名（伊豆）・少彦命（尾張）・少彦名命（丹後）・少日子命（伯耆）・宿奈《すくな》毗古奈命（伊予）・宿奈毗古那命（伊予）
万葉集　少彦名・須久奈比古奈・少御神
古語拾遺　少彦名命（・小彦名《こひこな》命－嘉禄本）
先代旧事紀　少彦名命・少彦名神（・天少彦根命－別神）

続日本後紀　　宿那毗古那
文徳実録　　少比古奈命
三代実録　　宿那彦神
延喜式神名帳　　宿那彦神

『紀』のスクナヒコナの表記は「少＋彦＋名」で成り立っている。その基本をなす名称は、『記紀』や『万葉集』の歌のなかではヒコナ（彦名）が省略されて、スクナミカミとなることがある。また、スクナヒコナの終わりのナは、ネに変化したり、脱落することがある。スクナヒコナのヒコは、文献によって使用漢字に差はあれ、特に問題はない。

スクナは通常は「少」で表記されているが、宿那・宿奈で表されることがあり、また万葉仮名で書き表されることもある。問題は『記』がスクナを「少名」で表していることである。「少」は一字でスクナと訓めるのに、『記』の撰録者は「名」を追加している。「孝元紀」に大彦命と同母弟の少彦《すくなひこ》男《を》心命《こころのみこと》がいるが、「孝元記」では大《おほ》毘《び》古命《このみこと》と少名日子《すくなひこ》建《たけ》猪《ゐ》心《ごころ》命となっている。ここでもスクナを、『紀』は「少」で、『記』は「少名」で表記している。それは何故か。

古代では、「少」はスクナシ・スコシ・ワカシ・チヒサキ・ヲ・オト・ヲサナシなどと訓む。（訓字にしても、「少」や「小」はしばしば混同して遣われている。そこに太細の「細」や兄《え》弟《おと》の「弟」や老若の「若」も加わってまことにややこしい。）そこで『記』の撰録者は「少」を誤りなくスクナと訓むために、「少」の後に「名」を追加したに違いない。スクナシの語幹はスクナであって、スクではない。つまりこの「名」は単なる添え字か衍《えん》字《じ》である。これは文字遣いが相当習熟してから後の配慮であると思われる。最近では『国語大辞典』や『角川古語』がスクナシを「少し」と表記しているのに対し、『広辞苑』『岩波古語』『大辞林』や多くの古語辞典はスクナシ・スクナクモに対し「少なし」・「少なくも」の表記を当てている。たとえ古語であっても多くの辞書はナを添えて訓みやすくしている。『新明解国語辞典』のように現代語のスクナイを「少（な）い」と表すものもある。この現代の事例のように、『記』は「少」にナ（「名」）を追加して、スクナシ・スコシを区別する表記を採用している。しかし、『紀』を遡る古代にこうした用法が一般化していたとはとうてい信じられない。

「神代記」によれば、スクナヒコナは、オホアナムチと相並んで国を作りかためてきた。だから、オホアナムチの語構成が「オホ＋（ア）ナ＋ムチ」と考えられてきたので、スクナヒコナのそれは連動的に「スク＋ナ＋ヒコナ（またはヒコ＋ナ）」と想定されて、その前提に立って名義が検討されることがしばしばあった。しかし、それは誤りである。

「神代紀」八段第六によるとオホアナムチが出雲国のイササの浜で食事をしているとき、カガミの皮の舟に乗り、サザキの羽の衣を着た小男《をぐな》が海を渡ってきた。それがスクナヒコナであるという。スクナヒコナはタカミムスヒの御子のひとりで、教えにも従わないいたずらっ子であり、指の股の間からこぼれ落ちたとする。室町時代の一条兼良《かねよし》の『日本書紀纂疏《さんそ》』巻五に「此の神、身の形は短小なり、故に此の名を得る」とある。この見解は大方の承認を得てきた。民話の世界でも神からの授かり子はたいてい小さ子である。ヲグナとは小童のことで、河童《かっぱ》・山童《やまわろ》・海若《わたつみ》の類である。

ところが、金井清一が上代文献のスクナの用例を調べたところ、「小さい」の意味での例は見いだしがたく、「若いこと、年少であること」ととるのが適切であると説いた。[*84] 寺田恵子は、この永久的な若さは、決して成長しない小さ子として昔話に取り上げられるようになったとした。[*85] このあたりが最近の是認されている説であろう。ということは、スクナをスク＋ナ、あるいはスクナ＋ナとナを補って、ナを地・土・名・霊などとすることは成立しないことになる。すでに「スクナシの語幹はスクナであって、スクではない」と述べたが、スクナをスクとナに分けるのは無意味である。また、スクナを宿禰《すくね》であるとか、次位のことであるとするのも当たらない。スクナは金井の説に従って、若いこと、年少であることとしてよいだろう。スクナは渡りを繰り返した年長の意のオホと対をなす。『古語拾遺』では、信頼度の高い嘉禄本は小彦名命となっており、コヒコナの訓みが与えられている。これは神霊として永遠に変若する小童であることを否定するものではない。

スクナヒコナのヒコナはどうだろう。ヒコナのヒコは系統を継ぐ子である。ヒコナのナは愛称・尊称の接尾語とするのが一般的である。しかし、スクナヒコナ（の命）は、スクナヒコとナを区切って、スクナヒコを年少の男あるいは幼童と考え、ナを霊を表す接尾辞と理解した方がよい。スクナヒコナはしばしば小さ子の姿をしており、「神代紀」八段第六ではオホアナムチの幸魂・奇魂とされている。オホアナムチが神《あや》しく光って海を渡ってきたスクナヒコナに誰ぞと問うたのに対し、スクナヒコナは、

吾は是汝《な》が幸魂《さちみたま》・奇魂《くしみたま》なり。（中略）吾は日本国《やまとのくに》の三諸山《みもろのやま》に住まむと欲《おも》ふ。

といっている。そこでオホアナムチは彼処《かしこ》に宮を作り住まわせた。これが大三輪の神であるという。だから、スクナヒコナは魂の姿をした神とするのに合致し、オホアナムチの体外魂・遊離魂とも考えられている。[*86]

溝口睦子は、神名や首長などの人名の末尾につくネ（たとえばアマツヒコネ・イヅモフルネのネ）やニ（ウヒヂニのニ）やナ（スクナヒコナのナ）はカミより古い霊格の一つであると分析した。[*87] これは卓見である。人名の末尾のネもそれに由来している。西郷信綱も「根の国」のネ、（オホアナムチの）アナのナ、「青丹《あをに》・赤丹《あかに》」のニは同系の語かもしれぬといっている。[*88] 土橋寛は、神名の末尾のナ・ネは、スクナヒコナのナもそうであるが、霊力を表していたものが退化して、美称化した接尾語であるという。[*89]

戦後、古代の天皇に関わる伝承が厳しく見直しを受けたが、孝霊・孝元・開化の天皇名に組み込まれたヤマトネコは、持統・文武・元明・元正の天皇名にあるヤマトネコを援用して作為されたもので、ネコは古く遡るもの

ではないとされるようになった。しかし、溝口はオホタタネコ・ナニハネコ・ヤマシロネコなどのネコと同じレベルの名称と考え、持統以下が古代名を利用したのではないか、と逆転して考えた。[90] このネコはタマの子、タマのような子と理解してよいだろう。

スクナヒコナはオホアナムチと対をなして、時には一神的に記述されている。二神が対をなしている文は多く、「神代紀」一例、「神代記」一例、『出雲国風土記』一例、『播磨国風土記』四例、『丹後風土記』逸文一例、『伊予国風土記』逸文一例、『万葉集』三例などがある。そこでは共同して国作りをしたり、療養を行ったり、石の崇拝と関わる例もある。『文徳実録』斉衡三年（八五六）十二月の条では、両神は常陸国大洗磯前の海岸に夜耀きながら示現し、翌朝見ると二つの僧に似た怪石となっていたという。また、『延喜式』の能登国には大穴持神像石《かたいし》神社・宿那彦《すくなひこ》神像石神社がある。

「神代紀」八段第六や「神代記」では、二神が国を作り堅めたあと、スクナヒコナは常世郷《とこよのくに》に渡ったとある。「神功紀」十三年の条に、また「仲哀記」に、

この御酒《みき》は　我が御酒ならず　くしのかみ　常世に坐《いま》す　いは立たす　少御神の　（中略）　御酒そ　ささ

（紀三二・記三九）

とある。三句目の「くしのかみ」のミは甲類であるので、神ではなく、首長・司の意である。[91]

拙著『日本古代の月信仰と再生思想』第七章第五節で、常世の第一候補は月あるいは月のある天原であると述べた。[92]「神代紀」八段第六ではタカミムスヒはスクナヒコナは多くの子の一人であるといっている。「神代記」ではスクナヒコナはカミムスヒの子となっている。すでに前著第三章で証明したが、タカミムスヒは月神であった。[93] タカミムスヒと一体的対神であるカミムスヒも月神としてよいだろう。だから、タカミムスヒのいる高天原

は常世と置き換えてもよいだろう。「神代記」で御大《みほ》の御前《みさき》にガガイモの実の莢《さや》を舟にして寄り来る神があった。誰も名を知らなかったが、タニグク（ヒキガエル）が案山子《かかし》のクエビコに問い合わせるようにいい、その神がスクナヒコナであることが判明した。タニグクは月の使いであることは明らかで、だから適切な助言ができたのである。中国では、西王母から不死の薬を盗んだ嫦娥《じょうが》は月に走り、タニグクとなった。そしてタニグクは月の陰の部分にいるという。常世のスクナヒコナが醸した酒は特に若返りの呪能が顕著にあったに違いない。

第十節　おわりに

神名のオホアナムチとスクナヒコナの語義を把握し直すことによって、神格の概念に変更すべき点があることを指摘した。これには第五章や第六章で判明した知識を活用した。それによって二神が繰り広げた世界と、それを支えていた霊魂や国魂が天神のそれとは異なるところも把握しようと努めた。

「神代記」はオホアナムチの活動を出雲などの山陰に閉じこめて演出しているが、『紀』『風土記』『万葉集』「祝詞」などを見るとき、その活動舞台は播磨や大和も含めて広域に渡っていた。

オホアナムチは、播磨にいたときは多くアシハラノシコヲと青年戦士的な名で呼ばれていた。播磨は石作りの盛んな土地であり、また、オホアナムチに関連の地名も沢山あった。アシハラノシコヲは、やがて吉備勢力の八十神とともに、彼らの従者的な立場で因伯に侵攻した。アシハラノシコヲは多くの試練を克服し、八千矛神として出雲で国造りをし、オホアナムチと呼ばれるようになる。その後オホアナムチは大和周辺で倭国を建て完成する。そこで大国玉神・大国主神の名を得る。また、倭国の中心域は内国とも呼ばれ、国名ともなっていたが、内国はオホアナムチが命名した。だから、オホアナムチは顕国玉神の名も獲得する。

これまでオホアナムチの出自と建国経過についてあまり踏み込んだ論考はなかったが、まだ常識化していない領域に多少踏み込めたように思う。歴史的史料が不足するので、伝説や神話の断片をつなぎ合わせるような、やや危険な論述も冒してある。しかし、導き出した結論に誤りはないだろうと信じている。
また、スクナヒコナにも論を及ぼし、オホアナムチの対神としての神格に多少の新見を披露した。

註

＊1 大野晋他『岩波古語辞典』岩波書店 一九七四年 九六八ページ
＊2 高橋伸幸「語誌」『古語大辞典』小学館 一九八三年 一二三七ページ
＊3 武田祐吉『増訂万葉集全註釈』四 角川書店 一九五七年 二四四ページ
＊4 石母田正「日本神話と歴史」『古事記』岩波書店 一九八二年 六一三ページ
＊5 飯田季治『日本書紀新講』明文社 一九三六年 二三七ページ、加藤義成『出雲国風土記参究』原書房 一九五七年 八八ページ、三品彰英『三品彰英論文集』二 建国神話の諸問題 平凡社 一九七一年 六一ページ
＊6 三谷榮一『日本神話の基盤』塙書房 一九七四年 二四一ページ
＊7 柳田国男「豆の葉と太陽」『定本柳田国男集』二 筑摩書房 一九六八年 三三七ページ
＊8 柳田国男「西は何方」『定本柳田国男集』九 筑摩書房 一九六九年 二七一ページ以下
＊9 鈴木重胤『日本書紀伝』四 会通社 一九一〇年 六七六－六七九ページ
＊10 金澤庄三郎『日鮮同祖論』刀江書院 一九二九年 一六七ページ
＊11 西宮一民「大神神社と文学」『神道史研究』一九－六 一九六一年一一月 一二八－一三二ページ
＊12 西宮一民「神名の釈義」『古事記』新潮社 一九七八年 三七五－三七六ページ
＊13 柳田国男「風位考」『定本柳田国男集』二〇 筑摩書房 一九七〇年 二六三－二七〇ページ
＊14 柳田国男 同前 二五三－二五五ページ、岡田武松『増補風位考資料』明世堂 一九三五年 七七－八七ページ
＊15 柳田国男 同前 二七二－二八〇ページ、岡田武松 同前 九六－一〇一ページ
＊16 上井久義『民俗社会人類学』創元社 一九七三年 一〇六－一〇九ページ

＊17 佐々木隆「〈大穴牟遅〉〈大己貴〉の表記とその訓」『古事記年報』二三 一九八一年一月 八三―九四ページ
＊18 青木紀元『日本神話の基礎的研究』風間書房 一九七〇年 一六六ページ
＊19 坂本太郎他『日本書紀』上 岩波書店 一九六七年 一五一ページ
＊20 土橋寛『古代歌謡全注釈』古事記編 角川書店 一九七二年 五六―五八ページ
＊21 西宮一民「大神神社と文学」『神道史研究』一九―六 一九六一年一一月 一二八ページ
＊22 佐々木隆「〈大穴牟遅〉〈大己貴〉の表記とその訓」『古事記年報』二三 一九八一年一月 九〇ページ
＊23 武田祐吉「天の真名井」『神道史研究』創刊号 一九五三年一月 一八―二四ページ
＊24 武田祐吉 同前 一九ページ
＊25 大野晋他『日本書紀』上 岩波書店 一九六七年 五五九ページ
＊26 土橋寛『土橋寛論文集』下 日本古代の呪禱と説話 塙書房 一九八九年 一六七ページ
＊27 肥後和男『風土記抄』 弘文堂書房 一九四二年 二一五ページ
＊28 倉野憲司『古事記論攷』 立命館出版部 一九四四年 一七七ページ
＊29 白川静『字統』 平凡社 一九八四年 八〇八ページ
＊30 千家尊統『出雲大社』 学生社 一九六八年 一一五―一二〇ページ
＊31 次田真幸『日本神話の構成』 明治書院 一九七三年 二三一―二三九ページ、松前健『出雲神話』講談社 一九七六年 一三一―一三四ページ、松村一男「大国主伝説と出雲神話」『海と列島文化』二 日本海と出雲世界 小学館 一九九一年 二〇二―二〇七ページ
＊32 飯田季治『日本書紀新講』上 明文社 一九三六年 二五七ページ
＊33 石母田正『日本古代国家論』二 岩波書店 一九七三年 一〇〇―一〇四ページ
＊34 西宮一民「国造り神話と大国主神話の構造」『講座日本の神話』五 出雲神話 有精堂出版 一九七六年 七四―七六ページ、「神名の釈義」『古事記』 新潮社 一九七九年 三七三ページ
＊35 松村武雄『日本神話の研究』三 培風館 一九五五年 二六〇ページ
＊36 川崎庸之『川崎庸之歴史著作選集』一 記紀万葉の世界 東京大学出版会 一九八二年 二一七―二一九ページ
＊37 瀧川政次郎「倭国魂神と大倭氏の盛衰」『國學院大學紀要』六 一九六七年六月 九九ページ

*38　折口信夫「霊魂の話」『折口信夫全集』三　中央公論社　一九六六年　二七二ページ
*39　肥後和男「日本の主神」『末永先生古稀記念古代論集』末永先生古稀記念会　一九六七年　五三六ページ
*40　拙著『古代日本の月信仰と再生思想』作品社　二〇〇八年　一五九・三八〇ページ
*41　松岡静雄『日本古語大辞典』刀江書院　一九三七年　三四〇ページ
*42　飯田武郷『日本書紀通釈』一　日本書紀通釈刊行会　一九四〇年　六〇五ページ
*43　西田長男「大倭神社註進状」『群書解題』六　神祇部　続群書類従完成会　一九六二年　九一－九六ページ
*44　瀧川政次郎「倭国魂神と大倭氏の盛衰」『國學院大學紀要』六　一九六七年六月　九九－一〇一ページ
*45　松岡静雄『日本古語大辞典』刀江書院　一九三七年　二六四ページ
*46　津田左右吉『日本古典の研究』上　岩波書店　一九四八年　四九四ページ
*47　武田祐吉『日本書紀』一　朝日新聞社　一九四八年　一二二ページ
*48　神田秀夫・太田善麿『古事記』上　朝日新聞社　一九六二年　二三二ページ
*49　大久間喜一郎『古代歌謡と伝承文学』塙書房　二〇〇一年　三七七ページ
*50　飯田季治『日本書紀新講』上　明文社　一九三六年　二五七ページ
*51　西宮一民「神名の釈義」『古事記』新潮社　一九七八年　三七六ページ
*52　近藤喜博『日本の鬼』桜楓社　一九六六年　二五〇－二五三ページ
*53　飯田武郷『日本書紀通釈』四　日本書紀通釈刊行会　一九四〇年　二三二七ページ
*54　外間守善「補注」『おもろさうし』岩波書店　一九七二年　四九七ページ
*55　白川静『文字逍遥』平凡社　一九八七年　一〇・二五ページ、『字統』平凡社　一九八四年　八三八ページ
*56　守屋俊彦「狭井河のほとり」『古事記年報』三一　一九八九年一月　九八ページ
*57　柳田国男「日本の祭」『定本柳田国男集』一〇　筑摩書房　一九六九年　二八七ページ
*58　武田祐吉『記紀歌謡集全講』明治書院　一九五六年　一〇〇ページ
*59　肥後和男『風土記抄』弘文堂　一九四二年　二九三ページ
*60　拙著『古代日本の月信仰と再生思想』作品社　二〇〇八年　七二－七八ページ
*61　秋本吉郎『風土記』岩波書店　一九五八年　九五ページ

*62 拙著『古代日本の月信仰と再生思想』作品社 二〇〇八年 二五六－二六二ページ
*63 石母田正「日本神話と歴史」『石母田正著作集』一〇 岩波書店 一九八九年 一八六ページ
*64 大林太良『日本神話の構造』弘文堂 一九七五年 一一〇－一一三ページ
*65 青木紀元『日本神話の基礎的研究』風間書房 一九七〇年 一六二－一六三ページ
*66 石母田正「日本神話と歴史」『古事記』岩波書店 一九八二年 六一五ページ
*67 高嶋弘志「オホナムチの虚像と実像」『日本古代中世の政治と宗教』吉川弘文館 二〇〇二年 一九一・一九五ページ
*68 永藤靖『古代説話の変容』勉誠社 一九九四年 八八ページ
*69 吉永登『万葉 文学と歴史の間』創元社 一九六七年 四八－五〇ページ、清水克彦『万葉集』一 新潮社 一九七六年 五二ページ
*70 植垣節也『風土記』小学館 一九九七年 二四－二五ページ
*71 櫃本誠一・松下勝『日本の古代遺跡』三 兵庫南部 保育社 一九八四年 一五八ページ・
*72 奥田尚『石の考古学』学生社 二〇〇二年 一三二－一三九ページ
*73 近藤義郎『楯築弥生墳丘墓』吉備人出版 二〇〇二年 五九－六〇ページ
*74 近藤義郎『前方後円墳の時代』岩波書店 一九八三年 二六二ページ
*75 田中卓『田中卓著作集』二 日本国家の成立と諸氏族 国書刊行会 一九八六年 一二一－一二三・一一一ページ以下
*76 西郷信綱「大国主の国譲りについて」『歴史と人物』一九七二年一一月 五七－五九ページ
*77 井上辰雄『古事記のことば』遊文館 二〇〇七年 一二三ページ
*78 永藤靖『古代説話の変容』勉誠社 一九九四年 九六－九七ページ
*79 松木直樹「トヨタマビメとスセリビメ」『古事記の神々』上 高科書店 一九九八年 二九六ページ
*80 近藤義郎『前方後円墳に学ぶ』山川出版社 二〇〇一年 六一－七一ページ
*81 奥田尚「砂礫構成からみた三古紀頃の吉備の土器の動き」『東アジアの古代文化』一一七 二〇〇三年一一月 二一〇－二一六ページ
*82 岸俊男「〈倭〉から〈ヤマト〉へ」『日本の古代』一 倭人の登場 中央公論社 一九八五年 二八六－二九〇ページ
*83 石母田正『日本古代国家論』二 岩波書店 一九七三年 一〇九－一一〇ページ

＊84　金井清一「スクナヒコナの名義と本質」『東京女子大学付属比較文化研究所紀要』三一　一九七三年九月　五－一七ページ
＊85　寺田恵子「スクナビコナ―その二様の姿について―」『東アジアの古代文化』九一　一九九七年四月　六八－六九ページ
＊86　松村武雄『日本神話の研究』三　培風館　一九五五年　三八八ページ
＊87　溝口睦子「記紀神話をとらえる視点」『古典と現代』三四　一九七〇年六月（『日本神話』Ⅱ所収　有精堂出版　一九七七年　三三ページ）、「記紀神話解釈の一つのこころみ」中の一『文学』四一－一二　一九七三年一二月　一五－一九ページ
＊88　西郷信綱『古事記注釈』一　平凡社　一九七五年　四〇〇ページ
＊89　土橋寛『土橋寛論文集』下　日本古代の呪禱と説話　塙書房　一九八九年　一六九ページ
＊90　溝口睦子「記紀神話解釈の一つのこころみ」中の一『文学』四一－一二　一九七三年一二月　二〇－二一ページ
＊91　土橋寛『古代歌謡集』　岩波書店　一九五七年　六〇ページ
＊92　拙著『古代日本の月信仰と再生思想』　作品社　二〇〇八年　二八六ページ
＊93　同前　一一三－一一八ページ

第十章　古代采女《うねめ》とヲナリ

第一節　ウネメ論のはじめに

「孝徳紀」大化二年正月の条に、采女についての記載がある。

凡そ采女は、郡《こほり》の少領《すけのみやつこ》より以上《かみつかた》の姉妹《いろも》、及び子女《むすめ》の形容端正《かほきらぎら》しき者を貢《たてまつ》れ。従丁《ともよほろ》一人、従女《ともめわらは》二人。一百《もも》戸《へ》を以て、采女一人が粮《かて》に充てよ。

これと同様の文が『養老律令』後宮職員令《ごくうしきいんりやう》の末尾にあり、国造などの地方豪族が子女を貢る慣習があった。令によれば采女は、水司《もひとりのつかさ》に六人、膳司《かしはでのつかさ》に六十人が配され、縫司《ぬひとののつかさ》にも配置されたという。彼女らは、天子の御膳を給仕したり、衣服の裁縫に当たり、また雑事に従事したりした。

『続日本紀』文武慶雲二年四月の条に、次のようにある。

是より先、諸国《くにぐに》の采女の肩巾田《ひれのた》、令《りやう》により停めき。是に至りて旧《もと》に復《かへ》す。

在京の采女を養うために出身の郷土に置かれた養田《をなりだ》であるが、大宝令で廃止されたのを、再び元に復したのである。『延喜式』主税《ちから》では采女田《うねめでん》と呼ばれているが、それが肩巾田とされているのは、ヒレが采女の重大な資質・呪能に関係するからである。[*1] これから取り扱う采女は、律令時代以降の下級の女官に成り下がった、雑役婦のような采女ではない。理想的な女性として憧れの対象であった時代の采女の実像である。門脇禎二は、采女を献上された豪族の娘とし、

采女たちは、自分の意志で宮廷に出てきたのではない。いわば貢がれた女たちであった。そのことが采女に、女として、人間として、どのように内面的苦悩を刻み込んだことか。

という。[*2] 確かに冒頭の引用文では采女は各地から貢がれているが、門脇が采女を天皇の性的な奴隷と考えている見方には従えない。

土橋寛は、「采女を単なる雑役婦や性的奴隷として見ることは適当でない」としながらも、次のように述べる。[*3]

采女のもっとも重要な任務は、儀礼的な饗宴で天皇に酒杯を献じ、寿歌を奏することにあった。それは民間の遊女に該当する任務で、この点からすれば采女は宮廷の遊女的存在というべきであり、その歌が勧酒歌ないし寿歌であることも、天皇の枕席に侍することも、遊女と異なるところはない。

これでは、土橋は前半の考えを後半において全く否定してしまっている。こうした考えは後期の采女の性格には多少は適応できても、遊女と異なるところはないと規定されては、聖性があったはずの古代の采女にとっては浮かぶ瀬がない。文中の「儀礼的」を形式的でお定まりのという意に使っているのならば、趣旨は一貫するが、こうした見方に私は反対である。古代の宗教や儀式は、今の科学からすれば不合理であっても、信じ敬うものたち

にとってはそこに生気や熱い血が通っていた。

この章ではウネメ論を手がかりに、ウナヰ・ヲナリや枕詞「あしひきの」にも論を及ぼし、よって来たるところを明らかにしたい。

第二節　古代のウネメ

継体以前の古代の采女の実例は、『記紀』によれば以下の通りである。それぞれに多少の分析やコメントもつけ加える。

①采女磐坂媛《いはさかひめ》（仁徳紀四十年是歳）
新嘗の月の宴会《とよのあかり》の場で、近江山君稚守山《やまきみわかもりやま》の妻と采女の磐坂媛が手に付けていた立派な玉が、雌鳥皇女《めとりのひめみこ》が誅殺されたときに佐伯直阿俄能胡《あがのこ》によって盗まれたものであることがわかった。ここに出てくる磐坂媛の出身は詳細不明である。

新嘗は、稲の稔りに感謝し、新穀や新穀で醸された酒をいただくことによって、若返りを図る呪的な儀式である。采女は若返りの呪法に長けていると考えられていたので、新嘗祭にもあとの宴会にも伺候した。采女は、まず忌み籠もり心身を清浄に保ち、新嘗祭に参加して、若返りの呪法を実演したらしい。新嘗祭によって、天皇は再生されて若返り、穀物の翌年の稔りももたらされるのである。

②倭直《やまと》吾子籠《あごこ》の妹日之媛（履中前紀）
吾子籠は、謀反の心があるのを疑われて殺されようとしたが、死罪《しぬるつみ》を償うために妹の日之媛を差し出した。

采女を差し出すことで死罪ですら許されたのである。日之媛の日は訓を借りていて、日之媛はヒレの媛である。これが采女を貢上する起原であるかという。「履中前紀」には次のようにある。

其れ倭直等、采女貢《たてまつ》ること、蓋し此の時に始まるか。

すると、履中にとって謀反者の倭国造の吾子籠の命を奪うより、采女の日之媛を獲得するほうに、遥かに優る意義があったことになる。

倭直の祖先は、椎根津彦である。「神武前紀」では彼は、神武が東征する途中、豊予海峡の速吸之門《はやすひなと》で小舟に乗って釣りをする海人であった。「神武記」ではサヲネツヒコといい、明石海峡の速吸門《はやすひのと》で亀の甲に乗り、釣りをしつつ羽挙《はぶ》きながら来たった。少なくとも瀬戸内の海道に精通した人であった。「神武記」では亀に乗るからには海神か海神の使いであろうし、羽を自在に使えたのであるから仙人的である。いわば海仙であるし、古代中国では海仙は海中の山島にいると信じられていた。

吾子籠は、「仁徳前紀」では韓国に派遣されており、「仁徳紀」六十二年五月では命じられて大井川から流れてきた二股の巨木で船を造っている。吾子籠は、韓国への海路を熟知していただけでなく、造船の技術にも長けていたらしい。尾畑喜一郎は、この大倭《やまと》氏は海人族と宿縁浅からぬ氏族であるとしている。[*4] 造船に長けた海人族は、船材を求めて山深く入り巨木を伐り、山中でおおよそ船体に加工した。また、海人族は海上で船や漁場の位置を確認するため、山や山々の重なりを望遠して判断する方法、すなわち山当てを行った。従って、山自体や、山の霊に長敬の念を持っていた。山の霊格は巻貝・ヲコゼ・鹿・蛇・雷・山童などに姿を変える。あるいは巨木には木の精ククノチが宿っている。また、山の神は時には山の女になる。山の女は仙女といいかえうる。

なお、「允恭紀」七年十二月の条の新室の宴は、新嘗儀礼であるとされている。[*5] そのとき皇后の忍坂大中姫《おしさかおほなかつひめ》は、妹の弟姫を一夜妻に奉る羽目になる。荻原千鶴は、弟姫は采女であろうと推測している。[6] 近江国坂田にいた弟姫は、一旦吾子籠の家に留まり、その後允恭の別殿である藤原宮に入内する。おそらく、弟姫は吾子籠の家で采女としての教育を受けたであろうが、吾子籠の家から参内することも大切であったのだろう。『紀』によれば、吾子籠は応神・仁徳・履中・反正・允恭・安康・雄略の七朝に仕えた長命者になっている。これは吾子籠の名を世襲していたのか、創作的記述であるかどうかはともかく、景行から仁徳までの六朝に仕えた武内宿禰の長命伝承と通じるものがある。[7] 日之媛は長命を付与する呪能を持っていただろうし、采女として天皇に長寿を与え、ひいては国家の安寧をも保証したのである。だから、采女を犯すことは、天皇と国家への反逆となったのである。弟姫が吾子籠の家を経由し入内したのは、こうした采女的要素を付加し、采女に擬する目的があったのだろう。

③小墾田《をはりだ》の采女（允恭紀五年七月）

瑞歯別《みつはわけ》（反正）の殯《みもがり》の時、玉田宿禰がいなかった。允恭は玉田を呼び出したが、玉田は変事を恐れて、内に甲《よろひ》を着ていた。允恭は、小墾田采女に酒を勧めさせながらその事実を確認をさせたうえで、玉田を誅殺した。小墾田は奈良県高市郡明日香村の地名であるというが、この采女が尾張氏の出かどうか詳細はわからない。

④春日《かすがの》和珥臣《わにのおみ》深目《ふかめ》の女《むすめ》童女君《をみなぎみ》（雄略紀元年三月）

童女君はもと采女であり、遅れて雄略の皇妃となった。童女君は一夜にして孕んだので、雄略は自分の子であるかどうか疑っていた。松村武雄は、童女君は采女であったからこそ、一夜娠みが可能であり、采女は紛れもなく一種の巫女であったと述べている。[8] コノハナサクヤヒメもそうであったが、一夜孕みは神の女のあかしであったり、神意が働くときに起こるとされていたらしい。「神代紀」九段第五では、天神ニニギは意志によって、霊《くしび》に異《あや》しき威《かしこき》があるコノハナサクヤを一夜で孕ませている。これは天神としての優位性を強調している。来臨した神に寄り添う巫女の行為も、祭儀に組み込まれた一環としての、一夜妻と考えられていたらしい。

『記』には童女君はなく、雄略は春日に幸したとき、ワニの佐都紀臣《さつきのおみ》の女袁杼比売《をどひめ》を妻訪いした。行幸を見たヲドヒメは金鉏岡《かなすきのおか》に逃げ隠れた。『播磨国風土記』賀古郡の条では、景行が妻問いした印南の別嬢《わきいらつめ》も逃げ隠れた。隠れ籠もることは、探し求めても尋ね当てられない、どこかに人知れず隠棲している仙人仙女と同じ行動である。『古事記伝』によると、ヲドヒメはウネメとおぼしく、童女君と「同人ならむか」とある。松岡静雄も、ヲドヒメのヲドはヲトメのヲトで、ヲチ（年少）の意であろうとし、童女君と同義とする。[*9]『日本書紀通釈』は、ヲナキミは古訓で、ヲナはヲクナの略だろうとする。[*10]ヲナ・ヲドはウナと同源であるかも知れない。

「応神紀」二年三月の条によると、応神の妃の一人に和珥臣の祖日触使主《ひふれのおみ》の女《むすめ》宮主宅媛《みやぬしやかひめ》がある。「応神記」では、宮主矢河枝比売《みやぬしやかはえひめ》となっている。応神は、山城国宇治郡の木幡でワニ氏のヤカハエに遇い、娶る。ヒフレ（日触）は、ヒレによる降神の呪法の持ち主であるだろう。「仁賢紀」元年二月の条には、和珥臣日爪《わにのおみひつめ》の女糠君娘《ぬかきみのいらつめ》がある。一本では、和珥臣日触の女大糠娘《おほぬかのいらつめ》となっている。してみると、ワニ氏の男はヒフレの名を世襲している可能性がある。『古典大系・日本書紀』は糠にアラの訓をつけているが、『古事記伝』や『日本書紀通釈』のようにヌカと訓むべきである。ヌカは暗に月を表すことが多く、再生して不死である月にあやかろうとした名である。[*11]

古代のワニ氏は、多くの后妃を出している。古代葛城氏も多くの后妃を出していて、その子女からは次代の天皇を多く輩出し、皇統の継承に直接関係している。岸俊男によれば、ワニ氏は葛城氏と異なり、后妃の皇女が多く再び后妃に登るというように、后妃関係が重複しているという。[*12]これはおそらく、ワニ氏が多くの采女を供給したのと同じ理由である。すなわち、ワニ氏の女はヒレや酒などを使って、若返りをもたらすことができると信じられていたからに違いない。

宇治郡木幡は宇治川沿いである。黒沢幸三は、ワニ氏は水上生活の経験から、水系を利用しての商業活動に従事し、繁栄を築いた。多く水上で戦い、都会的であでやかな歌物語を残したという。[*13] ワニ氏の原住の地は、韓半島西岸を経て、長江下流の中国沿岸にたどり着くであろう。なお、ワニ（鰐）は「神代紀」第十段では海神の宮への乗り物であり、「神代記」稲羽素兎譚では隠岐から気多の前《さき》への渡しになっていた。こうしたことは、ワニ氏の性格や信仰と関係があるだろう。ワニは、ワ・ヲと同じく、渡し・渡りの意があったのだろう。

⑤倭の采女日媛《ひのひめ》（雄略紀二年十月）

これは仙境と考えられていた吉野での物語に出てくる。日媛は②の日之媛と同じ名である。『日本書紀通釈』は両者を同人なるべしとし、『日本書紀新釈』は同人か別人かは詳らかではないとする。[*14] また、『古典大系本』は、同一の日媛が分割されて、履中・雄略の両紀に記されたとする。三谷榮一は、倭国造家は代々采女を貢進していて、その采女に日之媛の名が世襲されていたと推定した。また日之媛は、アマテラスの別名のヒルメと同義に相違ないとした。[*15] 両者の日は、太陽の日ではなく、すでに論じたように借文字の日で、ヒレのことである。あるいは機織女である。

②で述べた日之媛の兄の吾子籠も「仁徳前紀」から「雄略紀」まで七代に亘って記され、ちょうど建内宿禰のような長生者となる。これは現代風に解釈すれば、伝承の混乱を意味するか、日之媛のように名前を世襲していたからであろう。

⑥百済の池津媛（雄略紀二年七月・五年四月）

百済の池津媛は、雄略が召そうとしたのに反して、石川楯と婬《たは》け通じた。そこで二人は雄略に焼き殺されたが、伝え聞いた百済の加須利君《かすりのきし》は、「昔は女を貢いで采女としてきたが、礼儀に外れたことをして国の名を汚した。今後は女を奉ることはするな」とあり、弟軍君《いろどこにきし》を天皇に使えるように派遣する。すると、采女を貢納することが、服従を表す絶対条件ではないらしいことになる。

百済の王系は、名字は王氏で、その子孫の王辰爾に連なる帰化人に船史《ふねのふびと》がいる。船史は船舶を司った氏で、船戸の伴造家である。[*16] 王氏の祖先を辿れば、『姓氏録』の文氏のように漢の皇室に遡ることはないが、おそらく中国沿岸と結びつくであろう。

⑦凡河内直《おほしかふちのあたひ》香賜《かたぶ》と采女（雄略紀九年二月）

胸方神を祀るために凡河内直香賜と采女を派遣したが、香賜は采女を姧《をか》した。雄略は、香賜が采女とともに神を祀り国家の福《さきはひ》を祈るべきを、その采女を姧したので、慎み欠いた香賜を誅殺した。采女は天皇の長寿と国家の安寧をもたらすものと信じられていたので、その采女を犯すのは許されることではなかった。

琉球では姉妹をヲナリ・ウナリ・オナリ・ウナイなどと呼ぶ。琉球王国の最高の神職である聞得大君《きこえおほきみ》は、多く国王の姉妹から選ばれていたが、ヲナリ神として国王を守護し、国家の繁栄を祈る役割を担っていた。[*17] ヲナリの役割は采女と通じている。南島のヲナリは第六節で論じる。

⑧吉備上道《かみつみち》の采女大海《おほしあま》（雄略紀九年三・五月）

大海は、「孝霊記」の皇子大吉備津日子命の子若日子建《たけ》吉備津日子命（「孝霊紀」二年では稚武彦《わかたけひこ》）の後裔であろう。吉備上道の采女大海《おほしあま》は、妻を失った紀小弓《きのをゆみ》宿禰が新羅征伐に派遣されるとき、身の回りの世話をするように与えられた。

④でも取り上げたが、印南の別嬢《わきいらつめ》に、『播磨国風土記』印南郡の条によれば、ワニ部臣の始祖ヒコナムチと吉備津彦の妹吉備比売との間の娘であるという。彼女は、景行を見て島に隠れたので、隠愛妻《なびはしづま》・隠《な》び妻と呼ばれていた。後に身まかったとき、ヒレと櫛笥《くしげ》を残して、死体はつむじ風とともに川中に消え失せた。これは尸解仙《しかいせん》

として遷化したのである。

大吉備津日子は、若日子と対をなす名で大を付加してあるのだから、もとは吉備津日子である。若日子のほうも吉備津日子である。「景行記」では、景行の后を、

　吉備臣の祖、若建吉備津日子の女、名は針間之伊那毘能大郎女《はりまのいなびのおほいらつめ》

としている。『風土記』の吉備津彦は、若日子の子であるとされているので、「景行記」と『風土記』の系譜の間には相違がある。吉備氏族は孝霊の系譜にもつながっているが、海部とも考えられるところがある。『倭姫命世記』崇神五十四年の条には、倭姫《やまとひめ》が吉備の名方の浜宮《はまのみや》にいたとき、吉備国造と采女吉備津姫が地口の御田を奉ったとある。『万葉集』では、吉備津の采女がみまかったとき、人麻呂が死を悼んで歌を詠んでいる。吉備氏は采女を出す、特別の呪能がある系統であると考えられる。

「仁徳記」では、仁徳は皇后石之比売《いはのひめ》の嫉妬にもかかわらず、吉備海部直の女黒日売に執心する。クロヒメはイハノヒメの嫉妬を恐れて、吉備に逃げ帰る。仁徳は淡路島に行くとイハノヒメを欺いて、クロヒメを追った。その行幸の途次に、遥かに望んで歌った歌謡に、

　おしてるや　難波の埼よ　出で立ちて　わが国見れば　淡島《あはしま》　おのごろ島　あぢまさの　島も見ゆ　さけつ
　島見ゆ（記五三）

とある。吉備に行幸した仁徳は、山方でクロヒメと青菜を摘んだり、食事をともにし、

山方に　蒔ける菘菜《あをな》も　吉備人と　共にし採《つ》めば　楽しくもあるか（記五四）

と歌う。仁徳が帰京するとき、クロヒメが歌った歌はこうである。

大和方《やまとへ》に　西風《にし》吹き上げて　雲離《ばな》れ　退《そ》き居りとも　我忘れめや（記五五）

ところで、記五五の歌には類似のものがある。『丹後国風土記』の逸文によると、日下部の祖先の浦島子が海中の神仙境を尋ね、亀姫の神女と契る。やがて浦島子は郷里に帰ってしまうが、神女が彼を恋い慕ってうたった歌がある。

大和べに　風吹きあげて　雲離《ばな》れ　退《そ》き居りとも　吾を忘らすな

してみると、クロヒメは仙女と同様の采女であったに違いない。クロヒメが采女であるとは、すでに三谷榮一が述べているところである。[*18] さらにいえば、あぢまさの島やさけつ島は、蓬莱島のような神仙境であり、そこの山方はそれほど内陸部にあるのではないが、山の人や山の女、すなわち仙人仙女が住むところであったろう。

采女大海《おほしあま》は海人族系の名であろう。『姓氏録』未定雑姓に、「凡海連《おほしあまのむらじ》、火明命《ほのあかり》の後《すゑ》なり」とある。凡海には別系があり、『姓氏録』右京神別下には凡海連は海神綿積命《わたのかみわたつみ》の末とある。綿積命は海中の魚鱗《いろこ》の宮に住む海神であるので、海仙的であるといえる。

尾張連・尾張国造も火明命の後裔である。『尾張国熱田大神宮縁起』によれば、「海部、是尾張氏の別姓也」とある。尾張氏は海部であるが、また蓬莱伝説を持つ。この一族には、大海部直・凡海連などの海人出身の家が多かった。[19] 大和岩雄は、尾張氏などにある凡海・大海・凡・大・押などが、瀬戸内海に多く分布し、また住吉神社の津守連も尾張氏と同系であることから、摂津播磨地方に尾張氏の本貫があるとした。[20] ところが、『和名抄』には、備前国邑久《おく》郡に尾張郷があり、『延喜式』神名帳には備前国御野郡に尾針《をはり》神社と尾治針名真若比女《をちはりのなまわかひめ》神社がある。服部良男は、尾張氏の本貫は、尾張や大和国葛城ではなく、吉備と吉備に接する播磨地方であるとした。[21] 服部の考えは正しいだろう。

「神代紀」九段第八によれば、火明命は天照国照彦火明命《あまてるくにてるひこほのあかりのみこと》となっている。この名にある火《ほの》は、太陽が燃える火ではなく、仄かな光の月のことである。[22] これはこれまでいわれてきた解釈とは異なるが、月の光が天や国を照らしているのである。決して太陽神ではない。近畿に多い天照御魂《あまてるみたま》神も、月が天を照らしているのである。

しかし、「孝霊記」によれば、吉備上道（臣）は、孝霊の子大吉備津日子を祖としている。吉備海部直や同系の吉備国造とは系譜を異にする。「清寧前紀」によれば、吉備上道臣は、吉備稚媛とその子星川皇子が乱を起こしたとき、船師四十艘《ふないくさよそふな》を率いて難波の海に来襲したとある。だから、吉備氏は非常に海上業務に長けた氏族であったに違いない。『記紀』に孝霊の裔として組み込まれて、皇統の出となっているが、かつては海人系の有力な外戚であったのではないか。

⑨伊勢の采女（雄略紀十二年十月）

雄略は、木工《こだくみ》の闘鶏御田《つげのみた》が伊勢の采女を犯したと誤解して、御田を殺そうとしたが、誤解であることを悟り、殺すのを止める。闘鶏御田には細注があり、「或本に、猪名部御田と云ふは、蓋し誤りなり」とある。細注は、采女を養う御田に連られて、ヰナベの御田としてしまったのだろうが、『紀』の編者はそれは誤りであると判断した。猪名部についてはこの後⑪で取り上げる。この場合は、ウネメ・ウナベ・ヰナベなどは訛りやすかったのである。

伊勢国は、伊勢ヲの海人の住むところであり、常世の重波《しきなみ》が寄せる国である。また、伊勢国は朱や水銀の産地でもある。現在も四日市市南部に采女町がある。これは『和名抄』の三重郡采女郷に当たる。次の⑩で述べるが、山辺の御井は采女郷の南西である。

⑩采女山辺小嶋子《やまのべのこしまこ》（雄略紀十三年三月）

歯田根命《はたね》が密かに小嶋子を犯したので、雄略は物部目大連《めのおほむらじ》に叱責させた。歯田根命は、馬八匹《やつぎ》と大刀八口《たちやつ》をもって、罪過を償い、次の歌謡を歌った。

山の女《め》の　小嶋子ゆゑに　人ねらふ　馬の八匹は　惜しけくもなし（紀七九）

本文中は山辺小嶋子であるが、歌謡は「やまの謎のこしまこ」とあるので、謎はベでなく、メと訓まなくてはならない。『日本書紀通釈』『日本書紀新講』『古典大系本』などは、「やまの謎の」を旧訓のように「山辺の《やまのべ》」とするけれども、本文に影響された強引な訓みで、誤りである。『古典全書本』はヤマノメとしている。[*23] 采女は山の女、すなわち仙女と考えられていたので、娶るためには馬の八匹や太刀の八口など欲しくなかったのである。それを「山辺の」と訓んでは、ハタネの喜びは半減してしまう。山の女は、もちろん山辺にもかけられているし、後にはヤマノベに変化する。

『古典大系本』の頭注は、山辺小嶋子の山辺を地名であろうが、各地にあるので未詳とする。そして、采女を出すとすれば、伊勢の山辺よりも大和の山辺であろうとする。[*24]『万葉集』に、山辺の御井を詠んだ歌がある。

山辺の　御井を見がてり　神風の　伊勢をとめども　あひ見つるかも（①八〇）

神風の　伊勢の国は　（中略）　山辺の　五十師《いし》の原に　うち日さす　大宮仕へ（⑬三二三四）
山辺の　五十師の御井は　おのづから　成れる錦を　張れる山かも（⑬三二三五）

五十師は三重県鈴鹿市で、そこに山辺町がある。山辺町は、四日市市采女町（元三重郡采女郷）の西南約三キロに位置し、持統が行宮を設けたところである。持統は、仙境とされる吉野にも足繁く通っているし、長寿を希求する思いが強かった。巻十三の歌は、持統が三河まで行幸されたときの、途中の山辺行宮での歌とされている。持統にとって山辺の御井もその埒外ではない。巻一の八十番歌の、山辺の御井を見に行って遇った伊勢乙女たちは、山の女であり采女適格者であったはずである。

⑪木工《こだくみ》韋那部真根《ゐなべのまね》と采女（雄略紀十三年九月）
韋那部真根は優れた匠で、石を台にして手斧で木を削ったが、誤って刃を痛めることはなかった。これを見た雄略が問いただしたが、真根は過ちをすることはないと答えた。そこで雄略は、裸の采女達に褌を締めさせ、真根のそばで相撲を取らせた。真根は思わず誤って刃をこぼしてしまった。雄略は真根を譴責して殺そうとした。そこで友の匠が歌謡を歌った。

あたらしき　ゐなめの匠　懸けし墨縄　其《し》が無けば　誰か懸けむよ　あたら墨縄（紀八〇）

それを聞いた雄略は反省して、真根を許した。
韋那部は、通常は猪名部と表記する。本文中は韋那部であるが、歌謡中には「ゐな謎」となっている。ところが、謎をメとは訓まずに、『日本書紀通釈』は旧訓に合わせてへ、『日本書紀新講』『古典大系本』などは本文に合わせてべとし、ヰナヘ・ヰナベと訓む。ところが、⑩の紀七九番でもそうであったが、謎はメであるはずである。『紀』の歌謡中に謎は、十二回使われているが、六回は女を、三回は姫を、一回は雌鳥の雌を表す音仮名のメとして使われている。紀七九番の謎がべでなく、山の女のメであるとすると、紀八〇番の謎も例外ではなくメと訓むべきだろう。もちろん、メはべと通音ではあるだろうし、ウネメは後にウネベとも呼ばれるようになる。なお、②に引用した「履中前紀」の采女は『宮内庁書陵部本』ではウネベと訓んでいる。また、『和名抄』東急本では采女に宇弥倍《うねべ》の訓みを与えている。実は「応神紀」二年三月の条に、ワニ氏の宅媛の女に小甂がおり、訓注で烏儺謎《をなめ》となっている。このヲナメは「応神記」では袁那弁《をなべ》となっているので、大野晋は『記』にならい『紀』もヲナベと訓んでいるのである。*25 しかし、ヲナベはヲナメより後の訓であるはずである。

紀八〇番歌では、あたら惜しいのはヰナベの真根の命であるが、常日頃希求されているのは、ウネメである。紀八〇番歌はヰナベを詠いながら、ウネメにも掛けられているのである。

「応神紀」三十一年八月の条によると、諸国から献上された五百隻の船が摂津国の武庫《むこ》の水門《みなと》に集結していたが、たまたま泊まっていた新羅の調使《みつきのつかひ》が失火をして、多くの船が焼失してしまった。新羅王は大いに驚き、よい匠者《たくみ》を奉った。造船や木工の技術者たちであり、『姓氏録』によれば物部氏が管轄する品部となった。猪名部の猪名は、「仁徳紀」三十八年正月には猪名県とあり、摂津国河辺郡猪名郷に当たる。今の兵庫県尼崎市あたりである。『住吉大社神代記』に次のような挿話がある。

　河辺《かはのべ》・豊嶋《てしま》両郡の内の山を惣《すべ》て為奈山《ゐなやま》と号《なづ》く。（中略）山の内に宇禰野《うねの》あり。天皇、采女を遣して柏の葉を採らしむ。因《かれ》、采女山と号く。今、宇禰野と謂ふは訛《よこなま》れるなり。

（中略、クササ川・ミトス川）両河ともに南に流れて宇禰野に逮《およ》び、西南に同じく流れ合ひ、名《なづ》けて為奈《ゐな》河と号《とな》ふ。

とすると、ヰナ・ヰナベはウネ・ウネメと相通していた。「允恭紀」四十二年十一月の条では、新羅人が畝傍山と耳成山を「うねめはや、みみはや」とよこなまって愛でたので、采女を犯したと誤解された。これはウネメ・ウネビ（ベ）間に起こりやすい変化であった。『万葉集』に次の歌がある。

香具山は　畝火を愛《を》しと　耳成と　あひあらそひき　神代より（①一三）

これを「畝火雄々しと」と読み、畝火山を男、香具山と耳成山を女に見立てる説があるが、[26] 成立はしない。畝火山のウネと采女のウネは語源を一つにしている。

⑫伊勢国の三重の婇《うねめ》（雄略記）

新嘗のとき、雄略は長谷の百枝槻《ももえつき》の下で豊楽《とよのあかり》を催した。槻はケヤキ（欅）の古名であり、再生する月の表すシンボル的な木である。三重の婇《うねめ》が雄略に大御盞《おほみうき》を差し上げたが、そのなかに槻の落葉が浮いていたので、手打ちにされようとした。西村亨は、そのサカヅキ（盞）の酒には国魂が込められていて、それを飲むことによって天子の身にふり込められるものだという。[27] おそらく正しい見方であろう。サカヅキには若返りのための酒が入っていて、槻の落葉によってその効能が消え失せていると考えたからである。しかし、上手に歌謡を奉り、許されもしたし、逆に雄略に褒められる。一部を示すと、

新嘗屋《にひなへや》に　生ひ立《だ》てる　百足《ももだ》る　槻が枝は　上《ほ》つ枝は　天《あめ》を覆《お》へり　中つ枝は　東《あづま》を覆へり　下《し》づ枝は
鄙《ひな》を覆へり（記一〇〇）

とある。采女は百回も若返り満ちる月と槻をかけて天皇の長寿を謡い、槻（月）である天皇は天地を覆っていると謡ったのである。なお、アヅマのアヅは、小豆でもそうだが、小さいものである。蝦夷《えみし》の蝦はガマガヘルである。万葉集ではカヘル、特にカジカガヘルはカハヅ、すなわち「カハ＋アヅ」とされている。ここでもアヅは蛙のような小動物を指す。アヅマのマは広がりや場所を指す接尾辞である。アヅマは蝦夷の住む場所を語源としたが、東を指すように変わった。だから、アヅマは「景行紀」四十年是歳にあるような吾嬬（吾妻）が語源ではない。ヒナは『古代日本の月信仰と再生思想』で詳しく説いたが、月が沈んで行く西方の地である。[*28] 天皇家が月神の子孫であるとされていたことは前著で詳述した。

この歌謡に続く雄略の歌謡を掲げる。

ももしきの　大宮人は　鶉鳥《うづらとり》　ひれ取り懸けて　鶺鴒《まなばしら》　尾行き合へ　庭雀　うずすまり居て　今日もかも
酒水漬《さかみづ》くらし　高光る　ひの宮人　事の語り言も　是をば（記一〇二）

土橋寛によれば、この歌謡の大宮人は男性であるという。[*29] それは、「酒水漬くらし」とあるし、『延喜式』の大殿祭・大祓の祝詞に「領巾懸（挂）くる伴の男」とあるので、男としても不自然ではない。しかし、雄略の目の前には、ウネメがヒレを懸けており、そのヒレの両端を合わせていて、またうずくまり坐っている。だから、そうした光景が歌謡の発想の根底にはあったろう。「ひの宮人」は、太陽の宮人ではなく、ヒレを渡し掛けた宮人だろう。采女に関連して歌い出されているから、「ひの宮人」は采女をさしているとしてよいだろう。

三重のウネメは、⑨でも述べたように、伊勢国三重郡采女郷の出であろう。『和名抄』東急本がこの采女郷を宇祢倍とするので、『古事記伝』は婇をウネベと訓むべきであるとする。しかし、『和名抄』高山寺本は宇祢米とあるので、やはりウネメと訓んだほうがよいだろう。新嘗については、①で述べたとおりである。

以上、継体以前の『記紀』に出てくる采女をすべて掲げ、コメントを付した。（ただし、「神武記」にニギハヤヒ・ウマシマジの後裔の婇臣《うねめのおみ》があるが、除外した。）御覧のように采女の性格や呪能も次第に変化を来している。安閑以降は、初期の采女と次第に性格を異にしてくるし、煩雑になるので省略した。

もっとも、采女が理想の女であることは天智のころも続いていた。『万葉集』に藤原鎌足が采女安見児《やすみこ》を天智から授かって、娶ったときの歌がある。

吾はもや　安見児得たり　皆人の　得かてにすとふ　安見児得たり（②九五）

誰もが得難いという采女と結婚できた喜びが素直に詠われている。鎌足はすでに内臣であったはずであるのに、この喜びようである。折口信夫は、安見児は鏡姫王《かがみのおほきみ》の采女名であると考えている。[*30]

これと非常に似通った説話が「応神紀」十三年九月の条や「応神記」にある。応神は美貌で評判の高い日向国諸県《もろがた》の髪長媛を召したが、皇子の大鷦鷯尊《おほさざきのみこと》（後の仁徳）が媛の美しさを見て、恋情を抱いた。そのことを知った応神は、豊明《とよのあかり》を聞こし召す日に髪長媛をオホサザキに与えた。オホサザキの歌は次のようである。

道の尻　こはだをとめを　かみの如　聞えしかど（も）　相枕まく（紀三七・記四五）

この歌謡のカミのミは乙類で、神のミと同じである。倉野憲司は、「かみの如」を「雷の如」とするが、[*31]「雷のように鳴り響いて有名な」の語感はあるが、誤りだろう。実は『古事記伝』も「かみの如」の神は雷《なるかみ》であるとしてあった。しかし、契沖の『厚顔抄』は「神の如なり」としていた。「かみの如」は神女・仙女のようにということでなければならない。折口信夫によれば、髪長媛は采女として召されたのである。[*32] 西郷信綱も、采女かもしれないとする。[*33] おそらく、髪長媛は采女として召されたのだろう。さもないと、新嘗の豊明に髪長の仙女の持つ若返りの呪力が生きてこないし、ちょうど鎌足が采女を得たときのような、オホサザキの絶大な喜びにもつながってこない。

さて、上記十二の事例から判断して、古い采女の主な特徴について列記するならば次のようになるだろう。

㋐采女は、ワニ氏・倭国造家・吉備系氏族・伊勢海人などの海人族から多く輩出した。かつては、豪族などは服従のしるしに必ずしも采女を貢納する必要はなく、他の方法もあった。

㋑海人族は、船木の産地として、また山当ての対象として、山にも信仰を持っていた。ウネメは海からあまり遠くない山辺や山方にいることが多い。ウネメのウネは、畝火山のウネや猪名山のヰナに通じていて、ウネメは山の女・仙女ともいいうる。また、ウネメのウはワ行である。

㋒海人族は、かつては文化的にも優れた氏族であった。神仙思想を持ち、仙境を訪問したり、神仙を招くこともできたらしい。古代中国でもそうであるが、神仙は往々にして山島にいると考えられていた。海から遠からぬ山の尾にもいただろう。

㋓広く一般に、仙女は美しく、福寿や長寿を与えてくれると信じられていて、仙女的な采女と結婚することが理想であった。また、仙女は一夜娠みもしたし、多産や稔りももたらした。

㋔采女は天皇に長寿をもたらすだけでなく、同時に国家に長い安寧をも招来すると信じられていた。だから、臣下が采女を犯すことは天皇の長寿と国家の安寧を損なうものであった。

㋕采女はうなじにヒレを渡し掛けており、ヒレの呪能を使うことができた。

第三節　ウネメの語源

采女《さいじょ》は、漢代の女官の名称である。また『神仙伝』では、采女というものが神仙道を心得、二百七十歳でもせいぜい五、六十歳に見えた。さらに、神仙の彭祖《ほうそ》から道教の延年益寿などの諸法を伝授され、殷王にも教えたとされている。彭祖は殷末には七百余歳に達したという。

それでは、ウネメ（采女）の語源はなにか。白川静の『字統』によれば、采は彩に通じて采色・采藻の意とし、文彩・文様をいうとある。和名のウネメについてはいろいろの説があるが、主なものは次の通りである。

①氏の女である。（賀茂真淵）
②童女のウナヰ髪の女とする。（荻生徂徠・谷川士清《ことすが》）
③項にヒレを懸けることから、嬰部《うなげべ》といい、その約とする。（本居宣長）

宣長は、『和名抄』東急本が伊勢国三重郡の郷名にある采女をウネベとするのにしたがって、ウネメよりウネベを基本と考え、ウナゲベの約でウネベとなったとする。この約言の考えが採用できないことは大野晋が『記伝』の補注で述べている。[*34] しかし、項にヒレを懸けるとした着眼はさすがである。

吉田金彦によれば、ウネメはウナジ（項《うなじ》）が美しい女であるという。[*35] この説が正しいとは思わないが、それではウナジとは何だろう。『説文解字』には、項は「頭の後ろ也」とある。より詳しくいえば、頭の後ろや首筋を耳下に下がったところあたりであろう。ウナジのウナは、渡しかけるところである。ウナバラ（海原）は渡りの原である。ジはクラジ（倉下）のジと同じく、下を表す。すなわちウナジはヒレ・襷・首輪などを首に渡し下げるところでもある。ウナグ・ウナゲル（嬰）は、首に渡し懸けることで、首や項に主眼があるのではない。タマタスキは『万葉集』でポピュラーな枕詞であるが、「懸く」やウナジのウナの類音ウネに係るとする。

たまたすき　畝傍の山の　橿原の　聖の御世ゆ（①二九）

ウネビのウネは山の尾であるが、渡しの意もある。タマタスキは、首筋辺りに渡し掛けるからウネに係ると単純に理解するべきである。さもないと、ウナガケルが理解できなくなる。

（オホクニヌシとスセリヒメが）如此《かく》歌ひて、即ち宇伎由比《うきゆひ》して、宇那賀気理弖《うながけりて》今に至るまで鎮まり坐《ま》す。（神代記）

（牽牛織女が）その上《へ》ゆも　い行き渡らし　携はり　うながけりゐて　思ほしき　ことも語らひ（万⑱四一二五）

前の例文にあるウキユヒは、盃を交わす約束である。ウナガケリは、『古事記伝』によると、

師説に、互に項に手を懸《かけ》て、親《したし》く並居《ならびをる》を云とあり、信《まこと》に然るべし。

とある。その後この説に従うものも多いが、語義未詳とするものもある。実はカク（懸・掛）は四段活用でもあるが、古代のカク（懸・掛）は主に下二段であった。よって、カケリを懸・掛と解した場合、この活用には問題があるという。*36 カケル（駈・翔）は四段であるので、ウナガケリのカケリは渡りかける（駈・翔）と解さなくて

はならない。ウナガケリのウナはウナバラの意ではなく、ウナガケリは空や尾（根）続きのようなところを渡りかけたようである。

ところで、采女のウネは岡続きや山稜に類するところである。采女はウネの女、すなわち山の女としてよいだろう。だから、前節⑩であげたように、采女小嶋子は山の女であったし、⑨の伊勢の采女は山辺の御井にいた。『万葉集』の陸奥国安積《あさか》の采女（⑯三八〇七）も安積の山の井を詠った。これは昔話「絵姿女房」にもなっている。また、④のヲドヒメは岡に隠れたし、⑧で引用した「仁徳紀」のクロヒメは山方にいた。だから、ウネメの住んでいたところは仙人・仙女のそれに通じている。また、前節⑪で少し言及したが、「允恭紀」四十二年十一月の条では新羅人が采女と畝傍山を混同して、あらぬ疑いを掛けられた。同じく⑪で引用した『住吉大社神代記』では、為奈山《ゐなやま》の山中のウネ野は、采女山と名づけられていた。こうしたことは語源を一つにしていることから生じたのである。為奈山のヰナも同様である。

前節②で述べたが、海人族は船木を山中に求め、巨木を伐り、山中でおおよそ船に加工した。また、海上で航行位置や漁場を特定するのに、望見する山の方角や、山々の重なり具合による山当てという方法を用いた。だから、船木を戴く山、山当てをする山などの山自体、あるいは山の神や巨木にやどる霊ククノチに崇敬の念を抱いた。また多く山の神は女神とされている。海人族でありながら山とも関係があるのである。また、海人族は川を遡って内陸部へも移住している。たとえば、信濃国の南北安曇郡は安曇族が開いている。

後のウネメであるが、『続紀』聖武天平十四年五月十日の条に、皇極（斉明）の越智山稜《をちのみささぎ》が崩壊したとき、鈴鹿王らを遣わし、雑工《ざふく》に修理をさせた。その時ウネメや女孺《にょじゅ》を遣わして、祭祀に供奉させている。ウネメの山陵奉祀は皇祖霊を祈り鎮めるためとの説がある。[*37]

山の女・仙女は産神・多産神の性格もあり、年々の稔りの招来者・隠れ住む神仙・長命などの性質を備えていた。山の神＝田の神は端山を居住地としているが、ウネメもまたそうしたところを住み処としている。だから、両者は似通った性質も持っているはずである。

第四節　ウナヰ（髫髪）

『和名抄』によると、ウナヰ（髫髪）は「俗に垂髪の二字を用い、童子の垂髪を謂う也」とする。『新撰字鏡』は、ウナヰに髧《たん》を当て、「髪が肩に至り垂れる児」とする。髫も髧も垂れ髪、あるいは髪の垂れる様を表す。『万葉集』に次の歌がある。

　橘の　寺の長屋に　吾が率寝《ゐね》し　童女《うなゐ》はなりは　髪上げつらむか（⑯三八二二）

童女の垂らしたまま結んでいない髪も長くなって、それを結い上げただろうかと詠っている。

　くらべこし　振分髪も　肩すぎぬ　君ならずして　誰かあぐべき（伊勢二三）
　ほととぎす　をち返り鳴け　うなゐこが　打ち垂れ髪の　さみだれの空（拾遺一一一三）

童女の髪は、肩まで垂れている、あるいはさみだれのように垂れていると考えてよいのではないか。ウナヰハナリはその髪を、たくし上げるほどではないが、伸ばし放しにしたのである。
ヤマトタケルが熊襲国を討つとき、女装をしてクマソタケルまたはカワカミノタケルに接近をする。そのときの件《くだり》にこうある。

是に、日本武尊《やまとたける》、髪を解きて童女《をとめ》の姿と作《な》りて、密かに川上梟帥《たける》が宴の時を伺ふ。（景行紀二十七年十二月）

（ヤマトタケルは宴の日に）童女《をとめ》の髪の如其の結《ゆ》はせる御髪を梳《けづ》り垂れ、其の姨《をば》の御衣御裳《みそみも》を服《け》して、既に童女の姿に成りて、女人《をみな》の中に交じ入りて、其の室の内に入り坐しき（景行記）

これらから判断しても、童女の髪は肩の辺りまで垂れていたとしてよいだろう。三八二二番歌では、ウナヰは童女の文字で表されているが、童女は通常肩の辺りまで髪を垂らしていたのである。白川静によれば、古代中国でも結髪をしない児を童というとある。[*38]

ところで、国語辞書はウナヰをどのように規定しているだろうか。

『大言海』【髡・髫髪】項集《うなゐ》の義。古へ、男女児、生れて二歳までは、髪を鋏みおく。三四歳、髪置きす。是れ被髪《わらは》、童丱《かぶろ》なり。七八歳、髪の中の毛を項《うなじ》に束ぬ。是れ、ウナヰなり。女児はその外の毛を垂れておきて、肩にて切る。これをウナヰ放《ばなり》、又、ハナリとのみも云ふ。

『新編古語』【童女】ウナ（項）ヰ（居）。頭髪が項の辺まで垂れてゐることをいひ、少女の義に転用せられた。

『広辞苑』【髫髪】子供の髪の中の毛をうなじでたばねたもの。また、子供の髪をうなじのあたりで切り下げておくもの。

『時代別国語』【垂髪】髪が垂れて頸のあたりにあること。またその年ごろの小児。七、八歳の男女をいうという。

『岩波古語』【髫髪】ウナは項《うな》。ヰは率《ゐ》。髪がうなじにまとめられている意。子供の髪をうなじにまとめた形。また、その髪形にする十二、三歳までの子供。

『角川古語』【髻・髫髪・垂髪】子どもが髪を肩のあたりまで垂らしていること。また、その髪。

ウナヰは髪の形であるとされていて、転じてそうした髪型をした童男童女をも指すものらしい。しかし、これは正しいだろうか。たとえば、『広辞苑』はウナヰガミに【髫髪】の漢字表記を与えている。『新編古語』の【童女】を除く、その他の辞書の漢字表記もそうしたもので、これらはウナヰガミに対するものではないか。

三八二二番のウナヰハナリを見ると、『大言海』が【髫髪放】、『国語大辞典』が【髫髪放髪】、『角川古語』が【童女放髪】、『時代別国語』には漢字表記はない。『時代別国語』はさておくとして、『角川古語』の【童女放髪】が三八二二番を受けて、見出し漢字としてはより正しいだろう。しかし、ウナヰを「子どもが肩のあたりまでたらしていること、またその髪」とし、ハナリも「童児の髪形をいう」とし、「ハナリにする年頃もいう」ともある。『新編古語』は、頭髪が項の辺りまで垂れたことを指したのが、少女の義に転用されたとする。これは逆である。どうもいずれもがウナヰの原意を無視して、解釈をほどこしている。ウナヰの髪形に特徴があったので、ウナヰといえばオカッパのような髪形を指すように転意した。ハナリはオカッパの髪を、たくし上げるほど長くはないが、伸ばし放しにしたのである。

ここで私見を述べる。ウナヰというのは山稜あたりにい（居）るということである。『和漢三才図会』四十にもあるが、九州では山中に住む十歳ぐらいの子どもの姿をした怪物をヤマワロ（山童）という。河童は、山の神・田の神と同じように、冬が近づくと水辺を去って山に帰り、山童になるという。[*39] ウナヰはこの山童に当たる。だから、『時代別国語』がいうように、男女の童がいることになる。ウナヰは、「神代記」の「香山《かぐやま》の畝尾《うねを》の木の本」や「神代紀」上段第六の「畝丘《うねを》の樹の下」にあるウネヲにいたのである。

娘子《をとめ》らが　放《はな》りの髪を　木綿《ゆふ》の山　雲なたなびき　家のあたり見む（万⑦一二四四）

この歌で序詞の「娘子らが放りの髪をゆふ」が何故「山」にかかるのか、ウナヰがもとは「山稜にいる」という意でなければ理解できないであろう。

世に「おかっぱ頭」の語もあるが、河童の頭は髪を肩のあたりまでたらしている。とすれば山童の頭髪も同様としなければならない。ウナヰは、山にいる童がもとで、髫髪《ちょうはつ》や放髪を意味するようになったのは後の転意であると思考する。従って、もしウナヰに漢字を当てるとすれば、畝居・尾根居・山稜居であり、次に転じて童子・小児になったとすべきだろう。『常陸国風土記』香島郡の条に、

その（浜の里の）南に童子女《うなゐ》の松原あり。古《いにしへ》、年少《わか》き僮子《うなゐ》ありき。俗《くにひと》、かみのをとこ、かみのをとめといふ。

童子女・僮子をウナヰと訓むのは秋本吉郎による。[*40] 武田祐吉・久松潜一・小島瓔禮《よしゆき》は童子女をヲトメ、僮子をワラハと訓んでいる。[*41] しかし、秋本の訓みがよいだろう。

『万葉集』に「菟原処女《うなひをとめ》の墓を見る歌」がある。

葦屋の　菟原処女の　八年児《やとせご》の　片生《かたおひ》の時ゆ　小放髪《をはなり》の　髪たくまでに　並び居る　家にも見せず　虚木綿《うつゆふ》の　隠りてませば（⑨一八〇九）

菟原処女は、茅渟壮士《ちぬをとこ》と菟原壮士《うなひをとこ》に競い言い寄られて、選択に困り自殺をしてしまう。ウナヒヲトメのウナヒはウナヰの転訛としてよいだろう。ヲハナリのヲは尾根または尾根に棲む人の意であるかもしれず、三八二二番のウナキハナリのウナキと同じだろうと推定される。ウナヒヲトメは、放りの髪をたくし上げるほど長くなるまで

近所に姿を見せず、まったく籠もっていた。だから、人からはなかなか発見されない長い髪の仙女の条件に適っている。

折口信夫は、壱岐や長崎県の島々で行う旧暦六月十五日の川祭は、川や井戸の精霊の河童を慰め、田に水を揚げ、水田の豊作を祈る神事であるという。だから、河童は田の神・福の神で、子どもを溺れさすと考えるのは誤っているといっている。[*42] 河童のことをヒョウスボ（兵主坊）・ヒョウスベ（兵主部）ともいう。これらの異名は河童が山にいるときの名ではなかったか。カッパはヒョンヒョンと細い鼻声で鳴くという。[*43] 兵主は中国古代の斉の武神蚩尤《しゆう》であるというが、日本では鉱山冶金師的なにおいもある。奈良県桜井市穴師に穴師坐兵主《あなしにますひやうず》神社があるが、土橋寛は兵主神はもとは素朴な山の神で、穴師の神人は兵主神となる前から活動していただろうと推測している。[*44]『古今集』の神遊びの歌に次のようにある。

まきもくの　あなしの山の　山人の　ひともみるがに　山かづらせよ（⑳一〇七六）

折口は山人を山の神に仕える神人と考えている。こうした歌を歌いながら、山人も舞い、山姥も舞ったであろう。しかし、ヒョウスボ的山人は比較的速く滅びて、山姥の方だけが変形しながら残ったという。[*45] おそらくそうだろう。

第五節　田植えのヲナリ

田植祭に田の神に奉仕する巫女的な若い女性をヲナリ・オナリ・ウナリという。『倭訓栞』には『漢書』公羊伝の古訓を引いて、「養」にヲナリとあるという。柳田国男は、ヲナリはウネメやウナキに関係する語であるかもしれないとの感想を持っていた。[*46] ヲナリは、田植えに働く早乙女などに昼食を運ぶ役目をもして、ヒルマモチとも呼ばれるところがある。ヲナリが炊事や給仕をするところもあるし、神の供物を運ぶところもある。いろいろな要素が習合しているようである。

村中総出で植える大田植の歌から推測すると、ヲナリは田植えの時迎えられて、田植えがすむと送られて行く。ヲナリを迎えたり送ったりする先は、峠の山や峠の向こうの町であったり、西の山端であったり、東の山であったり、関山であったり、かちが島・築島であったりする。[*47] 広島県山県郡北広島町大朝新庄の『田植草紙』では童女・童にウナリの振り仮名をつけている。[*48]

童《うなり》をばどこまで送るべし関《せき》う山。関山関寺室積《むろづみ》や室が関。（昼歌一番）
童女《うなり》はきたやござ白い帷子《かたびら》な。よい帷子な裾はさやぬので。（昼歌四ばん《ママ》）

ヲナリ・ウナリの伝承は、田の神や河童・山童よりはずっと崩れていて、住まう先がはっきりはしていないが、ウナヰと同様の性格を持っていたと考えられる。もちろん、田植歌には田の神を送る歌詞を持つものもある。

中山太郎は、ヒルマモチは昼間持のことで、田の神の犠牲に供えられ、櫛稲田媛の神話には、穀神に犠牲として供えられたヲナリの民俗が反映しているという。[*49] 山から来たヲナリが犠牲になることで、豊作がもたらされるのである。田植えで、ヲナリやその役を演ずる嫁が死ぬのには、二つのタイプがあるらしい。所定の田植えがすまないうちに日没となり、落胆して死んでしまうのと、田植えの終わらないうちに日が沈んでゆくので、日を招き止めて田植えを終えるが、そのまま死んでしまうのとである。日招きタイプでは、千町歩の田を持つ因幡の湖山長者のように、入り日を招き戻した傲慢さによって、やがて田は湖となり、破滅してしまうのもある。[*50] ヲナリや嫁の死は、稲の豊作となって必ずや再生されるのである。しかし、どうして入り日を招き戻すことができたのだろうか。湖山長者は黄金を張った扇で、日を三回までも招き返したという。ヲナリや嫁は、ヒレを振って日を招き返したに違いない。

『名義抄』ではオナリスに養の文字をあてている。中国地方や各地でヲナリは炊事をしたり、昼ご飯を田に運んでいったりするので、ヒルマモチは昼飯持ちのことであるとされている。しかし、ヒルマモチは、白い帷子《かたびら》を着、ヒレ状の襷を背中に大きく結び垂らしていたり、白い布で頭を覆っていたりする装束からすれば、ヒレの女すなわちヒルメとするべきである。ヒルマモチはアマテラスの古名ヒルメノムチ（日孁貴）に通じる。モチはオホアナムチ（大己貴）のムチ（貴）、また別表記オホナモチ（大名持）のモチとも同じである。ヲナリにはヒルメノムチ的な要素もあったのだろう。

広島県山県郡北広島町大朝枝宮の『田植草紙』の晩歌に次のようにある。（なお、先ほど引用した大朝新庄の『田植草紙』晩歌一番にも同様のものがある。）

うなりお《を》ばどこまでおくるべし　かちが島へ
かちが島へ　情けのためにとて　なるは兵庫
おくりつめたよ　あれみよ　兵庫の築島《つき》
を《お》もしろいは　兵庫と西の宮んだ（田植草紙七一）

『新古典大系本』の頭注は、ヲナリの送り先の「かちが島」は不明とするが、後の句からして「兵庫の築島」だろうという。[*51]「兵庫」についての解説はないが、「西の宮」は夷信仰で名高い西宮市の西宮神社であるとする。渡邊昭五も同意見である。[*52] しかし、そうではなかろう。西宮市にはアマテラスの荒魂を祀る広田神社がある。「神功紀」元年二月の条によれば、次のようにある。

皇后《きさき》の船《みふね》、直《ただ》に難波を指す。時に、皇后の船、海中《わたのなか》に廻りて、進むこと能はず。更に務古水門《むこのみなと》に還りましてト《うら》ふ。是に天照大神、誨《をし》へまつりて曰《のたま》はく、「我が荒魂《あらみたま》をば、皇后《おほみもと》に近くべからず。当《まさ》に御心を広田国に居らしむべし」とのたまふ。即ち山背根子《やましろのねこ》が女《むすめ》葉山媛を以て祭《いは》はしむ。亦稚日女尊《わかひるめ》、誨へまつりて曰はく、「吾は活田長峡国《いくたのながをのくに》に居らむとす」とのたまふ。因りて海上《うながみの》五十《い》狭茅《さち》を以て祭《いは》はしむ。（中略）是に、神の教《みこと》の随《まにま》に鎮め坐《す》ゑまつる。則ち平かに海《わた》を度《わた》ること得たまふ。

務古水門は兵庫津ともいう。そこでアマテラスは自身の荒魂を広田に祀るよう神功に諭し告げている。この西宮市の広田神社のほうが史上しばしば西宮と呼ばれていた。西宮神社は浜の南宮として、祭神の蛭子神が例祭の前日に広田神社に神幸し、村民は門戸を閉じて居籠もりをしたという[*53]。また、ワカヒルメも自身を生田に祀るよう神功に告げている。ワカヒルメはアマテラスの分身であるが、「神祇本紀」はアマテラスの妹であるとしている。神戸市中央区にはワカヒルメを祀る生田神社がある。活田長峡国とは生田神社あたりの地で、元は生田区と呼んでいた。生田区は今の兵庫区のすぐ東隣である。そこの旧生田川や宇治川などの下流に堆積地が発達したので、造成をして築島を造ったのではないか。アマテラスの古い名はオホヒルメノムチである。オホヒルメのオホはワカヒルメのワカに対するオホである。

だから、『田植草紙』ではヲナリを生田神社や広田神社に送っていったのである。すると、ヒルマモチはヲナリの養い女や炊事女や昼飯持ちの役目であるとされてきたが、後に変化した役割であり、その役割での振る舞いが強調されたものと思われる。ヲナリを送る先がワカヒルメを祀る生田やオホヒルメを祀る広田であるならば、ヒルマモチはやはりヒルメノムチの転訛である。

柳田国男は右の田植歌と類似のものを四首掲げて、ヲナリ（オナリ）を田植えの日に飯を炊き、それを田へ携え運んでくる女としている。[*54] 折口信夫はヒルマモチをヒルメに関連づけながら模索しているが、昼間の飯を神に運ぶ役をするものとして、[*55] そこから考えを深めることができなかった。石塚尊俊は、ヲナリとは早乙女のなかのもっとも責任が重い一人であり、それが食事を炊ぎ、神を祭り、神の妻として仕えたとする。司祭者・巫女であったとも書いている。[*56] また、ヲナリは出産の所作をするところがあるので、大和岩雄はヲナリを織姫でもあり、ヲナリ神の妻で神の子を出産・養育する母であるともしている。[*57] 通常山の神は多産である。[*58] ヲナリは早乙女とは違って田植えのおりに主として山から去来し、豊饒をもたらす性質を持つ。これは田の神の習性と似ている。

また、昔話「桃太郎」のように山から流れ下ってきたウリ子姫は機織りを得意としていたが、山姥にも織物に長じ、多産である伝えがかなりある。ヲナリにもその特性が色濃くある。

肥後和男によれば、ヤマタノヲロチは山の神であるという。[*59] 荒神的なヲロチは毎年少女を生け贄に要求したが、それによって稲田に豊作ももたらしていただろう。少女はヲナリと考えてよい。また、ヲロチの成り立ちも、ヲ（尾）＋ロ（接尾辞）＋チ（父・爺）であるか、ヲ（尾）＋ツチ（神霊）の転訛であろう。ヲ（尾）は山や丘陵の尾根である。ヲナリは山の「ヲ（尾）＋ナリ（生・成）」だろう。

第六節　南島のヲナリ

沖縄では、兄弟を指すエケリの対の言葉に、姉妹を指すヲナリ・オナリがある。それはウナリ・ウナイ・ウナヰ・ボナイとも呼ばれることがある。兄弟を守護する姉妹の霊威をヲナリ神といい、姉妹には兄弟に長寿や安全を与え守る霊威があると信じられていた。兄弟が航海や旅行に出かけるときには、姉妹はウナジの髪の毛や手織のテサジ（手巾）をお守りとして与えた。ヲナリ神は毛髪や手巾に籠もっており、それらの呪能が兄弟を庇護したのである。

伊波普猷は、「をなり神」に次の琉歌を引いている。[*60] 訳もそのまま添えておく。

おみなりが手巾《てさじ》　　　姉妹の手拭いは
まぼるかんだいもの　　　我が守護神なれば
引きまわち給れ　　　我を庇護し給へ
大和までも　　　日本へ行って迄《まで》も

伊波はオミナリ・オメナリを「思をなり」の約と考え、ヲナリの敬称とした。[*61]『混効験集』乾には、「おめなり男より姉妹を云。只おなり共」とだけある。ヲナリの呪能は手拭いに籠められており、しばしばそれを与えられたヱケリ（兄弟）を救ってきた。ヲナリはヱケリよりも霊的に優位に立っているのである。だからヲナリ神として霊力でヱケリに庇護を与えている。特に航海中の危難には霊験を発揮することが多い。『おもろさうし』でスズナリという神女の船遣れ節に、

吾《あ》がおなり御神の　　　我々のおなり御神が
守《まぶ》らてて　おわちやむ　やれ　ゑけ　　　守ろうといって来られたのだ　やれ　ゑけ
弟《おと》おなり御神の（⑬九六五）　　　妹のおなり御神の

とある。
しかし、ここでは本土との比較を容易にするために、ヲナリが農耕儀礼に関与する事例を紹介する。

①奄美のオナリ神の祭[62]

六月の壬《みずのえ》・癸《みずのと》の二日間に行われるアラホバナ（新穂花）では、兄弟がオナリを招待する。兄弟は刈り上げ前の稲穂を取っておき、その米で炊いた飯と神酒でもてなす。その翌日オナリたちはアシャゲ（アシャゲとも）に集まって、部落の豊作や無病を祈願して唱えごとをする。さらに六月にはこうした祭が二回もよおされる。十一月の初戊《つちのえ》・己《つちのと》にはフユウンメ（冬折目）を行う。兄弟の家にオナリを招待するが、山芋・里芋・甘藷などを煮て提供する。オナリはイモ類の豊作を祈願する。

②識名（那覇市内）の田の神祭[63]

すでに廃れてしまったが、七、八月の田の神祭の余興にウヅンビーラという青年の舞踊が行われた。十二集落四十八名の選手が四組に分かれて横に並び、鋤で田を耕す真似の競技をした。各組ごとにヲナリと称する女装の青年が一人ずつつき、畔で踊りながら青年のヱケリを鼓舞していた。伊波普猷は、このヲナリは古くは女性が演じていて、不作の時などは多分田の神の犠牲に供されたのであろうと書く。

③八重山の播種儀礼の種取り[64]

竹富島では旧九月か十月のツチノエから始まる種子蒔き行事である。第一日目は戸主が麦・粟・豆・高キビ・小キビを初蒔きする。男女は協力して糯《もち》粟・米・小豆などでイバチ（飯初）を練って作る。第一日目に初蒔きをした人がイバチを食べ、二日目には戸主の姉妹や父の姉妹を招待する。姉妹や伯叔母は豊作と家内安全を祈願する。その後彼女らに別に支度した初飯を分けて食べてもらう。煩雑になるから省略するが、『叢書わが沖縄』四には八重山のこうした例を多く収録している。[65]

これらの事例から見ると、ヲナリは姉妹となってはいるが、本土のヲナリと変わるところはない。ただ、ヲナリはテサジ（手巾）を織る機織姫であり、テサジに呪能を籠めてヱケリに与える要素が強くある。多分、南島では古代のヒメ・ヒコ的な習俗が強く残ったので、ヲナリが姉妹と同様に考えられるようになったのだろう。ヲナリは農耕儀礼に関与して重要な役目を果たすので、ヱケリから新米の初穂や穀物などの贈与を受けることもかなりあったらしい。[*66]

本土のヲナリ・ウナリも南島のヲナリ・オナリもウナヰと同じ語源から発生していると思うが、どうだろうか。伊波普猷はヲナリはウナヰと同語かもしれぬといっている。[*67] 私見によれば、ウナヰは尾根のあたりに住むものの意である。前節で述べたが、ヲナリは山の「ヲ（尾）＋ナリ（生）」であろう。そしてヲナリは女子に偏っているが、性別はないだろう。もしヲナリに女の性を強調したいときはヲナリ女とした。たとえば、山代の賀茂社の古い酒殿の歌に、

酒殿は　今朝はな掃きそ　うれりめの　裳ひき裾ひき　今朝は掃きてき

とある。ここにあるウレリメはウネリメの転訛であるという。[*68] ウネリメはもちろんヲナリ女である。

第七節　枕詞「あしひきの」

『記紀』や『万葉集』で数多く詠われた枕詞にアシヒキノがある。ところが、アシヒキのキは、古くは乙類であったが、やがて甲類に変わった来歴を持つ。さらにアシヒキノは後にアシビキノになった。多く山田・山・片山・峯にかかり、アラ・ヲテモコノモなどにもかかる。そのかかり方は未詳とされる難解な枕詞である。多くの歌のなかから数例を掲げる。

あしひき乙の　山田を作り　山高《だか》み　下樋《したび》を走《わし》せ　下泣きに　我が泣く妻（紀六九・記七九・琴歌譜二一）
あしひき乙の　此の傍山に　牡鹿《さをしか》の　角挙《ささ》げて　吾舞はむ（顕宗前紀の頌詞）
あしひき乙の　山のしづくに　妹待つと　吾立ちぬれぬ　山のしづくに（万②一〇七）
吾待つと　君が濡れけむ　あしひき乙の　山のしづくに　ならましものを（万②一〇八）
月読の　光に来ませ　足疾《あしひき》の　山きへなりて　遠からなくに（万④六七〇）
足病《あしひき》の　山椿咲く　八岑《やつを》越え　鹿《しし》待つ君が　斎《いは》ひ妻かも（万⑦一二六二）
足引き甲の　八峯《やつを》の雉《きぎす》　鳴き響《とよ》む　朝明《あさけ》の霞　見れば悲しも（万⑲四一四九）

『記紀』の歌謡では枕詞アシヒキノは、キが乙類で、山田や片山にかかっている。『万葉集』の六七〇番と一二六二番はアシヒキノに足疾や足病という文字が用いられている。アシヒキノのキが甲類になると、足引・足曳などが多く用いられている。このために山が高く険しいので足を引きずって歩く、あるいは足の病にかかると解釈されることも多かった。また、足日木・足檜木などの例では、木は乙類のキであるが、アシビキノは山に咲くアシビの木にみなされることもあった。

枕詞アシヒキノについては多くの論があるが、どうもすっきりしない。

アシヒキ（足疾・足病）で足の病や引きつりを表したとき、アシヒキのキの甲乙は不明である。また、ヒキヒト（侏儒）やヒキ（蟇）の場合もキの甲乙はわからない。ヒキヒトの語は「神武前紀」己未《つちのとひつじ》年二月の条にある。

高尾張邑に、土蜘蛛《つちぐも》有り。その為人《ひととなり》、身《むくろ》短くして手足長し。侏儒と相類たり。

また、低山をあらわすヒキヤマは『延喜式』の大祓の祝詞では短山となっている。どうもヒキガエルのような丈低い足の構えがヒキで、小人や小童を指し表す言葉となっていたらしい。『時代別国語』は足のひきつり・足なえやヒキガエルの歩行にかなり注目しているが、可能性はあるが当否は不明としている。[*69] まして、小人や小童には言及していない。津之地直一もヒキガエルの足のノソノソとした動作が人の足なえを連想し、足を引きずる病気をアシヒキと名づけたと考えた。[*70]

ところが、井手至になると、アシヒキは山に住む神（山鬼・山魅の類）の名称とすることが許されるのではないかとし、ヤマツミやヤマビコなどの神霊とは異なる山住みの霊的存在（鬼神）が里人に信じられていたと想定した。[*71] 片足（跛）の山人・山鬼・山神は金属の精錬冶金に携わる人々と考えられている。これは柳田国男の一眼一脚のタタラの怪は、貝塚茂樹の『中国の神話』にある一本脚のキ（夔）が鍛冶職に関連づけられるという説に従っている。[*72] ヒキガヘルは東北ではビッキと訛るが、こうなると一脚の神にも変わりやすい。

前章で述べたことだが、「神代記」スクナヒコナの段に、海の上をカガミの舟で渡ってきた小さい神があり、どの神も知らなかったが、タニグク（ヒキガヘル）がクエビコに聞くように勧めた。クエビコによりスクナヒコナであることが判明したが、スクナヒコナはオホアナムチと国作りをした後、常世国に渡ってしまった。常世国は月あるいは月のある天界であるとは前著で説いた。[*73] スクナヒコナを知っていたクエビコは、今は山田のソホドといい、足は行かないが天下のことをよく知っている神であるという。ヒキガヘルは山中にいることは勿論であるが、中国では月中にいるとされていて、再生のシンボル的な神である。ソホドは田に立てられた案山子で、一本足である。それはビッコともいえる。それは、山から降ってきた田の神のなれの果てとも見なしうる。

アシヒキのアシというのは、アラ・アレ・アナ・アヤと類似の言葉で、荒々しい乱暴な、あるいは霊力の盛んな神霊であるらしい。これは前章第六節で詳しく述べた。善悪の未分化な状態のもので祟ったりすることもあるが、これを悪い神霊と限定してはならない。

広島県廿日市市厳島の厳島神社に伝わる『伊都岐島皇太神御鎮座記』（宝暦年間一七五一－一七六四成立）第二

巻に「厳島社、此を足引宮と称す」とあり、第三巻には次のようにある。

足引宮 後人は山神を並祭して、山神の宮と為すなり。滝山の峯に在り。故に此の山を御仙と名づく。始めて天降り坐しし時の鎮座地なり。

この後に続く注書きに、厳島は三女神であるのを、ある僧が乱心して三鬼神とか山鬼神とかいったので、神罰が下って僧に災害があったとある。それはともかく、アシヒキとは山の神の謂いでもあったのである。

福岡県宗像市玄海町の宗像大社でも、大社の南の岡の上に高宮と呼ぶ降臨地がある。垣に囲まれた禁足地には祠もない。おそらく宗像の女神はウナヰ髪の童形神として降臨したのであろう。宗像大社の沖津宮である沖ノ島は、人を寄せつけない原始林に覆われた山島である。厳島も分霊した女神が童形神の姿で峯に降下したとも考えられる。『御鎮座記』はその峯の神を山の神としたのである。

たとえば『伊予国風土記』逸文によれば、渡しの大神はオオヤマツミであり、越智郡大三島に祀られている。その娘にコノハナサクヤヒメがいるが、富士山麓の浅間大神である。ヒメは分霊して各地のアサマ・センゲンという山宮にも祀られている。

しかし、もう少し素朴な姿や性格を想定してもよいのではないか。古代の山の神の顕在態は、キセルガイ・キセルモドキ（一名ヤマヲコゼ）のような巻貝であったと思う。それはイラ蛾の幼虫のヲコゼや、ヒキガヘル・鹿・猪・蛇・雷・小童などに変化する。もちろん、美しいコノハナサクヤヒメにもなる。しかし、山の神は丈低の山童・河童にもなる。それは春になれば山田へ下りてきて、案山子のように畔に隻脚で立って、稲作に豊饒をもたらす。

早川孝太郎・柳田国男・千葉徳爾などが紹介していることであるが、南信や奥三河の天竜川筋、あるいはその支流の振草川筋の山間では、ある旧家にカハランベ（河童）が毎年田植えの手伝いに来た。（あるいは膳椀や鋤鍬を貸してくれた。）ある年、田植え上がりのゴンゲノボウに馳走のなかに蓼をまぜておいたところ、それを喰った河童が「おお辛おお辛」と川へ落ち込んでいった。その後河童は手伝いに来なくなり、淵も浅くなり、旧家は不幸せが続いて没落したという。[*74] 早川孝太郎の郷里東三河の鳳来町（現新城市）では、河童をドウツンというが、以前は田の畔にいたものであったらしい。

静岡県浜松市北区引佐町来留女木《くるめぎ》では、都田川の大淵の底に棲む竜宮小僧が毎年田植えを手伝ってくれていた。あるとき小僧は蓼汁を飲まされて死んでしまった。村人は小僧に謝罪し、大きな榎のもとに丁寧に葬った。するとそこから清水が湧きだし、水田に利用しているとある。[*75] この小僧は河童に通じる。

東三河では田植えが終わって田の神を送る祭をゴンゲノボウ・ゴンゲノハナという。『綜合日本民俗語彙』によると、ゴンゲノボウは牛王木《ごおうぎ》の棒の意であったかとしている。[*76] ところが、東三河にはゴンゲノボウは代掻き馬の鼻取り棒であるという伝えもあり、田植えが終わると苗代田に鼻取り棒を立てて、お礼をいい、豊作を願ったという。するとゴンゲノボウは、河童駒引きにつながるような、河児の棒・河童の棒ではないか。岡山県では河童をゴンゴ・ゴーコなどという。[*77] すなわち河児（川太郎）である。ゴンゲはその訛だろう。小野重郎によれば、河童のもとを辿れば山わろで、さらにその起原は山の神に遡るという。[*78] 河童の原形が山の神であるという小野の考えに従ってよいだろう。

アラ・アレは神霊の顕現であり、また神霊をも意味する。アシはアラ・アレに通じる。韓国古語でも語尾のラ・レはシに通じることは同じである。[*79] また、アラ・アレはアナ・アヤにも通じる。オホアナムチは「オホ（大）＋アナ（霊・己）＋ムチ（貴）」である。オホは偉大なと解しても誤りではなさそうであるが、大は仮文字で、おそらくは倭・渡りの意であるだろう。アナは再帰代名詞オノにも通じるもので、たとえばオノヅカラならば「霊のおもむくままに」とでも訳すべきものだろう。すなわちアナ・オノは霊・神霊である。アナ・オノはマナ

（愛・霊）・モノ（物・霊・鬼）に遡るだろう。アシならばマシ（猿）マサ（尸）マジ（蠱）につながっている。

　オホアナムチの統治していた葦原中国の葦原や、そのいいなおしでもあるが天孫が目指した葦原瑞穂国の葦原は、葦の生えた荒蕪の原ではなく、神霊が浮遊し幸《さきは》う聖なるところであった。スクナヒコナは、葦ではないが、粟茎に登って弾かれて常世郷に渡っているので、少童的な姿や性格であろう。するとアシの神も小さ子の姿をしていることが多いとしてよいだろう。もちろん、神霊に属する小さ子はいろいろに変身可能である。

　こうした理解の上に、枕詞「あしひきの」は次のようにまとめることができる。アシヒキ乙ならば「アシ（神霊）＋ヒキ（侏儒）」で、山や尾根にいる童形をした神霊を指す。アシヒキ甲ならば「アシ（神霊）＋ヒキ（引）」で、山や尾根から神霊を招き引くことである。

第八節　おわりに

　古代のウネメ（采女）、特に継体以前のウネメを検討し、従来の天皇の性的な奴隷とする見方やそれに類する説を否定した。そして、マイナスイメージのウネメに代わり、長命をもたらす理想的な女性であることを説いた。ウネメの出身は海人族が多いが、海人族は海と対極を成す山にもしばしば深い信仰を持つ。そこで山の女・仙女としての性格を持つウネメ像を浮かび上がらせた。ウネメの背景には素朴の神仙思想があることもわかった。

　しかし、こうしたウネメに対する信仰が薄れ、やがて忘れられてくるにつれて、ウネメの地位も下がり、変質してくる。舒明のころはまだ天皇近くに奉仕して、宮廷の重要な儀式や節会にも参加していた。特定の海人系氏族から出されていたウネメが、やがて有力豪族の女子が奉仕するようになり、節会の配膳を担当するなど女官として地位も最下位に落ちてしまった。『律令』職員令《しきゐんりやう》では采女は采女司に属したが、六人が水司《もひとりのつかさ》に、六十人が膳司《かしはでのつかさ》に出仕した。

さらにウネメと関連して、ウナキ・ヲナリなどの成り立ちを探り、小童神にも説き及んだ。ヲナリはもとは山住の童形神で、田植えの時来訪して豊作を招来する行事に携わった。そして大田植のヒルマモチはヒルメノムチのことであった。また、枕詞アシヒキノにも節を立て、アシヒキは山から山田へ降りてくる小童神であることを述べた。

註

＊1 倉塚曄子『巫女の文化』平凡社 一九九四年（原本一九七九年） 二四八・二七五ページ
＊2 門脇禎二『采女』中央公論社 一九六五年 はしがき三ページ
＊3 土橋寛『古代歌謡の世界』塙書房 一九六八年 一三五－一三六ページ
＊4 尾畑喜一郎『古事記の成立と構想』桜楓社 一九八五年 一八九－一九四ページ
＊5 泉谷康夫「磐之媛命と忍坂大中姫命」『角田文衛博士古稀記念古代学叢論』角田文衛先生古稀記念事業会 一九八三年 三四四ページ、吉村武彦「古代王権における男女関係史論」『歴史学研究』五四二 一九八五年六月 三ページ
＊6 荻原千鶴『日本古代の神話と文学』塙書房 一九九八年 二一五ページ
＊7 志田諄一『古代氏族の性格と伝承』増補 雄山閣 一九七四年（初版一九七一年） 四三三ページ
＊8 松村武雄『日本神話の研究』三 培風館 一九五五年 六三八ページ
＊9 松岡静雄『日本古語大辞典』刀江書院 一九三七年 一三九〇ページ、『紀記論究』外篇 古代歌謡下 同文館 一九三二年 一三二ページ
＊10 飯田武郷『日本書紀通釈』四 日本書紀通釈刊行会 一九四〇年 二三一九ページ
＊11 拙著『古代日本の月信仰と再生思想』作品社 二〇〇八年 一一二ページ
＊12 岸俊男『日本古代政治史研究』塙書房 一九六六年 二七ページ
＊13 黒沢幸三『日本古代の伝承文学の研究』塙書房 一九七六年 一五一ページ
＊14 飯田武郷『日本書紀通釈』四 日本書紀通釈刊行会 一九四〇年 二三三五ページ、飯田季治『日本書紀新釈』中 一九

三七年　四四四ページ
＊15　三谷榮一「古事記の成立と氏女・采女の成立」『國學院雑誌』六三―九　一九六四年九月　六一ページ
＊16　太田亮『新編姓氏家系辞書』秋田書店　一九七四年　一一一四ページ
＊17　櫻井満『万葉集の風土』講談社　一九七七年　一五一ページ
＊18　三谷榮一『記紀万葉の世界』有精堂出版　一九八四年　一七九ページ
＊19　津田豊彦「熱田神宮」『日本の神々』一〇　白水社　一九八六年　一九―二一ページ、松前健『大和国家と神話伝承』雄山閣　一九八六年　四三ページ
＊20　大和岩雄『日本古代試論』大和書房　一九七四年　四一五―四一七ページ
＊21　服部良男「尾張連始祖系譜成立に関する一試論」『日本歴史』三〇七　一九七三年一二月　五〇ページ
＊22　拙著『古代日本の月信仰と再生思想』作品社　二〇〇八年　二二六―二二八ページ
＊23　武田祐吉『日本書紀』三　朝日新聞社　一九五四年　一八〇ページ
＊24　坂本太郎他『日本書紀』上　岩波書店　一九六七年　四八八ページ
＊25　大野晋『上代仮名遣の研究』岩波書店　一九五三年　一一六―一一七ページ、「補注」『日本書紀』上　岩波書店　一九六七年　六二三ページ
＊26　折口信夫『(口訳) 万葉集』河出書房新社　一九七一年（原本一九三〇年）二五ページ、澤瀉久孝『万葉集注釈』一一九五七年　一二七―一三九ページ
＊27　西村亨『歌と民俗学』岩崎美術社　一九六六年　二五ページ
＊28　拙著『古代日本の月信仰と再生思想』作品社　二〇〇八年　八三・八八―九四ページ
＊29　土橋寛『古代歌謡全注釈』古事記編　角川書店　一九七二年　三六二ページ
＊30　折口信夫「万葉集の恋歌」『折口信夫全集』九　中央公論社　一九六六年　三八三―三八四ページ
＊31　倉野憲司「古事記」『古事記祝詞』岩波書店　一九五八年　二四六ページ
＊32　折口信夫『折口信夫全集』ノート編三　中央公論社　一九七一年　一七八ページ
＊33　西郷信綱『古事記注釈』四　平凡社　一九八九年　三九ページ
＊34　大野晋「補注」『本居宣長全集』一二　筑摩書房　一九七四年　四四一ページ

＊35 吉田金彦『古代日本語をあるく』弘文堂 一九八三年 一四七－一五〇ページ
＊36 『時代別国語辞典』上代編 三省堂 一九六七年 一二五・一七九－一八〇ページ、『古語大辞典』小学館 一九八三年 二一六・三三八ページ
＊37 保坂達雄『神と巫女の古代伝承論』岩田書院 二〇〇三年 一七九－一八二ページ
＊38 白川静『字統』平凡社 一九八四年 六五六ページ
＊39 柳田国男「山の人生」「山人外伝資料」『定本柳田国男集』四 筑摩書房 一九六八年 一二六－一二七・四六二－四六四ページ
＊40 秋本吉郎『風土記』岩波書店 一九五八年 七三ページ
＊41 武田祐吉『風土記』岩波書店 一九三七年 六九ページ、久松潜一『風土記』上 朝日新聞社 一九五九年 八〇ページ、小島瓔禮『風土記』角川書店 一九七〇年 一三六ページ
＊42 折口信夫「河童の神様」『折口信夫全集』一六 一九六七年 四三三ページ
＊43 柳田国男「妖怪談義」『定本柳田国男集』四 筑摩書房 一九六八年 三三三・三三五ページ
＊44 土橋寛『古代歌謡と儀礼の研究』岩波書店 一九六五年 一二八－一三一ページ
＊45 折口信夫「翁の発生」『折口信夫全集』二 中央公論社 一九六五年 三八二－三九一ページ
＊46 柳田国男「玉依彦の問題」『定本柳田国男集』九 筑摩書房 一九六九年 二五ページ
＊47 渡邊昭五『田植歌謡と儀礼の研究』増補版 三弥井書店 一九七三年 七四－七五・一四五－一四六・六三二－六三四ページ、「景山乙本」『田植歌本集』三 三弥井書店 一九七四年 四六ページ
＊48 「田植草紙」『日本歌謡集成』五 近古編 春秋社 一九二八年 二〇〇－二一九ページ
＊49 中山太郎『日本巫女史』八木書店 一九六九年（原本一九二九年）三三六－三三七ページ
＊50 柳田国男「日本の昔話」『定本柳田国男集』二六 筑摩書房 一九七〇年 六八－六九ページ
＊51 友久武之・山内洋一郎『田植草紙』岩波書店 一九九七年 二九ページ
＊52 渡邊昭五『田植歌謡と儀礼の研究』三弥井書店 一九七三年 六三二－六三七ページ
＊53 落合重信「西宮神社」『日本の神々』三 白水社 一九八四年 一一〇－一一三ページ
＊54 柳田国男「玉依彦の問題」『定本柳田国男集』九 筑摩書房 一九六九年 二五－二六ページ

＊55 折口信夫「石に出で入るもの」『折口信夫全集』一五 一九六七年 二四七―二五四ページ
＊56 石塚尊俊『鑪と鍛冶』 岩崎美術社 一九七二年 二六六・二七一ページ
＊57 大和岩雄『神社と王権祭祀』 白水社 一九八九年 五一ページ
＊58 湯川洋司「会津における農耕儀礼」『民族学研究』四三―四 一九七三年三月 三九二―三九四ページ
＊59 肥後和男『日本神話研究』 河出書房 一九三八年 一八―二七ページ
＊60 伊波普猷「をなり神」『をなり神の島』一 平凡社 一九七三年 五ページ（「おもろ覚書」『伊波普猷全集』六 平凡社 一九七五年 二六五―二六六ページ）
＊61 伊波普猷「琉球戯曲辞典」『伊波普猷全集』八 平凡社 一九七五年 二四七ページ
＊62 小野重郎『奄美民俗文化の研究』 法政大学出版局 一九八二年 八一―八二ページ
＊63 伊波普猷『をなり神の島』一 平凡社 一九七三年 一九―二〇、二九〇―二九四ページ
＊64 馬淵東一「沖縄先島のオナリ神」二『馬淵東一著作集』三 社会思想社 一九七四年 一二三―一二九ページ
＊65 植松明石「女性の霊威をめぐる覚書」『叢書わが沖縄』四 村落共同体 木耳社 一九七一年 二〇六ページ以下
＊66 瀬川清子『沖縄の結婚』 岩崎美術社 一九六九年 一五〇ページ
＊67 伊波普猷「南島方言史攷」『伊波普猷全集』四 平凡社 一九七四年 六五ページ
＊68 中山太郎『歴史と民俗』 三笠書房 一九四一年 三五ページ
＊69 澤瀉久孝他『時代別国語大辞典』上代編 三省堂 一九六七年 二二ページ
＊70 津之地直一『万葉集の国語学的視点』 桜楓社 一九八六年 八ページ
＊71 井手至「枕詞〈あしひきの〉考」『大阪市立大学文学部紀要』人文研究二七―九 一九七五年一二月 一八―二六ページ、「枕詞〈あしひきの〉追考」『女子大国文』一一五 一九九四年七月 七・一一ページ
＊72 柳田国男「妖怪談義」『定本柳田国男集』四 筑摩書房 一九六八年 四四一ページ以下、 貝塚茂樹『中国の神話』 筑摩書房 一九六三年（一九七一年版） 二四ページ以下・一一〇ページ以下
＊73 拙著『古代日本の月信仰と再生思想』 作品社 二〇〇八年 二八五―二八九ページ
＊74 早川孝太郎「天竜川流域各地の河童其他」『民族』三―五 一九二八年七月 一九一―一九三ページ、 柳田国男「桃太郎の誕生」『定本柳田国男集』八 筑摩書房 一九六九年 七〇―七一ページ、 千葉徳爾「田仕事と河童」『河童』 岩崎美

術社　一九八八年　一七―二〇ページ（『民俗と地域伝承』　風間書房　一九六六年　一八九―二一三ページ）
＊75　御手洗清『遠州伝説集』　遠州タイムス社　一九六八年　二四〇―二四一ページ
＊76　民俗学研究所『改訂綜合日本民俗語彙』二　平凡社　一九五五年　六〇一ページ
＊77　『日本方言大辞典』上　小学館　一九八九年　六四一ページ、小馬徹「河童の異名、香亦坊・カワトンボをめぐる断章」『歴史と民俗』二三　二〇〇七年二月　一三七―一四一ページ
＊78　小野重郎『神々の原郷』　法政大学出版局　一九七七年　一二四―一二五ページ
＊79　鮎貝房之進『朝鮮国名考』　国書刊行会　一九七二年（原本　朝鮮印刷　一九三一年）一五〇―一五一ページ

あとがき

この書は古代伝承文化にかかわる十編の未発表の論文から成り立つ。これらは前年出版した『古代日本の月信仰と再生思想』と並行して書き継いできたもので、弥生時代中期から古墳時代までの伝承文化を中心に取り扱っている。いい換えれば、神話時代から大化前代の歴史時代が主な対象となっている。一部では飛鳥時代に及んでいるけれども、手堅い識者ならば避けたに違いない領分に、敢えて踏み込んだところがある。

民俗学には柳田国男・折口信夫・倉田一郎・谷川健一など言葉の成り立ちにこだわる研究の伝統があった。今は地名の研究には生かされてはいるものの、それ以外ではほとんど忘れ去られて、消滅する危機にあると危惧される。この書は、その伝統の掉尾にすがろうとしたところがある。ご存じのように、白川静は、甲骨文や金文を研究することで、中国古代の思想・宗教・習俗などを深く読み解くことができた。もちろん私には白川のような才能は到底ない。しかし、古代日本の未詳不明の分野に分け入り、古代の習俗を明らかにするためには、古語の正確な把握が必須不可欠である。語義を正確につかみ、語源を明らかにし、少しずつ地歩を固めて、論を広げて行く必要があった。また、後の世の伝承や、他国の事例も援用したところがある。さもなければ、大きな独りよがりに終わるであろう危険性があった。

敗戦後、天皇家の祖先を神聖化してきた在来の国体が否定され、神典化していた『記紀』の研究が自由になると、戦前戦中の反動や左翼思想の猖獗もあって、大化前代の『記紀』の歴史は多く造作であるとされるようになった。その後行き過ぎは是正される傾向にあるが、それでも古い時代の皇代記はまず疑ってみるのが良識ある学者の立場となっている。そうした皇代に論を及ぼす場合は、一言いいわけをしてから論題に取り組んでいる。
　ところが、第一章などでは神武・崇神等の古い皇代の伝承を利用して、立論したところがある。第六章では「神功紀」の貴国も正しい伝承であると認めた。そこで誤解を避けるために、神武・崇神等の古い皇代紀の取り扱いについて付言しておいたほうがよさそうである。何故なら、そうした古い伝承は、後代の天皇の事蹟や伝承を遡及敷衍した造作である、と説かれることが多かったからである。[*1]
　特に初代の神武の和風諡号が始馭天下天皇《はつくにしらすすめらみこと》（神武紀元年正月）・始治国皇祖《はつくにしらししすめみおや》（孝徳紀大化三年四月）とされており、十代の崇神が御肇国天皇《はつくにしらすすめらみこと》（崇神紀十二年三月）所知初国之御真木天皇《はつくにしらししみまきのすめらみこと》（崇神記）とあり、二天皇の訓みが同じである。そこで歴史を悠久に遡らせるために、実質的初代の崇神の伝承を割いて、神武を作り架上したとされたのである。[*2] しかし、安本美典・平田俊春・坂元義種・矢嶋泉などが説くように、[*3] 神武はハジメテアメノシタシラス（あるいはシラシシ）・ハジメテクニシラス（シラシシ）と訓むべきであろう。崇神の諡号は始めに国を統治したの意ではなく、初国を統治したの意である。初国とは本国の任那のことである。「開化紀」六、二十八年や「崇神前紀」にある崇神の名御間城入彦《みまきいりひこ》（五十瓊殖《いにえ》）や「崇神記」の御真木《みまき》天皇は、ミマキの名によって韓半島南部まで崇神の勢力が及んだことを表しているのである。「崇神紀」六十五年には任那が朝貢してきた記事がある。また、「継体紀」二十三年四月の条でも任那を本土《もとつくに》としている。しかし、戦後は古い任那の存在やそこへの影響力を否定的に記述しないと、正当な歴史家と認められない風潮がある。
　初国の任那はミマナと訓んでいるが、ニンナ・ミムナ・ミマナは通音であろう。ただし、漢字化した任那の任はニの語頭音だけで、韻尾のンは用いていなかった、すなわち任那はニナであった可能性が高いと思う。ところで、南島では海彼の理想郷をニライカナイ（ニラヤカナヤ）というが、ニラはニナと通じ、カナはカラ・カヤに通じているだろう。高句麗十九代広開土王の功業を記念した「広開土王碑文」（四一四年建立）にも任那加羅の語がある。想像するに、任那は南島の少なからぬ人の源郷であったろう。たとえば、方角のニシ（西）とて同じであろう。ニシは本州などでは語義の通り東西の西であるが、九州の一部や南島では北を指す。[*4]これはニシがニラ・ニナなどの変化であるからだろう。それが韓半島の南部にあった地域の名に由来するとすれば、九州や南島でニシが北を指す疑問は氷解する。韓半島では語尾のラ・ヤ・ナはシと通じている。[*5]倭人の源郷とて南島人の多くと同じである。ただし、半島南部は民族移動の二次的源郷であって、さらにルーツを遡れば、第五章で触れたが、中国の江南に到るであろう。こうしたことは別稿を立てて詳しく論じるべきであるが、今は古い皇代紀を活用して論述をしたことから敷衍して、新しい古代像が結実する可能性を示唆するに留める。

伝承は時間とともに変化して、新しく変わるのは避けられない。むろん作為したところもあるだろう。確かに允恭以前の『紀』の紀年は時代を古く遡らせてあり、古代ほどその作為幅は拡大している。しかし、第二章で論述した八朔前後の月日はかなり正確で、伝承内容にも妥当性が見受けられた。だから、神武などの古い天皇紀の伝承をほとんどが造作であると見なして、斜に構えて、あるいは及び腰で『記紀』を眺めていては、せっかく史料があっても、到底その行間を読んだりすることはできないだろう。たとえ正面から取り組んでも解明できないことは多々あるのである。史料批判は歴史的事実を論じるにあたり、大切な前提条件ではある。そうではあっても、批判的研究態度も決して行き過ぎてはならない。行き過ぎは破壊だけして、何も残さない。もし現状のようならば、古い歴史の叙述は主体を考古学にゆだねて、傍観しているしか手立てはなくなってしまう。

さらに、『日本書紀』より『古事記』を重んじる傾向は、未だに改まっていない。実は『古事記』は偽撰書である。古伝を多く取り込んで撰録して、文学的にすら仕上げてある。非常に価値もあるから偽撰書としたが、偽書と表現してもよい。『古事記』の新しさは本書でも各所で具体的に言及してある。

こうした学会の状況だから、神話や古代文化史の分野で、在野の素人がおこがましくも説を立てることを許した。幸いにもこの書を成り立たせる間隙がまだ残っていたのである。しかし、在野の研究者が出版した古代に関する書物はかなりあるけれども、批判に耐え得る書は皆無に近いといってよい。それだけに同様の轍を踏んだり、我田引水的な執意に陥ったりすることのないように努めた。だから、不十分ながらも先学の学説を踏まえて立論するように心掛けたので、引用もやや煩雑に過ぎたきらいがある。また、やむなく重出立証法的な手法によって、基礎固めをしたところもある。

一読いただければ明らかであるが、銅鐸、倭と倭国、ツミ・ツチ・ツツの霊格、オホアナムチの活躍など、かなり重要なテーマのいくつかを解明して提示してある。これまで独創性のない解説的な論文は生み出すまいと念じてきたので、新見や問題提起のない章は一つとしてないはずである。ご高覧ご叱正をいただければ幸いである。

末尾になったが、作品社の髙木有氏からは校正などに多くの御助力をいただいた。ここに記して深謝の意を表したい。

二〇〇九年五月

著者

註

＊1　津田左右吉『津田左右吉全集』二　日本古典の研究下　岩波書店　一九六三年　三九五－三九六ページ、直木孝次郎『日本古代の氏族と天皇』塙書房　一九六四年　二一六－二二〇ページ

＊2　松本信広『日本神話の研究』平凡社　一九七一年　二三三ページ、水野祐『日本古代の民族と国家』大和書房　一九七五年　一八七－一九二ページ、肥後和男『古代史の天皇と氏族』弘文堂　一九七八年　一二四－一二六ページ

＊3　安本美典『神武東遷』中央公論社　一九六八年　一三二ページ、平田俊春「始馭天下之天皇と御肇国天皇」『倉野憲司先生古稀記念古代文学論集』桜楓社　一九七四年　一三七ページ、坂元義種「崇神天皇」『古代天皇の謎』学生社　一九九三年　一五－一六ページ、矢嶋泉「ハツクニシラススメラミコト」『青山語文』一九　一九八九年三月　六ページ

＊4　中本正智『琉球語彙史の研究』三一書房　一九八三年　二〇〇－二〇四ページ

＊5　鮎貝房之進『朝鮮国名考』朝鮮印刷　一九三一年　一三六・一五〇－一五一ページ

【か】

■索引

（項目・ページは本文中の主要なものに限った。）

【あ】

■著者略歴

三浦茂久（みうら・しげひさ）

1934年、愛知県生まれ。東京大学中退。元福井漁網株式会社：常務取締役。

元一宮町教育委員・文化財審議委員（愛知県宝飯郡）。

所属：古事記学会・万葉学会・三河民俗談話会。

著書：『古代日本の月信仰と再生思想』（作品社）

主要論文：「サルタヒコ大神と古代月信仰」（第8回猿田彦大神フォーラム入賞作）

銅鐸の祭と倭国の文化――古代伝承文化の研究

2009年 8月10日　第1刷印刷

2009年 8月15日　第1刷発行

著　者　三 浦 茂 久

発行者　髙 木　 有

発行所　株式会社 作品社

〒102-0072 東京都千代田区飯田橋2-7-4

電　話　03-3262-9753

ＦＡＸ　03-3262-9757

http://www.tssplaza.co.jp/sakuhinsha/

振　替　00160-3-27183

装　丁　小川惟久

本文組版　米山雄基

印刷・製本　シナノ印刷株式会社

落・乱丁本はお取替えいたします。

定価はカバーに表示してあります。

ISBN978-4-86182-254-4 C0014